국어의 불편한 진실

국어는 기술이 아니다

국어의 불편한 진실

국어는 기술이 아니다

남충희 지음

머리말

최근 대학수학능력시험(이하 수능) 국어 영역을 둘러싸고 나타나는 두 가지 현상이 있다. 눈에 띌 정도로 뚜렷한 현상들이다.

그중 하나는 '기술'이나 '스킬'이라는 이름이 붙은 국어 교재나 강의가 부쩍 늘어나고 있다는 것이다. 이들 '기술류'의 교재와 강의는 제시문을 읽거나 문제를 풀 때 어떤 기술이나 스킬을 적용하면 '고득점은 따 놓은 당상'이라고 주장한다. 이것은 참으로 '이상한' 현상이다. 아무리 좋게 생각하려고 마음먹어도, 기술이나 스킬 '따위'로 수능 국어 영역에서 고득점을 할 수 있다는 말은 정말 받아들이기 힘들기 때문이다. 이것저것 다 떠나서 그건 '모국어 화자'의 국어 능력에 대한 심각한 '모독'이다. 필자는 이런 현상이 시간이 지나면 자연스럽게 사라질 것이라고 기대했는데, 현실은 오히려 거꾸로 가고 있는 듯하다. '이상한' 현상이 '이상하게' 지속되고 있는 것이다.

'기술류'의 교재나 강의가 '활개'를 치는 것만큼은 아니지만, 이해하기 힘든 현상이 또 하나 있다. '암기의 부활'이다. 기억력이나 암기력이 아닌 '사고력' 측정에 초점이 맞춰진 시험, 그리고 대학에 가서 공부하는 데 필요한 '보편적인 언어 능력'을 평가하는 대표적인 시험 '수능 국어 영역'이 급기야 '암기 과목'으로 전락하고 있는 것이다. 그런 암기 학습은 크게 '문법'과 '어휘'에 집중돼 있다.

필자가 "국어 공부 하지 마라"라고 할 때, 하지 말아야 할 공부는 크게 이 두 가지다. 기술이나 스킬 같은 것으로 공부하지 말라는 것이다. 그리고 문법이나 어휘에 대한 암기 학습을 하지 말라는 것이다.

이 책을 통해 필자는 왜 국어 시험에는 기술이나 스킬이 필요 없는지, 왜 국어 시험에는 어휘나 문법에 대한 암기가 필요 없는지 이야기하고자 한다. 그리고 그렇다면 수험생은 이제부터 무엇을 해야 하는지도 이야기할 것이다. 그리고 수능 국어 영역에서 문제가 해결되는 '진짜' 모습이 어떻고, 그 모습이 우리가 막연히 생각하는 것과 얼마나 다른지도 보여줄 생각이다.

특별히 강조할 것이 하나 더 있다. 수험생의 '성격'과 수능 국어 영역 성적 간의 상관성이다. 수험생의 개인적인 특성, 특히 '성격'이 수능 국어 영역 성적에 미치는 영향력은 우리의 상상을 뛰어넘을 정도로 크다. 그리고 수험생의 성격이 국어 능력(독해력, 문제해결력)에 큰 영향을 미친다는 '가설'은 이미 검증이 끝난 것이기도 하다. 다만 그 사실이 잘 알려져 있지 않았을 뿐이다. 수능 국어 영역에서 심리적인 요소가 갖는 영향력은 매우 크고 독립적이다. 당연히 '좋은' 성격의 '좋은' 영향력을 극대화하고 '안 좋은' 성격의 '안 좋은' 영향력을 최소화하려면, 어떻게 해야 하는지에 대해서도 이야기할 것이다.

독자들은 이 책을 다 읽고 나면 왜 국어 시험에는 기술이나 스킬이 필요 없는 것인지, 아니 그런 것들이 알고 보면 얼마나 해로운 것인지 '똑똑히' 알게 될 것이다. 어휘나 문법에 대한 암기 학습, 심지어 문학 감상법 학습도 무시해도 좋을 정도로 효과가 작다는 점도 함께 깨닫게 될 것이다. 결국 수능 국어 영역에서 점수 차이가 만들어지는 '지점'이 우리의 통념과 얼마나 다른지, 그렇다면 그 '지점'이 정확히 어딘지 확인하게 될 것이다. 자, 이제부터 수능 국어 영역의 '불편한 진실'을 온몸으로 느껴보기 바란다.

2014. 5.

남충희

차례

머리말 / 5

1부 국어 잘하는 성격은 따로 있다

국어를 위한 '기술'은 없다 / 15

'기술'을 향한 감각형의 '짝사랑' / 21

'충동형'의 최대 강점은 '모호함에 대한 관용성' / 27

내신만 잘 나오는 '좌뇌형', 수능에서 성공하는 '우뇌형' / 31

'외국인 학습자'처럼 국어 시험을 치르는 '모국어 화자' / 37

2부 제시문이 어려워도 정답률은 높을 수 있다

'제시문 지상주의'라는 '신화' / 43

어휘, 절대 암기하지 마라 / 50

'어려운' 어휘가 아니라 '익숙한' 어휘가 문제다 / 56

'진짜' 어휘력 / 64

배경지식을 활용하지 마라? / 69

있는 그대로 꼼꼼히 읽어라? / 73

'속독'과 '끊어 읽기' / 86

배경지식의 '양'과 '질' / 95

'즉석'에서 배경지식 만드는 법 / 99

'집합(集合)과 기술(記述)' 구조는 읽기 어렵다 / 103

독해 기술은 제대로 된 읽기를 방해하는 '주범' / 107

유능한 독해력은 '낮은 정서 필터'와
'모호함에 대한 관용성'에서 나온다 / 119
국어에서 '학습'은 '습득'으로 바뀌지 않는다 / 126

3부 문법은 가능한 한 '적게' 공부하라

국어 능력은 문법과 무관하다 / 141
문법을 외우면 안 되는 이유 / 146
'아는 것이 병'이 되는 문법 지식 / 151
수능 문법은 공무원 시험 문법이 아니다 / 155

4부 '시'를 위한 '감상법'은 없다

시인도 모르는 화자의 정서와 상황 / 171
국문과 대학생과 수험생의 감상 수준은 똑같다 / 179
신경림 시인의 '굴욕' / 184
'문학 개념어'가 아니라 '익숙한 어휘'가 문제다 / 187

5부 '발문' 분석은 '쓸데없는 짓'

발문에는 정답에 대한 단서가 제시돼 있으면 안 된다 / 195
발문 분석의 '원조'는 따로 있다 / 202

6부 '지옥행 급행열차'-그래프와 표 문제

시간 잡아먹는 '초대형' 하마 / 213

직관적으로 해석의 실마리를 찾아라 / 216

7부 '답이 보인다!'-정답의 표지성

정답의 '표지성'이 '정답률'을 결정한다 / 225

이게 답인 것 같다! / 229

정답의 표지성을 알아보는 능력+수험생의 성격='국어 고득점' / 234

다섯 개 답지 '훑어 읽기' / 236

확인 욕구를 잠재워라 / 239

'적절하지 않다'는 강력한 표지성 / 250

수능 국어 영역은 상식도 측정한다 / 258

추론은 '더'하는 것보다 '덜'하는 것이 잘하는 것 / 266

제시문은 반드시 머릿속에 어떤 '흔적'을 남긴다 / 276

'왠지 모르게' 거슬리는 대표적인 답지 / 279

'정답을 흉내 내는 오답', 그리고 '오답인 척하는 정답' (1) / 286

'정답을 흉내 내는 오답', 그리고 '오답인 척하는 정답' (2) / 295

'익숙함'을 역이용하면 정답률은 폭락한다 / 301

'정답'과 '매력적 오답'은 이런 모습으로 함께 등장한다 / 316

8부 수능 1교시 시험장의 '불편한 진실'-문제 풀이

작문, 문법 / 327

현대시 / 359

사회 / 393

예술 / 404

기술 / 424

고전 시, 고전 수필 / 445

과학 / 459

언어 / 482

현대 소설 / 494

경제 / 517

고전 소설 / 532

맺음말 / 554

제 1 부

국어 잘하는 성격은 따로 있다

국어를 위한
'기술'은 없다

최근 수능 국어 영역을 둘러싸고 눈에 띄는 현상이 하나 있다. 가만히 생각해 보면 참으로 '이상한' 현상이다. 그것은, '기술'이나 '스킬'이라는 이름이 붙은 수능 국어 영역 교재나 강의가 부쩍 늘어나고 있다는 것이다. 이들 '기술류'의 교재와 강의는 제시문을 읽거나 문제를 풀 때 어떤 기술이나 스킬을 사용하면 고득점은 '따 놓은 당상'이라고 주장한다.

이상한 현상은 그뿐만이 아니다. 그런 교재의 저자가 국어 교육 전문가가 아니라 수험생들의 '젊은 선배님'들인 경우가 꽤 많다는 것이다. 현역 대학생이거나 대학을 졸업한 지 얼마 안 되는 '젊은이들'이 바로 그들이다. 더 이상한 것은 이 '기술류'의 책들이 '후배님들', 그러니까 수험생들에게 큰 반향을 불러일으키고 있다는 점이다. 시험 일이 다가오면서 점점 커지는 위기감, 그리고 지푸라기라도 잡고 싶은 간절함을 이해 못 하는 것은 아니다. 하지만 그 모든 걸 감안해도 여전히 이상하다.

물론 국어 교육을 전문으로 하는 강사나 학교 선생님들이 낸 비슷한 교재도 있기는 하지만, '대세'는 역시 '우리 선배님'들이 쓴 교재다. 그리고 일부 국어 강사나 교사들의 '기술류' 교재나 강의는 꼼꼼히 짚어 보면 최근의 이런 유행을 뒤늦게 좇는 것 같아, 씁쓸한 뒷맛을 남기는 것이 사실이다.

시험을 치른 지 얼마 안 된 사람이, 자신이 한 실제 경험을 후배들에게 생생한 목소리로 전하는 내용의 교재는, 국어에만 있는 것은 아니다. 교재를 냈다는 것만으로 트집 잡을 일은 아니라는 것이다. 수학이나 영어에도 그런 교재가 있다. 하지만 국어와 다른 과목 사이에는 크게 다른 점이 하나 있다. 다른 과목에서 그런 교재의 역할은, 시험을 앞서 치른 선배의 '조언' 정도에 그친다. 그리고 저자들도 그 정도 역할에 만족한다. 하지만 국어는 다르다. 아예 작정하고 나서서, "다른 건 다 필요 없고 오직 내가 '발명(?)'한 기술과 스킬만이 살 길"이라며 목에 핏대를 세우는 '선배님'들이 너무 많다.

왜 국어에서만 이런 일이 벌어지는 것일까? 우선은 국어 교육 전문가들의 교재나 강의가 아이들의 성에 차지 않는다는 게 가장 큰 원인일 듯싶다. 제시문에 대한 '뒷북 때리는' 해설, 정·오답의 근거에 대한 '공자님 말씀'을 일방적으로 늘어놓는 경우가 대부분이기 때문이다. "제시문 어디에 정답의 근거가 있다"거나, "그 근거로 이렇게 추론하면 오답을 제거할 수 있다"는 설명은, 아이들 입장에서는 당연한 이야기를 괜히 폼 잡으면서 하는 것으로 보일 뿐이다. 그마저도 정답을 먼저 본 사람의 '특권'이 없다면 가능하겠느냐고 꼬집어 말하는 친구들도 있다. 노골적인 거부감이 아닐 수 없다.

기존의 국어 교재나 강의에 대한 이런 불만을 등에 업고 등장한 것이 '기술류'의 교재나 강의들이다. 그런데 필자가 보기에 이들 교재에 등장하는 '기술'이나 '스킬'의 본질은 기존의 뒷북 때리는 해설, 정·

오답의 근거에 대한 공자님 말씀과 전혀 다를 게 없다. 사실 그 깊이나 폭에서는 오히려 훨씬 못한 것일 수도 있다.

앞으로 계속하게 될 이야기지만, 국어 시험에서 문제가 해결되는 과정은 매우 '통합적'이고, '암시적'이고 '비분석적'이다. 어떤 수험생들은 바로 이것 때문에 국어라는 과목을 '저주'하기도 한다. 하지만 국어라는 과목이 원래 그렇게 '생겨먹어서' 그런 것이니 어쩔 수가 없다.

도리어 국어 시험의 이런 성격을 있는 그대로 받아들이는 것이 제대로 된 국어 시험 준비의 출발점이다. 국어 공부의 불행은 거의 대부분 이런 국어 과목의 특성을 인정하지 않는 것에서부터 싹트기 때문이다. 통합적(integrated)인 것을 개별적(individual)인 것으로, 암시적(implicit)인 것을 명시적(explicit)인 것으로, 비분석적(Non-analyzed)인 것을 분석적(analyzed)인 것으로 바꾸려는 '헛된' 시도에서 바로 국어의 모든 '불행'이 시작된다는 말이다. 그리고 바로 여기서 최근에 유행하고 있는 '기술'이나 '스킬' 같은 학습은 이런 불가능한 시도를 마치 가능한 것처럼 부추기는 역할을 하고 있다는 데 문제의 심각성이 있다.

국어 시험에서 어떤 기술이나 스킬을 적용하겠다고 애쓰는 것은, 그렇게 하지 않는 것보다 '백만 배'는 위험한 행동이다. 그게 왜 위험한지는 앞으로 '줄기차게' 이야기할 생각이다.

어쨌든 그래서인지 이런 교재나 강의에 등장하는 기술이나 스킬은 논리적인 정밀함이나 명료함이라는 '껍데기'를 쓰고 있다. 그래서 국어라는 과목의 막연함과 애매함, 다른 말로는 통합적이고 암시적이고 비분석적인 성격을 싫어하는 친구들을 마치 '블랙홀'처럼 빨아들이고 있다.

사실 국어 교육을 전문으로 하는 강사들도 아이들을 가르치다 보면 이런 유혹에 자주 빠지게 된다. 기술이라든가 스킬을 제시하고 싶은 유혹 말이다. 그리고 수업 도중에 비슷한 이야기를 하기도 한다. 하지만 그 강사가 국어라는 과목에 대해서 조금이라도 진지한 고민을 했던 사람이라면, 그런 내용을 책으로까지 내는 것에는 약간의 거부감이 들 수밖에 없다. 국어 시험에서의 독해력이나 문제해결능력이라는 것이, 그런 몇 가지 기술이나 스킬로 말하기에는 너무 통합적이고 암시적이고 비분석적이라는 것을 어렴풋하게나마 알고 있기 때문이다.

"아니다. 그런 기술이나 스킬을 말하는 인터넷 강사나, 학원 강사, 심지어는 학교 국어 선생님도 있지 않느냐"라고 말하고 싶은 독자들이 있을 것 같다. 그건 두 가지 경우다.

하나는 국어라는 과목에 대해서 진지한 고민을 덜한 경우다. 이런 고민의 깊이는 아이들을 가르친 시간이 긴지 짧은지와는 별로 상관이 없다. 그 사람이 유명한지 그렇지 않은지와도 무관하다. 더 이상 이야기하면 '인신공격'이 될 수도 있기 때문에 여기서 그만하는 것이 좋을 것 같다.

또 하나는 '자기 배반'의 경우다. 기술이나 스킬 따위로 국어 시험을 잘 치를 수 없다는 것을 이미 잘 알고 있지만, 어쩔 수 없이 그렇게 가르치는 경우다. 이 부분은 그 누구도 자유로울 수 없는 실존의 문제, 서글픈 '밥벌이'의 문제가 걸려 있기 때문에, 앞의 경우와는 다른 의미로 더 이상 이야기하기 힘들다.

문제는 우리의 '젊은 선배님'들이다. 모르면 용감할 수 있어서일까? 지금 국어라는 '무림'에는 이제 막 수련을 끝냈거나 수련을 더 받아야 할 새파란 젊은이들이 여기저기서 나타나, 자칭 최고수를 자처하는 형국이 벌어지고 있다. 더 큰 문제는 그들이 그저 자기들이 최고수라고 자랑하는 데서 그치지 않는 데 있다. 자기만 알고 있는 비기(秘技: 비밀스러운 기술)를 전수받으면, 당신도 최고수가 될 수 있다고 말하면서 돌아다니고 있다는 것, 문제의 심각성은 바로 여기에 있다.

물론 우리나라의 국어 교육 전문가들, 나아가 세계적인 언어학자들도 제시 못한 ‘절대 기술’이나 ‘절대 스킬’을 우리의 선배님들이 개발했다고 하면, 그 효과를 떠나 어쨌든 자랑스러운 일이다. 하지만 사실은 전혀 그렇지가 않으니 걱정이 앞서는 것이다. 국어는 기술이 아니다. 국어는 스킬이 아니다. 국어는 어떤 경우에도 그런 것들이 될 수 없다.

저자나 강사들의 패기는 인정하지만, 이제 그 정도로 충분하다는 생각이 든다. 이미 차고 흘러넘칠 정도로 충분하다는 말이다. 이제는 도리어 이 ‘기술류’의 교재나 강의를 비판적으로 성찰해 볼 때가 됐다.

사실 필자는 ‘기술류’의 교재나 강의로 성적이 오른 경우보다 정체하거나, 오히려 떨어진 경우를 더 많이 봐 왔다. 일부 사례를 가지고 성급하게 일반화하는 것 아니냐는 지적을 감수하고 하는 이야기다. 물론 필자는 그게 사실이고 또 거기에는 그럴 수밖에 없는 이유가 있다고 생각한다. 그 이유는 앞으로 자세하게 이야기할 생각이다.

어쨌든 필자가 볼 때 더 심각한 문제는 그런 기술류의 교재나 강의의 ‘효과 없음’에 있지 않다. 그런 학습이 정말 제대로 된 국어 공부를 도리어 적극적으로 방해하고 있다는 데 있다. 특히 이런 상황은 기술류 교재의 효과를 보지 못했을 때 수험생들이 보이는 ‘기이한’ 반응과도 밀접하게 관련된다.

무슨 말이냐면, “이건 해도 안 되는 것 같다”거나 “뭔가 나하고는 안 맞는 것 같다”고 간단하게 판단하면 끝날 일인데, 수험생들은 이상하게도 ‘자기 탓’들을 한다는 말이다. 말하자면 “그 교재나 강의를 더 열심히 공부하지 않았다”거나 “더 열심히 적용하려고 노력하지 않았다”면서 ‘자학 모드’로 들어간다는 것이다. 그러면서 교재나 강의에 더 강박적으로 매달리는 모습을 보인다. 그리고 바로 그런 모습이 필자의 안타까움을 한없이 자아낸다. 그것은 자학에서 강박, 그리고 다시 자학으로 이어지는 ‘절망의 사이클’에 자기도 모르게 빠져들어 가 끝없이 허우적거리는 것이기 때문이다.

　아이들의 이런 기이한 반응은, '기술류' 교재의 저자나 강의의 강사가 퍼트리는 신화, 그러니까 '반복적인 학습과 연습을 통한 내면화'라는 신화 때문인 경우가 많다. 이것은 너무나도 무책임하고 심지어는 위험하기까지 한 조언이다.

'기술'을 향한 감각형의 '짝사랑'

수능 국어 영역은 4개의 언어 자료와 1개의 비언어 자료로 이뤄진다. 모두 합치면 다섯 가지다.

- 평가 방법과 절차를 제시하는 언어(큰 지시문)
- 평가용 자료 언어(제시문)
- 평가 과제를 부여하는 언어(발문 혹은 문두)
- 평가를 정교화하기 위한 언어(보기, 답지)
- 비언어 자료(표, 그래프, 그림)

지금부터 5개의 자료를 짚어 볼 생각이다. 가능한 한 순서를 지키려고 애쓸 것인데, 때로는 왔다 갔다 하게 될 것도 같다. 수능 국어 영역의 성격이 원래 그래서 그런 것이니 이해해 주길 바란다. '문학(시)'과 '문법'에 대해서는 따로 이야기할 생각이다. 그리고 맨 뒤에서 수능 국어 영역에서 실제로 문제가 해결되는 모습이 어떤지, 그리고 그 모습이 우리가 막연히 생각하는 것과 얼마나 다른지 보여 줄 생각이다. 필자는 이 모든 과정을 통해 왜 국어 시험에는 '기술이나 스킬'이 필요 없는지, 왜 국어는 어휘나 문법을 암기할 필요가 없는지, 왜 국어에서는 특별한 문학 감상법이 필요 없는지, 그리고 그렇다면 수험생은 이제부터라도 무엇을 해야 하는지 이야기하고자 한다.

우선 본격적인 이야기를 하기 전에 먼저 소개할 것이 하나 있다. 수험생의 '성격'과 수능 국어 영역 성적 간의 관계다. 갑자기 무슨 말을 하는 것인지 이해 못하는 독자들이 많을 것 같다. 말 그대로 수험생의 개인적인 특성, 특히 '성격'이 수능 국어 영역 성적에 미치는 영향력에 대해서 이야기해 보겠다는 말이다. 심리학에 관한 책도 아닌데 '성격'에 관한 이야기를 맨 앞에서 하는 데는 그럴 만한 이유가 있기 때문이다. 우선 그 영향력이 우리의 상상을 뛰어넘을 정도로 크다. 그리고 수험생의 성격은 앞으로 필자가 하게 될 주장의 중요한 근거이기도 하다.

독자들은 잘 모르겠지만, 성격이 언어 능력(독해력, 문제 해결력)에 큰 영향을 미친다는 '가설'은 이미 검증이 끝난 것이다. 다만 잘 알려져 있지 않았을 뿐이다. 우리나라에도 비슷한 연구가 있기는 하지만 그 사례가 매우 적다.

고백하자면, 필자도 이런 경험을 수도 없이 많이 했다. 아이들을 가르치다 보면 어휘력이나 배경지식, 독해력, 문법 지식, 문학 감상 능력 그리고 사고력에서 별 차이가 없는데도, 성적에서는 큰 차이를 보이는 경우가 정말 많기 때문이다. 전반적인 국어 능력은 비슷한데, 이상하게도 한 친구는 1등급이나 2등급을 얻고, 다른 친구는 4등급이나 5등급, 어떤 때는 6등급 이하의 성적을 얻더라는 말이다. 그때마다 필자는 "도대체 왜 이런 일이 생기는 걸까" 하면서 한참 동안 고민했던 기억이 있다.

MBTI(myers-briggs type indicator)라는 심리 유형 검사가 있다. 혹시 아는 독자들도 있을지 모르겠다. MBTI는 스위스의 심리학자 칼 융

(Carl Gustav Jung)의 심리 이론을 일상생활에 활용할 수 있도록 보다 쉽게 만든 검사인데, MB는 개발자인 Isabel B. Myers와 Katharine C. Briggs의 이름에서 따왔다고 한다.

칼 융이라는 심리학자는 인간의 행동이나 사고가 겉으로 보기에는 굉장히 제멋대로이고 종잡을 수 없는 것 같지만, 사실은 매우 일관된 경향이 있다고 생각했다. 여기에서 아이디어를 얻은 일부 언어학자들은, MBTI와 같은 성격 측정 도구를 이용해서 학습자의 성격 유형과 언어 능력(독해력, 문제 해결력)의 상관관계를 밝히려는 시도를 하게 된다.

그 결과 언어적 문제 상황에 대처하는, 그러니까 제시문을 읽고 문제를 해결하는 방식이 개인마다 다르고, 또 그 개인들은 자신이 가지고 있는 전형적인 방식을 계속 고집하는 경향이 있다는 것을 발견하게 된다.

MBTI에는 내향성(Introversion) 대(對) 외향성(Extroversion), 감각(Sensing) 대 직관(iNtuition), 사고(Thinking) 대 감정(Feeling), 판단(Judging) 대 인지(Perception)라는 모두 4가지의 이분법적 유형이 있다. 4가지 이분법 유형을 조합하면, 16가지의 성격 유형이 나온다(ISTJ, ISFJ, ISTP, ESTJ, INTJ, ESTP, ESFJ, ISFP, INTP, ENTJ, INFJ, ESFP, ENFJ, INFP, ENTP, ENFP).

여기서 언어 능력(독해력, 문제 해결력)과 상관성이 높은 것이 바로 '감각 대 직관'이다. '감각 대 직관'은 정보를 감지하고 받아들일 때 어떤 것에 주의하는지를 알려주는 심리적 차원과 밀접하게 관련되기 때문이다.

자, 이제부터 감각형과 직관형의 특징을 각각 소개할 것인데, 독자들도 자신이 어느 형에 해당하는지 한번 생각해 보기를 바란다.

먼저 감각형의 특징부터 보자.

– 글을 읽을 때 세부 사항에 주의를 기울이고 면밀하게 관찰하는 경향이 있다.
– 순서나 체계성, 구조를 매우 중시하며, 모호함에 대한 관용성(tolerance of ambiguity)이 떨어진다.
– 읽기 과정이나 문제 풀이 과정을 통제하려는 욕구가 강하다.
– 글을 읽거나 문제를 해결할 때 분석적이거나 도구적인 방법을 적용하려는 성향이 매우 강하다.

이런 특징을 지닌 감각형이 주로 사용하는 독해 방식은 다음과 같다.

– 중요한 단어를 식별하고자 애쓴다.
– 문장의 구조나 형식에 주목한다.
– 주어나 서술어를 찾으려 애쓰거나 문장의 형태를 단순화하려고 노력한다.
– 문장 간의 관계에 주목한다.
– 건너뜀 없이 꼼꼼하게 읽는다.
– 훑어 읽지 않는다.
– 글의 구조를 명료하게 인식하기 위해 노력한다.
– 정독을 선호한다.
– 접속어(정확하게는 접속부사)에 주목한다.
– 문장 성분을 문법적으로 분석하려고 시도하고, 문장을 도식화하려고 애쓴다.

반면에 직관형의 특징은 이렇다.

– 글을 읽을 때 자신의 감을 따르는 경우가 많다.
– 의미와 연상을 따라가며 빠르게 읽는 경향이 있다.

- 순서나 체계성, 구조를 소홀히 하고, 모호함에 대한 관용성(tolerance of ambiguity)이 높다.
- 세밀한 관찰보다는 문맥을 중시하고, 전체적인 접근을 하려는 성향이 강하다.

이런 특징을 지닌 직관형이 주로 사용하는 독해 방식은 다음과 같다.

- 제시문을 전체적으로 훑어 읽는다.
- 한번 훑어 읽고 충분히 이해되지 않았다는 느낌이 들면, 다시 한 번 읽는다.
- 다시 읽을 때 읽는 속도를 조절한다.
- 모르거나 이해가 가지 않는 부분은 과감하게 건너뛴다.
- 지금까지 읽은 부분에서 알게 된 지식으로, 다음에 나올 내용을 예측한다.

재미있는 것은 직관형은 말 그대로 직관을 바탕으로 글을 빠르게 읽는 경향이 있고, 따라서 정확한 정보를 제대로 파악하지 못할 가능성이 높은 데도 불구하고, 결과적으로 제시문에 대한 높은 이해도를 보인다는 사실이다. 제시문에 딸린 문제도 더 잘 해결한다. 당연히 시간도 적게 소비한다. 언뜻 보면 매우 역설적인 현상이 아닐 수 없다.

사실 이와 관련해서는 많은 실험이 이미 이뤄진 바 있다. 대부분은 외국의 사례지만, 국내에서 한 실험도 몇 개 정도 있다. 관심 있는 독자들은 한번 찾아보기를 바란다. 키워드는 언어 능력, 독해, 성격(유형)이다.

어쨌든 국내외의 여러 연구 결과가 보여주는 공통점이 매우 흥미롭다. 언어 능력 검사를 해 보면 상위 1/3에 '직관형'이 압도적으로 많다는 것이다. 더 재미있는 사실이 또 있다. 그것은 외국과 우리나라의 연구 결과를 합쳐 보면, 전체 인구 중에 감각형(70~75%)이 직관형(25~30%)보다 2배 이상 많은 것으로 조사된다는 것이다.

그렇다면 '언어 능력자'들 중에는 직관형이 '절대적'으로 많다고 하는 것이 더 정확한 표현이 된다. 그것은 '압도적'인 수준을 넘어서는 것이기 때문이다. 당연히 어휘와 이해력 척도에서도 직관형들은 훨씬 좋은 점수를 받았다. 거꾸로 언어 능력이 떨어지는 사람들 중에는 감각형이 '유의미'하게 많았다.

이쯤에서 한 가지만 짚고 넘어가자. '기술류'의 국어 교재나 강의는 바로 이 '감각형'에 호소하는 측면이 강하다는 점이다. 왜냐하면 그런 교재나 강의는 효과를 떠나서 감각형 수험생에게 "뭔가 대단한 것을 배우고 있다"는 느낌을 줄 가능성이 매우 높기 때문이다. 또 감각형 수험생들은 그런 교재나 강의 내용이 자신과 잘 맞는다는 생각을 하게 될 가능성도 높다. 교재나 강의에서 제시하는 '기술'이나 '스킬', 그러니까 개별적이고 명시적이고 분석적인 방식, 그리고 원칙적이고 논리적인 방식이, 감각형 성격과 '상호작용(교섭)'을 잘하기 때문이다. 한마디로 '궁합'이 잘 맞는다는 말이다.

반대로 '직관형' 수험생들은 이런 교재나 강의로 국어 공부를 하는 것에 대해 체질적으로 거부감을 가지고 있다. 맞지 않는 옷을 억지로 입은 듯한 느낌을 받게 될 가능성이 높다는 말이다. 그런데 문제는 기술이나 스킬을 알려주는 교재나 강의가 국어 공부의 '대세'가 되면서, 직관형 수험생들도 이런 불편한 상황을 교재나 강의가 아닌 자기 탓으로 돌리는 경향이 점점 늘고 있다는 것이다. "나와 잘 안 맞는다"는 생각을 하면서도, "그래도 옷에 몸을 맞춰야 하는 것 아니냐"는 생각을 하게 된다는 말이다. 이런 현상이 가져오는 부정적 결과에 대해서는 잠시 후에 본격적으로 다룰 것이다.

'충동형'의 최대 강점은
'모호함에 대한 관용성'

언어 능력 특히 독해력과 관련된 성격 유형으로는 '심사숙고형'과 '충동형'이 거론되기도 한다.

심사숙고형(reflectivity)은 제시문을 읽거나 문제를 해결할 때 여러 가지를 저울질해 보고 모든 틈새를 점검하고 난 다음에야 판단하는 '체계적 유형'이다. 반면 충동형(impulsivity)은 제시문을 읽거나 문제를 해결할 때, 추측과 예상을 바탕으로 가능한 몇몇 판단을 연속적으로, 그리고 모험적으로 해보는 '직관적 유형'이다.

심사숙고형의 특징은 다음과 같다.

- 체계적이며 변수가 통제되는 읽기나 문제 해결 과정을 선호한다.
- 객관적 판단을 선호한다.
- 계획하고 조직한다.
- 분명하고 확실한 정보를 선호하며, 애매모호하고 불확실한 정보에 대한 두려움이 크다.

- 분석적으로 읽는다.

- 비유를 좋아하지 않는다.

- 논리적인 문제 해결을 선호한다.

- 인지적 시야가 좁다. 나무는 보지만 숲은 못 볼 수 있다.

- 분석하거나 상세한 내용에 주의를 집중하는 활동을 잘하며, 학교 내신에서 성공적인 모습을 보이는 경우가 많다.

충동형의 특징은 다음과 같다.

- 제약을 덜 받는 자유로운 읽기나 문제 해결 방식을 좋아한다.

- 주관적 판단을 선호한다.

- 유동적이고 즉흥적이다.

- 애매모호하고 불확실한 정보에 대한 두려움이 없다.

- 통합적 읽기를 선호한다.

- 비유를 자주 활용한다.

- 직관적인 문제 해결을 선호한다.

- 인지적 시야가 넓다. 숲은 보지만 나무는 못 볼 수 있다.

- 감정이입적 태도나 전체적인 통찰의 장점이 있으며, 수능에서 성공적인 모습을 보인다.

여기서도 재미있는 현상이 나타난다. 이론적으로만 보면 심사숙고형이 충동형보다 글을 읽거나 문제를 해결할 때 오류를 덜 범하는 경향이 있다. 하지만 결과적으로 제시문을 효과적으로 독해하고 문제를 잘 해결하는 사람은 심사숙고형이 아니라 충동형들이다. 이론과 현실의 '불일치'가 아닐 수 없다.

학자들은 그 이유로, 충동형들은 보통 추측과 예상을 하면서 글을 빨리 훑어 읽고, 그 결과 심리 언어적 추측 게임을 더 잘하기 때문이라고 말한다. 무슨 말이냐면, 충동형들은 제시문을 읽을 때 보다 즉각적인 반응으로 제시문에 대한 이해의 정확도를 추측하는 모험을 자주 하는데, 그 과정에서 제시문과 독자 사이의 '상호작용'이 매우 활발하게 이뤄진다는 것이다. 그리고 대부분의 언어학자들은 "바로 이 추측 게임을 잘하는 사람이 유능한 독자"라고 단언한다. 이런 결과도 언뜻 보면 매우 역설적인 것이다.

어쨌든 충동형들은 제시문을 읽을 때 기술이나 스킬을 적용하거나 원리를 찾는 것에 그다지 신경을 쓰지 않는다. 게다가 이들은 모호함에 대한 관용성(tolerance of ambiguity)까지 높다. 그 결과 글을 읽을 때 설사 정확하게 이해되지 않았다는 느낌이 들어도 다음 문장으로 빨리 넘어간다. 또 문제를 해결할 때 설사 정확하게 풀지 않았다는 느낌이 들어도 다음 문제로 신속하게 넘어가는 과감한 모습을 보인다.

반면 심사숙고형은 제시문을 읽을 때 기술이나 스킬을 적용하거나 원리를 찾으려 애쓴다. 그리고 문제를 논리적으로 해결하려는 태도가 습관처럼 굳어 있다. 꼼꼼하고 세밀하며 '모호함에 대한 관용성'이 절대적으로 부족하다. 따라서 정확하게 글을 이해하지 않았다거나 정확하게 문제를 풀지 않았다는 느낌이 들면, 다음 문장이나 다음 문제로 절대 넘어가지를 못한다. 그 결과 반드시 시간 부족을 경험하게 된다. 실제로도 국어 시험을 치르는 상황에서 심사숙고형의 특징인 꼼꼼하고 세밀한 읽기는 장점이 아닌 단점으로 작용하는 경우가 훨씬 더 많다.

또 심사숙고형은 모든 제시문 읽기나 문제 해결에 자기가 학습한 익숙한 방식(기술이나 스킬)을 적용하려는 경향이 있다. '프로크루스테스의 침대'를 메고 다니면서, 자기가 치르는 모든 국어 시험을 거기에 끼워 맞추려고 애쓴다는 말이다.

프로크루스테스는 그리스 신화에 등장하는 인물인데, 아테네 교외에 여관을 짓고 살면서 여행객을 대상으로 강도질을 했던 사람이다. 그 여관에는 쇠로 만든 침대가 있는데, 프로크루스테스는 지나가는 행인을 붙잡아 그 침대에 누이고는 키가 침대보다 크면 그만큼 잘라내고 키가 침대보다 작으면 억지로 침대 길이에 맞게 몸을 늘여서 죽였다고 한다. 그의 이런 '악행'은 결국 아테네의 영웅 테세우스에 의해 끝이 나게 된다. 테세우스는 프로크루스테스를 그 침대에 누이고는 그가 다른 사람들을 죽인 방법을 그대로 써서 그를 죽였다.

프로크루스테스의 '쇠 침대'는 만약 익숙한 제시문이나 문제 유형을 만나면 긍정적인 효과를 얻을 수 있지만, 그렇지 않은 경우에는 당연히 큰 문제를 발생시킨다. 융통성, 그러니까 '모호함에 대한 관용성'이 절대 허락되지 않기 때문이다. 기술이나 스킬, 그러니까 어떤 '틀'이나 '공식'과 아무 상관없이 해결되는 문제들, 그리고 그런 틀이나 공식으로 풀려고 하면 실제 시험장에서는 오히려 큰 문제가 발생할 수 있는 문제들을, 억지로 그런 틀이나 공식에 우겨 넣으려는 고지식함이나 완고함이 훨씬 더 크니까 말이다.

재미있는 것은 제시문이 잘 이해되지 않거나 문제가 잘 해결되지 않을 때 두 유형이 보이는 반응이다. 제시문 독해나 문제 해결이 잘 안 될 경우, 심사숙고형은 더 심사숙고를 하게 되고, 충동형은 더 충동적이 된다. 위기에 부딪혔을 때 방향을 선회하기보다는 오히려 자기 스타일을 더 고집하거나 강화한다는 것인데, 그 결과는 충동형에게 훨씬 유리한 것으로 나타난다.

내신만 잘 나오는 '좌뇌형',
수능에서 성공하는 '우뇌형'

'좌뇌형'과 '우뇌형'의 구분도 언어 능력(독해력, 문제 해결력)과 관련이 깊다. 좌뇌 성향은 제시문의 특정한 부분에 주목하기를 좋아한다. 그리고 어떤 규칙이나 원리, 기술이나 스킬을 통해 그러한 부분들을 분류하고 명명화(이름 붙이기: naming)하고 구조화하기를 좋아한다. 반면 우뇌 우성은 제시문의 세부적인 부분을 구조화하기보다는 전체적인 분위기나 이미지를 더 좋아한다. 모호한 내용이나 표현에 대한 거부감이 없고, 자신이 사용하는 독해 방식이나 문제 해결 방식에 어떤 이름을 붙이는 것을 체질적으로 싫어한다.

좌뇌형의 특징은 다음과 같다.

- 논리적이고 규칙적이고 체계적인 것을 선호한다.
- 이론이나 통계를 신뢰한다.
- 고지식하고 완고하다.
- 안정을 중시한다.

- 깐깐하다.
- 정리정돈을 잘한다.
- 정해진 틀에 잘 적응하고, 거기에서 편안함을 느낀다.
- 글을 읽거나 문제를 해결할 때, 완벽한 방식에 의존하려는 강박 관념이 있다.
- 내용을 이해하지 못하면 당황하는 경향이 있고, 읽기 과정이나 문제 해결 과정에 존재하는 불확실성을 두려워한다.
- 배경지식의 활용을 자제하며, 추측과 예상을 좋아하지 않는다.

우뇌형의 특징은 다음과 같다.

- 직관적이고 즉흥적이다.
- 종합적이고 상징적이다.
- 이론과 원리, 규칙을 그다지 신뢰하지 않는다.
- 매사에 융통성이 있다.
- 정리정돈에 취약하다.
- 변화를 지향한다.
- 몰입을 잘한다.
- 정해진 틀에 적응하는 것을 힘들어 한다.
- 완벽하지는 않지만 자기에게 맞는 독해 방식이나 문제 해결 방식을 찾고, 그것을 자기 것으로 만든다.
- 모든 내용을 이해하지 못해도 당황하지 않으며, 읽기 과정과 문제 해결 과정에 존재하는 불확실성을 받아들인다.
- 배경지식을 활용하는 것에 대해 거부감이 없고, 추측과 예상을 자주 한다.

이미 많은 독자들이 짐작하고 있겠지만, 이때에도 더 뛰어난 언어 능력을 보여주는 쪽은 우뇌 성향의 학습자들이다. 심지어 어떤 학자는 지금까지의 다양한 언어 교육이 결국 실패한 이유를 바로 여기에서 찾기까지 한다. 말하자면 그동안의 언어 교육은 지나치게 좌뇌 기능에 초점을 맞춰 이뤄졌기 때문에, 결국 실패할 수밖에 없었다는 것이다. 이들에 따르면 언어 능력에서 중요한 것은 좌뇌 기능이 아니다. 바로 우뇌 기능이다.

자, 이쯤에서 국어 과목과 관련해서, 수험생 사이에 널리 퍼져 있는 '체념적 지혜'를 반드시 언급할 필요가 있다. 두 가지다.

첫째, 국어는 공부를 하면 오히려 성적이 떨어진다.

둘째, 국어는 공부할 때는 뭔가 대단한 것을 배우는 것 같은데, 막상 시험을 치르면 성적에는 변화가 없다.

이런 현상은 '직관형―충동형―우뇌형'과 '감각형―심사숙고형―좌뇌형'이라는 수험생들의 성격적 특성과 관련이 깊다.

먼저 공부를 하면 성적이 오히려 떨어지는 경우부터 보자. 이런 경험은 직관형―충동형―우뇌형 수험생에게서 자주 나타난다. 말하자면 국어 공부, 특히 '기술'이나 '스킬'을 공부하고 그것들을 시험 치를 때 의식적으로 사용하려고 할 경우, 오히려 평소에는 편하게 풀었을 문제도 해결이 까다로워지는 경험을 할 가능성이 높다는 것이다. 새로 학습한 개별적이고 명시적이고 분석적인 방식이 오히려 시간 부족이나 정답률 하락이라는 부정적 결과를 만들어내는 경우가 많다는 말이다. 맞지 않는 옷을 입은 사람이 그전에는 편하게 하던 행동을 할 수 없게 되는, 부자연스러운 상황을 떠올리면 딱 맞다.

공부할 때는 뭔가 대단한 것을 배운 것 같은데 막상 성적에는 변화가 없는 경우는 감각형―심사숙고형―좌뇌형 수험생들이 자주 하는 경험이다. 말하자면 이 친구들은 자신들의 성격상 기술이나 스킬을 알려주는 교재나 강의를 좋아할 수밖에 없다. 여기서 좋아한다는 것은 그런 교재나 강의에 나오는 개별적이고 명시적이고 분석적인 방식, 그리고 정밀하고 논리적인 접근이 이 친구들의 성격과 '딱' 맞아 떨어진다는 말이다. 이런 선호 때문에 이 친구들은 그런 '기술류'의 공부를 흥미롭게 할 수 있다. 그리고 말 그대로 뭔가 대단한 것을 배우고 있다는 '희열'을 공부하는 순간에는 경험할 가능성이 높다.

하지만 그런 과정은 이 친구들이 가지고 있는 단점을 고치는 것이 아니라 오히려 악화시키는 부정적인 결과를 가져온다. 이미 그런 분석적이고 논리적인 풀이 방식의 가장 큰 피해자들임에도 불구하고, 그런 방식이 더 강화되는 악순환의 사이클로 자신도 모르게 들어가는 셈이기 때문이다.

'기술류'의 교재나 강의를 접하고 환호하는 친구도 있지만, 뭔가 맞지 않는 옷을 억지로 입은 듯한 불편함을 토로하는 친구들도 많다. 환호하든 불편해하든, 그 효과는 모두 부정적이다. 수능 국어 영역에서 독해력이나 문제 해결력의 주체는 수험생이지 교재의 저자나 강의의 강사가 아니다.

자, 지금까지 한 이야기를 한번 정리해 보자. 한마디로 말하면 "직관형—충동형—우뇌형 수험생이 감각형—심사숙고형—좌뇌형 수험생보다 수능 국어 영역을 잘 치를 '가능성'을 더 많이 가지고 있다." 물론 다른 과목, 특히 수학이나 일부 탐구 과목에서는 감각형—심사숙고형—좌뇌형 수험생이 도리어 직관형—충동형—우뇌형 수험생보다 더 유리한 측면이 있다. 하지만 언어적 문제 상황에 대처하는 것, 그러니까 국어 시험에서만큼은 직관형—충동형—우뇌형 수험생들이 훨씬 더 유리하다. 문제는 대한민국 수험생 전체를 놓고 보면, 직관형—충동형—우뇌형 수험생보다 감각형—심사숙고형—좌뇌형 수험생들이 훨씬 더 많다는 데 있다. 필자 생각에는, 우리 주변에 국어를 힘들어하는 친구들이 많은 것이, 혹시 이런 비율과 관계가 있지 않을까 싶기도 하다.

여기서 독자들은 두 가지 질문을 할 수 있다. '직관형-충동형-우뇌형' 독자의 입장에서 던지는 질문과 '감각형-심사숙고형-좌뇌형' 입장에서 던지는 질문이다.

먼저 직관형－충동형－우뇌형부터 보자. 이 친구들이 던질 수 있는 질문은 "그렇다면 우리는 국어 시험을 잘 치를 수 있는 능력을 이미 갖추고 있다는 것이냐?", "그렇다면 나에게 익숙하고 편한 방식으로 국어 시험을 치르면 오히려 지금보다 더 좋은 성적이 나온다는 말이냐?", "그렇게 편하게 풀다가는 망할 수도 있다는 주변의 걱정을 무시하고, 그저 내 스타일대로 밀어붙이면 된다는 말이냐?" 등등이다. 그렇다. 직관형－충동형－우뇌형 수험생은 이미 수능 국어 영역을 잘 치를 '잠재력'을 상대적으로 더 많이 가지고 있다. 오히려 그런 잠재력을 스스로 신뢰하지 못하고 주위의 쓸데없는 조언에 휘둘릴 때 생각지도 못한 어려움을 겪게 된다.

이번에는, 감각형－심사숙고형－좌뇌형 수험생들이 던질 수 있는 질문을 보자. "그렇다면 우리는 어쩌라는 말이냐? 성격을 바꿔야 한다는 말이냐? 그렇다면 어떻게 성격을 바꿀 수 있느냐?" 그렇다. 성격을 바꿔야 한다. 하지만 십수 년이라는 세월을 거치면서 만들어지고 굳어진 성격을 누가 어떻게 바꿀 수 있을까? 솔직히 말하면 바꾸기 힘들다. 다리 떠는 습관 하나, 손톱 물어뜯는 버릇 하나 고치는 것도 절대 쉬운 일이 아니지 않는가? 습관으로 굳어진 뒤에 흘러간 시간이 길면 길수록 그걸 고치거나 없애는 데 드는 시간도 그만큼 늘어날 테고 말이다. 하물며 작은 습관이나 버릇도 그런데, 성격은 더 말할 것도 없다. 그리고 아까 말한 대로 수학이나 일부 탐구 과목에서는 감각형－심사숙고형－좌뇌형 성격이 도리어 유리한 측면도 있다.

성격을 어떻게 바꾸느냐에 대해서는 할 말이 있다. 바꿀 필요가 없다. 왜냐하면 수능 국어 영역에 대한 '모국어 화자'의 기본적인 태도는 사실 똑같기 때문이다. 직관형-충동형-우뇌형이 가지고 있는 태도가 국어 시험을 대하는 모국어 화자의 '자연스러운' 태도다. 물론 수학이나 영어, 탐구 과목은 다를 수 있다. 하지만 국어는 피평가자가 모국어 화자, 그것도 '유창한' 모국어 화자인 매우 특이한 시험이다. 뭔가를 특별히 의식하거나 그렇게 하려고 일부러 애쓰지만 않는다면, 모국어 화자의 언어적 접근은 직관형－충동형－우뇌형의 방식으로 이뤄질 수밖에 없다.

여기서 필자가 부탁하고 싶은 것은 다른 것이 아니다. 수험생들은 다만 감각형－심사숙고형－좌뇌형 쪽으로 흐르려는 부자연스러운 경향성을 억눌러야 한다는 것이다. 적어도 국어 시험 볼 때만큼은 말이다. 그리고 필자는 앞으로 그런 부정적인 경향성을 억제하기 위해 무엇이 필요한지에 대해서 자세하게 이야기할 생각이다. 그리고 그것은 기술이나 스킬 같은 것으로 수능 국어 영역을 잘 치르겠다는 '헛된' 희망을 품는 것보다는, 만 배 정도 현실적이고 효과적이다.

'외국인 학습자'처럼
국어 시험을 치르는
'모국어 화자'

필자의 이런 주장에 대해 독자들은 '황당하다'는 반응을 보일 것 같다. 아니다. 황당한 이야기가 아니다.

독자들의 이해를 돕기 위해 이번에는 '외국인 학습자'와 '모국어 화자'의 특징을 비교해 보고자 한다. 독자들은 이 둘의 특성이, 앞서 말한 '감각형-심사숙고형-좌뇌형'과 '직관형-충동형-우뇌형'의 특성과 얼마나 흡사한지 눈여겨보기를 바란다.

여기서 '외국인 학습자'는 어느 정도 한국어를 읽고, 말하고, 쓸 수 있는 외국인 화자를 말한다. '모국어 화자'는 바로 이 글을 읽고 있는 독자들 자신이다. 대한민국에서 입시를 준비하는 거의 대부분의 수험생들이 바로 필자가 말하는 모국어 화자다.

먼저, 외국인 학습자의 특징부터 보자.

- 문장을 문법적으로 분석하려고 애쓴다.
- 문장이나 제시문의 구조를 통해 의미를 파악하는 경향이 강하다.

- 어휘의 경우 문맥으로 그 의미를 추론하기보다는, 미리 사전적 의미를 암기하고 그 암기한 지식을 적용하려고 애쓴다.
- 언어의 원리나 규칙, 기술이나 스킬을 자주 떠올린다.
- 대명사나 접속어를 매우 중요한 단서로 여긴다.
- 읽기 속도를 조절하지 못한다.
- 건너뛰면서 읽는 것에 대한 거부감이 있다. 만약 건너뛰면서 읽는다면 그건 어쩔 수 없기 때문이다.
- 훑어 읽기보다 정독을 선호한다.
- 다시 읽기보다는 한 번에 완벽하게 이해하려는 욕구가 있다.
- 세부적인 내용에 주목한다.
- 읽으면서 메모하거나 표시하는 것을 좋아한다.
- 예상하며 읽는 것에 대한 두려움이 크다.
- 읽기나 문제 해결 과정에 존재하는 모호함에 대한 관용성이 크게 떨어진다.
- 정해진 방식을 선호하고 거기에서 안정감을 느낀다.
- 자신에게 익숙한 읽기 방식이나 문제 해결 방식을 다른 상황에도 그대로 적용하려는 경향이 강하다.
- 배경지식의 사용을 최소화한다.

반면, 모국어 화자의 특징은 다음과 같다.

- 문장을 문법적으로 분석하는 것에 별 관심이 없다.
- 문장이나 제시문의 구조를 통해 의미를 파악하지 않는다.
- 어휘의 경우 미리 암기한 내용보다는 문맥으로 그 의미를 추론하는 경우가 많다.
- 언어의 원리나 규칙, 기술이나 스킬을 그다지 신경 쓰지 않는다.
- 대명사나 접속어를 결정적인 단서로 여기지 않는다.
- 읽기 속도를 조절한다.

- 건너뛰면서 읽는 것에 대한 거부감이 없다.

- 정독보다 훑어 읽기를 선호한다.

- 한 번에 완벽하게 이해하기보다는 다시 한 번 읽는 것을 선호한다.

- 세부적인 내용에 그다지 주목하지 않는다.

- 읽으면서 메모하거나 표시하는 것을 좋아하지 않는다.

- 예상하며 읽는 것에 대한 두려움이 크지 않다.

- 읽기나 문제 해결 과정에 존재하는 모호함에 대한 관용성이 높다.

- 정해진 방식을 그다지 선호하지 않고, 상황에 따라 융통성을 발휘한다.

- 자신에게 익숙한 읽기 방식이나 문제 해결 방식을 고집하지 않는다.

- 배경지식을 자주 떠올린다.

자, 어떤가? 수험생 여러분은 외국인 학습자가 아니다. 모국어 화자다. 그것도 '유창한' 모국어 화자다. 여기서 어떤 독자는 "아니 내가 유창한 모국어 화자라고? 아닌 것 같은데" 하는 생각을 할지도 모른다. 아니다. 여러분은 이미 유창한 모국어 화자다. 여러분이 대단해서가 아니다. 말하고, 읽고, 쓰는 데 큰 불편이 없는 중고등학생 이상의 모국어 화자를, 대부분의 언어학자들은 유창한 모국어 화자로 보기 때문이다. "나는 예외다"라고 생각하지 말기를 바란다. 난독증이나 언어 장애, 그리고 외국에서 태어나 거기서 아동기와 청소년기를 보낸 사람이 아닌 이상, 예외에 해당하는 경우는 극히 드물다. 단적으로 이 책을 지금 이 부분까지 별 어려움 없이 읽었다면, 그 독자는 '유창한' 모국어 화자임에 틀림없다.

한국어시험을 볼 때 '모국어 화자'와 '외국인 학습자'는 분명한 차이를 보인다. 마찬가지로 수능 국어 영역을 볼 때 직관형―충동형―우뇌형 수험생과 감각형―심사숙고형―좌뇌형 수험생은, 마치 '모국어 화자' 대 '외국인 학습자'와 같은 차이를 보인다.

여기서 어떤 독자들은 "외국인과 같이 치르는 한국어 시험과 수능 국어 영역은 차원이 다른 것 아니냐"는 질문을 할 수 있다. 아니다. 등장하는 어휘나 다루는 내용, 글의 구조나 문제의 복잡성은 다를 수 있지만, 언어적 문제 상황에 대처한다는 점에서 두 시험 사이에는 본질적인 차이점이 없다.

상황이 이런데도 일부 교재나 강의는 수험생들에게 수능 국어 영역을 외국인 학습자처럼 치르라고 요구한다. 그리고 그렇게 하지 않으면 시험을 망칠 것이라고 협박한다. 사실 감각형－심사숙고형－좌뇌형은 성격적인 요인도 있지만, 이런 조언을 잘 따르는 '착한' 수험생들이다. 그리고 '기술류'의 교재나 강의가 국어 공부의 대세가 되면서, 감각형－심사숙고형－좌뇌형 수험생은 오히려 자신의 성격이 수능 국어 영역과 '찰떡궁합'이라는 '거대한 착각'을 하는 경우까지 있다.

수험생의 성격과 시험 성적 간의 상관성은 앞으로도 이야기할 기회가 많이 있을 것이다. 수험생의 성격은 국어 시험에서 성적 차이를 만들어내는 매우 중요한 지점이라는 사실을 꼭 명심해 두기 바란다. 자, 그럼 이제부터 본격적인 이야기를 시작해 보자.

제 2 부

제시문이 어려워도 정답률은 높을 수 있다

'제시문 지상주의'라는
'신화'

앞에서 국어 시험은 4개의 언어 자료와 1개의 비언어 자료로 이뤄진다고 했던 말을 다시 떠올려 보자.

- 평가 방법과 절차를 제시하는 언어(큰 지시문)
- 평가용 자료 언어(제시문)
- 평가 과제를 부여하는 언어(발문 혹은 문두)
- 평가를 정교화하기 위한 언어(보기, 답지)
- 비언어 자료(표, 그래프, 그림)

먼저 평가 방법과 절차를 제시하는 언어부터 보자.

'큰 지시문'이라고도 하는데, "다음 글을 읽고 물음에 답하시오"가 대표적이다. 보통 국어 시험 문제지를 보면, 제시문 위에 그 제시문에 딸린 문항의 첫 번호와 마지막 번호가 묶인 표시(예를 들면 [19-22])가 나온다. 그리고 그 옆에 "다음 글을 읽고 물음에 답하시오"라는 말이 적혀 있는데, 바로 이 언어가 큰 지시문, 그러니까 평가 방법과 절차를 제시하는 언어다. 사실 국어 시험을 치르면서 큰 지시문을 눈여겨보는 사람은 없다. 당연하다. 글을 읽지 않고 물음에 답하려고 마음먹는 사람은 없기 때문이다. 하지만 시험 후반부로 가면, 이 지시를 지키고 싶어도 지키지 못하는 경우가 생긴다. 글을 읽지 않고 물음에 답을 하는, 더 정확하게는 글을 읽지 않고 답을 마구 '찍게' 되는 상황이 벌어지기 때문이다.

큰 지시문은 사실 별로 이야기할 것이 없다. 어쨌든 국어 시험에 등장하는 언어 자료라 그냥 넘어갈 수가 없어서 '새삼스럽게' 거론했을 뿐이다. 자, 이제는 국어 시험의 '핵심'이라고 여겨지는 평가용 자료 언어, 쉬운 말로 '제시문'에 대해서 이야기해 보자.

"국어 시험에서 가장 중요한 것은 무엇이냐"는 질문을 받게 되면, 거의 모든 사람들은 "제시문!"이라고 대답한다. 누가 뭐래도 다섯 가지 언어 자료 가운데 가장 중요한 것은 평가용 자료 언어라고 생각하기 때문이다.

"국어 시험에서 제시문이 가장 중요하다"는 것은 반론의 여지가 없는 '절대 명제'인 듯하다. 만약 누군가가 이 명제에 대해 다른 의견을 낸다면, 그 사람은 비웃음을 살지도 모른다. 필자는 이제부터 비웃음을 살 각오로 전혀 다른 주장을 하고자 한다.

제시문에 대한 이해의 정도만 따로 측정한다면, 당연히 제시문이 가장 중요하다. 무슨 말인지 언뜻 이해가 되지 않을 것 같다. 다시 풀어서 말해 보자. 제시문을 읽고 난 후에 그 내용을 요약해서 말로 한번 발표해 보라거나 글로 한번 써 보라고 할 경우에는, 당연히 발표나 글쓰기의 '원재료'인 제시문이 절대적으로 중요하다.

하지만 우리가 국어 시험을 치르는 상황은 조금 다르다. 우리는 국어 시험을 치를 때 제시문을 읽고 난 후 그 내용을 누구에게 발표하거나, 그 내용을 바탕으로 논술문을 쓰지는 않는다. 주어진 제시문을 읽고 거기에 딸린 몇 개의 문제를 해결할 뿐이다. 그렇지 않은가? 그런 국어 시험에서, 제시문의 비중은 우리가 생각하는 것보다 크게 낮다.

많은 독자들은, 지금 필자가 받아들이기 힘든 이야기를 하고 있다고 생각할 수도 있다. 수험생들에게는 '제시문이 잘 이해되면 문제도 잘 해결되는 것'이라는 뿌리 깊은 믿음이 있기 때문이다. 마치 신앙처럼 말이다. 이 이야기는 매우 중요한 것이기 때문에, 앞으로도 기회가 있을 때마다 자주 그리고 자세히 다룰 생각이다.

앞서 말했듯 우리는 국어 시험을 치르면서, 제시문을 읽고 그 내용을 요약해서 누군가에게 말로 들려주거나, 글로 보여주지 않는다. 그 제시문과 관련해 주어진 몇 개의 문제를 해결할 뿐이다. 더 정확하게는 제시문을 읽고 해결 과제(문제의 요구 사항, 혹은 발문)를 확인하고, 5개의 답지 중에서 정답이라고 생각되는 것 하나를 고르는 것이다.

이 이야기를 반복하는 이유가 있다. 대부분의 국어 강의나 교재에 등장하는 '조언'은 이런 시험 상황을 바탕으로 하지 않고 있기 때문이다. 무슨 말이냐면, 대부분의 국어 교재나 강의들은, 수험생들에게 5지 선다형 객관식 문제를 푸는 수준의 독해를 요구하지 않는다는 것이다. 그게 아니라 제시문의 내용을 요약해서 말하거나 글로 쓰고자 할 때 필요한 수준의 독해를 수험생에게 요구한다. 그리고 그런 수준에 도달하지 못하면 좋은 성적을 얻는 것은 불가능하다고 겁을 준다. 사실 많은 국어 교재나 강의가 제시문 독해와 관련해 범하는 가장 심각한 오류는 대부분 여기에서부터 비롯된다.

이쯤에서 제시문과 정답률의 관계에 대해서 잠깐 이야기를 할 필요가 있을 것 같다. 우리는 보통 "제시문이 어려우면 그 제시문을 바탕으로 만들어진 문제도 해결하기 어려울 것"이라고 생각한다. 그리고 "그래서 결국 정답률이 낮아질 것"이라고 짐작한다. 그렇지 않다. 그건 사실이 아니다.

'문제 해결이 어려울 것 같다고 느끼는 것'과 '실제로 정답률이 낮아진다는 것'은 전혀 다른 차원의 문제다. 다시 말해 보자. '제시문이 어렵다'는 것과 '그 제시문을 바탕으로 만들어진 문제를 대하는 심리적 부담감이 커진다'는 것 사이에는 분명히 상관관계가 있다. 하지만 '제시문이 어렵다'는 것과 '실제로 정답률이 낮아진다'는 것 사이에는 우리가 생각하는 것처럼 밀접한 상관관계가 없다.

많은 독자들은 왜 그런지 궁금할 것 같다. 그것은 국어 시험에서 정답률을 낮추는 가장 큰 원인은 제시문의 까다로움이 아니기 때문이다. 국어 시험에서 정답률을 낮추는 가장 큰 원인은 바로 정답의 표지성(혹은 오답의 매력도)이다. 어려운 제시문이 정답률에 미치는 영향은 상대적으로 낮다. 왜 그런지는 앞으로 이야기가 진행되면서 자연스럽게 밝혀질 것이다. 하지만 이 부분은 독자 입장에서 매우 궁금해할 이야기다. 나중에 본격적으로 다루기 전에 잠깐이라도 언급하고 넘어가는 것이 독자에 대한 '예의'일 것 같다.

한마디로 말하면 국어 시험, 영어 시험, 수학 시험은 정답률에 영향을 미치는 요인이 각기 다르다. 사실 이 부분은 수능을 준비하는 데 매우 중요한 고려 사항인데, 수험생들은 의외로 별다른 관심을 두지 않는다.

비유를 하나 들어보자. 같은 육상 종목이라고 해도, '마라톤'과 '100미터 달리기'와 '원반던지기'는 성적(순위)에 영향을 미치는 요인이 서로 다르다. 누군가가 "그래봤자 어차피 똑같은 육상이니까 훈련도 똑같이 해야 한다"고 하면 "맞아" 하며 고개를 끄덕일 사람이 있을까? 당연히 없다. 원반던지기 선수에게 마라톤 훈련을 시키는 상황을 떠올려 보라. 생각만 해도 끔찍한 일이다. 하지만 그게 육상이 아니라 시험공부가 되면 많은 사람들은 "어차피 공부란 게 똑같은 것 아니냐"는 생각을 한다. 해괴망측한 생각이다. 그리고 많은 수험생들은 그 해괴망측한 생각을 매우 당연한 것으로 받아들인다. 이상한 일이다.

말이 나온 김에 정답률에 영향을 주는 요인을 과목별로 한번 살펴보자. 먼저 수학에서 정답률에 가장 큰 영향을 주는 요인은 '문항 형식'이다. 합답형을 제외한 5지 선다형→합답형→단답형 순으로 정답률이 낮아진다. '포기자'가 많은 수학 시험의 성격을 감안하면 당연한 현상이다. 두 번째 요인은 '내용 영역'이다. 내용 영역이라는 말이 낯설지만, 쉽게 말하면 수학적 기초→대수→기하→해석→확률과 통계 순으로 정답률이 낮아진다는 것이다. 이것도 무슨 말인지 대부분의 독자들은 이해할 수 있을 것 같다. 세 번째 요인은 내용이나 제재의 생소한 정도다. 네 번째 요인은 '행동 영역'이다. 문제를 해결하기 위해서 수험생은 어떤 행동을 해야 하는가 하는 것인데, 계산→간단한 이해→외적 문제 해결→증명→발견적 추론→복잡한 이해→내적 문제 해결 순으로 정답률이 낮아진다. 다섯 번째 요인은 문제 해결에 필요한 개념의 수, 여섯 번째 요인은 계산의 복잡성이다.

영어에서 정답률에 가장 큰 영향을 주는 요인은 문법적 판단을 요구하는 정도다. 당연히 그렇다. 두 번째 요인은 문제 해결에 필요한 추론의 정도와 시간이다. 이건 제시문에 등장하는 어휘나 내용의 생소함, 제시문의 복잡성과 어느 정도 관련되기는 하지만, 반드시 그렇다고만 볼 수도 없다. 초점은 어쨌든 추론의 정도와 시간이기 때문이다. 제시문에 등장하는 어휘나 내용이 친숙해도 추론의 정도가 높을 수 있고, 그래서 시간도 많이 걸리는 경우가 분명히 있기 때문이다.

세 번째 요인은 정답의 표지성 혹은 오답의 매력도다. 영어도 결국은 '언어'인지라, 정답의 표지성이 정답률에 미치는 영향이 상대적으로 크기 때문이다. 물론 국어와는 '감히' 비교가 안 되지만 말이다.

자, 이제는 우리의 '문제적 과목', 국어를 한번 보자. 국어에서 정답률에 가장 큰 영향을 주는 요인은 '정답의 표지성' 혹은 '오답의 매력도'다. 두 번째 요인은 해석이 쉽지 않은 표나 그림, 그리고 <보기>가 제시되는 경우, 그러니까 문제 형태나 과제의 복잡성이다. 세 번째 요인은 문제 해결에 필요한 시간이다.

독자들은 도대체 제시문의 까다로움이 왜 안 나오는지 매우 궁금해할 것 같다. 어려운 말로는 '문항의 내적 근거', 그러니까 제시문이 쉽냐, 어렵냐가 정답률에 미치는 영향력은 수험생들이 생각하는 것보다 낮다. 굳이 말하자면 네 번째 정도의 요인인데, 정답률에 미치는 영향력으로만 보면 뒤쪽에 있다고 보는 것이 맞다. 제시문에 담긴 내용(제재)이나 어휘의 친숙성, 그리고 제시문 구조나 표현의 복잡성이 정답률에 미치는 영향은 상대적으로 크지 않다는 말이다.

여기서 어떤 독자들은 "그렇지 않다. 결국 제시문이 어려우니까 이해도가 떨어지는 것이고 그래서 그 제시문을 바탕으로 만들어진 문항에 등장한 오답의 매력도가 높아지는 것 아니냐? 그 결과 시간도 많이 소비하는 것 아니냐? 그렇다면 모든 어려움은 결국 제시문에서 비롯되는 것 아니냐?"는 문제 제기를 한다. 말하자면 "제시문이 어려워서 답을 고르지 못하는 상황을, 수험생들은 오답의 매력도 때문이라고 착각하는 것 아니냐"는 것이다.

그렇지 않다. 이 부분은 정확하게 이해할 필요가 있다. 무슨 말이냐면, 제시문의 내용이나 어휘가 친숙하고 구조나 표현이 단순해도, 오답의 매력도가 높으면 시간을 많이 쓰고도 정답률은 떨어진다는 것이다. 반대로 제시문의 내용이나 어휘가 낯설고 구조와 표현이 복잡해도 오답의 매력도가 낮으면 시간을 적게 사용하고도 정답률은 높아진다는 것이다.

많은 독자들은 알 듯 말 듯한 이야기라는 느낌을 받을 것 같다. 어쨌든 수능 국어 영역의 정답률에 가장 큰 영향을 미치는 요소는 '정답의 표지성' 혹은 '오답의 매력도'이다. 그리고 그 영향력은 상당히 '독립적'이다. 이에 대해서는 뒤에서 '작정을 하고' 자세히 다룰 것이다. 일단 여기서는 수능 국어 영역에서 차지하는 제시문의 비중이 우리가 생각하는 것처럼 크지 않다는 사실만 확인하고 넘어가면 될 것 같다.

자, 다시 돌아가자. 우선 "제시문이 어렵다"는 말부터 보자. 수험생들은 "제시문이 쉽다, 혹은 제시문이 어렵다"는 말을 아주 편하게 하지만, 사실 제시문이 쉽냐 어렵냐는 그렇게 간단하게 할 수 있는 이야기는 아니다. 어떤 친구들에게는 어려운 제시문이, 어떤 친구에게는 쉽게 읽히는 제시문이 될 수도 있기 때문이다. 어떤 제시문이 쉽냐 어렵냐는 판단은 우리가 생각하는 것처럼 그렇게 절대적인 것이 아니다.

어휘,
절대 암기하지 마라

보통 제시문의 까다로움을 결정하는 요인으로는 세 가지 정도를 꼽는다. 첫째 생소하거나 모르는 어휘가 제시문에 많이 등장할 경우, 둘째 제시문이 다루는 제재나 내용이 낯설 경우, 셋째 글의 구조가 복잡할 경우다.

차례로 살펴보자.

- 등장하는 어휘가 낯설 경우 그 제시문은 읽기 어렵다

어휘에 대한 생소함은 문·이과 학생 간에 차이가 크다. 그리고 그 차이는 우리가 생각하는 것보다 더 크다. 이 차이는 학생 여러 명을 한꺼번에 만나는 학교 선생님이나 학원 강사들은 잘 알지 못한다. 그들을 폄하하는 것이 아니라, 그런 수업 환경에서는 그럴 수밖에 없다는 이야기를 하고 있는 것이다. 하지만 아이와 머리를 맞대고 수업을 하면서 시시콜콜한 이야기까지 나누는, 아니 나눌 수밖에 없는 과외 선생님들은 다르다. 진작부터 이런 차이를 잘 알고 있었다.

보통 문과생들의 경우 과학이나 기술 쪽 어휘에 대해, 이과생들의 경우 인문·철학이나 경제 쪽 어휘에 대해 낯설어하는 경향이 크다. 언어학 관련 어휘는 문·이과 학생들 모두 생소함을 토로하는 대표적인 경우다.

하지만 실상은 문과생들이 더 불리하다. 이과생의 경우, 과학이나 기술 관련 어휘에 대해서는 어느 정도 익숙함을 지니는 경우가 많다. 하지만 문과생의 경우 인문·철학이나 경제 관련 어휘에 대해 여전히 낯선 느낌을 갖고 있는 학생들이 의외로 많기 때문이다. 물리학이나 화학, 생물학, 지구과학 용어에 대한 이과생들의 익숙함은, 철학이나 경제학, 사회학, 예술 용어에 대한 문과생들의 익숙함과는 큰 차이가 있다.

어쨌든 제시문에 등장하는 어휘에 대한 생소함으로 보면 문과생들이 불리한 것은 분명한 사실이다. 최근 문·이과를 통합하자는 논의가 있는데, 적어도 제시문에 등장하는 어휘를 둘러싼 문과생과 이과생의 유불리를 해소하는 데 조금이나마 도움이 될 것으로 기대된다.

이런 이야기를 듣고 억울해하는 문과생들도 있을 것 같다. '위로'의 말을 전한다. 하지만 너무 속상해할 필요는 없다. 전체적으로 보면, 우리나라 고등학생이 알고 있는 어휘의 '양'과 그 어휘의 '질'은 '대동소이(大同小異)'하다고 보는 것이 맞기 때문이다. 다만 몇 개 되지 않는 제시문이 나오는 제한된 시험 형식 때문에 '재수가 없으면', '대동'보다 '소이'가 점수에 미치는 영향이 커지는 경우가 있을 뿐이다. 때로는 영향이 없거나 반대로 문과생에게 유리한 상황이 벌어질 수도 있다. 미안하지만 그건 '운'이다. 수험생이 어떻게 할 수 없는 부분이다.

문·이과 구분을 떠나서 우리나라 고등학생들이 알고 있는 어휘의 양과 질은 비슷하다. '다행스럽게도(?)' 말이다. 보통 어휘의 양은 '지식의 폭'을, 어휘의 질은 '지식의 깊이'를 가리킨다. 그런데 여러 연구 결과를 보면, 우리나라 고등학생들 간에는 전체 어휘의 '양'이나 어휘의

'질'에서 서로 구분될 만한 (통계학에서 자주 사용하는 표현으로 '유의미한') 차별성이 발견되지 않는다. 이것은 학생 개인의 내신 성적이나 모의고사 성적, 그리고 남녀 성별과도 그다지 상관이 없다.

한마디로 우리나라 고등학생들의 어휘력은 비슷하다. "나는 어휘력이 탁월하다"고 자부하는 수험생은 좀 더 겸손해질 필요가 있고, "내 어휘력은 거지다"라고 자학하는 수험생은 좀 더 자신감을 가질 필요가 있다. 결국 '도토리 키 재기'이기 때문이다. 하지만 도토리 중에도 큰 도토리가 있고 작은 도토리가 있다. 그리고 그 작은 차이가 '재수 없으면' 점수의 차이를 만들어내기도 한다. 그렇다면 도토리 키 재기 같은 상황에서나마 조금이라도 어휘력을 향상시킬 수 있는 방법을 고민해 보는 것은 분명히 의미 있는 일이다.

가장 중요한 것은 암기로 어휘력을 기를 생각은 아예 버리라는 것이다. 필자가 '국어 공부를 하지 마라'라고 할 때, 하지 말아야 할 국어 공부의 첫 번째는 바로 이 암기적 어휘 학습이다. 단언컨대 어휘력은 암기를 통해서는 전혀 향상되지 않는다.

어휘력은 제시문을 읽기 전에 어떤 어휘를 기계적으로 외우는 것보다는 제시문의 문맥(글의 흐름) 속에서 낯선 단어를 자주 접할 때, 결과적으로 크게 향상한다. 간혹 문맥에서 단어의 의미를 추론해 내지 못하거나 잘못 이해하는 경우도 있지만, 결국 수험생들은 문맥을 통해 모르는 단어의 의미를 알게 된다. 제시문을 다 읽고도 전혀 감이 안 잡힌다거나 사전을 꼭 찾아봐야 한다거나 완전히 잘못 이해한 단어는 사실 얼마 되지 않는다. 이 부분은 독자들이 막연하게 짐작하는 것과는 정말 많이 다르다. "도저히 못 믿겠다"는 반응이 있을 수도 있다. 하지만 그게 맞다.

자, 왜 그런지 하나씩 이야기해 보자. 일단 어휘는 습득해야 할 물리적 양 자체가 너무 많다. 단순히 많다는 것이 아니라 어마어마하게 많다. 뿐만 아니라 미묘하고 복잡한 의미의 단어도 적지 않다. 같은 뜻을 가진 것처럼 보이는 단어도 문맥에 따라 다른 개념으로 언급되거나 다른 방법으로 사용되기 일쑤다. 이 미묘하고 방대한 어휘들을 암기로 정복한다는 것은 아예 불가능한 일이다. 노력하면 혹시 가능할지도 모른다는 말이 아니다. 처음부터 불가능하다는 말이다.

필자는 앞에서 "어휘력은 제시문의 문맥(글의 흐름) 속에서 낯선 단어를 자주 접할 때 향상된다"고 말한 바 있다. 그런 점에서 어휘력을 향상시키는 방법은 두 가지뿐이다. 물론 이 방법들은 독자들의 통념에는 크게 어긋나는 것들이다.

첫째는 이런저런 글을 읽으면서 문맥을 통해 새로운 어휘를 '습득'하는 기회를 자주 갖는 것이다. 둘째는 그런 방식, 그러니까 문맥을 통해 어휘의 의미를 추론하는 방식을 수험생 스스로 신뢰해야 한다는 것이다. 다시 말하면 "모국어 화자는 문맥으로 의미를 추론하는 능력을 이미 충분히 갖추고 있고, 그렇게 파악한 의미는 원래 의미에 거의 근접한다"는 사실을 믿으라는 말이다. 하지만 실제 시험장에서는 이렇게 문맥으로 파악한 어휘의 의미를, 많은 수험생들은 그다지 신뢰하지 않는다. 자기 능력에 대한 불신인데, 결국 그것 때문에 생각지도 못했던 큰 어려움을 겪게 된다.

새로운 어휘를 학습할 때는 암기하는 것보다는 그 어휘가 사용된 문맥 속에서 의미를 적극적으로 추론하는 것이 '만 배'는 효과적이다. 무슨 말이냐면 독자는 제시문의 내용을 이해하려고 애쓰는 상황에서, 의도하지 않았던 어휘력을 얻게 된다는 것이다. 읽기의 주된 목적이 아니라 부수적으로 일어나는 이런 어휘 학습을, 우연적 어휘 학습(incidental vocabulary learning)이라고 한다.

어휘력은 절대 어휘를 직접 암기해서 생기는 것이 아니다. 그 짧은 시간에 그 엄청난 양의 어휘를 발달시키는 아동들을 보면 이 말을 수 긍할 수밖에 없다. 그들의 '기적적'인 어휘력은 사실 우연적 어휘 학습 이 아니고서는 달리 설명할 방법이 없기 때문이다. 아이들의 어휘력은 거의 전적으로 듣기나 읽기를 통한 우연적 학습의 결과다. 절대 의식적 인 암기의 결과가 아니라는 말이다.

사실 지금 고3이라면, 읽기를 통한 우연적 어휘 습득도 쉽지 않을 수 있다. 수능 과목과 직접 관련이 없는 '독서', 그러니까 그저 편하게 하 는 독서는 수험생 입장에서 매우 한가한 일로 비칠 수 있기 때문이다. 하지만 시간 나는 대로 뭔가를 읽는 것이야말로 그나마 남은 기간 수 험생이 할 수 있는 가장 효과적인 어휘 공부라는 것은 변함없는 사실 이다. 고2 이하의 학생들은, 어휘력을 향상시키기 위해서 반드시 앞에 서 소개한 방법을 따라야 한다. 다시 말하지만 어휘력은 암기로 길러지 는 것이 절대 아니다.

이 말을 듣고 많은 독자들이 "참 한가한 이야기를 하고 있다"고 생 각할지도 모른다. "그 짓을 언제하고 있느냐", "우리가 어린아이냐", "수능 제시문에 나오는 어휘는 그런 수준이 아니지 않느냐"는 불만도 있을 것 같다.

맞다. 그래서 나온 조언이 몇 가지 있다. 첫째 그동안의 수능 제시문, 특히 비문학 제시문에 등장한 어려운 어휘는 따로 뽑아서 '명시적'으 로 암기 학습을 하라는 주장이다. 둘째 문학의 <보기>나 답지에 자주 사용되는 어휘(시중 교재 표현으로는 '문학 개념어')도 따로 모아서, '의식적'으로 암기 학습하는 것이 필요하다는 주장이다. 이런 주장과 조언은 이미 다양한 교재로 시중에 나와 있다.

미리 간단하게 이야기를 하자면, 문학 개념어는 알아서 나쁠 것은 없다. 하지만 실제 시험 성적에 미치는 영향은 매우 미미하다. 무시해도 좋을 수준이다. 이는 다음과 같은 두 가지 이유 때문이다. 첫째, 답지나 <보기>에 등장하는 문학 개념어의 대다수는 문맥을 통해 원래 의미에 근접하는 수준으로 파악된다. 미리 공부하지 않아도 수능 당일 시험장에서 충분히 추론이 가능하다는 말이다. 둘째, 수험생들이 답지에 사용된 문학 개념어를 몰라서 오답을 고르는 경우는 거의 없다.

시중 교재에서 문학 개념어라고 하는 것은, 정확히 말하면 답지에 사용된 어휘들의 용법이다. 문학 작품을 대충 읽어도 답지 어휘 쪽에 대한 판단이 정밀하면 문제 해결에 도움이 된다는 발상인데, 효과는 의외로 크지 않다. 수험생들은 답지 어휘(문학 개념어)를 몰라서 문학 문제를 틀리는 경우가 많을 것이라고 생각하지만, 실상은 그렇지 않다는 말이다.

답지 어휘의 의미를 몰라서가 아니라, 그 어휘가 사용되는 방식이 우리가 알고 있는 익숙함과 어긋날 때 정답률은 폭락한다. 문학 세트의 답지에 사용되는 어휘(문학 개념어)에 대해서는, 뒤에서 자세히 다룰 기회가 있을 것이다. 수능 문제를 해결하는 실제 모습을 소개하면서도 구체적으로 이야기할 것이다.

다시 비문학(독서) 제시문에 등장하는 어려운 어휘로 돌아가자. 수능 제시문, 특히 비문학 제시문에 등장하는 어려운 어휘에 대해서는 암기가 필요하다고 보는 사람들이 물론 있다. 특히 "전문적이고 추상적(개념적)인 어휘는 맥락을 활용한 방법보다는 그 단어의 의미를 미리 암기해두는 것이 좋지 않느냐"는 주장이다. 정말 그럴까?

'어려운' 어휘가 아니라
'익숙한' 어휘가 문제다

먼저 전문적인 용어부터 보자.

전문 용어에 대해서는 먼저 짚어야 할 사실이 하나 있다. '어떤' 전문 용어가 등장한 제시문으로 그해 수능 국어 영역을 치렀던 독자들의 선배 대다수는, 사실 그 전문 용어를 수능 날 처음 봤다는 사실이다. 다시 말하면 여러분의 선배들은 그 전문 용어를 태어나서 처음 봤는데, 그때가 바로 자기가 치르는 수능 1교시였다는 말이다. 그래도 그 선배들은 문맥으로 의미를 추론해서 제시문을 읽었고 문제도 해결했다. 당연히 지금 수능 준비를 하고 있는 독자들도 앞으로 그 선배들과 똑같은 경험을 하게 될 것이다.

이전 수능에 나온 전문 용어는 또 나올 가능성이 거의 없다. 뭐가 그렇게 대단한 어휘라고 수능 제시문에 자꾸 '출몰'하겠는가? 그렇다면 그동안 수능에 나오지 않은 전문 용어를 따로 모아서 암기를 해야 하는데, 과연 이게 가능한 일인지는 독자들 스스로 판단해 보기 바란다. 전문 용어를 굳이 시간을 투자해서 암기 학습하는 것은 그 효과를 떠나서, 물리적으로도 불가능한 일이다.

수능 국어 영역에서 제시문 독해든 문제 풀이든 어휘 쪽에서 문제가 발생하는 경우는 하나뿐이다. 바로 추상적인 개념어 때문이다.

여기서 독자들은 "자꾸 추상적 개념어, 추상적 개념어 하는데, 도대체 추상적 개념어가 뭐냐?"고 질문하고 싶을 것이다. 2011학년도 수능 '예술' 지문을 그대로 옮겨 볼 테니, 한번 읽어 보기를 바란다.

전통적인 철학적 미학은 세계관, 인간관, 정치적 이념과 같은 심오한 정신적 내용의 미적 형상화를 예술의 소명으로 본다. 반면 현대의 체계 이론 미학은 내용적 구속성에서 벗어난 예술을 진정한 예술로 여긴다. 이는 예술이 미적 유희를 통제하는 모든 외적 연관에서 벗어나 하나의 자기 연관적 체계로 확립되어 온 과정을 관찰하고 분석함으로써 얻은 결론이다. 이 이론은 자율성을 참된 예술의 조건으로 보는 이들이 선호할 만하다. 그렇다면 현대의 새로운 예술장르인 뮤지컬은 어떻게 진술될 수 있을까?

뮤지컬은 여러 가지 형식적 요소로 구성되는데, 이것들은 내용, 즉 작품의 줄거리나 주제를 실질적으로 구현하는 역할을 한다. 전통적인 철학적 미학에 따르면 참된 예술은 훌륭한 내용과 훌륭한 형식이 유기적으로 조화될 때 달성된다. 이러한 고전적 기준을 수용할 때, 훌륭한 뮤지컬 작품은 어느 한 요소라도 소홀히 한다면 만들어지기 어렵다. 뮤지컬은 기본적으로 극적 서사를 지니기에 훌륭한 극본이 요구되고, 그 내용이 노래와 춤으로 표현되기에 음악과 무용도 핵심이 되며, 이것들의 효과는 무대장치, 의상과 소품 등을 통해 배가되기 때문이다.

그런데 찬사를 받는 뮤지컬 중에는 전통적 기준의 충족과는 거리가 먼 사례가 적지 않다. 가령 A. L. 웨버는 대표작 <캐츠>의 일차적 목표를 다양한 형식의 볼거리와 들을 거리로 관객을 즐겁게 하는 데 두었다. <캐츠>는 고양이들을 주인공으로 한 T. S. 엘리엇의 우화집에서 소재를 빌렸지만, 이 작품의 핵심은 내용의 충실한 전달에 있는 것이 아니라 어떤 기발한 무대에서 얼마나 다채롭고 완성도 있는 춤과 노래가 펼쳐지는가에 있다. 뮤지컬을 '레뷰(revue)', 즉 버라이어티쇼로 바라보는 최근의 관점은 바로 이 점에 근거한다.

체계 이론 미학의 기준을 끌어들일 때, 레뷰로서의 뮤지컬은 예술로서의 예술의 한 범례로 꼽힐 수 있다. 물론 이러한 유형의 미학이 완전히 주류로 확립된 것은 아니다. 전통적인 철학적 미학도 여전히 지지를 얻는 예술관의 하나이기 때문이다. 이 입장에 준거할 때 체계 이론 미학의 예술관은 예술을 명예롭게 하는 숭고한 가치 지향성을 아예 포기하는 형식 지상주의적 예술관으로 해석될 수 있다.

먼저 제시문에 등장하는 전문적인 어휘부터 살펴보자.

‘전통적인 철학적 미학’, ‘체계 이론 미학’, ‘레뷰’ 정도가 전문적인 어휘이다. 여기서 레뷰는 버라이어티쇼라는 의미인데, 앞에서 말했듯이 이 제시문을 보기 전에 ‘레뷰’가 ‘버라이어티쇼’의 다른 말이라는 것을 알았던 수험생은 단 한 명도 없었다. 당연하다. 수험생은 ‘레뷰’를 따로 암기 학습할 이유가 없다. 사실 암기 학습 자체가 불가능하다. 수능 날 제시문을 보면서 레뷰가 버라이어티쇼의 다른 말이라는 것을 파악하면 그만이다.

그렇다면 ‘전통적인 철학적 미학’, ‘체계 이론 미학’은 어떨까? 솔직히 말하면, 이 어휘들은 ‘레뷰’와 같은 의미의 전문 용어라고 보기 어렵다. 성격이 180도 다르기 때문이다.

‘미학(美學)’은 “자연이나 인생 그리고 예술 따위에 담긴 미의 본질과 구조를 해명하는 학문”이다. 하지만 이런 사전적 의미를 몰라도 대부분의 수험생들은 제시문을 통해 ‘아름다움에 대해서 이야기하는 학문’ 정도로 ‘미학’의 의미를 추론하게 된다. 그리고 그 정도로 이 어휘의 의미를 추론해도 제시문을 읽거나 문제를 해결하는 데는 아무런 어려움이 없다.

정작 문제는 미학은 미학인데 ‘전통적인 철학적 미학’, 혹은 ‘체계 이론 미학’이라는 데 있다. 사실 ‘전통적’이라는 말, ‘철학적’이라는 말, 그리고 ‘미학’이라는 말이 대충 어떤 의미로 쓰이는지 모르는 수험생은 없다. 문제는 그렇게 다 알고 있는 어휘 3개가 합쳐진 ‘전통적인 철학적 미학’이라는 어구의 의미는 갑자기 막연해지고 애매해진다는 데 있다. 마찬가지로 ‘체계’라는 말도 알고 ‘이론’이라는 말도 알지만, ‘체계 이론 미학’이라는 말은 무엇을 의미하는지 도대체 알 수가 없다. 이 어구의 의미는 전적으로 문맥을 통해서 유추해야 한다.

'내용적 구속성', '외적 연관', '자기 연관적 체계'도 마찬가지다. '내용적'이라는 말과 '구속성'이라는 말을 모르는 사람은 없다. 하지만 두 말이 합쳐져 '내용적 구속성'이 됐을 때는 그 의미가 갑자기 막연해진다. 이 어구의 의미도 전적으로 이 어구가 사용된 문장, 또는 문단, 크게는 제시문 전체의 맥락에서만 파악된다.

이 제시문을 읽기 전에 '내용적 구속성'을 따로 공부할 기회는 있을 수 없다. 또 따로 학습을 했다고 해서 나아질 것도 전혀 없다. '외적 연관'도 마찬가지다. '외적'과 '연관'을 따로 생각하면 무슨 말인지 모를 사람은 없을 것이다. 하지만 두 단어가 합쳐지면, 그 의미는 갑자기 '불확정적'인 것이 돼 버린다. 그 의미 또한 전적으로 문맥에 달린 것이다. '자기 연관적 체계'도 마찬가지다. '자기'라는 말과 '연관적'이라는 말, 그리고 '체계'라는 말은 대충 감을 잡을 수 있다. 하지만 세 단어가 합쳐지면 상황은 또 '돌변'한다. 이 어구의 의미도 오직 문맥을 통해서만 파악될 수 있다.

자, 독자들은 추상적 개념어라는 것이 무엇인지 이제는 어느 정도 이해했을 것이다. 그렇다. '전통적', '철학적', '체계', '이론', '외적', '자기', '연관(적)', '내용적', '구속성' 등이 바로 추상적 개념어다. 그리고 수능 국어 영역에서 독해나 문제 해결 과정에서 어려움이 발생하는 이유는 대부분 바로 이런 추상적 개념어 때문이다.

재미있는 것은, 그럼에도 불구하고 우리가 이 제시문을 읽기 위해서 따로 그리고 미리 암기 학습해야 할 추상적 개념어는 '단' 하나도 없다는 것이다. 정말이다. 의심스러우면 제시문을 한 번 더 읽어보기 바란다. 당연히 이들 개념어에 대해서 암기 학습을 했다고 해서 달라지는 것도 없다. 물론 암기할 필요 자체가 없는 어휘들이기도 하다. 자, 어휘를 암기로 정복하겠다는 발상이 얼마나 허황된 것인지 다시 한번 깊게 생각해 보기를 바란다.

여기서 어떤 친구들은 수능과 교육방송 교재와의 연계를 말한다. "교육방송 교재에 등장한 제시문의 개념이 수능에서 '재활용'된다고 하는데, 그렇다면 교육방송 교재에 등장하는 중요한 개념어들을 미리 챙겨 두면 효과가 있지 않겠느냐"는 말이다. 나름대로 합리적인 지적이다.

사실 지금 소개한 예술 제시문은, 그해 수능이 끝난 다음 교육과정평가원에서 수능과 교육방송 교재의 대표적인 연계 사례로 공개한 것이기도 하다. 그럼 아예, 그때 교육방송 교재(『10주 **완성 수능 특강**』 **12강 실전 예술**)에 실려 있던 연계 지문을 그대로 옮겨 보자.

> 현대의 공연 예술 중 상업화를 주도하며 급부상한 음악극 양식은 단연 뮤지컬이다. 춤과 노래라는 감각적인 언어로 이야기를 전달한다는 특성 때문에 뮤지컬은 대중성을 담보하고 있는 공연 예술로서 확고한 위치를 차지하고 있다. 이러한 대중적 성격 때문에 뮤지컬은 지적인 자극보다 기분 전환할 거리를 찾는 관객들을 즐겁게 할 수 있는 오락적 요소가 매우 풍부하다.
>
> 뮤지컬을 구성하는 요소로는 극본, 음악, 가사, 춤이 있다. 이 가운데 극본이 기본적으로 중요하다. 이것을 바탕으로 실제 공연을 위한 노래, 춤, 연기가 만들어지기 때문이다. 따라서 음악과 춤만 너무 강조하다 보면 오히려 작품 전체의 완성도를 떨어뜨릴 수 있다.
>
> 뮤지컬의 핵심은 음악과 춤이다. 특히 뮤지컬에서의 음악은 극을 뒷받침하는 요소가 아니라 극의 흐름을 끌고 가는 중요한 요소이다. 연극의 한 갈래인 뮤지컬은 일반 연극에 비해 드라마적 구조는 다소 약한 반면 음악과 춤이 주는 감동과 호소력이 압도적인 예술이다. 뮤지컬에서 음악은 주인공의 삶과 내면적인 심리를 표현하고 관객들로 하여금 노래하는 사람의 분위기에 젖어들게 하는 힘이 있다. 뮤지컬에는 극을 실질적으로 이끌어가는 뮤지컬 넘버(노래)를 중심으로 춤곡, 간주곡, 효과 음악, 배경 음악 등 많은 음악이 동원된다.
>
> 뮤지컬 구성에서 무엇보다 중요한 것은 뮤지컬 넘버들의 배치이다. 뮤지컬 넘버들의 배치는 사실상 뮤지컬의 구성 자체를 결정한다고 할 수 있다. 왜냐하면 음악은 가장 강력한 감정 기복의 표현으로 작품의 기승전결을 담아내는 가장 훌륭한 그릇이기 때문이다. 이러한 뮤지컬에서 커다란 비중을 차지하는 뮤지컬 넘버는 줄거리와 인물의 성격을 표현하는 극적 성격을 가지고 있다.

　　뮤지컬에서는 춤 역시 연기의 일부이며 극적 표현의 수단으로 쓰이기 때문에 춤의 이미지는 작품의 창조 과정에서 매우 중요한 위치를 차지한다. 음악이나 드라마, 춤 중 어느 쪽에 더 중점을 두느냐에 따라 조금씩 달라지겠지만, '코러스 라인', '웨스트사이드 스토리' 같은 뮤지컬에서는 더 역동적이고 화려한 안무를 통하여 작품의 완성도를 높이고 있다. 뮤지컬에서는 다양한 형태의 춤을 통해 여러 장면의 상황을 표현한다. 즉, 춤은 화려한 무대 장지와 함께 충분한 시각적 볼거리를 제공함은 물론, 대사와 노래로 표현할 수 없는 감각적이고 미묘한 내면세계를 관객에게 전달한다.

자, 어떻게 읽었나?

비문학 제시문은 문학 작품과 달리 교육방송 교재의 제시문을 그대로 옮길 수는 없다. 그건 '사전 유출'에 해당하는 범죄 행위이기 때문이다. 그런데 한번 보자. 수능 제시문은 '전통적인 철학적 미학'과 '체계 이론 미학'의 차이점을 설명하고, '체계 이론 미학'의 입장에서 현대의 새로운 예술 장르인 뮤지컬을 어떻게 보는지를 다룬 글이다. 반면 교육방송 교재의 지문은 뮤지컬의 구성 요소인 극본, 음악, 가사, 춤의 기능과 역할에 대해 설명하고 있는 글이다. '불행하게도' 두 제시문 간에 겹치는 '추상적 개념어'는 하나도 없다. 다만 교육방송 교재에 등장한 해당 지문을 미리 접한 수험생은, 뮤지컬에 대한 배경지식이 조금이나마 생겼을 가능성은 있다.

특히 그때 수험생들은 '뮤지컬 넘버'가 '노래'의 다른 말이라는 부분을 인상적으로 읽었을 가능성이 높다. 여기서도 '뮤지컬 넘버'를 전문 용어로 봐야 할지 개념어로 봐야 할지 불분명하다. '넘버'라는 말을 모르는 수험생이 있었을까? 하지만 이 넘버라는 말은 이 글의 문맥에서는 전혀 다른 의미로 사용됐다. 그래서인지 아예 괄호를 쳐서 익숙한 어휘로 바꿔줬다. 만약 괄호를 쳐서 풀어주지 않았다면, 여전히 '뮤지컬 넘버'는 제시문의 문맥으로 그 의미를 추론해야 할 어휘가 된다.

어쨌든 이것저것 모두 따져 봐도 이 글을 미리 읽었다고 해서, 실제 수능 때 활용할 만한 어떤 어휘 지식이나 배경지식이 만들어졌다고 보기는 힘들다. 수능 당일 시험지에 등장한 제시문의 내용을 파악하는 데 도움을 주는 바가 전혀 없기 때문이다. "와, 뮤지컬이네. EBS에서 한 번 봤던 이야기다" 정도의 반가움이 있었겠지만, 그 반가움은 제시문을 읽거나 문제를 해결하는 과정에서는 별다른 역할을 하지 않는다. 그냥 만나서 반가웠을 뿐이다.

그렇다면 교육방송 교재의 제시문에 등장하는 전문 용어나 개념어를 따로 암기 학습한다는 것도 결국 의미 없는 일이다. 수능 당일 시험지에 등장하는 제시문을 미리 보지 않는 한("정말 그랬으면" 하고 생각하는 독자가 매우 많다는 것을 필자는 잘 알고 있다. 그리고 그 마음을 이해한다), 무슨 수를 써도 암기적인 어휘 학습은 결국 '실패'하기 마련이다. 그 이유는 지금까지 이야기한 대로다.

수능에서 항상 문제가 되는 것은 전문 용어가 아니라 추상적 개념어인데, 바로 이 추상적 개념어에 미묘하고 복잡하고 다양한 의미를 지닌 어휘가 집중적으로 몰려 있기 때문이다. 앞에서 살펴봤듯이 같은 뜻을 가진 것처럼 보이는 단어도 다른 개념으로 언급되거나 다른 용법으로 사용되기 일쑤다. 이들 추상적 개념어들은 여전히 그 어휘가 사용된 글의 전체 문맥으로 의미를 파악하는 것이 최선의 방법이다. 그리고 그건 오직 시험장에서만 가능한 일이다.

물론 이런 추상적인 개념어에 대한 암기 학습이 어느 정도 효과를 발휘하는 경우가 있기는 하다. 갑자기 귀가 커지는 독자가 있을 것 같다. 미안하다. 그건 '국어'를 공부할 때가 아니다. '외국어'를 학습할 때 효과를 발휘할 뿐이다. 모국어 화자, 그것도 고등학생 정도의 모국어 화자가 모국어를 공부할 때는 전혀 효과가 없다.

또 우리가 영어 단어를 외우면서도 자주하는 경험이지만, 이렇게 의식적으로 암기한 추상적이고 개념적인 어휘는 '능동적 어휘'로 발전하지 못한다. 즉, 어휘만 따로 떼어내 그 의미를 외우게 되면, 문맥에 따라 전혀 다른 의미로 사용될 경우 또다시 문맥을 활용해야 하는 번거로운 상황이 벌어진다는 것이다. 따라서 일을 두 번 하게 된다. 다만 영어 단어는 우리말에 비해 문맥에 따라 그 의미가 달라지는 정도가 크지 않다는 것이 불행 중 다행이다.

이 대목에서 독자들은 착각하면 안 된다. 영어 어휘가 우리 말 어휘보다 원래 단순해서 그런 것이 절대 아니기 때문이다. 수능 영어 영역이 외국인 학습자, 그것도 고등학생을 대상으로 하는 시험이기 때문에, 미묘하게 의미가 달라지는 문맥을 출제자들이 사용하지 않아서 그런 것일 뿐이다. 점수 폭락을 방지하기 위한 배려라는 말이다. 가뜩이나 '영어 공화국'인 우리나라에서 수능 영어 영역마저 어렵게 출제되면, 그 여파는 가히 짐작할 수 없을 정도로 끔찍한 것이 될 가능성이 높기 때문이다. 당연히 영어를 모국어로 사용하는 사람들이 치르는 모국어(영어) 시험에 등장하는 개념어는, 문맥에 따라 매우 다양하고 미묘한 용법을 갖는 경우가 훨씬 더 많다.

'진짜' 어휘력

단어의 의미를 기계적으로 암기하면, 그 어휘는 '수동적 어휘'가 된다. 영어도 그렇지만 국어에서는 그 폐해가 더 심각해진다. 다양한 문맥에서 활용하기가 오히려 더 힘들어져 암기를 안 하느니만 못할 수 있다. 많은 언어학자들이 문맥을 통한 어휘 '습득'을 권장하는 이유는 다른 데 있는 것이 아니다. 의식적이고 기계적이고 암기적인 어휘 학습이 갖는 이런 '근본적인 빈곤성' 또는 '낮은 활용 가능성' 때문이다.

그것이 어떤 것이든, 어휘는 분리된 형태로 제시되면 학습자의 기억에서 그것들을 붙잡아 줄 어떤 종류의 도움도 받을 수 없게 된다. 그 결과 많은 노력을 들여 암기 학습한 후에도 쉽게 잊힌다. 대부분의 어휘는 문맥 안에서만 의미가 부여되므로(text in context), 문맥에서 분리된 어휘들은 언어적 실체, 나아가 심리적 실체를 전혀 지니지 못하게 된다. 머릿속 어휘 사전은 인쇄된 종이 사전과는 본질적으로 다르다.

필자의 이런 주장에 대한 반론이 있다. '반론'이라고 하니 거창해 보이지만, 사실 필자의 수업을 듣는 제자들이 어떻게든 필자를 곤경에 빠뜨리려고 하는 애교 넘치는 몸부림이다. "시중 교재에는 어휘만 하나 달랑 나오는 경우보다 그 어휘가 사용된 문장이 같이 제시되는 경우가 많다. 그렇다면 그 어휘의 문맥은 어느 정도 알 수 있는 것 아니냐"는 문제 제기다.

아니다. 수능에서 실제로 문제가 될 정도의 어휘라면, 다시 말해 정·오답을 갈라놓을 정도의 어휘라면 문장 정도의 맥락으로는 안 된다. 문단으로도 부족할 때가 많다. 5~6개 정도의 문단으로 이뤄진 제시문 전체가 나와 있어야 한다. 만약 문장 하나만으로도 그 의미 맥락이 파악될 정도의 어휘라면, 따로 암기 학습을 할 필요도 없다. 그 정도 수준의 어휘라면 수능 당일 시험장에서 의미를 파악하면 그만이다. 그리고 그때 파악된 의미는 제시문을 이해하거나 문제를 푸는 데 아무런 장애도 되지 않는다. 그런 어휘들을 따로 그리고 미리 암기 학습한다는 것 자체가 '난센스'라는 말이다.

앞에서 소개한 제시문(체계 이론 미학)을 포함해서, 과거 수능 국어 영역에서 독해 과정이나 문제 풀이 과정에서 결정적인 역할을 했던 어휘는, 그 어휘가 등장한 제시문 전체를 반드시 봐야 했던 어휘다. 제시문 전체 맥락 속에서 의미가 결정된 어휘였기 때문에 결과적으로 정·오답을 가르는 역할을 한 것이다. 하지만 어휘 하나를 설명할 때마다 제시문을 통째로 옮겨 올 수는 없는 노릇이다.

"그렇다면 어쩌라는 말이냐?"는 독자들의 볼멘소리가 귓가에 들리는 듯하다. 조금 허무한 답변 같지만 "그냥 제시문을 통째로 읽어라!" 수능에 나왔던 제시문도 좋고, 교육방송 교재에 등장하는 제시문도 좋다. 문제는 안 풀어도 좋으니 제시문을 그냥 읽어라. 어휘력을 기르는 최고의 방법은 제시문 전체를 '그냥' '편하게' 읽는 것이다. 그리고 그것이 어휘력을 기르는 유일한 '지름길'이다. 어휘만 따로 모아 암기하는 것은 언뜻 '지름길' 같아 보이지만 사실은 한참을 '돌아가는 길'이다. 심지어 그 끝에는 뭐가 있는지도 모르는 '위험한 길'인 경우가 많다.

여기서 꼭 하고 싶은 말이 하나 있다. 가끔 어떤 교재나 강의는 "제시문을 읽다가 모르는 단어가 나오면, 그냥 넘어가지 말고 국어사전을 통해 그 정확한 뜻을 확인하라"라고 조언한다. 또한 "이런 과정을 통해서 결국 어휘력이 향상된다"고 주장한다. 절대 그렇지 않다. 어휘력을 향상시키려면 거꾸로 국어사전의 사용을 가능한 한 줄여야 한다. 글을 읽는 도중에 사전을 자주 들여다보는 행동은, 문맥에 따른 추론 능력을 크게 떨어트린다. 맞든 틀리든 문맥으로 어휘의 의미를 추론하는 습관을 들여야 한다. 고등학생 정도의 모국어 화자는 이런 과정을 거치면 아무리 어려운 어휘라도 원래 의미에 가까운 의미를 반드시 추론할 수 있다. '진실로 진실로 독자들에게 이르노니' 필자의 말을 믿어라.

만약 "나는 문맥으로는 어휘의 의미를 도저히 추론할 수 없다"고 생각하는 친구가 있다면 그리고 그게 정말 사실이라면, 미안하지만 그 친구는 무슨 수를 써도 수능 국어 영역에서 좋은 점수를 받을 수 없다. 그렇다고 낙담하지는 말기 바란다. 난독증이나 언어 장애 같은 병적 증상을 앓고 있거나, 외국 생활을 오래 해서 모국어 화자의 보편적인 언어 체험을 제대로 하지 못한 경우가 아니라면, 이에 해당되는 수험생은 없기 때문이다. 그리고 수능 국어 영역은 그 정도 수준의 어휘 이해로도, 독해나 문제 풀이에 아무런 문제가 없는 시험이다.

더구나 이런 경험, 그러니까 문맥을 통한 추론을 자주하면 할수록 다음 번 읽기 때는 그 일, 그러니까 문맥을 통한 추론을 더 잘할 수 있게 된다. "어휘의 정확한 의미를 알지 못하면 입안에 가시가 돋칠 정도"로 예민한 성격의 소유자라면 국어사전을 한번 찾아볼 수는 있다. 물론 그것도 제시문을 읽는 도중에는 절대로 하면 안 되는 '짓'이다. 문맥을 통해 어휘의 의미를 추론하면서 제시문을 다 읽은 후, 그 추론의 정확성을 확인하는 차원에서 가볍게 한번 해보라는 것이다.

어휘력은 알고 있는 어휘의 수가 많으냐의 문제가 결코 아니다. 특히 수능 국어 영역에서의 어휘력은 단순히 알고 있는 어휘의 개수에 의해 결정되지 않는다. 사실 알고 있는 어휘의 양에서도 수험생들 간에는 별 차이가 없다. 중요한 것은 알고 있는 어휘를 어느 정도로 융통성 있게 '부릴' 수 있느냐이다. 그리고 이보다 더 중요한 능력은, 모르는 단어도 문맥을 통해 그 의미를 추론해 내는 능력이다. 이런 어휘 '능력'만이 수능 국어 영역 때 써먹을 수 있는 최적의, 그리고 최강의 어휘 능력이다.

실제로 그동안 수능 국어 영역에 등장한 어려운 어휘는 압도적으로 추론을 요구하는 것들이었다. 모르는 어휘의 뜻을 추리하는 능력, 다시 말해 문맥적으로 의미를 유추하는 능력이 필요했다는 말이다. 설사 전문적인 용어라도 사전적 의미가 중요한 것이 아니라 문맥적 의미나 상황, 다른 단어와의 관계 등으로 그 의미를 파악해야 하는 경우가 절대다수였다.

수능 국어 영역에서 어떤 어려운 어휘가 제시문에 등장할 때, 출제자들은 수험생 대부분이 그 정확한 의미를 알지 못할 것이라고 예상한다. 다만 문맥이나 상황을 통해 그 의미를 정확하지는 않더라도 비슷하세 추론하기를 원할 뿐이다.

물론 그 어휘의 정확한 의미나 용법을 미리 알고 있는 경우도 있을 수 있겠지만, 그건 운이 좋았던 것일 뿐이다. 요즘은 거의 사라졌지만, 과거 수능에는 어려운 어휘의 사전적 의미를 묻는 문제가 한 문제 정도씩 출제된 적이 있다. 어휘의 문맥적 의미가 아니라 절대적 의미를 물었다는 것이다. 그해 국어 시험에서 만점자가 한 명도 없었다면 100%, 이 어휘 문제 때문이었다. 그때 이 문제를 맞히느냐 틀리느냐는 전적으로 운에 달려 있다고 보는 게 맞았다. 마침 어떤 계기로 그 어휘를 접했고 국어사전 등을 통해 정확한 뜻을 찾아봤고, 또 시험장에서까지 그 내용을 온전하게 기억하고 있었다면 그 수험생은 그 어휘 문제를 맞힐 수 있다. 하지만 이런 식으로 어휘를 학습한다면 아마 국어, 아니 전 과목을 통틀어서 가장 많은 학습량을 차지하는 것은 '국어 어휘'가 될 것이다. 당연한 일이다.

다시 말하지만, 이런 여러 가지 이유 때문에 수능 국어 영역에 나오는 어휘를 암기로 정복하겠다는 것은 처음부터 무모하고 불가능한 일이다. 만약 지금 그런 암기 학습을 하고 있다면 당장 중단하기 바란다.

배경지식을
활용하지 마라?

어휘에 대해서는 이 정도로 하고, 이제부터는 제시문에서 다루는 제재와 내용에 대해서 살펴보자.

- 다루는 제재와 내용이 낯설 경우 그 제시문은 읽기 어렵다

제재나 내용에 대한 친숙도는 수험생의 배경지식(스키마: Schema)과 관련이 깊다. "국어 시험을 치를 때, 특히 제시문을 읽을 때 배경지식이나 자신의 체험을 개입시키거나 사용하지 말라"는 조언이 많다. 그리고 많은 수험생들은 "맞아, 내 경험이나 배경지식을 집어넣으면 객관성이 떨어지지. 조심해야겠다"라고 생각한다. 잘못된 생각이다. 그리고 그건 실제 글을 읽는 모습과도 한참 동떨어진 생각이다. 만약 배경지식을 사용하지 않는다면, 수험생이든 필자든 우리 모두는 제시문 전체는 고사하고 거기에 나온 단 한 줄의 문장도 읽어 낼 수 없다.

필자가 하도 '통념'과 다른 이야기를 하다 보니 어느 정도 '내성'이 생긴 독자들도, 아마 이 말에 대해서는 '설마 그럴 리가'라는 반응을 보일 것 같다. 미안하지만 앞에서 말한 어휘력, 바로 어휘에 대한 지식이 우리가 가진 대표적인 배경지식이다. 내가 알고 있는 어휘의 '양'은 내가 가지고 있는 배경지식의 '폭'과 같은 것이며, 어휘의 '질'은 배경지식의 '깊이'와 정확하게 일치하는 것이기 때문이다.

국어 시험에서 문제가 되는 것은 긴 추론과 사고의 비약이지, 배경지식 그 자체가 결코 아니다. 그런데 많은 국어 강의나 교재들이 이 둘(배경지식과 긴 추론)을 마구 뒤섞어 사용하는 바람에 혼동이 벌어졌고, 배경지식을 사용하는 것에 대한 '집단적인 혐오'가 생겼다. 물론 대부분의 수험생들은 자신들이 그토록 혐오하는 배경지식을 사용하지 않고서는, 한 편의 제시문은 고사하고 단 한 줄의 문장도 읽지 못한다. 국어 교재와 강의에서 하는 이야기들 중에는 실제 시험 상황과 동떨어진 것들이 너무 많다. 그 괴리는 어떤 경우 끔찍할 정도다.

보통 언어학자들은 제시문을 읽을 때, 독자는 문자에 대한 정보를 인지해 단기 기억(short-term memory: 보통 7개의 정보 단위가 5~20초 정도 저장된다고 본다)에 저장하고, 이 단기 기억 정보가 독자의 대뇌에 저장되어 있는 장기 기억(long-term memory) 정보(이게 바로 '스키마'다)와 상호작용하면서 '이해'를 만들어낸다고 본다. 읽기를 심리적 추측 게임이라고 부르는 이유도 바로 여기에 있다.

문장의 집합이 글이 아니듯, 글의 의미는 글에만 있는 것이 아니라 글과 독자 사이에 일어나는 상호작용 속에서 만들어지는 것이다. 그 결과, 배경지식이나 자신의 체험이 저장되어 있는 장기 기억 정보를 사용하지 않는다면, 우리는 한 편의 글은 고사하고 단어 하나도 제대로 읽어 낼 수가 없다. 앞서 말한 대로 그 배경지식에는 어휘에 관한 지식이 기본적으로 포함돼 있기 때문이다. 어휘 지식만이 아니다. 문자의 형태, 어순, 문법 규칙도 당연히 그런 배경지식 안에 포함돼 있는 것들이다.

국어 시험에서 독해란, 수험생과 제시문 사이에서 이뤄지는 고도로 복잡한 상호작용이다. 이때 수험생은 단순히 제시문 속에 주어진 문자 정보만을 인지하고 해독만 하는 것이 결코 아니다. 그게 아니라 자신의 모국어 문화, 개인적 경험, 상식, 기초 지식 같은 모든 '사전 지식(흔히 '십수 년 인생사'라고 부르는 것들)'을 활용하는 동시에, 문자 형태나 문법 규칙, 어휘 지식, 어순 같은 그동안 습득한 '언어 지식(모국어 화자의 보편적인 언어 체험)'을 총동원해 그 제시문을 '처리'하게 된다. 말하자면 수험생들은 수능 날 '십수 년 인생사'와 '모국어 화자의 보편적인 언어 체험'으로 1교시 국어 영역 시험지에 나온 제시문을 읽는 것이다. 그렇게 하려고 일부러 애를 써서 그렇게 되는 것이 아니라, '자동적'으로 그렇게 된다는 말이다. 바로 이때 동원되는 모든 요소가 그 사람의 스키마다.

이 스키마는 좀 전에 말한 대로 단기 기억이 아니라 장기 기억에 저장돼 있다. 특히 여기에서 언어와 관련된 스키마, 그러니까 어휘 지식, 문자 형태, 어순, 문법 규칙은 난독증이나 언어 장애 같은 병적인 증상을 앓고 있지 않다면, 고등학생 정도의 모국어 화자들은 이미 충분히 '습득'하고 있는 것들이다. 그것은 모국어 화자로서 경험한 '보편적' 언어 체험의 '보편적' 습득물이기 때문이다. 따라서 그 언어적 배경지식의 수준은 수험생들 간에 큰 차이가 없다.

'십수 년 인생사'도 마찬가지다. 튀는 것을 잘 용납하지 못하고, 대세를 좇지 않으면 불안해하는 우리나라의 '과격한' 동조 문화에 비춰 볼 때, '십수 년 인생사'의 내용도 수험생들 간에 별 차이가 없다. 결국 '모국어 화자로서의 언어 체험'과 '십수 년 인생사'의 내용이 대부분 비슷하다는 말이다.

그렇다면 결국 남는 문제는, 말 그대로 제시문의 '제재나 내용'에 대한 배경지식이다. 하지만 이 부분에서도 수험생들 간에는 큰 차이가 없다. 앞에서 필자는 어휘의 '양'과 '질'이 배경지식의 '폭'과 '깊이'를 가리킨다고 말한 바 있다. 대부분의 수험생들이 어휘의 양과 질에서 큰 차이를 보이지 않는다는 것은, 거꾸로 말하면 그들 간 배경지식의 차이도 결국 크지 않다는 것이다.

있는 그대로
꼼꼼히 읽어라?

가끔 "인쇄된 문자 정보에만 주목해서 제시문을 있는 그대로 보라"고 주장하는 사람들이 있다. 하지만 그것은 실제 글을 읽는 모습과는 한참 동떨어진 것이다. 그런 주장을 하는 사람조차 그런 식으로 글을 읽지 않는다. 아니 읽지 못한다.

하지만 이런 주장을 많은 수험생들은 '객관적인 읽기'로 오해한다. 그리고 그것을 제시문 독해의 기본이라고 착각하고 있다. 이런 주장에 따르면, 독해는 글자의 형태를 인지하는 것에서 시작해 단어를 인지하고 그 단어의 의미를 파악하고, 구·절·문장을 인지하고 그 의미를 파악하고, 문단을 인지하고 그 의미를 파악하는 과정의 연속이다. 이때 읽기는 '문자 형태를 처리(인지)하는 과정'과 '의미를 처리(파악)하는 과정'의 연속이다.

먼저 한 문장에서 첫 단어를 읽고 그다음 단어를 읽어가면서, 이 단어들의 연속을 구나 절, 그리고 문장, 더 나아가 문단으로 만들어 나가는 과정이 '문자 형태를 처리(인지)하는 과정'이다. 그리고 첫 단어의 의미에 다음 단어의 의미를 보태면서 점차 문장의 의미를 만들고, 여러 문장들의 의미를 합쳐 문단의 의미를 만들어 나가는 과정이 '의미를 처리(파악)하는 과정'이다. 자, 한번 솔직하게 대답해 보자. 세상에 누가 이렇게 글을 읽는가? 아니 일부러 이렇게 하려고 애쓴다고 하더라도 이런 읽기가 정말 가능하기는 한 걸까?

다음 글을 한번 빨리 읽어 보길 바란다.

케임리브지 대학의 연결구과에 따르면, 한 단어 안에서 글자가 어떤 순서로 배되열어 있는가 하것는은 중하요지 않고, 첫째번와 마지막 글자가 올바른 위치에 있것는이 중하요다고 한다. 나머지 글들자은 완전히 엉진망창의 순서로 되어 있지을라도 당신은 아무 문없제이 이것을 읽을 수 있다. 왜하냐면 인간의 두뇌는 모든 글자를 하나하나 읽것는이 아니라 단어 하나를 전체로 인하식기 때이문다.

이번에는 천천히 문자의 형태를 확인하면서, 다시 한 번 읽어 보기를 바란다. 만약 읽기가 글자의 형태를 인지하는 것에서 시작해 단어를 인지하고 그 단어의 의미를 파악하고, 구·절·문장을 인지하고 그 의미를 파악하고, 문단을 인지하고 그 의미를 파악하는 과정의 연속이라면, 이 글을 읽을 수 있는 사람은 이 세상에 단 한 명도 존재하지 않는다.

이와 관련해서는 재미있는 실험 결과가 하나 있다. 만약 전적으로 제시문에만 근거해 단어에서 문장, 문단으로 옮겨가면서 제시문의 의미를 파악하는 '해독화' 과정을 거친다면, 한 페이지를 읽기 위해서 약 15,000개의 언어적 특징을 혼합하고 분석해야 한다는 실험 결과가 그것이다. 그건 컴퓨터가 암호를 해독하는 방식이지, 사람이 글을 읽는 방식이 아니다. 컴퓨터조차 그 문자를 해독하기 위해서는, 그 문자가 무엇인지 비춰 봐야 할 배경지식(기준 데이터)이 있어야 한다.

일부 독자는 어떻게 한 페이지를 읽기 위해서 15,000개의 언어적 특징이 혼합되고 분석되어야 한다는 것인지, 그리고 그때 말하는 언어적 특징은 도대체 무엇인지 궁금해할 것 같다. 사실 이 부분은 조금 번거로운 것이라, 소개를 해야 하나 말아야 하나 한참을 고민했다. 그리고 해당 실험 결과는 영어를 가지고 외국에서 실시한 것이라 그대로 소개하기도 힘들다. 하지만 우리나라에도 똑같지는 않지만 비슷한 성격의 연구가 있다. 필자는 이 연구도 소개를 해야 하나 말아야 하나 마찬가지로 고민했다. 지적 호기심을 채우는 단순한 수준을 훨씬 뛰어넘는 것이기 때문이다. 자칫 독자들에게 엄청난 '트라우마'가 될 가능성도 있다.

하지만 그냥 하기로 했다. "제시문을 문자 형태에 주목하면서 '객관적'으로 읽으라"거나 "어떤 독해 기술이나 스킬을 적용해서 제시문을 꼼꼼하게 분석하라"라고 조언하는 교재의 저자나 강의의 강사에게도 꼭 들려주고 싶은 말이기 때문이다. 정말 꼼꼼하게 제시문을 분석한다는 게 무엇인지, 정말 제시문을 객관적으로 읽는다는 게 무엇인지 똑똑히 보여주고 싶었다는 말이다. 아마 필자가 지금부터 소개하는 제시문 분석을 보고 나면, 그들은 두 번 다시 수험생들에게 제시문을 꼼꼼하게 분석하라는 말을 하지 못할 것이다.

자, 여기 두 개의 제시문이 있다고 치자. 그리고 이 두 개의 제시문이 다루는 내용이나 제시문에 등장하는 어휘에 대한 수험생의 친숙도는 비슷하다고 가정하자. 그렇다면 이 두 개의 제시문 가운데 '통사적 복잡성'이 높은 제시문이 더 읽기 어려운 제시문이 된다. '통사'라는 말이 뭔지 낯설어하는 독자들이 있을 것 같다. 국어 문법에서 통사(統辭)는 문장(文章)과 같은 의미로 사용되는 말이다. 여기서 제시문이 읽기 어렵다는 말은, 그 제시문을 구성하는 문장들의 복잡성이 높다는 말과 같은 의미다.

문장은 보통 안은문장(모문)과 안긴문장(내포문)으로 구분되는데, 특히 안긴문장이 복잡할 경우, 그런 문장이 많이 사용된 제시문은 읽기 어려워진다. 조금 어려운가? 어쨌든 이 통사적 복잡성을 측정하는 분석 틀에 '해석 문법'이란 것이 있다. 해석 문법은 알파벳 문자와 숫자를 가지고 통사의 복잡성을 간결하게 표시해 주는 일종의 도구라고 보면 된다. 한국외국어대학교 사범대학 한국어교육과 김의수 교수가 2008년에 처음 제안했다.

기본 얼개는 다음과 같다.

- **독립성분**: J(독립어)
- **명제성분**: A(주어), B(목적어), C(보어), D(부사어), E(서술어)
- **양태성분**: T(시제), S(상), H(높임), M(태도), N(종결), P(부호)
- **기　　타**: Q(인용), X(단독 명사구)

알파벳이 나타내는 '성분'에 더해, 더 세부적인 '정보'를 표시하기 위해 알파벳 옆에 숫자를 덧붙이게 된다.

1. 체언(명사, 대명사, 수사) 정보

가. 관형어 정보(좌측 확장): 정보 없음(0), 관형사(1), 부사(2), 체언 단독(3) 체언+의(4), 체언+과(5), 절(6)

나. 중심 정보(핵): 보통명사(1), 고유명사(2), 의존명사(3), 인칭대명사(4), 비인칭대명사(5), 수사(6), 절(7), 기타(8)

다. 조사 정보(우측 확장): 없음(0), 격조사(가/께서/에서(1), 를(2), 호격(3), 부사격(4)), 보조사(는(5), 도(6), 만/뿐(7), 기타 보조사(8)), 부사에 조사 첨가(9X)

2. 서술어의 정보

가. 서술어의 종류

ㄱ. 실질 서술어: 자동사(1), 타동사(2), 형용사(3), 비용언(4), 기타(5)

ㄴ. 형식 서술어: 보조용언(6), 이다/답다(7), 하다/되다/시키다(8), 지다/싶다(9)

나. 어미의 종류

ㄱ. 종결 어미(1)

ㄴ. 전성 어미: 관형사형(2), 부사형(3), 명사형(4)

ㄷ. 보조적 연결 어미(5)

3. 양태 정보

가. 시제

선어말 어미: 었(1), 더(2), ㄴ/는(3), 겠(4)

관형사형 어미: ㄴ/은(5), 는(6), ㄹ/을(7)

나. 상

완료(1), 진행(2), 예정(3), 반복[-곤 하다, -어 대다](4), 기동[-기 시작하다](5)

다. 높임

주체 높임(1), 객체 높임(2), 청자 높임(합쇼체(3), 하오체(4), 하게체(5), 해라체(6), 하라체(7), 해요체(8), 해체(9))

라. 태도

당위(1), 추측(2), 소망(3), 시도(4), 봉사(5), 시인(6), 부정(7), 사동(8), 피동(9)

마. 종결

평서문(1), 의문문(2), 명령문(3), 청유문(4), 감탄문(5)

바. 부호

마침표(1), 물음표(2), 느낌표(3), 기타(4)

읽느라 수고했다. 적는 필자도 힘든데 읽는 사람은 어땠을까? 어쨌든 지금까지 소개한 해석 문법의 얼개를 가지고 문장 하나를 알파벳과 숫자로 표시해 보자.

'그의 형은 어떤 그림을 들고 있었다.'
'A4-1-5 B1-1-2 E22-1 T1 S2 H6 N1 P1'

여기서 주어(그의 형은)는 A4-1-5로 표시되는데, 풀어 써 보면 핵/중심 정보(보통명사, '형'), 좌측 확장/관형어 정보(체언+의, '그의'), 우측 확장/조사 정보(주격조사, '은')이다. 목적어(어떤 그림을)는 B1-1-2로 표시되는데, 풀어 써 보면 핵/중심 정보(보통명사, '그림') 좌측 확장/관형어 정보(관형사, '어떤'), 우측 확장/조사 정보(목적격 조사, '을')이다. 서술어(들고 있었다)는 E22-1 T1 S2 H6 N1 P1로 표시된다. 우선 E22-1을 풀어보면 타동사 2자리('들다', '있다')와 종결어미('다')이다. 여기에 T1은 시제('었'), S2는 상('진행'), H6은 청자높임('해라체'), N1은 종결법('평서문'), P1은 부호('마침표')다.

이쯤에서 2008학년도 수능 언어 영역에 나왔던 과학 지문('피의 순환 이론')의 복잡성을 해석 문법으로 표시한 연구(이나래, 2010, 「대학수학능력시험 언어 영역 비문학 지문의 통사론적 연구」, 한국외국어대학교 교육대학원 석사논문)를 소개한다. 이 분석에는 양태 성분(시제, 상, 높임, 태도, 종결, 부호)과 기타(인용, 단독 명사구)가 빠져 있다. 이 부분을 빼도 충분히 복잡하다. 차고 흘러넘칠 정도로 복잡하다.

사실 필자는 처음부터 이 논문을 인용하려고 했던 것은 아니었다. 최근의 수능 제시문을 대상으로 필자가 직접 해 보려고 시도하다가, 결국 중도에 포기했다. 필자는 전형적인 '직관형 – 충동형 – 우뇌형' 성격의 소유자다. 자, 독자들은 먼저 알파벳과 숫자를 표시하기 전의 제시문을, 본래 형태로 한번 읽어보기 바란다.

중세부터 르네상스 시대에 이르기까지 생리학 분야의 절대적 권위는 2세기경 그리스 의학을 집대성한 갈레노스에게 있었다. 갈레노스에 따르면, 정맥피는 간에서 생성되어 정맥을 타고 온몸으로 영양분을 전달하면서 소모된다. 정맥피 중 일부는 심실 벽인 격막의 구멍을 통과하여 우심실에서 좌심실로 이동한 후, 거기에서 공기의 통로인 폐정맥을 통해 폐에서 유입된 공기와 만나 동맥피가 된다. 그다음에 동맥피는 동맥을 타고 온몸으로 퍼져 생기를 전해 주면서 소모된다. 이 이론은 피의 전달 경로에 대한 근본적인 오류를 포함하고 있었으나, 갈레노스의 포괄적인 생리학 체계의 일부로서 권위 있게 받아들여졌다. 중세를 거치면서 인체 해부가 가능했지만, 그러한 오류들은 고대의 권위를 추종하는 학문 풍토 때문에 시정되지 않았다.

16세기에 이르러 베살리우스는 해부를 통해 격막에 구멍이 없으며, 폐정맥이 공기가 아닌 피의 통로라는 사실을 발견했다. 그 후 심장에서 나간 피가 폐를 통과한 후 다시 심장으로 돌아오는 폐순환이 발견되자 갈레노스의 피의 소모 이론은 도전에 직면했다. 그러나 당시의 의학자들은 갈레노스의 이론에 얽매여 있었으므로 격막 구멍이 없다는 사실로 인해 생긴 문제, 즉 우심실에서 좌심실로 피가 옮겨 갈 수 없는 문제를 폐순환으로 설명할 수 있다고 생각하였다.

이러한 판도를 바꾼 사람은 하비였다. 그는 생리학에 근대적인 정량적 방법을 도입했다. 그는 심장의 용적을 측정하여 심장이 밀어내는 피의 양을 추정했다. 그 결과, 심장에서 나가는 동맥피의 양은 섭취되는 음식물의 양보다 훨씬 많았다. 먹은 음식물보다 더 많은 양의 피가 만들어질 수 없으므로 하비는 피가 순환되어야 한다고 생각했다. 그는 이 가설을 검증하기 위해 실험을 했다. 하비는 끈으로 자신의 팔을 묶어 동맥과 정맥을 함께 압박하였다. 피의 흐름이 멈추자 피가 통하지 않는 손은 차가워졌다. 동맥을 차단했던 끈을 약간 늦추어 동맥피만 흐르게 해 주자 손은 이내 생기를 회복했고, 잠시 후 여전히 끈에 압박되어 있던 정맥의 말단 쪽 혈관이 부풀어 올랐다. 끈을 마저 풀어 주자 부풀어 올랐던 정맥은 이내 가라앉았다. 이로써 동맥으로 나갔던 피가 손을 돌아 정맥으로 돌아온다는 것이 확실해졌다.

이 실험을 근거로 하비는 1628년에 좌심실→대동맥→각 기관→대정맥→우심방→우심실→폐동맥→폐→폐정맥→좌심방→좌심실로 이어지는 피의 순환 경로를 제시했다. 반대자들은 해부를 통해 동맥과 정맥의 말단을 연결하는 통로를 찾을 수 없음을 지적하였다. 얼마 후 말피기가 새로 발명된 현미경으로 모세혈관을 발견하면서 피의 순환이론은 널리 받아들여졌다. 그리고 폐와 그밖의 기관들을 피가 따로 순환해야 하는 이유를 포함하여 다양한 인체 기능을 설명하는 새로운 생리학의 구축이 시작되었다.

자, 이제는 이 제시문이 해석 문법에 따르면 어떻게 분석되는지 소개해 보겠다. 이 제시문은 총 1,393자, 345어절(띄어쓰기 단위), 24문장, 4단락으로 이뤄져 있다. 괄호로 표시된 것은 안긴문장이다. 괄호 안의 괄호는 안긴문장 속에 안긴 또 다른 문장이다.

중세부터 르네상스 시대에 이르기까지 생리학 분야의 절대적 권위는 2세기경 그리스 의학을 집대성한 갈레노스에게 있었다.

D(DCE12-4)AC(DBE422(0-1-0)E8-2)E32-1

갈레노스에 따르면, 정맥피는 간에서 생성되어 정맥을 타고 온몸으로 영양분을 전달하면서 소모된다.

DAC(D(E11-5)C(BE22-5)BE423(0-1-0)E8-3)E412(6-1-0)E8-1

정맥피 중 일부는 심실 벽인 격막의 구멍을 통과하여 우심실에서 좌심실로 이동한 후, 거기에서 공기의 통로인 폐정맥을 통해 폐에서 유입된 공기와 만나 동맥피가 된다.

D(AD(B(E431(3-1-0)E7-2)E422(0-1-0)E8-3)DCE412(0-1-0)E8-2)D(DD(B(E431(3-1-0)E7-2)E21-3)C(CE412(0-1-0)E8-2)E12-3)AE12-1

그다음에 동맥피는 동맥을 타고 온몸으로 퍼져 생기를 전해 주면서 소모된다.

DAC(C(BE22-5)D(E12-3)BE23-5E6-3)E412(0-1-0)E8-1

이 이론은 피의 전달 경로에 대한 근본적인 오류를 포함하고 있었으나, 갈레노스의 포괄적인 생리학 체계의 일부로서 권위 있게 받아들여졌다.

AD(D(CE12-2)B(E431(0-1-0)E7-2)E422(0-1-0)E8-5E6-3)D(E431(4-1-0)E7-2)D(AE31-5)E23-3E9-1

중세를 거치면서 인체 해부가 가능했지만, 그러한 오류들은 고대의 권위를 추종하는 학문 풍토 때문에 시정되지 않았다.

D(D(BE22-3)AE431(0-1-0)E8-3)D(E31-2)AD(BE422(3-1-0)E8-2)E411(0-1-0)E9-5E6-1

16세기에 이르러 베살리우스는 해부를 통해 격막에 구멍이 없으며, 폐정맥이 공기가 아닌 피의 통로라는 사실을 발견했다.

D(CE12-3)AB(D(D(BE22-3)DAE31-3)AE431(63-1-0)(E31-2)E7-2)E422

(0-1-0)E8-1

그 후 심장에서 나간 피가 폐를 통과한 후 다시 심장으로 돌아오는 폐순환이 발견되자 갈레노스의 피의 소모 이론은 도전에 직면했다.
D(DA(A(CE12-2)D(BE422(0-1-0)E8-2)DCE12-2)E411(0-1-0)E9-1)ACE412(0-1-0)E8-1

그러나 당시의 의학자들은 갈레노스의 이론에 얽매여 있었으므로 격막 구멍이 없다는 사실로 인해 생긴 문제, 즉 우심실에서 좌심실로 피가 옮겨 갈 수 없는 문제를 폐순환으로 설명할 수 있다고 생각하였다.
DAD(A(D(CE12-5E7-3)D(D(C(AE31-1)E12-3)E12-2)DB(A(DCAE23-5E6-2)E31-2)CE423(0-1-0)E8-2)E31-2)E422(0-1-0)E8-1

이러한 판도를 바꾼 사람은 하비였다.
AE431(6-2-0)(D(E31-2)BE22-2)E7-1

그는 생리학에 근대적인 정량적 방법을 도입했다.
ACB(E431(0-1-0)E7-2)E423(0-1-0)E8-1

그는 심장의 용적을 측정하여 심장이 밀어내는 피의 양을 추정했다.
AD(BE422(0-1-0)E8-3)B(AE22-5E6-2)E423(0-1-0)E8-1

그 결과, 심장에서 나가는 동맥피의 양은 섭취되는 음식물의 양보다 훨씬 많았다.

DA(CE12-2)D(E411(0-1-0)E9-2)DE31-1

먹은 음식물보다 더 많은 양의 피가 만들어질 수 없으므로 하비는 피가 순환되어야 한다고 생각했다.

D(A(A(D(E22-2)DE31-2)E22-5E9-2)E31-3)AC(AE411(0-1-0)E9-3E8-5)E412(0-1-0)E8-1

그는 이 가설을 검증하기 위해 실험을 했다.

AD(BD(E422(0-1-0)E8-4)E22-3)BE22-1

하비는 끈으로 자신의 팔을 묶어 동맥과 정맥을 함께 압박하였다.

AD(CBE23-5)BDE422(0-1-0)E8-1

피의 흐름이 멈추자 피가 통하지 않는 손은 차가워졌다.

D(AE12-3)A(AE11-5E6-2)E431(0-1-0)E9-1

동맥을 차단했던 끈을 약간 늦추어 동맥피만 흐르게 해 주자 손은 이내 생기를 회복했고, 잠시 후 여전히 끈에 압박되어 있던 정맥의 말단 쪽 혈관이 부풀어 올랐다.

D(D(D(B(BE422(0-1-0)E8-3)DE22-5)BE22-5E6-3E9-1)ADBE422(0-1-0)E8-5)DA(DDE411(0-1-0)E9-5E6-3)E11-5E11-1

끈을 마저 풀어 주자 부풀어 올랐던 정맥은 이내 가라앉았다.

D(BDE22-5E6-1)A(E11-5E11-3)DE11-1

이로써 동맥으로 나갔던 피가 손을 돌아 정맥으로 돌아온다는 것이 확실해졌다.

DE431(6-3-1)(A(CE12-3)D(BE22-5)CE12-1)E31-3E9-1

이 실험을 근거로 하비는 1628년에 좌심실→대동맥→각 기관→대정맥→우심방→우심실→폐동맥→폐→폐정맥→좌심방→좌심실로 이어지는 피의 순환 경로를 제시했다.

D(BE412(0-1-0)ACB(DE12-5E9-2)E423(0-1-0)E8-1

반대자들은 해부를 통해 동맥과 정맥의 말단을 연결하는 통로를 찾을 수 없음을 지적하였다.

AB(A(D(BE22-3)B(CBE423(0-1-0)E8-5)E22-1)E31-4)E422(0-1-0)E8-1

얼마 후 말피기가 새로 발명된 현미경으로 모세혈관을 발견하면서 피의 순환이론은 널리 받아들여졌다.

DD(AD(E411(2-1-0)E9-2)BE422(0-1-0)E8-3)ADE23-3E9-1

그리고 폐와 그 밖의 기관들을 피가 따로 순환해야 하는 이유를 포함하여 다양한 인체 기능을 설명하는 새로운 생리학의 구축이 시작되었다.

DD(D(B(BADE411(0-1-0)E8-3E8-2)E422(0-1-0)E8-3)B(E431(0-1-0)E8-2)E423(0-1-0)E8-5)A(E31-2)E411(0-1-0)E9-1

여기서 더 이상 진행시키면 자칫 독자들에게 '트라우마'가 생길 수도 있으므로, 이 이야기는 일단 여기서 멈춘다. 중요한 것은 전적으로 제시문에만 근거해 단어에서 문장, 문단으로 옮겨가며 제시문을 '해독'

한다는 말이 무슨 의미인지, 그리고 그렇게 하려면 얼마나 많은 언어적 특징이 혼합되고 분석돼야 하는지 한번 느껴보라는 것이다. 누가 과연 이렇게 글을 읽을 수 있을까? 당연히 이런 식으로 글을 읽을 수 있는 사람은 이 세상에 단 한 명도 없다. 그건 노력의 문제가 아니기 때문이다. 오직 연구 목적으로 사후적으로만 가능한 작업일 뿐이고, 그마저도 '토가 나올 정도'로 까다롭다.

이쯤에서 필자가 하고 싶었던 이야기를 꺼내는 것이 좋을 것 같다. 필자가 보기에 "제시문을 있는 그대로 보라"거나, "어떤 기술이나 스킬을 적용해서 문장의 구조를 분석하라"거나, "문자 형태에 주목하면서 제시문을 꼼꼼히 읽으라"는 여러 조언들은, 마치 이런 해석 문법을 적용해서 제시문을 읽으라는 것과 본질적으로는 아주 비슷한 이야기라는 것이다.

물론 교재나 강의의 조언들은, 필자가 소개한 해석 문법에 비하면 '애교' 수준에도 이르지 못하는 것들이다. 하지만 실제 시험장에서 자신들의 조언에 따라 제시문을 읽으라고 '함부로' 겁주는 행위는, '애교' 수준을 한참 뛰어넘는 것이다. 그건 마치 컴퓨터가 암호를 해독하는 방식을 사람인 수험생에게 강요하는 것과 마찬가지이기 때문이다. 더 큰 문제는 교재나 강의의 조언을 믿고 실제 제시문 읽기에 그런 방식을 적용하려는 수험생들이 간혹 있다는 사실이다. 무책임한 것을 넘어서서 위험하기까지 한 조언이다.

'속독'과
'끊어 읽기'

독해에 관한 이야기를 하는 김에, 함께 이야기하고 싶은 것이 하나 있다. 다름 아닌 '독해력 향상 프로그램'이다. 수능 국어 영역에 대한 근본적인 대비책으로 이 방법을 꼽는 사람들이 의외로 많기 때문이다. 이들은 "다 필요 없다. 국어는 독해력이다"라며 독해력 향상 프로그램에만 죽자 살자 매달린다.

물론 필자는 제시문이 국어 시험 성적에 미치는 영향력은 우리가 생각하는 것처럼 크지 않다는 이야기를 이미 앞에서 한 적이 있다. 따라서 성적에 미치는 영향력과 무관하게, 그러니까 제시문을 이해하는 데 어떤 도움을 주는지만 놓고, 독해력 향상 프로그램을 살펴보고자 한다.

독해력 향상 프로그램은 인간이 지닌 단기 기억(short-term memory) 혹은 작업 기억(working memory)의 '저장 용량'과 '저장 시간'에 착안해서 개발된 독해 기술이다. 대표적인 독해력 향상 프로그램으로는 보통 '속독(speed reading, rapid reading)'과 '의미 단위(meaning unit)로 끊어 읽기'를 꼽는다. 그런데 속독의 경우, 몇 초 만에 한 페이지를 읽는다든가 하는 극단적인 주장까지 있어, 그다지 진지하게 이야기하고 싶은 분야는 아니다. 하지만 '의미 단위로 끊어 읽기'는 한번 꼼꼼하게 짚어볼 필요가 있다.

앞에서 소개했던 기이한 글(케임리브지)을 다시 보자.

케임리브지 대학의 연결구과에 따르면, 한 단어 안에서 글자가 어떤 순서로 배되열어 있는가 하것는은 중하요지 않고, 첫째번와 마지막 글자가 올바른 위치에 있것는이 중하요다고 한다. 나머지 글들자은 완전히 엉진망창의 순서로 되어 있지을라도 당신은 아무 문없제이 이것을 읽을 수 있다. 왜하냐면 인간의 두뇌는 모든 글자를 하나하나 읽것는이 아니라 단어 하나를 전체로 인하식기 때이문다.

단어 안의 순서가 말 그대로 '엉망진창'이어도, 우리가 이 글을 이해할 수 있는 이유는 글을 '단어 수준'으로 인식했기 때문이다. 당연히 이때의 단어 수준도 하나의 의미 단위, 혹은 정보 단위가 된다.

앞에서도 말했듯이, 보통 인간의 단기 기억 저장 시간은 '5초에서 20초' 정도로 알려져 있다. 그리고 저장 용량은 '7단위'가 그 한계라고 한다. 정보의 종류와 관계없이 7단위의 정보는 동시에 저장돼, 5초에서 20초 동안 그 상태가 유지된다는 것이다. 반면 장기 기억(long-term memory)에 저장된 정보(스키마)는 무의식적인 상태로 저장되어 있는데, 이곳에 저장될 수 있는 정보의 양과 저장 시간에는 제한이 없다. '무한대'라는 말이다.

만약 음절 한 개를 1개 단위로 보면 "나는 학교에 간다"는 문장은 7단위의 정보로 이뤄진 것이다. 하지만 보통 정보 단위는 글자 수를 말하기보다는 덩이(chunk)를 말한다. 예를 들어, '나+는', '학+교+에', '간+다'처럼 단어를 중심으로 덩이화(chunking)시키면, 정보 단위는 7단위에서 3단위로 줄어든다. "나는 학교에 갔다. 가는 도중에 친구를 만났다. 친구는 엄마에게 혼난 이야기를 들려줬다"라는 글은 '나는＋학교에＋갔다', '가는＋도중에＋친구를＋만났다', '친구는＋엄마에게＋혼난＋이야기를＋들려줬다'식으로 덩이화시키면, 글자 수로 보면 35단위, 단어로 보면 12단위였던 정보가, 3개의 정보(의미) 단위로 '확' 줄어든다.

독자들도 이미 짐작했겠지만, 그렇다면 결국 문제는 정보 단위, 혹은 의미 단위(덩이)의 '크기'다. 무슨 말이냐면, 어떤 제시문을 읽을 때 의미 단위(덩이)를 크게 만들면 만들수록 단기 기억에 저장할 수 있는 덩이의 전체 개수를 줄일 수 있고, 그 결과 글 전체에 대한 회상(기억) 효과를 높여준다는 것이다. 쉽게 말하면 덩이를 크게 만드는 능력이 바로 그 사람의 독해력을 결정한다는 말이다.

앞에서 말한 대로 7개의 정보 단위(덩이)가 저장돼서 유지되는 시간은 5초에서 20초 정도다. 바로 이런 단기 기억의 '저장 용량'과 '저장 시간'에 근거해서 독해와 관련된 재미있는 주장 하나가 나온다. "단기 기억 혹은 작업 기억은 저장 용량과 저장 시간이 제한돼 있기 때문에, 오히려 글을 빠른 속도로 읽어야만 정보의 소실(잃어버림)이 일어나지 않고 제대로 된 정보의 처리와 이해가 가능하다"는 주장이다.

언뜻 들으면 역설적인 주장 같지만, 가만히 생각해 보면 일리가 있다. 말하자면 글을 빠르게 읽는 독자들은 글을 읽는 속도와 생각하는 속도 사이에 간격이 생기지 않지만, 느리게 읽는 독자들은 읽는 속도와 생각의 속도 사이에 간격이 발생한다는 것이다. 그리고 결국 그런 현상이 글에 대한 이해도와 집중도를 떨어뜨리는 요인으로 작용한다는 것이다. 재미있는 현상이다.

읽기 속도가 빠르면 이해도가 높아진다는 '역설적'인 현상에 대해서는, 사실 대부분의 언어학자들이 동의하는 편이다. 맨 앞에서 필자가 말했던 성격 유형을 한번 떠올려보면 좋을 것 같다. 글을 빨리 읽는 것은 직관형-충동형-우뇌형 수험생들의 두드러진 특징이다. 이들은 감각형-심사숙고형-좌뇌형 수험생보다 글을 빨리 읽는 경향이 매우 뚜렷하다. 이건 필자가 가르치는 제자들을 봐도 그렇다. 그리고 그런 사례들을 관찰한 결과 필자가 내린 결론은 이렇다. "수능 국어 영역에서 제시문을 빨리 읽는 것은 느리게 읽는 것보다 훨씬 긍정적인 효과를 가져온다."

문제는 실제 수능장에서 수험생들이 그렇게 할 수 있느냐이다. 직관형-충동형-우뇌형 수험생들은 많은 경우 이미 그렇게 하고 있거나, 설사 지금 그렇게 하고 있지 않더라도 마음만 먹으면 그렇게 하는 데 큰 어려움을 겪지 않는다. 하지만 감각형-심사숙고형-좌뇌형 수험생들의 경우에는 그게 말처럼 잘 안 될 수도 있다. 이 친구들의 꼼꼼한 '성격'과 '빨리 읽기'는 마치 '물'과 '기름'처럼 서로 '궁합'이 안 맞기 때문이다. 하지만 어쩔 수 없다. 지금보다 '무조건' 높은 국어 성적을 얻으려면 지금보다 '무조건' 빨리 제시문을 읽어야 한다.

여기서 어떤 독자들, 특히 감각형-심사숙고형-좌뇌형 독자들은 "아니, 이해가 안 되는데 어떻게 빨리 읽으라는 것이냐? 그럼 그냥 '막' '대충' 읽으라는 말이냐?"라는 볼멘소리를 할 수 있다. 맞다. 그냥 '막' '대충' 읽어라. 이해가 되든 안 되든 말이다. 이해가 잘 안 될 때 어떻게 해야 하는지는, 제시문 독해에 관한 논의를 마무리하면서 자세하게 이야기할 것이다.

다시 돌아가자. 사람의 두뇌는 즉시 파악할 수 있는 의미 있는 묶음으로 정보를 조직하기 때문에, 분당 400개 정도의 글자 혹은 그 이상의 속도로 글을 읽을 때 두뇌가 훨씬 편하게 작동한다는 주장도 이런 맥락에서 나온 것이다. 이 주장에 따르면 글을 천천히 읽을수록 뇌의 피로도가 가중되면서 오히려 이해도는 떨어지게 된다.

이들의 실험 결과를 보면, 평균적인 독자는 대략 분당 200개의 글자를 읽고 50~70%의 이해도를 보이는 데 비해, 분당 400개를 읽는 독자들은 오히려 70~80%의 높은 이해도를 보인다. 더 황당한 것은 상위 1%의 독자들은 분당 800개 이상의 높은 읽기 속도를 보이는데도, 글에 대한 이해도는 80%가 넘는다는 것이다. 심지어 상위 0.01%의 독자는 분당 1,000글자 이상의 속도를 보이면서도 여전히 80% 이상의 이해도를 기록한다. 여기서 800자나 1,000자는 1분 동안 그 글자(문자 형태)를 전부 인지했다는 의미는 물론 아니다. 1분이 지난 시점에 800자나 1,000자 분량에 해당하는 제시문의 특정 지점까지 시선이 이동했다는 의미다.

이게 도대체 어떻게 가능한가 생각해 보면 세 가지 추론이 가능하다.

첫째, 정보(의미) 단위가 단어나 문장 성분(주어, 목적어, 서술어 등)이 아니라, 문장 단위 심지어는 문단 단위로까지 커졌다는 것이다. 몇 개의 문장이 한 덩이가 되거나, 심지어 한 문단을 한 덩이로 만들면서 제시문을 읽었다는 말이다.

둘째, 단어나 문장 성분 정도의 정보 단위로 끊어 읽었지만, 앞의 정보 단위에서 뒤의 정보 단위로 연속해서 이동하는 속도가, 거의 '빛의 속도'에 가까울 정도로 빨랐다는 것이다.

셋째, 단어나 문장 성분 수준의 정보 단위로 끊어 읽되, 모르는 단어나 이해가 되지 않는 부분은 건너뛰면서 읽었다는 것이다.

필자가 보기에 여기서 의미 있는 것은 세 번째 경우뿐이다. 왜냐하면 첫 번째와 두 번째 방식은 결국 '속독'과 관련된 것이기 때문이다. 이런 방식은 이론적으로 보면 그 속도에 한계가 없는 것이기 때문에, 안구 운동만 제대로 이뤄지면 분당 10,000자 또는 100,000자도 충분히 가능한 것이다. 하지만 현실적으로 이게 가능한 것이냐에 대해서는 사실 회의적인 생각이 많이 든다. 이건 마치 나무를 한 그루 심어 놓고 매일 그 나무 위를 뛰어넘다 보면 몇 십 년 후에는 10미터 높이로 자란 나무도 가볍게 뛰어넘을 수 있다는 이야기와 별로 다를 것이 없기 때문이다.

정보 단위를 키우는 데는 분명히 어떤 한계가 있다. 그건 아무리 커도 짧은 문장 한 개를 넘을 수 없을 것이기 때문이다. 보통 언어학자들은 인간이 만들 수 있는 정보 단위, 그러니까 '덩이'의 최대 크기를 단어와 문장 사이의 어디쯤으로 본다. 물론 이 부분에 대해서 일부 속독 전문가들은 덩이를 키우는 데는 아무런 한계가 없다고 주장한다.

언어학자들의 주장과 속독 전문가의 주장 가운데 어느 것이 타탕한지 판단하는 것은 독자의 몫이다. 필자는 언어학자들의 주장이 맞는다고 생각한다. 그렇다면 남는 가능성은 하나뿐이다. 결국 상위의 독자들은 모르는 단어나 이해가 되지 않는 부분을 건너뛰었기 때문에, 1분 동안 800자나 1,000자 분량의 글을 읽게 되는 것이다. 건너뛰며 읽기는 역설적으로 제시문의 특정 부분으로부터 방해를 덜 받게 하고, 글의 전체적인 의미를 더 쉽게 파악하게 하는 긍정적인 역할을 했다는 추론이 가능하다.

아까 말한 대로, 읽기 속도가 빠르면 이해도가 높아진다는 '역설적' 현상에 대해서는 대부분의 학자들이 동의하는 편이다. 여기서 읽기 속도가 의미 단위로 끊어 읽어서 빨라진 것인지, 아니면 모르는 부분을 건너뛰는 융통성 때문에 빨라진 것인지는 그다지 중요하지 않다. 어쨌든 빠르게 읽는 것은 느리게 읽는 것보다 대부분 제시문에 대한 이해도에 긍정적인 영향을 준다.

이 부분은 수험생들이 막연히 짐작하는 것과는 크게 다른 부분이기 때문에, 특별히 강조할 필요가 있다. 제시문을 빠르게 읽는 것이 천천히 읽는 것보다 훨씬 유리하다. 당연히 수능 국어 시험지에 등장하는 제시문을 읽을 때도 마찬가지다.

그런데 여기에는 조금 애매한 문제가 하나 있다. 글에 대한 '무난한' 수준의 이해가 아니라 '높은' 수준의 이해도 그렇다면 전적으로 빠른 읽기 속도 때문이냐에 대해서는 다소의 논쟁이 있다는 것이다. 무슨 말이냐면 정보(의미) 단위로 빠르게 끊어 읽거나 건너뛰면서 읽는 융통성을 발휘했기 때문에 글에 대한 이해도가 높아진 것인지, 거꾸로 제시문에 대한 이해도가 처음부터 높았기 때문에 정보(의미) 단위로 끊어 읽기와 건너뛰며 읽기가 가능했고, 그래서 읽기 속도가 결과적으로 빨라진 것인지가 불분명하다는 것이다.

여기에서 또다시 등장하는 것이 '스키마'다. 쉽게 말하면 스키마가 없는데 어떻게 정보(의미) 단위로 끊어 읽고, 또 글을 읽다가 건너뛰는 융통성을 발휘할 수 있었겠느냐는 말이다. 스키마의 수준이 높기 때문에, 끊어 읽기가 가능했고 글을 읽을 때 넘어 가거나 건너뛰는 융통성 (flexibility)도 잘 발휘된 것이고, 결국 그래서 글을 읽는 속도가 빨라지는 것 아니냐는 문제 제기다. 그렇다면 이런 경우, 우리는 원인과 결과를 혼동하는 오류를 범하고 있는 것일 수도 있다.

'기이한' 글을 다시 한 번 보자.

케임리브지 대학의 연결구과에 따르면, 한 단어 안에서 글자가 어떤 순서로 배되열어 있는가 하것는은 중하요지 않고, 첫째번와 마지막 글자가 올바른 위치에 있것는이 중하요다고 한다. 나머지 글들자은 완전히 엉진망창의 순서로 되어 있지을라도 당신은 아무 문없제이 이것을 읽을 수 있다. 왜하냐면 인간의 두뇌는 모든 글자를 하나하나 읽것는이 아니라 단어 하나를 전체로 인하식기 때이문다.

여기서 '케임브리지'라는 어휘 지식, 그러니까 스키마가 없었다면 '케임리브지'를 '케임브리지'로 인식하는 것이 과연 가능했을까? '연구 결과'라는 스키마가 없는데도 '연결구과'를 '연구결과'로 인식할 수 있었을까? '인식하기 때문이다'라는 스키마 없는데 '인하식기 때이문다'를 '인식하기 때문이다'로 이해하는 게 정말 가능할까?

그렇다면 문제는 정보(의미) 단위로 끊어 읽었기 때문에 이 글을 제대로 이해한 것이 아니라, 잘못된 형태의 단어지만 기존의 스키마(어휘 지식)에 어쨌든 부합됐기 때문에 빨리 읽을 수 있었고, 잘못된 철자에 대해서도 관용적인 태도를 보이는 융통성을 발휘했다고 보는 것이 맞지 않을까? 어떻게 보면 정보(의미) 단위라는 말 자체가 스키마를 전제로 한 것일 수밖에 없다. 그것이 정보(의미) 단위인지 아닌지 판단하는 것 역시 스키마, 그러니까 언어적 배경지식의 작용 없이는 불가능한 것이기 때문이다.

이야기가 조금 복잡해진 것 같아 미안한 마음이 든다. 하지만 그럴 수밖에 없는 이유가 있다. 모국어 화자의 읽기 능력이 원래 이렇게 미묘하고 복잡하기 때문이다. 학자들은 이런 모국어 화자의 특징을 비분석(Non-analyzed)과 자동화(Automatic)라는 개념으로 설명하기도 한다. 쉽게 말하면 "모국어 화자의 언어 능력은 자동적으로 형성되고 작동하는 것이기 때문에 그에 대한 분석이 불가능하다"는 것이다. 대단한 능력을 이미 갖춘 건 맞는데, 어떻게 그런 능력을 갖게 됐는지는 도무지 알 수가 없다는 말이다.

사실 모국어 화자의 독해(읽기) 과정에 대한 완전한 분석과 이해는, 언어학자들만이 아니라 심리학자들에게도 '꿈의 성취'와 같은 일이다. 왜냐하면 그것은 곧 인간의 정신과 심리의 놀라운 면면을 이해하는 일이기 때문이다. 특히 읽기는 인간의 마음과 정신을 보여주는 가장 전형적인 지적 과정이다. 그것은 읽기가 외형적인 '기호'를 보고 그것과는 성질이 전혀 다른 '의미'를 만들어내는 과정이기 때문이다. 이 과정에서는 자연 과학에서 말하는 '질량 보존의 법칙'도 통하지 않는다. 눈으로 본 문자 언어와 거기서 만들어낸 의미의 양이 같지 않기 때문이다.

인간의 심리와 정신은 조금 거창하게 말하면 인간의 생명과도 같다. 우리는 아직 무생명의 원소들이 모여 어떻게 생명의 물질이 되는지를 알지 못한다. 마찬가지로 수많은 심리 요소들이 모여 어떻게 하나의 정신 작용인 '읽기 과정'을 만들어내는지도 알지 못한다. 그래서 지금까지 읽기 과정에 대해서는 어떤 세계적 학자들도 제대로 된 설명이나 이론 또는 법칙, 기술을 내놓지 못하고 있다. 언어학자들이나 심리학자들이 모국어 화자의 언어 능력에 대한 분석과 이해를 '꿈의 성취'라고 표현한 이유도 바로 여기에 있다. 만약 누군가가 어떤 기술이나 스킬을 적용만 하면 그 글이 완벽하게 이해될 수 있다고 주장한다면, 그리고 그 주장이 정말 맞는다면 그는 전 세계의 언어학자와 심리학자들의 '꿈'을 드디어 성취한 것이다. 그것은 노벨상을 백 개 정도 받아도 부족할 정도로 위대한 업적이다. 축하한다.

배경지식의 '양'과 '질'

읽기 과정에 대해 제대로 된 설명이나 이론을 전혀 내놓지 못하는 학자들도 대부분 동의하는 것이 하나 있다. 독해력에 영향을 미치는 가장 중요한 독립적 요인은 '스키마'라는 것이다. 아닌 게 아니라 국어 시험에는 재미있는 현상이 하나 있다. 직장인이나 나이 든 성인들을 대상으로 수능을 치르게 하면 나타나는 특징적인 현상이다. 유독 국어 과목에서만 현역 수험생보다 일반인들이 좋은 성적을 얻는 경우가 많다.

그들은 현역 수험생들보다 수능 국어 영역의 문제 유형을 낯설어하고, 아는 문학 작품도 적고, 문법 지식의 수준도 떨어진다. 단적인 예로 공부 좀 한다는 고등학생은 줄줄 외는, 체언과 용언, 접사와 어근의 개념도 알지 못한다. 심지어 품사와 문장 성분이 어떻게 다른지조차 알지 못한다. 당연히 그렇다. 물론 그들도 과거 수험생 시절에는 국어 시험과 관련된 이런저런 내용들을 알고 있었을지도 모른다. 하지만 그것들은 이미 오래전에 '반납'됐다.

그럼에도 불구하고 그들은 현역 수험생보다 더 높은 점수를 얻는다. 그들에게 교재나 강의에서 말하는 기술이나 스킬 따위는 아예 그 존재조차 알지 못하는 '듣보잡'들이다. 가끔 교재나 강의를 보면, "이미 국어 시험을 잘 치르는 사람들은 무의식중에 기술이나 스킬(그것도 저자나 강사가 '발명'하거나 '발견'한)이 이미 내면화됐기 때문"이라는 말이 나온다. 지나가던 소도 웃다가 지쳐서 급기야 화를 낼 만한 이야기다.

필자는 과거에 실제로 비슷한 실험을 한 번 한 적이 있다. 학원에 다니는 제자 한 명(고등학교 3학년)과 필자의 고등학교 동창(현재는 자영업자)을 대상으로 한 실험이다. 제자는 국어 모의고사 성적이 상위권이었고, 필자의 동창은 고등학교 시절 중위권 정도의 국어 성적을 보였던 사람이다.

두 '실험 대상'에게 1등급 컷이 80점 중반 정도가 나온 예전 수능 문제를 풀게 했다. 물론 같은 공간에서 동시에 시험을 치르지는 않았다. 개별적으로 풀게 했고, 필자는 옆에서 시간만 따로 쟀다. 제자에게는 그냥 "풀어보렴"이라고 말(명령)했지만, 동창에게는 밥과 술을 산다는 조건을 내걸고서야 실험에 참여시킬 수 있었다. '두 친구' 모두 처음 보는 시험지였다. 시험 결과는 독자들이 짐작한 대로다. 동창이 시간을 적게 쓰고도 더 높은 점수를 얻었다.

사실 이것은 납득하기 힘든 결과다. 왜냐하면 시험 성적은 동창 친구가 훨씬 좋았지만, 막상 더 많은 문법 지식이나 문학 작품을 알고 있던 사람, 더 많은 독해 기술과 문제 풀이 스킬을 알고 있던 사람은 다름 아닌 고등학생 제자였으니 말이다.

현역 수험생들보다 국어 시험의 문제 유형을 낯설어하고, 아는 문학 작품도 적고, 문법 지식의 수준도 떨어지는 동창 친구, 기술이나 스킬 따위는 꿈에서조차 본 적이 없는 동창 친구가 오히려 더 뛰어난 독해력과 문제 해결력을 보였다는 사실을 어떻게 받아들여야 할까? 둘 사이의 성적 차이를 가져온 근본적인 이유는 무엇일까? 그렇다. 개인의 총체적인 경험, 다시 말해 '스키마의 차이'가 '성적의 차이'를 가져온 것이다.

그런데 여기서 중요하게 챙겨야 할 사실이 하나 있다. 모국어 화자들의 경우 글의 제재나 내용에 관한 스키마는 차이가 날 수 있다. 스키마라는 것은 결국 그 사람이 지금까지 한 경험의 총체이기 때문이다. '십수 년 인생사'와 '사십 년 인생사'가 같을 수는 없다. 하지만 십수 년 인생사나 사십 년 인생사나 똑같은 정도로 가지고 있는 스키마가 하나 있다. 글자의 형태나 어순, 문법 규칙 같은 언어 지식에 관한 스키마다.

언어 지식에 관한 스키마의 유무는 한국어를 배우는 외국인 학습자와 모국어 화자 사이에 존재하는 가장 큰 차이점이다. 난독증이나 언어 장애를 가지고 있지 않은 이상, 모국어 화자들은 '문자 형태를 처리(인지)'하는 데 어려움을 겪지 않는다는 말이다.

글이 이해가 되지 않을 때 우리는 보통 "까만 것은 글자고 흰 것은 종이"라는 말을 한다. 하지만 이 말을 모국어 화자가 할 때와 외국인 학습자가 할 때는 그 의미가 완전히 다르다.

모국어 화자의 경우 이 말은, 글자는 읽지만(글자 형태나 어순에 대한 스키마는 있지만) 글 내용에 관한 스키마가 없다는 의미다. 반면 외국인은 글 내용에 관한 스키마와 상관없이 글자 형태에 대한 스키마가 없다는 말이다. 만약 글자를 읽을 수만 있다면 그 외국인은 모국어 화자보다, 그 글의 내용을 더 잘 이해할 수도 있다. 거기에 딸린 문제도 당연히 더 잘 해결할 것이다.

그렇다면 모국어 화자가 글을 읽을 때 결국 문제가 되는 것은 제시문의 내용이나 제재에 대한 스키마다. 하지만 수험생들만 놓고 보면 스키마의 수준에서는 큰 차이가 없다는 게 그나마 위안이라면 위안이다. '십수 년 인생사'나 모국어 화자로서의 '보편적인 언어 체험'이 대부분

'거기서 거기'이기 때문이다. 그렇다면 조금이라도 더 많은 스키마를 만드는 것이 시험이라는 경쟁 상황에서는 중요한 일일 텐데, 수능 제시문에 등장하는 모든 제재나 내용에 대해 미리 스키마를 만드는 것은 현실적으로 불가능하다.

사실 그게 가능하다면 어휘력도 100% 같이 해결된다. 배경지식을 쌓는 과정은 어휘력을 기르는 과정과 완전히 동일한 것이기 때문이다. 우리가 결국 독서를 많이 해야 하는 이유도 바로 이 스키마의 '폭'을 넓히고 '질'을 높이기 위한 것이다. 수능 국어 영역을 준비하는 수험생의 입장에서도 마찬가지다. 수능 국어 영역의 평가 목표가 바로 이 스키마의 폭과 질을 측정하는 것이기 때문이다. 교육과정평가원의 수능 국어 영역 출제 매뉴얼에는 "문학, 인문, 사회, 과학, 예술 등 다양한 분야의 글을 통해서 독서 체험의 '폭'과 '깊이'를 측정하도록 출제한다"는 내용이 가장 중요한 출제 지침으로 명시돼 있다.

'즉석'에서 배경지식
만드는 법

하지만 스키마의 수준이 낮다 해도 걱정할 필요는 없다. 문제 풀이에 활용할 수 있는 스키마를 시험장에서 '즉석'으로 만들 수 있는 방법이 하나 있기 때문이다. 갑자기 귀가 쫑긋해지는 독자들이 많을 것 같다. 기대에 부응할 만큼 대단한 이야기로 들리지 않을 것 같아, 말을 꺼내는 데 조금 조심스럽기는 하다. 하지만 그 효과는 여러분의 상상을 초월한다.

그것은 다른 것이 아니다. 이해가 되든 이해가 되지 않든 제시문을 빠른 속도로 한 번 훑어 읽는 것이다. 그 과정에서 제시문의 낯선 내용이나 생소한 제재에 대한 스키마가 낮은 수준이나마 만들어진다. 그런 다음 다시 제시문을 읽게 되면 방금 전에 만들어진 스키마와 제시문의 내용이 '상호작용(교섭)'을 하면서, 완벽한 수준까지는 아니더라도 문제를 풀기에는 무난한 수준의 이해가 가능해진다.

필자는 앞에서 감각형－심사숙고형－좌뇌형 수험생이 직관형－충동형－우뇌형처럼 국어 시험을 치르기 위해서는 몇 가지 의식적인 노력이 필요하다고 말한 적이 있다. 감각형－심사숙고형－좌뇌형 수험생은 그 노력을 '굳이', 그리고 '일부러'라도 해야 한다고 말이다. 그 첫 번째가 바로 '제시문을 한 번 훑어 읽고 또 한 번 읽기'다.

'두 번 읽기'만이 시험장에서 낯선 내용의 제시문에 대한 이해도를 높이는 유일하고 확실한 방법이다. 조금 황당한 방법이라고 생각하는 독자들도 있을 것 같다. 아니다. 글을 한 번 훑어 읽는다는 것은 새로운 정보가 머물 수 있는 새로운 자리를 기억 속에 마련해 준다는 의미다. 이렇게 자리를 잡은 새로운 정보는 두 번째 읽을 때 어떤 '예측'을 가능하게 해 주는 역할을 한다. 읽기는 결국 스키마를 활성화시켜 예측하는 과정이다. '기술류'의 교재가 말하는 것처럼 '해독'하고 '분석'하는 과정이 절대 아니다. 그것은 컴퓨터라면 모를까 사람이 할 '짓'이 아니다. 아니 하고 싶어도 할 수 없는 '짓'이다. 명심하기 바란다. 읽기의 본질은 '예측'이지, '해독'이나 '분석'이 아니다.

독해는 주어진 글을 읽기 전에 자신의 '십수 년 인생사'나 모국어 화자로서의 '보편적인 언어 체험'에 비춰 그 글의 내용을 예측하고, 실제로 글을 읽어나가면서 앞서 예측한 것을 확인하고 수정해 나가면서 의미를 획득하는 과정이다. 하지만 어떤 제시문이 시험에 등장할지 미리 알 수 없고, 사전 정보(제목, 요지 등)도 주어지지 않을 경우에는 이런 예측이 불가능하다. 이때는 글을 한 번 훑어 읽는 것이 조금이나마 즉석에서 배경지식을 만들어 주고, 그 배경지식은 두 번째 글을 읽을 때 일정한 수준의 예측을 가능하게 해준다.

보통 읽기 과정에서 스키마를 활성화하는 전략에는 '연상하기', '예상하기', '질문하기', '훑어 읽기' 등이 있는데, 수능 장에서 써먹을 수 있는 전략은 '훑어 읽기'가 거의 유일하다. 연상하기나 예상하기, 질문하기는 조금 전에 말한 대로 그 제시문에 대한 사전 정보(제목, 요지 등)가 주어졌을 때만 가능한 전략이기 때문이다.

거의 유일하다는 표현을 쓴 이유는, 문항에 등장하는 <보기>도 스키마를 활성화하는 중요한 역할을 하기 때문이다. 수험생의 입장에서 <보기>는 무조건 챙기는 것이 좋다. 제시문을 읽기 전에 반드시 <보기>를 먼저 읽으라는 말이다. <보기>가 무슨 말인지 이해가 되지 않아도 상관없다. 틀림없이 어떤 스키마가 만들어진다. 그렇게 <보기>를 읽고 나서 제시문을 훑어 읽으면 된다. 만약 그 과정에서 제시문의 내용이 수험생이 이미 소유하고 있던 스키마와 '교섭'되는 느낌이 들면, 약간 속도를 늦춰 한 번 읽는 것으로 충분하다. 이런 제시문은 두 번 읽을 필요가 없다.

그리고 '소설'의 경우는 읽다 보면 무슨 내용인지 점차 알게 되고[소설에서 무슨 내용인지 점차 알게 된다는 것은, 지금까지 읽은 내용이 '즉석 스키마'가 돼 앞으로 읽을 내용과 서로 교섭(상호작용)을 한다는 말이다. 그 과정에서 어느 정도 예측도 가능해지고 '시간적 계기성'이나 '인과적 질서'가 파악되기 시작한다], 분량도 많기 때문에 두 번 읽는 것은 좋지 않다.

어쨌든 너무 낯설어서 스키마가 전혀 없는 경우에도, 이렇게 한 번 훑어 읽는 것은 약하나마 스키마를 만들어낸다. 그래서 글을 본격적으로 다시 한 번 읽을 때는 보다 쉽게 제시문의 내용을 이해할 수 있다. 전혀 생소한 내용이라도 이런 전략을 사용하면 수험생은 문제 풀기에는 무난한 수준으로 그 제시문을 이해할 수 있다.

"한 번 읽기에도 시간이 부족한데 제시문을 반복해서 읽으면서 소비되는 시간은 어떻게 하느냐"는 반론이 있을 수 있다. "독해 기술이나 스킬을 적용하면서 꼼꼼하게 한 번 정독하는 것이 더 효과적이지 않느냐"는 주장도 있다.

그렇지 않다. 독해 기술을 적용하면서 그리고 이런저런 표시까지 하면서 한 번 꼼꼼히 읽는(정독하는) 것은 그저 편하게 두 번 훑어 읽는(통독하는) 것보다 오히려 더 많은 시간을 소비한다. 많이 양보한다 해도 둘은 거의 비슷한 시간을 소비한다. 의심스러우면 직접 해보기를 바란다.

더 중요한 것은 글에 대한 이해도다. 그저 편하게 두 번 읽는 것이, '기술'을 적용해서 한 번 정독하는 것보다 훨씬 높은 이해도를 가져온다. 이것도 직접 해 보면 알게 될 것이다.

사실 '독해 기술'을 적용하면서 꼼꼼히 읽는 것은 제대로 된 읽기를 도와주기보다는 치명적으로 방해한다. 특히 감각형－심사숙고형－좌뇌형의 경우에는 더 그렇다. 독자들이 생각하는 것과 180도 다르다. 왜 그런지는 '글의 구조'를 다루면서 이야기하는 것이 좋을 것 같다.

'집합(集合)과 기술(記述)'
구조는 읽기 어렵다

수능 국어 영역에 등장하는 제시문의 구조는 네 가지다. '원인과 결과', '비교와 대조', '문제와 해결', '집합과 기술'이 그것이다. 모든 제시문은 이 네 가지 구조 가운데 한 가지 구조가 주로 사용된 것이거나, 2개 이상의 구조가 이렇게 저렇게 섞인 것이라고 보면 된다. 예외는 없다. 수능 제시문만이 아니다. 이 세상에 존재하는 모든 글은 이 네 가지 구조로 결국 수렴될 수밖에 없기 때문이다. 아마 이 글을 읽는 독자들도 '집합과 기술'을 빼고는, 국어 공부하면서 어디선가 한 번씩 접해본 말들일 것 같다.

- 글의 구조가 '집합(集合)과 기술(記述)' 유형일 경우 그 제시문은 읽기 어렵다

먼저 '원인과 결과' 구조는 시간적으로 앞서 일어난 원인과 시간적으로 뒤이어 일어난 결과 사이의 인과적 관계를 말한다. 이 구조가 사용된 제시문에 등장하는 대표적인 표지어로는 '왜냐하면', '그래서', '그러므로', '따라서', '결국', '그 결과', '이런 이유로' 등이 있다. '원인과 결과' 구조를 짧은 문장으로 예시하면 이렇다. "오랜 가뭄으로 인하여 개울의 물줄기가 말라갔고 논이 갈라져 곡식들이 자라날 수 없었으며 그 결과 모든 생물체가 살 수 없게 되었다."

둘째, '비교와 대조' 구조는 두 가지로 나뉜다. 먼저 두 대상을 여러 관점에 비춰, 비교하거나 대조해서 공통점과 차이점을 드러내는 경우가 있다. 또 다른 경우는 하나의 대상일지라도 특별히 정해진 어떤 관점에서 장점과 단점을 비교하거나 대조하는 것이다. 제시문이 이런 구조라는 것을 알려주는 표지어로는, '비교해 보면', '비슷하며', '하지만', '마찬가지로', '반대로', '반면' 등이 있다. 예를 들면 이런 식의 글이다. "신문과 텔레비전은 오늘날 중요한 대중 매체로서 우리에게 많은 도움을 준다. 신문은 텔레비전에 비해 빠르지 않지만 소식을 자세히 전해주고 종이 형태이기 때문에 보관이 가능하다. 반면 텔레비전은 소식을 빠르게 전해준다. 하지만 소식이 자세하지 않으며 오래 기억하거나 보관할 수 없다."

셋째, '문제와 해결' 구조는 문제를 해결하는 방식으로 의미 관계를 만든다. 문제와 해결 관계는 문제를 나타내는 개념이 해결을 나타내는 개념에 시간적으로 앞선다는 점에서 인과관계와 비슷한 점이 있다. 하지만 그 내용에서 공유되는 측면이 반드시 있어야 한다는 점에서 인과관계와 다르다. 대표적인 표지어로는 '문제는', '˜풀다', '문제는 ˜이다', '˜에 대한 해결이 필요하다', '˜한 대안이 있다', '˜한 방안을 제시한다' 등이 있다. 예시 글은 이렇다. "크게 보면 오늘의 농촌 문제는 소득 향상과 생활환경의 개선으로 집약할 수 있다. 이 문제를 해결하기 위해서는 남아 있는 농민이 늙고 젊고 간에 도시 못지않은 소득을 얻어야 한다. 영농회사 운영을 지원한다든지, 생산자 중심으로 유통구조를 개선하는 것이 좋은 방안이 될 수 있다. 또한 농촌의 생활환경을 개선하기 위해서는 정부의 재정 투자를 늘려야 한다.”

넷째, ‘집합과 기술’ 구조는 네 가지 구조 중에서 좋은 의미로는 가장 자유롭게 조직된, 나쁜 의미로는 가장 낮은 응집력과 구성력으로 조직된 유형이다. 단순히 생각이나 개념을 관련지어 모아 놓거나 나열하는 것인데, 개념 사이의 관계가 분명하게 드러나면 그나마 조직적인 것이 된다. 사람이나 장소 또는 사물이나 개념의 속성, 사실, 배경 등 어떤 주제에 관한 풍부한 정보를 제공하기 때문에, 속성 또는 개념 유형이라고도 불린다. 해당 표지어로는 ‘또한’, ‘그리고’ 등이 있고, ‘첫째’, ‘먼저’, ‘마지막으로’ 같은 표지어도 가끔 사용된다. 어떤 경우에는 표지어가 전혀 사용되지 않는 경우도 있는데, 표지어가 사용되지 않는 것은 네 가지 구조 유형 가운데 ‘집합과 기술’이 유일하다. 예문은 이렇다. “아름다움의 기준은 보는 이의 처지나 관점에 따라 다양하다. 두꺼비한테 아름다움이 무엇이냐고 물어보면 두꺼비는 아름다움이란 조그만 머리에 튀어 나온 두 개의 둥글고 큰 눈알, 넓적하고 큰 입, 누런 배라고 할 것이다. 가나의 흑인에게 물어보라. 아름다움이란 까맣고 기름진 살결, 깊이 팬 두 눈과 사자처럼 생긴 코라고 대답할 것이다. 악마에게 물어보라. 그는 아름다움이란 두 개의 뿔, 네 개의 손톱, 한 개의 꼬리라고 대답할 것이다.”

이런 구조는 예문에서처럼 문단 수준에서 나타날 수도 있고, 글 전체의 수준에서 나타날 수도 있다. 문단 수준이든 글 전체의 수준이든 모든 제시문의 구조는 이 네 가지를 벗어나지 않는다.

국어 시험을 치를 때, 제시문이 읽기 어려운 정도는 바로 이 네 가지 유형 중에서 어떤 유형이 사용됐느냐에 따라 달라진다. 물론 제재(내용)나 어휘의 친숙도가 비슷하다고 전제할 때 그렇다는 말이다. 쉽게 말해서 ‘원인과 결과’, ‘비교와 대조’, ‘문제와 해결’ 구조가 사용되면 읽기 편한 제시문이 되는 것이고, '집합과 기술' 구조가 사용되면 왠지 모르게 읽기가 까다로운 제시문이 된다는 것이다.

이유는 간단하다. '원인과 결과', '비교와 대조', '문제와 해결' 구조로 된 제시문은 '집합과 기술' 구조보다 그 자체로 높은 응집력과 구성력으로 조직된 글이기 때문이다. 모국어 화자에게 이런 응집력과 구성력은 글에 대한 이해도를 높여주는 중요한 요인으로 작용한다. '원인과 결과', '비교와 대조', '문제와 해결' 같은 구조는 대부분의 모국어 화자가 가지고 있는 '글의 형식'에 관한 스키마이기 때문이다. 한국어만 그런 것이 아니다. 영어를 포함한 지구상의 모든 언어가 그렇다. 스키마에 친숙한 이런 구조의 제시문은 당연히 이해도가 높을 수밖에 없고, 글을 읽고 난 후에 떠올릴 수 있는 정보의 양도 많을 수밖에 없다.

독해 기술은
제대로 된 읽기를
방해하는 '주범'

이쯤에서 독해 기술의 '폐해'에 대해 이야기하는 것이 좋을 것 같다. 교재나 강의에 등장하는 독해 기술이란 것이 바로 이 구조 유형, 특히 '원인과 결과', '비교와 대조', '문제와 해결' 구조를 의식적으로 파악하고 어떤 경우에는 표시까지 하면서 제시문을 읽으라는 것이기 때문이다. 특히 '비교와 대조' 유형의 경우에는 구조를 파악하는 것에 더해 '유목화'까지 하라는 조언이 있다. 유목화(類目化, classification)는 조금 어려운 말로 대상들을 계열성을 지니도록 질서 지우는 것인데, 제시문에 등장하는 단어나 개념 등을 의미나 속성에 따라 나누고 묶는 것으로 이해하면 편하다. 여전히 어려운가? 다시 말해보자. 유목화는 일종의 의미론적 지도를 그리면서 제시문을 읽는 것인데, 시중 교재에 등장하는 표현으로는 '이항관계', '대칭성' 등을 말하며, 구체적인 방법으로는 세모, 네모 표시 같은 것들이 있다.

어떤 교재나 강의는 여기에 한술을 더 뜬다. 제시문을 읽는 도중에 글의 구조를 파악하고 의미론적 지도(유목화)를 그리는 것은 당연한 것이고, 거기에 더해 각 문단의 주지 문장, 부연 문장, 상술 문장 등을 구분하라고 요구한다. 그런 다음 중요한 문장은 선택(selection)하고(영수는 자신의 승용차로 갔다. 그는 차에 탔다. 그렇게 그는 부산으로 갔다→영수는 부산으로 갔다), 필요 없는 문장은 삭제(delection)하고(어떤 소녀가 지나갔다. 자세히 보니 그녀는 원피스를 입고 있었다. 그 원피스는 노란색이었다→어떤 소녀가 지나갔다), 하위 개념들은 일반화(generalization)시켜서(곰 인형 하나가 바닥 위에 놓여 있다. 나무로 된 기차가 바닥 위에 놓여 있다. 붉은 색의 레고 블록이 바닥 위에 놓여 있다→장난감들이 바닥 위에 놓여 있다) 소주제문을 만들어내라고 강조한다. 그리고 그 각각의 소주제문를 하나로 합쳐서 글 전체의 주제(중심 내용)를 뽑아내라고 요구한다. 쉽게 말하면 글을 읽는 도중에 '요약'까지 하라는 것이다. 어떻게 이런 엄청난 이야기를 이렇게 아무렇지도 않게 할 수 있는지, 참으로 신기할 따름이다.

더 신기한 것은, 제시문을 읽으면서 구조를 파악하고, 유목화시키고, 요약까지 하라는 이런 요구를 수험생들은 매우 당연한 것으로 받아들인다는 점이다. 물론 실천 여부는 별개로 하고 하는 말이다. 이런 조언을 접하면 대부분의 수험생들은, "맞아, 제시문의 구조를 파악하고 의미론적인 지도도 그려보고 요약까지 하면서 읽으면, 제시문에 대한 이해가 완벽해질 거야. 그러면 문제를 빠르고 정확하게 풀 수 있겠지. 그래, 이게 바로 국어의 정석이야. 당장 지금부터라도 연습해야겠다"라고 생각할지 모른다. 언뜻 보면 그럴듯하기 때문이다. 하지만 이게 얼마나 황당한 조언인지를 알고 나면, 두 번 다시 그런 생각은 하지 않게 될 것이다. 사실 글(제시문)을 이해하는 데 요약을 통한 중심 내용 찾기만큼 효과적인 것은 없다. 그리고 그런 요약을 위해서는 반드시 의미론적 지도를 그리거나 글의 위계적인 구조를 먼저 파악해야 한다. 사실 대부분의 교재에서 말하는 독해 기술이란 건 바로 이런 것이다. 유목화나 구조 파악, 그리고 요약으로 모두 '수렴'되는 것들이다. 하지만 여기에는 '거대한 착각'이 있다. 착각도 거대해지면 마치 착각이 아닌 것 같은 착각을 하게 된다. 그럼 이제 착각의 내용이 뭔지 살펴보자.

첫째, 이런 독해 기술은 원인과 결과를 혼동한 것이다. 독해를 말할 때 우리가 범하는 가장 큰 착각은 원인과 결과를 혼동한다는 데 있다. 무슨 말이냐면, 사람들은 보통 글의 구조나 유목화 기술(혹은 스킬)을 먼저 배우고 나서, 그 기술을 제시문 읽는 도중에 써먹으면 결국 제시문에 대한 이해도가 높아질 것이라고 기대한다. 그렇지 않다. 미안하지만 실제로 글을 이해하는 과정은 이와는 정반대다.

먼저 글의 구조부터 보자. 어떤 수험생이 제시문을 잘 이해했다면, 그건 그 수험생이 '원인과 결과', '비교와 대조', '문제와 해결'이라는 구조를 의식하면서 제시문을 읽었기 때문이 아니다. 그게 아니라 그런 구조가 사용된 제시문이기 때문에 제시문에 대한 이해도가 결과적으로 높아진 것이다. 앞에서도 이야기했듯이 원인과 결과, 비교와 대조, 문제와 해결은 그 자체로 응집력과 구성력이 높은 구조다. 따라서 그런 구조가 사용된 제시문은 그 구조를 특별히 의식하지 않아도 제시문을 읽고 난 후 이해도가 높아지고, 회상(기억) 가능한 정보의 양이 상대적으로 많아진다.

반대로 표지어를 사용하지 않은 '집합과 기술' 구조의 제시문에 대한 이해도가 떨어지는 것은 수험생이 '집합과 기술' 구조를 신경 쓰면서 읽지 않았기 때문이 아니다. '집합과 기술' 구조의 응집력과 구성력 자체가 다른 유형에 비해 크게 떨어지기 때문이다. 그 결과 '집합과 기술' 구조를 파악하면서 제시문을 읽었느냐 읽지 않았느냐와 상관없이, 읽고 난 후의 이해 수준이 낮고 회상 가능한 정보의 양이 적은 것이다.

'요약'은 말할 것도 없다. 요약하면서 글을 읽었기 때문에 이해도가 높아진 것이 아니라, 이해도가 높기 때문에 글을 읽고 난 다음 그 글에 대한 요약을 '쉽게' 할 수 있게 되는 것이다. 지금 독자들은 필자가 알 듯 말 듯한 이야기를 하고 있다고 생각할지도 모른다. 어떤 친구들은 "말장난 같다"는 생각을 할 것도 같다. 아니다. 그렇지 않다.

자, 한번 보자. 글이 까다로우면 선택, 삭제, 일반화 같은 요약 규칙을 적용하는 것 자체가 어려워진다. 당연하다. 무엇을 선택하고 무엇을 삭제하고 여러 개별적인 내용을 어떻게 일반화시킬 것인지를 판단하는 것은 '독해 기술'이 아니라 수험생의 '스키마'에 달려 있는 것이기 때문이다. 그것은 어떤 경우에도 기술의 문제가 될 수 없다.

여기서 어떤 친구들은 "'일반화'는 모르겠지만, '선택'이나 '삭제' 같은 요약 규칙은 접속어에 주목하면 가능한 것 아니냐"는 질문을 할 수 있다. 쉽게 말하면 "'그러므로', '그래서', '따라서', '결국', '그 결과' 같은 결론 유도 접속어를 기준점으로 앞의 내용은 '삭제'하고 뒤의 내용은 '선택'하면 나름대로 요약이 가능하지 않겠느냐"는 것이다.

정말 그렇다고 생각하는가? 그렇다면 지금 제시문 독해를 두고 독자들은 도대체 무슨 걱정을 하고 있는 것인가? 결론 유도 접속어 뒤에 나온 내용만 챙겨서 읽으면 모든 것이 다 해결되는 것 아닌가? 그것도 '깔끔하게' 말이다. 그리고 "결론 유도 접속어 다음에 나오는 내용이 중요하니까 그 부분을 챙겨보라"는 말은, 조금 심하게 말하면 '개나 소나 다 하는' 조언 아닌가? 도대체 뭐가 문제인가?

접속어를 챙기라는 조언은 사실 하나마나한 이야기다. 한번 생각해 보기를 바란다. 그것이 어떻게 기술이나 스킬이 될 수 있나? 그것은 모국어 화자의 글의 형식에 관한 스키마일 뿐이다. 수험생들은 누가 결론 유도 접속어 다음을 챙겨보라고 특별히 말해줘서, 그때부터 그 부분을 챙겨 봤던 것이 아니다. 그럴 리가 없지 않은가? 그 부분이 중요하다는 것을 무의식적으로 느꼈기 때문에 그래 왔던 것일 뿐이다. 어쨌든 좋다. 그렇게 결론 유도 접속어를 기준점으로 앞의 내용은 '삭제'하고 뒤의 내용을 '선택'하면, 그것으로 제시문 읽기는 끝나는 것인가? 정말 그런 낮은 수준의 이해도를 가지고 문제를 제대로 풀 수 있을 것이라고 생각하는가?

자, 앞에서 했던 이야기를 반복해 보자. 중요한 문장은 선택(selection)하고(영수는 자신의 승용차로 갔다. 그는 차에 탔다. 그렇게 그는 부산으로 갔다→영수는 부산으로 갔다), 필요 없는 문장은 삭제(delection)하고(어떤 소녀가 지나갔다. 자세히 보니 그녀는 원피스를 입고 있었다. 그 원피스는 노란색이었다→어떤 소녀가 지나갔다), 하위 개념들은 일반화(generalization)시켜서(곰 인형 하나가 바닥 위에 놓여 있다. 나무로 된 기차가 바닥 위에 놓여 있다. 붉은 색의 레고 블록이 바닥 위에 놓여 있다→장난감들이 바닥 위에 놓여 있다) '요약'을 했다고 쳐 보자. 그리고 이런 요약을 통해 어쨌든 중심 내용을 파악했다고 쳐 보자.

그런데 정작 출제자들은, 영수가 부산에 갈 때 어떤 교통편을 이용했는지 물어보면 그때는 어떻게 할 것인가? 또 소녀가 원피스를 입었는지 교복을 입었는지, 혹은 원피스 색이 노란색인지 분홍색인지를 물어보면 또 어떻게 할 것인가? 바닥 위에 놓여 있는 인형이 곰 인형인지 토끼 인형인지, 기차가 나무로 된 것인지 쇠로 된 것인지를 물어보면 독자들은 어떻게 할 것인가? 다시 제시문으로 돌아가서 읽는 것 말고 또 다른 방법이 있나?

여기서 필자가 하고 싶은 말은 이렇다. 이런 경우 선택과 삭제, 일반화라는 요약 규칙을 적용하면서 읽는 것은 오히려 제시문 이해나 문제 풀이에 부정적인 영향을 미칠 가능성이 높다는 것이다. 특히 세부 정보에서 문제가 만들어지면 정답률이 크게 떨어지는 국어 시험에서는 더 그렇다. 왜 그럴까? 이런 요약은 '세부 정보의 누락'이라는 대가를 지불해야 하기 때문이다.

앞에서 말했듯이 만약 글을 몇 차례 읽은 다음 그 내용으로 논술문을 쓴다면 이런 요약 규칙을 적용할 수도 있다. 말 그대로 글쓰기의 편의를 위해서 말이다. 하지만 그것이 아니라 수능 국어 영역을 치를 때, 그것도 제시문을 처음 읽을 때 이런 요약 규칙을 적용하는 것은, 정말 위험한 행동이다. 해당 제시문이 매우 친숙하고, 처음부터 제시문에 대한 이해도가 상당히 높지 않은 경우 그 위험성은 더 커질 수밖에 없다.

"제시문에 요약 규칙을 기계적으로 적용하면, 뭔가 '착착' 이뤄져서 결국 문제 해결에 필요한 내용만 달랑 남게 된다"는 주장은 정말 끔찍할 정도로 단순하고 저급한 것이다. 다급한 수험생들을 대상으로 한 상업적 교재나 강의라는 것을 여러 번 감안해도, 이쯤 되면 그 '효과 없음'이 아니라 '해악'을 걱정해야 할 판이다.

유목화(이항관계, 대칭성)도 다를 게 없다. 수험생이 유목화시키면서 제시문을 읽었기 때문에 제시문에 대한 이해도가 높아진 것이 아니라, 처음부터 유목화가 가능한 글이었기 때문에 그 결과로 이해도가 높아졌다는 말이다. 생각해 보라. 글이 이해가 되지 않았는데, 어떻게 이 부분과 저 부분이 이항관계인지, 이 내용의 대칭이 저 내용인지를 판단할 수 있겠는가? 어떤 교재를 보면 제시문이 이해가 안 되면 같은 글자(문자 형태)를 동물적으로 판독하라는 조언을 하기도 하는데, 도대체 수험생을 뭐로 보고 이런 조언들을 하는지 정말 궁금할 뿐이다.

원인과 결과를 혼동하고 있다는 말은 결국 이런 의미다. 여기서 교재나 강의는 "그럼에도 불구하고 그런 기계적인 작업을 거치면 결국은 글이 이해된다"고 '박박' 우기고 싶어 할 것 같다. "처음에는 이해가 되지 않아도 시험장에서 그런 기계적인 작업을 거치면 결국 제시문이 이해가 된다"는 주장에 대해서는 반론의 필요성조차 느끼지 못한다. 그건 앞에서 말한, 컴퓨터가 문자를 해독하는 과정과 거의 비슷한 것이기 때문이다.

둘째, 독해 기술은 시간적인 간격을 두고 차례로 일어나는 읽기 과정을 마치 동시에 가능한 것으로 착각하고 있다. 그리고 그런 착각을 수험생으로 하여금 당연한 것으로 받아들이게 만든다. 이것은 무슨 말인지 언뜻 이해가 안 되는 독자가 많을 것 같다.

보통 글을 충분히 이해하거나 체계적으로 기억하는 과정은 다섯 단계를 거친다. 훑어보고(survey), 훑어본 내용에 대해서 질문(Question)을 제기한 다음, 글을 다시 읽고(Read), 읽은 내용을 되새기고(Recite), 읽은 것을 검토(Review)하는 것이다. 보통 수능 국어 영역에서 제시문 읽기는 세 번째 단계 전에 반드시 끝나야 한다.

하지만 '기술류'의 교재나 강의에서 말하는 유목화나 구조 분석, 요약은 기본적으로 읽은 내용을 '되새기고', '검토하는' 단계에서 사용되는 독해 기술이다. 시험 상황에서 제시문을 읽을 때 사용되는 기술이 절대 아니라는 말이다. 무슨 말이냐면, '구조 파악'이나 '유목화' 그리고 '요약'은 글을 한번 읽고 얼마나 정확하게 이해하느냐가 아니라, 읽은 글을 얼마나 오랫동안 온전하게 기억할 것이냐, 혹은 이해한 내용을 얼마나 잘 표현(말이든 글이든)할 것이냐에 초점을 맞춰서 개발된 독해 기술이라는 것이다. 처음부터 그런 목적으로 개발된 독해 기술이다.

여기에 대해서 어떤 사람은 "그 기술이 '되새기고', '검토'하는 단계가 아니라 '질문' 단계에 적용될 수 있는 것 아니냐"는 문제 제기를 할 수도 있다. '나쁘지 않은' 질문이다. 그런데 이 문제 제기는 두 가지를 짚어보면 잘못됐다는 것을 알 수 있다.

첫째, 여기서 질문 단계는 유목화나 구조 분석, 그리고 요약의 기술을 어떻게 적용할 것인가를 고민하는 단계가 아니다. 이때 질문이라는 것은, 독자가 제시문을 한 번 훑어 보고나서 자신이 가지고 있는 '스키마', 그러니까 '십수 년 인생사'와 모국어 화자로서의 '보편적인 언어 체험'에 제시문의 내용을 비춰본다는 의미다. 내가 알고 있는 배경지식과 유사하다든가 다르다거나, 아니면 익숙하지 않은 내용이라는 판단을 하게 된다는 것이다. 단지 제시문의 내용과 독자가 가진 스키마의 교섭(상호작용) 정도를 판단하는 단계라는 말이다. 그런 질문의 과정을 거쳐 다시 읽기를 할 때 융통성을 발휘하면서 그 독자는 자신의 읽기 속도를 조절하게 된다.

둘째, 백 번 양보해서 독해 기술이 질문 단계에 적용된다하더라도 처음 읽기에는 적용되지 않는다는 사실, 그리고 여전히 제시문을 한 번 더 읽어야 하는 단계가 뒤에 남아 있다는 사실에는 변함이 없다. 하지만 독해 기술이라는 것은 한 번 '정독'하는 과정에서 사용된다는 것이 교재나 강의의 주장이다. 어떤 교재나 강의도 한 번 훑어 읽고, 어떤 독해 기술이 사용돼야 하는지 판단한 다음, 그 기술을 적용하면서 다시 한 번 글을 읽으라고 제안하지는 않는다.

독해 기술은 글을 다 읽고(그것도 두 번이나) 그 내용을 되새기고 검토하는 과정에서 사용되는 것이다. 원래 그런 용도로 학자들에 의해서 개발된 '기술'이다. 당연히 그런 유목화나 구조 분석은 제시문의 내용을 보다 조직적이고 간결하게, 그리고 응집성 있게 만들어 준다. 그 결과 최종적으로 '요약'도 가능해지는 것이다.

제시문을 읽고 나서 읽은 내용을 다시 되새기거나 검토하는 이런 방식은, 사후에 제시문을 짧게 압축시켜 말하는 것, 특히 쓰는 것에는 어느 정도 효과가 있다. 당연히 그렇다. 이런 교재나 강의를 보면서, 글쓰기나 논술 공부에 도움이 될 것 같은 느낌을 받는 친구들이 많은 것도 바로 이런 이유 때문이다. 하지만 이 교재나 강의는 독해나 문제 풀이 기술에 관한 것이지, 구술이나 글쓰기 기술에 관한 것이 아니다. 구술이나 글쓰기에 도움을 받기 위해서 이런 교재나 강의를 보는 수험생은 단언컨대 한 명도 없다. 그리고 구술이나 글쓰기에 관해서는 이들보다 훨씬 깊이 있고 실전에도 적용이 가능한 방법을 알려주는 전문 서적이나 강의가 따로 있다. 부수적 효과를 주 효과와 혼동하면 안 된다.

'요약하기'에 대해서는 한마디 더 할 필요가 있다. '요약하기'가 굉장히 오래전부터 강조돼 온 독해 기술인 것으로 착각하는 수험생들이 많은데, 요약하기에 대한 연구가 본격화된 것은 미국에서는 1980년대, 우리나라의 경우 1990년대 이후부터다. 그전에는 언어학자들이 '요약하기'를 그렇게 좋게 보지 않았다고 한다.

재미있는 것은 요약하기의 효과를 검증하는 방식이다. 글을 그냥 읽은 집단과 글을 읽고 난 다음 요약하기를 한 집단이 비교 대상이라는 것이다. 이것은 무슨 소리인지 언뜻 이해가 안 갈지도 모르겠다. 무슨 말이냐면 요약 규칙(선택, 삭제, 일반화)을 적용하면서 글을 읽은 집단과 요약 규칙을 적용하지 않고 읽은 집단 간의 비교가 아니라는 것이다. 그게 아니라 두 집단에 글을 똑같이 편하게 한 번 읽게 하고 나서, 한 집단에게만 선택, 삭제, 일반화라는 규칙을 적용해서 그 글을 요약하도록 했다는 말이다. 그러고 나서 최종적으로 두 집단 간의 글에 대한 이해도와 회상 효과를 서로 비교했다는 것이다.

이런 것도 연구라고 해야 할지는 모르겠지만, 당연히 글을 한 번 읽고 나서 어떤 규칙을 적용해 제시문을 다시 한 번 조직하고 간결하게 만든 집단이 글에 대한 이해도에서 높은 점수를 받을 수밖에 없다. 재미있는 것은 이렇게 '기울어진 운동장'에서 경기를 한 것을 감안하면, 두 집단 사이의 이해도 차이도 그다지 크지 않았다는 점이다. 다만 그런 사후의 제시문 처리 과정(요약)을 거쳤을 때 시간이 많이 흐른 후, 그러니까 며칠 정도 지난 다음에 그 글에 대해 회상할 수 있는 정보의 양이 조금 더 많았다는 것이다.

여기서 다음과 같은 문제를 제기하는 사람들이 있다. "글의 구조나 유목화, 요약을 신경 쓰면서 제시문을 읽는 것과 그것들을 의식하지 않으면서 읽는 것 사이에 이해도 차이가 크지 않을 수도 있지만, 문제 해결의 정확성을 고려하면 시험 볼 때는 그렇게 하는 것이 어쨌든 좋은 것 아니냐", 혹은 "이것저것 다 떠나서 실제로 글의 구조나 유목화, 그리고 요약이 제시문의 중심 내용과 관련이 깊을 수밖에 없다면, 결국 출제자들은 그런 부분에서 문제를 만들어낼 것 아닌가? 그렇다면 의식적으로 기술을 적용해 그런 부분을 챙기는 것은 한번 해볼 만한 일 아니냐?" 같은 반론이다. 한마디로 말하면 "시험 상황에서의 읽기와 시험이 아닌 일반 상황에서의 읽기는 성격이 완전히 다르지 않느냐"는 문제 제기다.

국어 공부와 관련된 모든 부정적인 현상, 더 정확하게는 '병리적인 현상'의 출발점이 바로 여기다. 여기서부터 "독해나 문제 풀이를 위한 어떤 기술이나 스킬이 따로 필요한 것 아니냐"는 주장이 힘을 얻기 때문이다. 제시문을 그저 편하게 읽는 일반적인 상황이 아니라, 그 제시문을 바탕으로 만들어진 문제를 해결해야 한다는 구체적인 목적을 고려하면, 제시문을 읽으면서 이런 기술이나 스킬을 의식적으로 적용하는 것이 나쁠 건 없지 않느냐는 생각, 바로 그 생각이 '만악의 근원'이다. 이에 대해서는 실제 수능의 해결 과정을 다루는 마지막 부분(8부)에서 자세하게 이야기할 것이다. 독자들 눈으로 '똑똑히' 확인하기를 바란다.

결론부터 미리 말하면 전혀 그렇지 않다. 그렇지 않다는 것은 두 가지 의미다.

첫째, 수능 국어 영역에 등장하는 대부분의 문제는 그런 '쓸데없는' 기술이나 스킬을 적용하지 않아도 해결되는 것들이라는 의미다. 둘째, 해결이 어려운 문제는 그런 기술이나 스킬을 수백 번 적용해도 여전히 해결이 어렵다는 의미다. 그리고 그래서 그런 문제는 결과적으로 매우 낮은 정답률을 기록한다. 심지어 그때 그 문제를 틀린 수험생은 오히려 기술이나 스킬을 엄격하게 적용하면서 제시문을 읽어서 그런 불행한 결과를 얻었을 가능성이 매우 높다.

문제 풀이와 관련된 이야기는 뒤에서 다루기로 하고, 제시문 독해에 이런 기술이나 스킬을 적용하려는 '태도'의 문제점을 먼저 살펴보자. 한마디로 말하면 "제시문을 읽는 도중에 기술이나 스킬을 적용하려는 태도는 오히려 제대로 된 독해를 심각하게 방해한다." 사실 기술류의 교재나 강의가 가진 심각한 폐해 중 하나가 바로 이것이다.

기술류의 교재나 강의에 대한 불만 중에 대표적인 것이 하나 있다, "기술이나 스킬을 적용하려고 의식적으로 노력하면, 이상하게 제시문 읽는 과정이 이전과는 달리 뭔지 모르게 부자연스러워진다"는 것이다. "기술이나 스킬을 의식하지 않았더라면 편하게 읽었을 제시문도 기술이나 스킬을 적용해야 한다는 강박 관념 때문에 편하게 읽기가 어려워진다"는 하소연이다. 당연히 시간도 더 많이 소비하게 된다. 사실 이것이 기술이나 스킬을 실제로 제시문 읽기에 적용하려고 할 때, 대부분의 수험생들이 경험하게 되는 '당혹감'의 정체다. 교재를 보거나 강의를 들었을 때와는 전혀 다른 느낌을 받게 된다는 것이다.

이것은 그동안 자전거를 그럭저럭 타고 있었는데, 탑승자의 올바른 동작에 관한 이야기를 어디서 '주워' 듣고, 그렇게 해보려고 시도하면 자전거 타기가 이전보다 매우 부자연스러워지는 느낌을 받게 되는 것과 비슷하다. 또 이런 상황은 그동안 운동을 그럭저럭 하던 사람이, 이제부터는 근육이나 생리가 어떻게 작용하는지 의식하면서 운동하라고 누군가로부터 강요받는 상황과도 비슷하다. 그건 상식적으로도 전혀 자연스러운 것이 아닐뿐더러, 오히려 편안한 운동을 크게 방해할 수 있다.

유능한 독해력은
'낮은 정서 필터'와
'모호함에 대한 관용성'에서
나온다

독해 기술이나 스킬의 '의식적'인 적용이 왜 제대로 된 독해를 방해하는지를 설명할 때 사용하는 개념이 있다. 앞에서 자주 이야기한 '모호함에 대한 관용성(혹은 융통성)'과 정서 필터(affective filter: 감정적 여과 장치), 이 두 가지다. 독해 기술이나 독해 스킬에 따른 꼼꼼한 읽기는 간단히 말해서 정서 필터의 수준(레벨)을 높이는 반면, 모호함에 대한 관용성은 떨어트린다.

'정서 필터의 수준'과 '모호함에 대한 관용성'은 하나가 높아지면 다른 하나는 그만큼 낮아지는 반비례 관계다. 정서 필터의 수준이 높다는 말은, 글을 읽을 때 의식적으로 주의를 기울여야 하는 체크리스트가 늘어난다는 의미다. 간단히 말하면 글을 읽으면서 신경을 써야 할 것들이 많아진다는 것이다. 그럴 때 모호함에 대한 관용성은 당연히 크게 떨어진다.

앞서 말한 성격 유형, 그러니까 직관형－충동형－우뇌형과 감각형－심사숙고형－좌뇌형의 대비되는 특징을 다시 떠올려 보자.

감각형－심사숙고형－좌뇌형 수험생의 언어 능력이 떨어지는 가장 큰 이유는, 바로 그들이 지니는 '높은' 정서 필터 수준과 모호함에 대한 '낮은' 관용성 때문이다. 자전거를 탈 때 자전거의 작동 원리나 탑승자의 올바른 동작을 의식하기 시작하면, 탑승자의 정서 필터 수준은 당연히 높아진다. 그리고 그렇게 높아진 정서 필터 수준은 효과적인 자전거 타기를 크게 방해한다. 다양한 도로 상황에 대한 융통성도 크게 떨어트린다. 피겨를 타거나 배울 때도 마찬가지다. 점프할 때의 각도나 회전할 때 사용되는 근육이 어느 부위인지 의식하기 시작하면, 정서 필터의 수준은 당연히 높아질 수밖에 없다. 정확한 동작에 대한 강박 관념은 다양한 빙질에 적응하는 데 꼭 필요한 융통성을 떨어트린다. 그 결과 제대로 된 피겨 타기는 필연적으로 늦춰질 수밖에 없다.

"제시문을 읽으면서 중요한 부분을 체크하는 게 뭐가 나쁘냐", 그리고 "체크하는 부분이 많을수록 글에 대한 이해는 더 정확해지는 것 아니냐"는 반론이 있을 수 있다. 그렇지 않다. 제시문을 읽을 때 체크해야 할 포인트가 늘어난다는 것은 효과적인 읽기의 가장 큰 방해물이다. 그건 제시문을 훑어 읽고 나서 이런저런 질문을 던진 다음, 다시 한 번 읽은 후 해야 할 일이다. 그것도 제시문을 바탕으로 글쓰기를 한다든지 다른 사람에게 제시문의 내용을 요약해서 발표한다는 구체적인 목적이 있을 때 하는 일이다. 만약 제시문을 처음 읽는 과정에 그런 방식을 적용하면, 쉽게 이해될 내용도 이해가 되지 않는다. 정말이다.

체크 포인트가 늘어난다는 것은 정서 필터의 수준이 높아진다는 것이고, 정서 필터의 수준이 높아질수록, 수험생이 제시문에 대해 갖게 되는 방어적인 심리는 더욱 커진다. 결국 모호함에 대한 관용성은 바닥으로 떨어진다. 쉽게 말하면, 기술류의 교재나 강의가 제시한 방식에 따라 주의를 기울여 읽은 내용이, 오히려 '편하게', '대충', '막' 읽은 내용보다 훨씬 낮은 이해도를 보인다는 말이다.

사실 '높은 수준의 정서 필터'와 '모호함에 대한 낮은 수준의 관용성'이라는 심리적인 요소는, 수능 국어 영역에서 제시문을 읽을 때 가장 부정적인 장애물로 작용하는 요소다. 특히 감각형-심사숙고형-좌뇌형 수험생들은 더 그렇다. 그것은 우리가 생각하는 것보다 훨씬 심각한 수준으로 제대로 된 제시문 읽기를 방해한다. 낮은 어휘력이나 적은 배경지식보다 더 심각한 영향을 미치는 독립적인 원인이다.

한번 보자. 수험생이 제시문에 나온 정보를 이해하기 위해서는 그 정보가 머릿속에 입력될 수 있도록 (어떤) 두뇌 부위가 열려 있어야 한다. 당연하다. 읽기 과정은 자동차처럼 연료통 뚜껑만 열고 통 속으로 연료를 주입하는 것과는 차원이 다를 것이기 때문이다. 그런데 읽는 사람이 긴장하거나 방어적일 때는 그 문자 정보를 시각적으로는 인지할 수는 있지만, 이해를 담당하는 두뇌 부위에는 도달하지 못한다. 말하자면 정서 필터라는 장벽은 제시문의 정보가 '인지의 영역'을 지나 '이해의 영역'으로 들어오는 것을 차단한다.

독해 기술에 따른 꼼꼼한 읽기가 오히려 제시문에 대한 방어적 태도를 형성한다는 것은 이런 의미에서다. 재미있는 것은 그럴수록 건너뛰거나 넘어가는 융통성이 발휘돼야 하는데, 많은 경우 정반대의 상황이 벌어진다는 점이다. 높아진 정서 필터 수준은 모호함에 대한 관용성의 수준을 떨어트려서, 이제는 건너뛰거나 넘어가는 행위 자체를 '원천적으로' 막아 버린다. 심각한 악순환 구조다.

이건 다시 자전거 타기나 피겨 타기에 비유하면서 이야기하면 좋을 것 같다. 자전거를 타는 가장 효과적이며, 거의 유일한 방법은 편하게 자전거를 타는 것이다. 만약 자전거의 작동 원리나 탑승자의 올바른 동작 등을 의식하고 그런 '기술'을 적용하면서 자전거를 타려고 하면, 자전거 타기는 끝없이 늦춰진다. 피겨로 말해도 마찬가지다. 회전을 하거나 점프를 할 때 어떤 근육이 어떤 방식으로 사용되는지를 의식하면서 피겨를 배우려고 하면, 피겨 타기는 그런 생각을 버리기 전까지 계속 지연된다.

여기서 일부 독자들은 "왜 자꾸 자전거와 피겨 이야기를 하느냐"고 짜증을 낼지도 모르겠다. 하지만 그 짜증의 기원은 자전거와 피겨의 '잦은' 그리고 '뜬금없는' 출몰(앞으로도 출몰은 계속된다) 때문만은 아닐 것 같다. 글을 읽는 과정을 자전거 타기나 피겨 타기에 비유하는 것 자체가 마음에 들지 않아서일 가능성이 많다. 말하자면 "제시문 독해와 자전거(피겨) 타기는 성격이 전혀 다른 것이고, 그렇다면 필자는 '잘못된 유추'라는 논리적 오류를 범하고 있는 것 아니냐"는 불만이 그 바탕에 깔려 있을 것이다. 그렇지 않다. 어떤 점에서 제시문 읽기는 자전거 타기나 피겨 타기보다 오히려 심리적인 영향을 더 크게 받는다.

여기서 감각형－심사숙고형－좌뇌형과 직관형－충동형－우뇌형의 차이를 다시 떠올려 보자. 직관형－충동형－우뇌형이 더 뛰어난 독해 능력을 보이는 근본적인 이유는, 바로 그들이 글을 읽을 때 이 심리적 방어벽을 '덜' 경험한다는 데 있다. 그들이 주로 하는 독해 방식, 그러니까 훑어 읽거나 건너뛰면서 읽거나 예상하면서 읽는 방식은, 정서 필터의 수준을 낮게 유지해주는 중요한 요인들이다. 당연히 이런 경우 '모호함에 대한 관용성'은 거꾸로 높아질 수밖에 없다. 바로 그때 이들은 모국어 화자가 지닌 보편적인 언어 능력을 아무런 장애 없이 최대한 발휘하게 되는 것이다.

그런데 '기술류'의 교재나 강의는 무슨 이유에선지, 직관형－충동형－우뇌형 수험생이 모국어 화자의 언어 능력을 최대한 자연스럽게 발휘하는 상황을 못마땅해한다. 그리고 "그렇게 하다가는 결국 시험을 망친다"며 그들을 감각형-심사숙고형-좌뇌형으로 끌어내리려고 끊임없이 애쓴다. 반면 기술이나 스킬에는 '환호'하지만 국어 성적은 여전히 안 나오는 감각형－심사숙고형－좌뇌형 수험생들 귀에다 대고는 이렇게 속삭인다. "내 말대로 하면 언젠가는 시험을 잘 보게 될 거야. 당장 효과가 나타나지 않더라도 참고 또 참고 견디렴. 그러다 보면 언젠가 좋은 날이 올 거야."

하지만 그렇게 '참고 또 참고 견딘' 결과는 참담한 것이 될 가능성이 높다. 감각형－심사숙고형－좌뇌형 수험생들이 겪는 부정적 상황은 이제 교정의 기회조차 잃어버린 채 끝도 없이 악화될 것이기 때문이다. 그것은 잔인한 '희망 고문'이다.

기본적으로 직관형－충동형－우뇌형 수험생은 '읽기'에 대해 긍정적인 태도를 갖고 있다. 분명히 그렇다. 하지만 그들이 태어날 때부터 그랬던 것은 결코 아니다. 그럴 리가 없지 않은가? 모호함에 대한 높은 관용성과 낮은 정서 필터 수준을 유지하면서 글을 읽는 경험이 쌓이다 보니 언젠가부터 그렇게 된 것이다. 당연히 그들은 그런 읽기 과정에서 편안함, 자신감, 효능감, 지적 희열, 즐거움, 감동을 더 많이 체험하게 된다. 이런 체험은 읽기에 대한 긍정적인 태도를 더 강화시킨다. '선순환' 구조다.

반면 감각형－심사숙고형－좌뇌형의 경우 반대의 경험을 하게 될 가능성이 높다. 신경 쓰고 챙겨야 할 게 많은 데다가, 독해 과정을 완벽하게 통제하고 싶어 하는 욕망까지 크기 때문이다. 감각형－심사숙고형－좌뇌형 수험생의 이런 읽기 패턴은 당연히 정서 필터의 수준을 높이고 모호함에 대한 관용성은 떨어트린다. 그리고 그런 읽기 경험은, 기본적으로 불쾌한 경험이 될 수밖에 없다. 당연하다. 세상에 누가 그런 경험을 유쾌한 것으로 받아들이겠는가? 그리고 그런 불쾌한 읽기 경험은 가뜩이나 부정적인 읽기 태도를 더 강화시킨다. 한마디로 '악순환' 구조다. 여기에 독해 기술이나 독해 스킬에 따른 꼼꼼한 읽기는 이런 불쾌함과 악순환 구조를 해소시켜 주는 것이 아니라 오히려 증폭시킬 가능성이 높다. 읽기의 즐거움이 생길 수 있는 실낱같은 가능성마저 아예 뿌리째 뽑아 버리기 때문이다.

여기서 정말 큰 '비극'은 결국 수험생이 자초한다. 무슨 말이냐면, 감각형-심사숙고형-좌뇌형 수험생들은 자신들이 자전거나 피겨를 타지 못하는 이유를 전혀 엉뚱한 곳에서 찾으려고 한다는 것이다. 쉽게 말해서 "기술이나 스킬을 더 열심히 배우지 않아서, 혹은 기술이나 스킬을 도로나 빙판 위에서 실제 적용하려는 노력을 게을리했기 때문"이라고 '자기 탓'을 한다는 것이다. 바로 그 순간에 그 사람은 자전거나 피겨를 배울 수 기회를 앞으로 오랫동안, 심지어는 영원히 잃어버리게 된다. 물론 이런 상황을 전적으로 수험생의 탓으로만 돌릴 수는 없다. 수험생으로 하여금 그렇게 할 수밖에 없게 만드는 '기술'이나 '스킬'이 존재하기 때문이다.

'기술류'의 교재나 강의가 앵무새처럼 되뇌는 소리가 하나 있다. 학습한 기술의 '반복적인 연습을 통한 내면화'이다. "처음에는 그런 기술을 적용하면서 읽는 것이, 이해도를 떨어트릴 수도 있고 시간을 더 많이 소비시킬 수도 있다. 하지만 반복적인 연습을 통해 기술을 내면화하면, 결국 무의식적으로 그런 기술을 적용하면서 글을 읽을 수 있게 된다"는 소리다. 당연히 "그런 경지에 도달하면 시간 부족도 경험하지 않을 것"이라는 말도 덧붙인다.

교재나 강의의 효과에 대해서 부정적인 생각을 점점 더 많이 하게 되면서, 다른 방법을 찾으려고 하는 수험생들의 발목을 꽉 움켜쥐는 '신의 한 수' 같은 기술이고 스킬이다. 결국 수험생들은 "그래, 교재나 강의의 내용이 잘못된 것이 아니지. 내가 더 학습하지 않고 더 적용하지 않아서 그런 거야. 기술이나 스킬이 내면화될 때까지 더 열심히 죽어라고 노력해야지" 하면서 자기 탓을 하게 된다.

필자는 수험생들로 하여금 스스로 여러 동기들을 통제하도록 하는 '기술과 스킬', 그래서 결국 저자나 강사의 특정한 의도를 실현시키는 '기술과 스킬'이, 이런 '기술류'의 교재나 강의 속에 숨어 있다고 본다. 의도했든 안 했든 말이다. 솔직히 말하면 필자가 이들 교재나 강의에서 인정하는 '기술'과 '스킬'은 이것뿐이다. "나는 지금 내 의지와 노력으로 공부를 하고 있다"고 생각할 때조차 그 의지나 노력의 내용이 사실은 누군가에 의해 나에게 '주입'된 것일 가능성이 높다는 점을 독자들은 항상 명심하기 바란다.

국어에서 '학습'은 '습득'으로 바뀌지 않는다

여기서 기술류의 교재나 강의들이 '전가의 보도'처럼 사용하는 표현, 다름 아닌 '학습한 기술의 반복적 연습을 통한 내면화'를 한번 따져 보자.

먼저 '내면화'라는 말은 적어도 국어에 관해서만큼은 그렇게 함부로 써도 되는 말이 아니라는 것부터 분명히 하고 가자. 왜 그럴까?

여기서 내면화란 말은 '습득'의 다른 말이다. '학습한 기술의 반복적 연습을 통한 내면화'라는 말에서 강조점은 누가 봐도 '학습'과 '반복'이 아니라 '내면화'에 있다. 그런 점에서 교재의 저자나 강의의 강사도 기술이나 스킬은 결국 '학습'이 아니라 '습득'되어야 하는 것으로 보고 있는 듯하다. 물론 이 말은, '학습'과 '습득'의 차이에 대한 진지한 고민의 결과라기보다는, 교재나 강의를 통해 효과를 얻지 못하는 수험생들에 대한 '면피용' 핑계라는 혐의가 짙다.

'학습을 통해 습득으로 나간다.' 굉장히 그럴 듯한 말이다. 하지만 이건 국어에는 해당이 안 되는 말이다. 왜냐하면 고등학생 정도의 모국어 화자는 이미 수능 국어 영역을 해결할 만큼 충분한 국어 능력, 혹은 기술을 '이미' 습득하고 있기 때문이다. 보다 정확하게 말하면 더 이상 습득할 것도 없고, 또 더 이상 습득될 것도 없다. 앞으로 십수 년 정도 인생을 더 살면, 그만큼의 총체적인 경험에 걸맞은 새로운 국어 능력이 그 시점(십수 년 이후)에 습득돼 있을 뿐이다.

중요한 이야기를 하고자 한다. 지금 고등학생 정도의 수험생이 갖고 있는 국어 능력은, 그 수험생이 지금까지 무엇을 습득(acquisition)했느냐에 따라 이미 결정된 것이지, 앞으로 무엇을 학습(learning)하느냐에 따라 달라지는 것이 아니다. 고등학생 정도의 모국어 화자에게는 국어 능력과 관련된 어떤 '학습'도 절대 '습득'으로 전환되지 않는다. 교재나 강의에서 말하는 기술이나 스킬은 '어떠한 경우'에도 내면화되지 않는다.

많은 독자들은 '황당하다'는 반응을 보일지도 모른다. 습득과 학습의 차이를 알지 못할 경우 그 황당함은 더 커진다. 그래서 나타나는 당연한 결과겠지만 "학습과 습득은 비슷한 것 아니냐"라거나, "설사 둘이 완전히 똑같은 것은 아니라 해도 결국 학습을 통해서 습득이 이뤄지는 것 아니냐"는 질문을 하게 된다. 언뜻 보면 크게 잘못된 생각 같지는 않다. 하지만 모국어 화자의 국어 능력만 놓고 보면 '학습'과 '습득'은 완전히 다른 과정이다. 심지어 둘은 '상호배타적'인 성격까지 가지고 있다. 여기서 학습과 습득이 상호배타적이라는 말을 '기술류'의 교재나 강의에 적용하면 이렇게 된다. "수험생이 의식적으로 '학습'한 기술이나 스킬은 이미 '습득'한 수험생의 국어 능력을 크게 약화시킨다."

그렇다면 왜 그런지 한번 보자.

습득은 습득하고 있다는 것을 모르는 상태에서 뭔가를 자연스럽게 터득(Picking-up)해 가는 과정이다. 여기서 중요한 것은 학습자가 습득하고 있다는 것을 '모를 때만' 습득이 된다는 것이다. 뭔가를 일부러 배우려고 하고 배운 것을 굳이 써먹으려고 노력하는 바로 그 순간, 그것은 습득의 성격을 잃어버린다. 말장난 같은가? 그렇지 않다. 독자들이 지금 소유한 국어 능력의 대부분은 습득된 것이지 학습한 것이 아니다. 그리고 그 무의식적으로 습득한 국어 능력을 가지고 지금 국어 시험을 치르고 있는 것이다. 앞으로 치를 수능 국어 영역에서 사용될 국어 능력도 바로 그 습득된 능력이다.

지금 수험생들이 제시문을 읽고 문제를 해결하는 능력은 모두 습득해서 얻은 것이지, 학습해서 얻은 것이 아니다. "거짓말하지 마라. 교재나 강의에서 문제 유형도 학습했고 독해 기술도 학습했고 문제 풀이 기술도 학습했다. 문법이나 문학 작품에 대한 지식도 학습했다"라고 말하고 싶을 것이다. 아니다. 학습된 지식은 이미 습득된 지식이 어떻게 작동하는지를 사후적으로 설명하는 매우 제한적인 역할을 할 뿐이다.

자, 가슴에 손을 얹고 이제부터 필자가 하는 질문에 대답해 보기 바란다. 여러분은 그동안 국어 시험을 치를 때 도대체 어떤 국어 지식, 학습한 국어 지식을 사용하면서 제시문을 읽고 문제를 해결했나? 무슨 말인지 잘 모르겠다는 반응이 나올 것 같다. 그렇다면 하나씩 풀어서 물어보자.

독자들은 그동안 시험 치를 때 미리 학습한 어휘 지식을 사용한 적이 있나? 미리 학습한 문제 유형에 관한 지식을 사용한 적이 있나? 미리 학습한 문법 지식을 사용한 적이 있나? 그렇다면 미리 학습한 문학 감상법을 사용한 적이 있나? 아닐 것이다. 사용한 적이 없었을 것이다. 그리고 미리 학습한 독해 '기술'이나 문제 풀이 '스킬'은, 괜히 사용하려다가 시간만 더 쓰고 도리어 더 헷갈렸을 것이다. 그렇지 않은가?

도대체 여러분은 수능 국어와 관련해서 미리 학습한 어떤 지식을 시험 때 사용했다는 것인가? 미안한 말이지만, 그저 죽어라고 학습만 했던 것은 아닌가? 시험 때는 써먹지도 못하는, 아니 더 정확하게는 써먹을 생각조차 못하는 지식만 '주구장창' 학습해 오지 않았나?

솔직하게 대답해 주길 바란다. 말 그대로, 공부(학습) 따로 시험 따로 였지 않은가? 아무리 학습(공부)해도 결국 기본 실력(스키마의 다른 이름이 바로 '기본 실력'이다. '십수 년 인생사'와 모국어 화자의 '보편적 언어 체험' 말이다)으로 풀게 되는 과목이 국어였지 않은가? 그것이 국어의 '잔혹한 현실'이지 않았나?

국어 시험 치를 때마다 지긋지긋하게 반복적으로 체험하는 현실, 그러니까 '공부 따로 시험 따로'가 정확하게 뭘 의미하는지 독자들은 아는가?

그것은 '학습된 국어 지식(정보의 소유)'과 '습득된 국어 능력(능력의 소유)' 사이에는 메울 수 없는 간극이 존재한다는 것이다. 수능 과목 중에서는 오직 국어만 그렇다.

다른 과목에는 '학습'과 '습득'을 이어주는 연결고리가 존재한다. 학습된 '지식'은 결국 습득된 '능력'으로 발휘되니까 말이다. 하지만 국어는 둘 사이의 연결고리가 아예 없거나 매우 허약하다. 당연히 아무리 많은 '지식'을 학습해도 실제 시험에서 발휘되는 '국어 능력'은 크게 뒤떨어지는 상황이 너무나 자주 발생한다. 그런 경험이 쌓이고 쌓여서 결국 '공부 따로 시험 따로'라는 '체념적 지혜'가 만들어진 것이다.

말 나온 김에 조금 더 이야기를 해 보자. 우리가 시험 준비를 한다고 할 때, 다른 수험생들보다 '학습'을 덜하면 내 성적이 떨어지는 것은 당연한 일이다. 반대로 다른 수험생들에 비해 더 열심히 '학습'하면 시험에서 내가 얻는 등급이 '상대적으로' 높아질 가능성이 커진다. 맞다. 우리가 학습을 하는 이유는 바로 이런 '위치' 효과를 얻기 위해서다. 하지만 이런 현상은 국어를 뺀 다른 과목에서만 나타난다는 것이 문제다. '그놈의 빌어먹을' 국어는, 언제나 '학습 따로 성적 따로'니까 말이다. 이 책을 읽는 여러분만 그런 것이 아니다. 다른 친구들도 모두 그렇다. 결국 그런 보편적인 체험들이 오랜 시간 쌓이고 쌓여, '국어에서 학습은 학습일 뿐, 그것과 성적은 상관이 없다'는 '체념적 지혜'가 나온 것이다. 그건 절대 그냥 나온 말이 아니다. 그것은 '오해'도 '착각'도 아니다. 불편하지만 받아들일 수 밖에 없는 '국어의 진실'이다.

'학습 따로 성적 따로'라는 탄식은 지금도 변함없이 여기저기서 들려온다. 미안하지만 그것은 분명한 사실이다. 수많은 교재와 강의가 "학습한 만큼 성적도 오르게 해주겠다"고 약속했지만, 그 약속은 끝없이 지연되고 있는 것도 엄연한 사실이다. 필자가 보기에 그 '약속'은 영원히 이뤄질 수 없는 '헛된 희망'의 다른 이름에 지나지 않는다. 그리고 그것이 바로 우리가 애써 외면하고 싶어 하는 국어의 '잔인한 진실'이다. 그 어떤 강의나 교재의 주장도 '무효화'시킬 수 없는 국어의 진짜 모습이다.

학습을 해도 성적이 오르지 않는 현상보다 사실 더 기이한 것은, 학습을 안 했는데도 성적이 떨어지지 않는 현상이다. 그리고 이런 현상은 오직 국어에서만 벌어진다. 많은 수험생들은 학습을 해도 성적이 오르지 않는 '부정적 현상'에 분노한 나머지, 학습을 안 해도 성적이 떨어지지 않는 '긍정적 현상'에는 크게 주목하지 않는 경향이 있다. 하지만 학습을 안 해도 성적이 떨어지지 않는 현상, 가만히 생각해 보면 정말 신기한 일이다. 그렇지 않은가?

물론 성적의 상대적 위치는 각자 다르겠지만, 어쨌든 공부를 안 해도 그 상대적 위치에 변화가 없다는 것, 이걸 어떻게 받아들여야 할까? 낮은 등급은 그 등급대로 학습을 안 하면 현재보다 더 낮은 등급으로 떨어질 수 있는데도 그나마 그 등급을 '안정적'으로 유지하는 경우가 많다. 높은 등급의 친구들도 다소의 기복은 있지만 어쨌든 꾸준하게 그 등급을 유지하는 경우가 훨씬 많다.

3등급 정도의 영어 성적을 얻는 친구가 학습을 '딱' 중단했는데, 그러니까 단어도 외우지 않고, 독해 연습이나 문법 공부를 안 했는데, 몇 개월 후에 치르는 다음 번 시험에서도 3등급 정도의 성적을 얻을 수 있을까? 아니다. 그럴 수 없다. 수학이나 탐구 과목은 어떨까? 학습을 안 하면 성적이 떨어지는 정도가 영어보다 더하면 더했지 덜하지는 않을 것이다. 그렇다면 독자들에게 물어보자. 왜 국어에서만 학습을 안 해도 성적이 떨어지지 않는 '이상한' 현상이 벌어진다고 생각하나?

그렇다. 그것은 바로 모국어 화자의 '습득된 국어 능력' 때문이다. 마치 하늘을 떠받치는 '아틀라스'처럼, 습득된 국어 능력이 그 수험생의 성적을 떠받치고 있는 것이다. 습득된 국어 능력으로 푸는 문제의 수가 그 친구가 얻는 국어 점수의 하한선을 '떠받치고' 있다는 말이다. 그리고 뒤에서 자세히 다루겠지만, 이때 수험생들 간의 성적 차이는 '습득된 국어 능력의 차이'가 아니라 '습득된 국어 능력에 대한 신뢰의 차이'에서 비롯된 것이다. 당연히 이런 신뢰의 차이는 그 수험생의 성격과 밀접하게 관련된다.

만약 어떤 수험생의 성적이 하락했다면 이전에는 '습득'된 국어 능력으로 해결했을 문제를 '학습'한 국어 지식으로 풀려고 시도했기 때문이다. 거꾸로 성적이 올랐다면 '습득'된 국어 능력으로 푼 문제가 늘어났기 때문이다. '궤변 같다'거나 '매우 황당한 이야기'라고 생각하는 독자들이 많을 것 같다. 이 말이 정확하게 무엇을 의미하는지는 뒤에서 '정답의 표지성'을 이야기하면서 자세히 다룰 생각이다. 본격적인 이야기는 그때 하기로 하고 여기서는 비유를 하나 드는 것으로 대신하고자 한다. '안타이오스'에 관한 이야기다.

안타이오스는 그리스 신화에 등장하는 힘센 거인인데, 땅의 여신 가

이아의 아들이다. 안타이오스는 땅에 발을 붙이고 있는 한 누구한테도 지지 않았다. 그런데 그의 영토를 통과하려는 여행자는 그와 반드시 겨뤄야 했다. 살아서 지나간 사람은 당연히 단 한 명도 없었다. 그런데 어느 날 헤라클레스와 딱 맞붙게 된다. 헤라클레스는 안타이오스의 그 어마어마한 힘의 원천을 알고 있었다. 그래서 그를 번쩍 들어 올렸다. 발이 땅에서 떨어진 안타이오스는 제대로 힘도 써보지 못하고 죽을 수밖에 없었다.

필자가 이 신화를 꺼낸 이유는 다른 데 있지 않다. 안타이오스가 대지에서 태어나 거기서 힘을 얻었듯이 이미 국어를 잘하고 있는 친구들도 '습득된 국어 능력'으로부터 그 힘을 지속적으로 얻고 있다는 사실을 강조하기 위해서다. 땅에 발을 붙여야 '천하무적'이 되는 안타이오스처럼 그 친구들도 모국어 화자의 '습득된 국어 능력'을 신뢰하고 그것과 넓은 접촉면을 유지한 결과, 국어 시험에서 항상 고득점을 하고 있다는 사실을 환기하기 위해서다. 이와 반대로 만약 습득된 국어 능력이라는 '견고한 대지'로부터 공기가 희박한 공중(학습한 국어 지식)으로 높이 올라가 뭔가를 해보려고 하면, 그 수험생은 새로운 능력은 고사하고 자칫 원래 갖고 있던 능력마저 잃어버릴 위험을 감수해야 한다는 점을 경고하기 위해서다.

'진실'이 이런데도 '현실'은 어떤가?

수많은 국어 강의나 학습서들까지 가세해서 수험생들에게 '습득된 국어 능력의 세계'를 떠나라고 자꾸 부추기고 있다는 것이다. 그리고 그것이 바로 국어의 '비극적 현실'이다. 이것은 모국어 화자인 수험생들에게 그들이 원래 가지고 있던 국어 능력을 포기하라고 권유하는 것인데, 그것은 마치 안타이오스에게 땅에서 발을 떼라고 권유하는 것과 같다. 다만 헤라클레스처럼 강제로 들어올리지 않을 뿐이다. 살해는 하지 않지만 자살을 권유하는 것이다. 어쨌든 결과는 똑같다. '죽음'이다. 습득된 국어 능력의 '소멸'이다. 많이 양보해도 '치명적 약화'이다.

물론 '학습'은 낯선 어휘의 사전적 의미, 그리고 속담이나 사자성어처럼 작정하고 암기적 지식을 묻는 어휘 문제를 해결하는 데는 조금 도움이 될 수 있을지 모른다. 하지만 그걸 제외한 모든 국어 능력, 그러니까 제시문을 읽고 문제를 해결하는 수험생의 국어 능력은 100% 습득된 것이다. 학습한 것이 절대 아니다.

여기서 정말 중요한 점은 바로 이거다. 아무리 누가 뭐라고 해도, 결국은 '습득'을 대체할 만한 '학습'이 국어 과목에는 없다는 것이다. 문제는 세월이 아무리 흘러도 그런 국어의 '진짜' 모습을 받아들이기 힘들어하는 사람들은 항상 존재한다는 데 있다. 그것도 적지 않은 숫자로 말이다. 바로 그런 상황에서 기술이나 스킬 같은 이상한 '학습'이 수험생들을 '독버섯'처럼 현혹하고 있는 것이고, '암기' 같은 복고적인 학습이 '좀비'처럼 부활하고 있는 것이다.

하지만 똑같은 수능 과목이라고 해도 수학, 영어, 탐구하고 국어는 정말 다르다. 유능한 '모국어 화자'를 대상으로 그들의 '모국어 능력'을 측정하는 시험이기 때문이다. 시험의 성격이 전혀 다르다. 수능 과목 가운데 오직 국어만 '습득된 능력'을 측정한다. 그러니까 국어는 "습득한 능력으로 시험을 치르겠다"는 말을 당당하게 해도 되는 과목이라는 것이다.

오히려 '습득'이라는 말을 그렇게 당당하게 쓰고 나서 그 습득된 능력의 실체가 무엇이고, 그 습득된 능력이 어떻게 발휘되는지에 대해 고민해보는 것이 그동안 했던 '학습'보다 '백만 배'는 더 효과적이라는 말이다. 조금 부풀려서 말하면, 그것만이 국어라는 '괴물'을 물리치는 유일한 방법이다. 그것만이 국어라는 과목의 '문제적 상황', 그러니까

'학습 따로 시험 따로'라는 지긋지긋한 상황을 근본적으로 해결하는 방법이다. 다시 한 번 강조하지만, '국어는 습득'이라는 사실을 인정하는 것이 제대로 된 국어 시험 준비의 시작이다.

필자의 이런 주장에 대해 많은 독자들이 극렬하게 반발할 것 같다. 지금까지 간신히 치밀어 오르는 반발심을 억누르고 필자의 이야기에 귀를 기울였던 인내심 많은 독자들까지도 말이다. "그렇다면 국어 시험을 잘 보기 위해 학습하는 모든 것들, 기술이나 스킬을 포함한 모든 것들이 전부 헛수고라는 말이냐" 하는 아우성이 마치 옆에서 들리는 것 같기도 하다. 맞다. '헛수고'다. 지금 독자가 고3이라면 국어 시험을 잘 보기 위해서 더 학습해야 할 것은 아무것도 없다. 아니 더 정확하게 말하면 국어 시험을 잘 보기 위한 '학습'은 처음부터 없었다.

미안하지만 고3의 경우 수능 전에 '학습'은 고사하고 더 이상 '습득'될 국어 능력도 없다. 만약 고2 이하라면, 뭔가를 '학습'할 시간에 그나마 '습득'의 기회를 더 많이 갖는 것이 바람직하다.

국어 능력은 어디까지나 습득되는 것이다. 국어 능력을 향상시키려는 어떤 학습도 결코 습득 수준에는 이르지 못한다. 교재에 적혀 있는 기술이나 스킬은 결코 마음에 내재된 기술이나 스킬이 될 수 없다.

다시 말하지만, '습득된 지식'은 수험생의 국어 능력(독해력, 문제 해결력)을 만들어내는 데 결정적인 역할을 한다. 하지만 '학습된 지식'은 습득으로 만들어진 국어 능력이 어떻게 발휘되는지 사후적으로 설명하는 역할을 할 뿐이다. 그것도 매우 '구질구질한' 방식으로 말이다. 그런데 바로 그런 학습된 국어 지식, 한없이 빈곤하고 활용성이 떨어지는 국어 지식으로 수능을 치르려는 수험생이 자꾸만 늘어가고 있다는 데 '국어의 비극'이 있는 것이다.

국어 시험을 잘 치르게 하는 것은 습득된 국어 능력이고, 국어에서 학습은 어떤 경우에도 습득으로 전환되지 않는다. '반복적인 학습과 적용을 통한 내면화'는 처음부터 없었다.

간혹 언어에서도 학습이 습득으로 전환되는 경우가 있다고 주장하는 사람들이 있기는 하다. 독자들은 또 귀가 솔깃해질 것 같다. 또 미안하다. 이런 경우는 오직 외국어에만 해당된다. 외국어의 경우 의식적이고 반복적인 학습을 통해서 그 기술이나 지식을 습득으로 바꿀 수 있다는 주장이 있다. 말하자면 학습은 반복을 통해 습득의 디딤돌(stepping stone) 역할을 할 수도 있다는 것이다. 하지만 이런 주장을 하는 사람들조차도, 모국어 화자의 언어 능력은 전적으로 학습이 아니라 습득에 의해서 결정된다고 강조한다. 더구나 외국어의 경우에도 학습을 통한 습득은 그다지 바람직한 성과를 보이지 못한다. 오히려 외국어의 경우에도 모국어 습득의 비결을 발견해서, 외국어에 응용하는 것이 효과적이라는 주장이 훨씬 더 많다. 혹시 주변에 잘 아는 원어민 영어 교사가 있다면 한번 물어보기 바란다. 우리나라에서 영어를 가르치는 원어민 교사들 대다수가 가지고 있는 '야무진 꿈'은 다른 게 아니다. 자신이 모국어(영어) 능력을 습득한 비결을 한국인 제자들을 대상으로 한 영어 학습에도 적용하는 것이다.

여기서 가끔 차원이 전혀 다른 질문을 던지는 사람들이 있다. "독해력이나 문제 해결력을 포함한 모국어 능력이 습득이 안 돼 있으니 학습이라도 해야 하지 않느냐"는 주장이다. 이게 바로 모든 오류의 기원이다.

언어 장애나 난독증 같은 병적인 증상이 없다면 수험생 정도의 모국어 화자는 어떤 내용의 글이든, 그리고 어떤 형태의 문제든, 우리말로만 적혀 있다면 적어도 수능 국어 영역에서 2등급 이상을 얻기에 충분한 수준의 독해력과 문제 해결력을 이미 '습득'하고 있다.

그것은 최고 수준의 능력은 아닐 수 있어도 무난한 수준의 능력을 의미하고, 그 정도의 능력으로도 수능 국어 영역에서 좋은 점수를 얻는 것은 충분히 가능하다. 그런데 '기술류'의 교재나 강의는 바로 이런 모국어 화자의 습득된 능력을 명시적인 '학습', 그리고 의식적인 '학습'을 통해 결정적으로 약화시키고 있는 것이다.

여기서 "난 그런 능력이 습득되지 않은 것 같다"고 생각하는 친구들이 있을 것이다. 독서량이 적다고 하는 친구 중에 이런 말을 하는 경우가 많다. 아니다. 이미 습득돼 있다.

한번 보자. 만약 독해가 어떤 기술이나 스킬 따위로 말끔히 해결되는 것이라면, 초등학교나 중·고등학교의 국어 교과 시수는 기이할 정도로 많은 것이다. 보통 국어 교과의 시수는 사회나 과학 교과의 두 배 정도, 수학이나 영어 교과의 1.5배 이상이 된다. 그리고 국어 교과서에 실린 글도 대부분 범교과적인 내용, 그리고 쉬운 내용으로 선정된다. 이렇게 하는 이유는 다른 데 있는 것이 아니다. 범교과적인 내용의 쉬운 글로 읽기 능력을 '습득'하라는 것이다. 국어 교과에 배정된 '압도적인' 시수는 국어 능력, 특히 읽기 능력이 그만큼 장기적인 과정을 통해야만 습득된다는 반증이기도 하다.

"읽기를 통해서 읽기를 배운다"거나 "독해를 통해서 독해를 배운다"는 언뜻 보면 동어반복 같은 현상이, 우리의 독해 능력을 설명하는 '유일한 진실'이다. 그리고 대부분의 수험생들은 그런 과정을 거쳐서 이미 일정 수준 이상의 독해력을 습득하고 있다. 지금 이 순간 읽고, 쓰고, 말하는 일상적인 언어생활에 큰 어려움을 겪고 있지 않는다면, 그 수험생은 이미 모국어 화자로서의 보편적인 언어 능력을 습득하고 있다는 것이다. 독서량이 적은 모국어 화자들도 이런 '국어 능력자'에 당연히 포함된다.

물론 아동기를 지난 시기만 놓고 보면 국어 능력을 습득하는 데 독서만큼 효과적인 것은 없다. 하지만 독서량이 적다고 해서 그 수험생 이마에 '국어 거지'라는 낙인이 찍히는 것은 절대 아니다. 적어도 수능 국어 영역에서 고득점을 할 가능성은 독서량이 많은 수험생과 똑같은 정도로 열려 있다. 아무리 독서량이 적다 해도, '십수 년 인생사'와 '모국어 화자로서의 언어 체험'이 만들어낸 국어 능력은 특별히 남보다 뒤질 것은 없다. 기본적으로 '십수 년 인생사'와 '모국어 화자로서의 언어 체험'은 그 성격이 '보편적'인 것이기 때문이다. 문제는 습득된 국어 능력을 스스로 신뢰하지 못하는 것이지, 그 자체로 낮은 국어 능력이 결코 아니다. 수험생들 간에 국어 능력의 습득 정도는 극소수를 제외하고는 거의 비슷하다.

그게 무엇이든 독해 기술이나 스킬은 독해력에 도움이 되지 않는다. 복잡한 독해 기술이나 스킬을 적용하려고 애쓰기보다는, 오히려 편안한 읽기를 자주 하는 것이 훨씬 바람직하다. 그리고 정말 마음에 들지 않는 용어지만, 만약 그 수험생에게 어떤 '독해 기술' 또는 '독해 스킬'이라는 것이 있다면, 그 기술이나 스킬은 누군가가 외부에서 내려준 지침 때문이 아니라 지난 십수 년 동안 무의식적으로 그리고 자연스럽게 자기에게 맞는 방식으로 습득한 것일 뿐이다. 결코 학습한 결과가 아니라는 말이다.

우리가 지금 하고 있는 독해 기술이나 스킬에 관한 모든 공부는 당장 그만두는 것이 좋다. 아무런 효과도 입증되지 않은 기술이나 스킬을 반복적으로 훈련하는 것은, 생각하면 생각할수록 끔찍한 일이다. 외부에서 누군가가 내려준 지침을 제시문 읽기에 적용하려고 끊임없이 노력하면 할수록 이미 앞서가고 있는 다른 수험생, 특히 직관형-충동형-우뇌형 수험생과의 격차는 오히려 더 크게 벌어질 뿐이다.

그들이 앞서가는 이유는 다른 데 있는 것이 아니다. 그들은 이미 습득한 자신의 국어 능력을 신뢰하면서 편하게, 그러니까 낮은 정서 필터 수준과 모호함에 대한 높은 관용성을 유지하면서 글을 읽기 때문이다. 물론 그들 앞에도 위험은 도사리고 있다. 혹시라도 교재나 강의에서 말하는 기술이나 스킬을 따라하다가는, 자신에게 최적화된 방식으로 이미 습득된 국어 능력이 크게 망가질 수 있기 때문이다.

지금까지 했던 이야기를 짧게 줄여 보자. 대부분의 수험생들은 비슷한 어휘력을 가지고 있다. 제시문에 등장하는 제재나 내용에 대해 익숙해하거나 낯설어하는 정도도 비슷하다. 독해력도 비슷하다. 이유는 하나다. 국어 능력의 '습득' 정도가 비슷하기 때문이다. 모국어 화자로서의 스키마, 그러니까 '십수 년 인생사'와 '보편적인 언어 체험'의 내용은 대부분 '거기서 거기'라는 말이다. 이렇게 다 비슷한데 그렇다면 성적 차이가 왜 발생하는지 독자들은 정말 궁금해할 것 같다.

이쯤 되면 독자 입장에서는 "아무리 그래도 문법은 독해력과 무관하니까, 암기한 문법 지식의 차이가 결국 성적 차이를 가져오는 건 아닐까?"라거나 "문학 작품 감상 능력도 비문학 제시문 독해와는 다른 차원이니까, 어쨌든 그쪽이 성적 차이의 원인이 아닐까?"라는 질문을 할 수 있다. 필자는 앞에서 시험 전에 미리 '학습'한 지식은 막상 시험치를 때에는 아무런 도움을 주지 못한다고 말한 적이 있다. 그리고 그런 학습된 지식에는 당연히 문법 지식과 문학 지식이 포함된다. 하지만 '문법'과 '문학'에 여전히 미련이 남아 있는 독자들이 적지 않을 듯싶다. 이쯤에서 단호하게 '쐐기'를 박아두는 것이 좋을 것 같다. 두 질문에 대한 답변은 모두 '아니다.' 성적 차이가 만들어지는 지점은 '문법'이 아니다. '문학'도 아니다.

제 3 부

文·

문법은 가능한 한 '적게' 공부하라

국어 능력은
문법과 무관하다

수능이 '언어 영역'에서 '국어 영역'으로 바뀌면서 나타난 가장 큰 변화는 '듣기'가 없어지고 '문법' 문항이 늘어난 것이다. 수험생들도 고득점을 위해서는 문법을 따로 챙겨야 한다는 심리적 부담감이 커졌다. 그러나 달리 공부할 방법이 없어, 대부분은 문법 교과서나 시중의 문법 교재를 '닥치고' 암기하는 방식으로 문법 문제에 대한 대비를 하고 있는 게 현실이다.

사실 국어를 구사하는 능력만 가지고 이야기를 하면, 문법은 거의 쓸모가 없다. 따라서 문법 교육도 필요가 없다. "당신이 뭔데 문법 교육이 필요 없다는 주장을 하느냐"고 따지는 사람이 있을 것 같다. 맞다. 문법 교육이 꼭 필요하다고 보는 사람들이 있다. 당연히 그들(문법 교육 유용론자)은 문법 교육이 필요한 나름대로의 근거도 가지고 있다.

첫째, 문법은 문장제조기(sentence-making machine) 역할을 한다는 것이다. 바른 문장을 만들려면 문법을 알아야 한다는 말이다. 둘째, 문법 교육이 없으면 언어의 오류를 교정받지 못하게 되고, 언어를 잘못 사용(오용)하는 습관이 굳어진다는 것이다. 일상에서 잘못 사용되는 언어를 찾아내고 고치려면 당연히 그 기준이 되는 문법에 대한 교육이 필요하다는 말이다. 셋째, 방대한 '언어의 세계'를 학습하는 데 문법만큼 정제화되고 계열화된 지식은 없다는 것이다. 그 이유가 무엇이든 언어를 학습한다고 할 때, 결국 학습의 핵심은 문법 지식이 될 수밖에 없다는 말이다.

하지만 필자의 생각은 다르다. 언어 능력은 기본적으로 '의사소통(읽기, 쓰기, 듣기, 말하기) 능력'이지 '문법 능력'이 아니기 때문이다. 문법 지식이 없어도 의사소통은 충분히 가능하다. 당연하다. 이 글을 읽고 있는 독자들도 마찬가지다. 여러분은 문법 지식을 갖춘 후에야 의사소통을 하기 시작했나? 문법 지식이 의사소통을 제대로 하는 데 도대체 어떤 도움을 줬나? 솔직히 말해서 '찌개'를 '찌게'라고 하는 것이 그렇게 잘못된 일인가? 가끔 표준어를 사용하지 않는 것을 빼면, 우리의 언어생활에서 문법에 어긋난다고 비판받을 부분도 사실은 별로 없다.

이렇게 보면 사실 문법 교육은 그다지 필요한 것이 아니다. 앞에서 이야기했던 독해 기술과 똑같은 이유로 문법 학습은 불필요하다. 자전거 타는 능력은 훈련과 경험으로 터득하는 것이지, 자전거의 구조나 자전거 타는 법을 학습한 결과가 아니다. 마찬가지로 글을 쓰고 읽는 능력은 훈련을 통해 '습득'되는 것이지, 그에 대한 지식을 학습한 결과가 아니다. 앞에서 말했듯이 언어는 '습득'해야 하는 것인데, 문법 지식을 학습해서는 결코 그런 '습득' 수준에 이르지 못하기 때문이다. 교재에 적혀 있는 문법은 결코 마음에 내재된 문법이 될 수 없다.

생각해 보라. 아이들이 이른 시기에 갖추게 되는 언어 능력에서 문법 교육이 기여하는 바는 거의 없다고 보는 게 맞다. 우리의 언어 능력이 만들어지는 과정에서 문법 교육이 어떤 도움을 줬는지 가만히 생각해 보면, 문법 교육 '유용론'보다는 문법 교육 '무용론'의 주장이 훨씬더 설득력 있다.

문법 교육은 언어를 습득하는 데는 도움이 되지 않지만, 문법과 관련된 '암기적인 지식'의 양과 수준을 측정하는 데는 도움을 줄 수 있다. 사실 우리나라에서 문법 교육의 수요는 현실적으로 그리고 전적으로 이것뿐이다. 수능이나 공무원 시험, 그리고 언론사 취업 같은 각종 국어 시험에 등장하는 문법 문제에 대한 준비로서의 학습뿐이라는 말이다. 그 외의 문법 지식은 전문적인 학문 연구의 영역이 돼 버린다. 그리고 그 영역은 일반인들이 감히 범접할 수 없는 곳이기도 하다. 너무 복잡하고 미묘한 영역이라 괜히 기웃거리는 것조차 쉽지가 않다는 말이다. 한국어만 그런 것이 아니다. 지구상에 존재하는 모든 언어가 그렇다.

물론 공무원 시험이나 언론사 취직 시험에서는 문법에 대한 암기 학습이 일정한 효과를 발휘한다. 문항 자체가 미리 암기한 문법 지식을 단편적으로 확인하는 형식이기 때문이다. 하지만 수능 국어 영역에 나오는 문법 문항을 암기 학습으로 대비하겠다는 태도는 '번지 수'를 한참 잘못 찾은 것이다. 왜 그런지 한번 보자.

고등학교 문법 교과서에서 다루는 문법 지식은 1) 음운, 발음, 표기 2) 단어와 어휘 3) 문장과 담화로 이뤄진다. 여기에 4) 국어의 역사(옛말의 문법, 우리말의 변천, 국어 문화사 등)를 포함시키기도 한다. 길지만, 한번 열거해 보겠다.

<음운, 발음, 표기>

음절 개념의 이해

음운 체계

외래어, 로마자 표기법

동화(자음동화, 구개음화, 모음동화, 모음조화)

음운변동규칙(교체, 축약, 탈락, 첨가)

품사 구분

낱말 사이의 유의, 반의, 하의관계

명사와 띄어쓰기

<단어, 어휘>

용언의 기본형, 불규칙 용언형

표준어와 방언 구분

대명사(인칭, 지시, 재귀)

의존명사와 띄어쓰기

의존용언과 띄어쓰기

고유어, 한자어, 외래어, 외국어의 구분

형태소

조어법(파생, 합성)

동음이의어, 다의어

관용표현

사회 방언(은어), 전문어, 속어, 비어, 유행어, 신어의 구분

<문장, 담화>

높임법

피동과 사동

부정법

관형절 문장 이해

명사절 문장 이해

부사절 문장 이해

인용절 문장 이해

문장의 종류(종결어미)

시간 표현(시제)

문장 성분, 성분 간의 호응, 어순

문장 연결(접속부사, 연결어미)

자, 이것이 수능 국어 영역을 준비하는 수험생이 알아야 할 문법 지식의 전부다. 많다면 많을 수 있지만 적다면 또 적다고 볼 수도 있다. 따로 교재를 살 것도 없다. 각 항목을 인터넷에서 찾아보면 교재보다 더 알기 쉽게 설명이 돼 있다. 마음만 먹으면 일주일이면 문법 공부를 끝낼 수도 있다. 그것으로 충분하다. 더 이상의 문법 공부는 필요 없고, 또 하고 싶다고 할 수 있는 것도 아니다. 그때부터는 일반인들의 접근을 허락하지 않는 전문 영역이 되기 때문이다.

문법을 외우면
안 되는 이유

이쯤에서 꼭 해야 할 이야기가 있다. 흔히 수험생들은 문법이 국어의 원리와 규칙이니까 절대적일 것이라고 생각한다. 그래서 그런 절대적인 지식을 암기해두면 문제 풀이에 큰 도움이 될 것이라고 생각한다. 그렇지가 않다. 우리가 암기하는 국어 문법 지식 가운데 많은 것은 객관적인 지식이 아니고 불변적인 지식도 아니다. 물론 고등학교 문법 교과서나 시중에 나와 있는 문법 교재는 그나마 널리 인정된다고 여겨지는 내용을 담고 있다. 하지만 그조차도 절대적인 것이 아니다. '널리'라는 말 자체가 때에 따라서는 무척 애매해지는 말이기 때문이다.

실례를 한번 들어보자. 현행 고등학교 문법 교과서에는 '덮밥', '접칼', '늦더위'에서 '덮', '접', '늦'을 합성어를 형성하는 어근('덮다', '접다', '늦다'라는 용언의 어간)으로 인정하고 있다. 그런데 국어 교사를 뽑는 임용시험(2009학년도 중등교원임용시험 13번 문제)에서는 '늦잠', '작은아버지'를 특수한 파생어라고 하면서 '늦', '작은'을 접사로 보는 입장을 보였다. 합성어가 뭔지 파생어가 뭔지, 어근과 접사가 어떻게 다른지 모르겠다는 독자도 있을 것 같다. 너무 길어지기 때문에 여기서 설명하기는 어렵다. 앞에서 말한 대로 인터넷에서 찾아보면 쉽고 자세한 설명이 나와 있다. 직접 찾아봐라. 그래야 그나마 기억이 오래간다.

여기에서는 어근일 때 합성어, 접사일 때 파생어가 된다는 점만 기억하면 된다. 어쨌든 학교 문법 교과서에서는 '어근'으로 인정되는 것이, 정작 그 교과서로 학생들에게 수업을 해야 하는 교사를 뽑는 시험에서는 '접사'로 돼 있었다는 점이 중요하다. 2008년 10월에 치러진 1차 중등교원임용시험에서 출제된 이 문항에 대해서는 물론 수험생들(예비 선생님들)의 항의가 빗발쳤다. 그 당시 출제 기관인 교육과정평가원(교육과정평가원은 수능만 출제하는 곳이 아니다)은 전문가들의 의견을 듣는 자리를 마련하고, 이 문제를 어떻게 처리할 것인지 '숙의'를 거쳤다고 한다. 결론이 재미있다. "문법 문항으로서 근본적인 문제는 없다"였다. 눈치 빠른 독자들은 이 결론이 갖는 의미가 뭔지 짐작했을 것 같다. 맞다. 문법에는 절대적인 지식이 없다는 것을 평가원 스스로 인정했다는 것이다.

보통 수험생들은 문장의 종류에는 풀이하는 문장(평서문), 묻는 문장(의문문), 감탄을 나타내는 문장(감탄문), 권유하는 문장(청유문), 시키는 문장(명령문), 이렇게 5종류가 있는 것으로 알고 있지만, 꼭 그렇지도 않다. 이 또한 국어학자들 간에 일치를 보지 못하는 부분이다. 이런 분류는 '의도'에 따라 문장의 종류가 달라진다는 데 착안한 것인데, 사실 의도에 따른 문장의 종류는 이보다 훨씬 다양하다. 어떤 학자들은 의도에 따라 문장을 '대상을 설명하는 문장', '사실을 전달하는 문장', '시키는 문장', '요청하는 문장', '권유하는 문장', '약속하는 문장', '질문하는 문장' 등으로 나누기도 한다.

그런데 이렇게 보면 어떤 사실을 설명하거나 풀이하는 문장(평서문)

과 느낌을 설명하거나 풀이하는 문장(감탄문)의 차이가 분명하지 않게 된다. 온점(평서문)과 느낌표(감탄문)로 구분이 가능한 것처럼 말하지만, 감탄도 온점을 사용하는 경우가 있고, 설명도 강조를 위해 느낌표를 얼마든지 사용할 수 있다. 더구나 문장 부호는 '표기'를 위한 것이다. 구어(일상 대화)에서는 문장 부호를 통한 문장의 구분 자체가 불가능하다. 여기서 더 나아가 종결 어미의 형태에 따라 문장을 구분해야 한다거나, 통사(문장)적인 특징에 따라 문장을 구분해야 한다는 주장도 있다. 물론 다른 기준이 적용되면 문장의 종류는 지금과는 완전히 달라진다. 물론 수험생들은 관심도 없겠지만, 사실 이런 기준을 둘러싼 국어학계의 논쟁은 지금 이 순간에도 매우 격렬하게 벌어지고 있다. 국어 문법에서 문장의 종류가 5가지로 구분된다는 것은 결코 절대적인 지식이 아니다. 그럼에도 불구하고 우리는 문장의 종류를 5가지로 구분해서 암기하는 것을 문법 공부로 알고 있다.

예를 좀 더 들어보자. 사실 품사조차 그 구분이 애매한 경우가 많다. 품사는 단어들을 공통적인 '속성'에 따라 분류한 것인데, 그 속성 가운데, '기능'을 중시할 것인지, '의미'를 중시할 것인지, '형태(모양)'를 중시할 것인지에 따라 분류 체계가 달라진다. '기능'을 우선으로 주어나 목적어의 '기능'을 하는 단어들을 '체언'이라고 하는데, '체언'은 다시 '의미'에 따라 명사, 대명사, 수사로 구분한다. 이들은 의미적으로는 모두 어떤 대상이나 개념을 가리킨다는 점에서는 똑같다. 하지만 어떤 대상을 가리키는 말의 무리(명사)도 구체적인 대상이냐 추상적인 대상이냐에 따라 구체명사, 추상명사로 구분할 수 있다. 자립적인 대상이냐 의존적인 대상이냐에 따라 자립명사와 의존명사로 구분하는 것도 가능하다.

그런데 왜 이들은 대명사나 수사 같은 수준에서 구분하지 않는지에 대한 문제 제기가 적지 않다. 특히 의존 명사의 경우 대부분의 국어사전에서 명사·대명사·수사와 함께 품사 표시를 별도로 해주고 있는 걸 보면, 명사로서의 쓰임이 특별하다고 볼 수 있다. 말하자면 체언을 이루는 품사로 명사·대명사·수사만 인정할 것인지, 아니면 대명사·수사는 그대로 두고, 명사를 뺀 다음 그 자리에 구체명사·추상명사·자립명사·의존명사를 넣는 것이 더 타당한지에 대한 논란이 국어학계에는 엄연히 존재한다. 만약 후자의 주장이 받아들여지면 체언의 종류는 3개에서 6개로 늘어난다. 논란은 또 있다. 가전제품의 '가전'이나, 원시시대의 '원시' 같은 말은 국어사전에서 명사로 처리하고 있지만, 격조사(은, 는, 이, 가, 을, 를, 에, 에게 등등)가 붙을 수 없고 자립성도 없어 일반적인 명사의 '기능'과는 한참 거리가 멀다. 명사로 알고 있지만 사실은 명사가 아닐 수도 있다는 것이다.

어렵고 따분하더라도 조금만 더 보자.

'그리고', '그런데', '그래서', '그러므로', '그러나', '하지만' 같은 말은 부사인지 부사가 아닌지, 만약 부사라면 그 특성이 다른 부사와 얼마나 같고 얼마나 다른지, 부사가 아니라면 어떤 품사에 포함시켜야 하는지에 대한 다양한 논쟁이 실제로 존재한다. 이를 두고 흔히 '접속사'라는 말을 쓰는데, 우리 말 품사에 접속사라는 것은 없다. 접속사라는 말은 전적으로 영문법에서 사용하는 용어일 뿐이다. 만약 우리에게도 접속사가 있다면 그 순간 품사가 9개에서 10개로 늘어나야 한다.

또 문장 성분 가운데 보어의 정체성은 무엇인지, '을, 를'이 붙으면 모두 목적어인지, 목적어와 보어, 필수 부사어의 공통점과 차이점은 무엇인지, '영희의 동생'에서 '영희의'는 동생을 꾸며주고 있기 때문에 관형어라고 하는데, '영희와 철수'에서 '영희와'는 어떤 기능을 하고 문장 성분은 또 무엇이라고 해야 하는지, 모두 다 열띤 논쟁의 대상들이다. '정설'은 없다는 말이다.

필자가 문법 공부를 이야기하면서 이토록 길게 예를 든 이유는 다른
데 있는 것이 아니다. 우리가 고정 불변이라고 생각하는 문법 지식 가
운데 많은 지식은 가변적인 것이라는 점을 강조하기 위해서다. 많은 문
법 교재, 심지어 고등학교 문법 교과서에는 이처럼 학계에서 논란의 대
상이 되고 있는 가변적인 지식을 마치 절대적인 것인 양 제시하고 있
는데, 그런 방식은 위험할 수 있다. 그 위험성은 앞에서 소개한 교원
임용 시험이 잘 보여주고 있다.

'아는 것이 병'이 되는
문법 지식

그렇다면 "문법을 따로 공부할 필요가 없다는 말이냐"는 반박이 나올 수 있다. 아니다. 공부를 하되 지금처럼 교재에 나온 문법 지식을 절대적인 것으로 여기고 암기하는 방식으로는 공부하지는 말라는 말이다. "문법 지식에 이런 것들이 있구나" 하는 정도로 가볍게 공부하는 것이 훨씬 좋다. '가볍게'라는 표현이 애매하기는 한데, 예를 들면 파생어를 공부한다면 어근과 접사 정도의 개념만 알고 넘어가면 된다는 것이다. 접사에 어떤 것들이 있는지를 일일이 알 필요는 없다. 왜냐하면 접사로 암기한 것이 어떤 경우에는 어근이 될 수도 있고, 어근으로 암기한 것이 어떤 경우에는 접사가 될 수도 있기 때문이다. 기초적인 문법 지식만 챙기면 충분하다는 말이다. 그리고 실제 시험장에서는 그런 '기초 지식'에 더해서 <보기> 형태로 제공된 '배경지식', 그리고 모국어 화자의 '내재화한 문법'을 적절히 활용하면, 정답을 찾아내는 데는 큰 어려움이 없다.

이런 이야기를 할 수 있는 이유는 수능 국어 영역 문법 문제는 해당 문법 지식이 절대적인 것이 아니라는 전제를 깔고 만들어지기 때문이다. 예를 들면 "<보기>의 밑줄 친 부분이 하는 기능과 비슷한 기능이 나온 답지를 선택하라" 정도의 문제는 가능할지 몰라도, "<보기>의 밑줄 친 부분이 '필수부사어'이고 이와 똑같은 '필수부사어'가 등장한 답지를 찾으라"는 문제, 혹은 "'필수부사어'에 대한 설명으로 적절한 것을 찾으라"는 문제는 아예 성립하지 않는다. 무엇이 필수부사어냐에 대해서는 아직 분명한 학문적 결론이 나지 않았기 때문이다. 이런 상황에서 필수부사어라는 명시적인 표현, 그리고 필수부사어의 구체적 사례들을 미리 암기하는 방식으로 문법을 공부할 경우, 실제 문법 문제를 풀 때 꼭 필요한 융통성(모호함에 대한 관용성)이 크게 떨어질 가능성이 있다. 그리고 그것은 오히려 문법 공부를 안 한 것만 못한 결과를 가져온다.

우리는 보통 문법은 그나마 암기가 가능하고, 그런 학습이 선행되면 문법 문제를 풀 때 다른 수험생들보다 크게 앞설 수 있을 것이라고 생각한다. 암기 효과 그 자체만 놓고 보면 문법은 애매함이나 모호함이 상대적으로 적어, 다른 분야(화법, 독서, 문학, 작문)보다 회상(기억) 효과는 있을지 모른다. 하지만 수능 국어 영역 문법 문제에는 그런 암기 지식만 믿고 갈 수 없는 상황이 너무나도 많다. <보기>에 제시된 문법 지식을 답지에서 확인하는 지금의 문제 형식에서는, 오히려 미리 암기한 문법 지식보다는 모국어 화자의 내재화된 문법을 활용하는 것이 문제 해결에 훨씬 더 도움이 된다.

문법은 국어에 '내재'해 있는 원리와 규칙이다. 그리고 모국어 화자들은 보편적인 언어 체험을 통해 이런 원리와 규칙을 이미 내재화하고 있다. 그것을 일부러 의식하지 않고, 그것에 일일이 어떤 이름을 붙이지 않았을 뿐이다. 더구나 수험생 정도의 모국어 화자들에게 내재된 문법의 '양'과 '질'은 거의 비슷하다. 따라서 수험생이 본래 갖고 있는 내재화된 문법과 문항(<보기>)이 제시하는 문법 지식 간에 '소통'만 잘 이뤄지면, 적어도 수능 문법 문제는 충분히 해결할 수 있다.

문법 문제를 풀다가 뭔가 어색하다거나 거슬린다는 느낌이 드는 경우가 있다. 특별히 의식하거나 문법 지식을 떠올리지 않았는데도 말이다. 그 이유는 바로 그 순간에 모국어 화자의 내재적 문법이 작동한 결과라고 보면 '딱' 맞다.

여기서 문법 지식을 따로 그리고 미리 암기하는 것은 바로 이런 상호 작용을 전혀 활성화시키지 못한다. 오히려 방해하는 경우가 더 많다. 수험생의 내재화된 문법과 시험 문항에 제시된 문법 요소를 대응하는 과정에서 미리 암기한 문법 지식은 도움이 되지 않거나 오히려 부정적인 영향을 미친다는 말이다.

국어 시험의 경우, 작정하고 표상적 지식을 물어볼 수 있기 때문에 암기 학습이 필요하다는 주장이 물론 있다. 예를 들면 다음과 같은 문제는 암기 학습 없이는 해결이 어렵다.

[문제] 밑줄 친 어휘가 모두 바르게 쓰인 것은?

① 오늘이 <u>몇일</u>인지 알려주세요.

　나는 그 문제를 해결하기 위해 몇날 <u>며칠</u>을 고민했다.

② 우리는 서로 바빠서 <u>오랫</u>동안 연락하지 못했다.

　정말 <u>오랜</u>만에 편안한 마음으로 휴식을 즐기고 있다.

③ 잠자던 아이가 눈을 <u>부비며</u> 일어났다.

　여름에는 열무김치에 보리밥을 <u>비벼</u> 먹는 것이 일품이다.

④ 상승세를 탄 우리 팀은 상대팀을 <u>밀어붙였다.</u>

　그것은 지금 필요 없으니 저 구석에 <u>밀어부쳐</u> 놓아라.

⑤ 언니는 <u>홀몸</u>이 아니니까 태아를 생각해서 조심해야 해.

내 친구는 부모형제가 없는 <u>홀몸</u>이지만 정말 씩씩하다.

2011학년도 7월 교육청 모의고사(고3)에 나왔던 문법(표준어)문제인데, 풀만 한가? 이 문제는 그 당시 전체 50문항 가운데 압도적인 수치로 오답률 1위를 기록했다. 암기된 지식을 기억 속에 저장했다가 꺼낸 것 말고는, 아무런 사고 작용도 필요로 하지 않는 문제였기 때문이다. 아무런 단서도 주지 않았기 때문에 당연히 모르면 틀리는 문제다. 이런 경우 암기 자체도 쉽지 않은 것이지만, 설사 암기를 했다 하더라도 시험 현장에서 조금이라도 헷갈리면 바로 틀릴 수밖에 없다. 앞에서 공무원 시험이나 언론사 취업 시험에서는 문법에 대한 암기가 어느 정도 효과를 발휘한다고 말한 적이 있다. 공무원 시험이나 언론사 취업 시험에는 바로 이런 문항이 문법 문제의 대다수를 이루기 때문이다.

하지만 수능 국어 영역은 같은 문법을 물어도 묻는 방식이 180도 다르다. 수능 문법 문제는 <보기> 등을 통해 반드시 해결의 단서와 배경지식을 제공한다는 말이다. 그리고 이런 문법 문제는, 암기 지식보다는 모국어 화자의 내재적 문법을 적용해서 문제를 해결하는 것이 훨씬 더 효과적이다. 미리 암기한 세밀한 문법 지식이나 구체적 사례들을 떠올리면서 문제를 풀면, 오히려 생각지도 못한 어려움을 겪을 가능성이 높다.

수능 문법은
공무원 시험 문법이
아니다

정말 그런지, 몇 문제를 풀어 보자. 먼저 2011학년도 수능 문법 문제를 보자.

[문제] <보기>를 바탕으로 한글 맞춤법에 대해 탐구한 내용으로 적절하지 않은 것은?

─── <보 기> ───

제5항

㉮ 한 단어 안에서 뚜렷한 까닭 없이 나는 된소리는 다음 음절의 첫소리를 된소리로 적는다.

　㉰ 어깨, 잔뜩, 살짝, 듬뿍, 몽땅

㉯ 다만, 'ㄱ, ㅂ' 받침 뒤에서 나는 된소리는, 같은 음절이나 비슷한 음절이 겹쳐 나는 경우가 아니면 된소리로 적지 아니한다.

　㉰ 국수, 법석

제27항

㉱ 둘 이상의 단어가 어울리거나 접두사가 붙어서 이루어진 말은 각각 그 원형을 밝히어 적는다.

　㉰ 칼날, 꽃잎, 맏사위, 홑이불

① ㉮를 보니 모음 뒤나 'ㄴ, ㄹ, ㅁ, ㅇ' 받침 뒤에서 나는 된소리
   가 소리 나는 대로 표기되어 있군.

② '납짝'이 아니라 '납작'으로 적는 것은 ㉯의 '법석'을 표기할 때
   적용된 규정을 따른 것이군.

③ '짭잘하다'가 아니라 '짭짤하다'로 적는 것은 ㉯의 비슷한 음절이
   겹쳐나는 경우에 해당하기 때문이군.

④ '물뼝'이 아니라 '물병'으로 적는 것은 ㉰의 '칼날'을 표기할 때
   적용된 규정을 따른 것이군.

⑤ '깍뚜기'가 아니라 '깍두기'로 적는 것은 ㉱의 '맏사위'를 표기할
   때 적용된 규정을 따른 것이군.

정답은 5번이다. 정답률은 75%다. 깍두기는 맏사위의 '맏'처럼 접두
사 '깍'이 붙어서 이뤄진 말이 아니다. 깍두기의 '두'가 [뚜]처럼 된소
리로 나는 것은 맞는데, 소리 나는 대로 적지 않은 이유는 제5항 ㉯의
규정, 그러니까 ㄱ받침(깍의 'ㄱ') 뒤에서 나는 된소리(뚜의 'ㄸ')지만
같은 음절이나 비슷한 음절이 겹쳐서 나는 경우가 아니기 때문이다.
'깍'과 '뚜'는 비슷한 음절이 아니라는 말이다. 수험생의 14%가 선택한
3번 답지에서, 짭짤하다의 '짭'과 '짤'은 '같은' 음절은 아니지만 '비슷
한' 음절이다. 마찬가지로 제5항 ㉯의 규정, 그러니까 ㅂ받침(짭의 'ㅂ')
뒤에서 나는 된소리(짤의 'ㅉ')이고, 비슷한 음절('짭'과 '짤')이 겹쳐서
나는 경우이기 때문에 소리 나는 대로 '짭짤'이라고 적은 것이다.

자, 이게 대부분의 교재에 나온 해설이다. 필자는 지금 이런 해설이
잘못됐다는 이야기를 하려는 것이 아니다. 그 당시 수험생들이 시험장
에서 실제로 문제를 해결하면서 헷갈리고 고민한 내용은 이런 해설과
는 전혀 다를 수 있다는 점을 말하려고 하는 것이다. 사실 수험생들이

해설과 같은 판단을 시험장에서 쉽고 편하게 했다면 도대체 무슨 걱정이 있겠는가? 그렇다고 시험 본 후에 이런 해설을 봤다고 해서, 다음번에 만나는 유사한 문법 문제(된소리 표기 문제)를 잘 해결하리라는 보장은 있을까? 미안하지만 없다.

자, 실제로 이 문제를 시험 당일 접했던 수험생들은 어떤 어려움을 겪었는지 한번 살펴보자. 가장 큰 문제는 적지 않은 학생들이 '깍'을 접두사로 보거나(파생어), 깍두기를 '깍'이라는 단어와 '두기'라는 단어가 합쳐진 것(합성어)으로 생각하기도 했다는 점이다. 그렇게 생각하는 것이 크게 잘못됐다고 비난할 수는 없다. 시험 전에 '깍두기'라는 말에 대해 인상 깊게 공부하지 않은 이상, 실제 시험 현장에서는 충분히 그럴 수 있기 때문이다. 한글 맞춤법과 국어사전을 찾아보거나 해설을 참고해서 이런저런 설명을 할 수는 있지만, 그건 오직 시험이 끝난 후에나 가능한 일이다. 뭔가 대단한 척하면서 이 문제를 틀린 수험생을 비난하는 것은 '비겁한' 행동이다.

'칼+날', '꽃+잎', '맏+사위', '홑+이불'처럼 깍두기를 '깍+두기'로 보는 것이 그렇게 잘못된 것인가? 여기서 '칼날'과 '꽃잎', '맏사위'와 '홑이불'은 한군데 뭉뚱그려 놓았지만 사실 조어법이 다르다. 칼날과 꽃잎은 둘 이상의 단어가 어울려서 이뤄진 말(합성어)이고, 맏사위와 홑이불은 접두사(맏, 홑)가 어근(사위, 이불) 앞에 붙어서 이뤄진 말(파생어)이다. 접사는 그것이 어근 앞에 붙으면 '접두사', 어근 뒤에 붙으면 '접미사'라고 부른다.

어쨌든 이 문제를 풀 때 접사니 어근이니 합성어니 파생어니 하는 문법 지식을 동원한 수험생이 과연 몇 명이나 있었을까? 필자가 보기에는 오히려 이런 문법 지식을 동원한 친구들의 경우, 오히려 5번을 답으로 고르지 못했을 가능성이 높다. 무슨 말이냐면 맏사위나 홑이불을 접두사가 붙어서 이뤄진 파생어로 파악했을 경우, 깍두기도 '깍'이라는 접두사와 '두기'라는 어근이 합쳐진 파생어로 볼 수도 있었다는 말이다.

'깍'을 접(두)사로 보는 것은 잘 모르겠지만, '두기'가 어떻게 어근이 되느냐는 문제 제기가 있을 수 있다. 필자가 싫어하는 말이 정색한다는 말이다. 어쩌다가 딸아이에게 "그런데 아빠, 왜 정색해?"라는 말을 들으면 하루 종일 기분이 안 좋을 정도다. 하지만 여기서는 한번 정색을 하고 독자에게 물어봐야겠다. '두기'가 정말 어근이나 단어가 아니라고 확신할 수 있나? 국어사전에 단어나 어근으로 나오면 어쩔 것인가?

사실, 나오진 않는다. 국가 기관(국립국어원)에서 나온 <표준국어대사전>를 보면 '깍두기'는 깍둑거리다('조금 단단한 물건을 대중없이 자꾸 썰다')라는 동사의 어간 '깍둑'과 접미사(접두사가 아니라) '이'가 합쳐져 '명사'로 된 파생어다. 사실 '깍둑거리다'라는 말도 매우 낯선 것이기는 하다. 이런 말이 있었나 싶을 정도다. 그런데 <표준국어사전>의 이런 내용은 <한글 맞춤법> 규정과는 또 다르다. 한글 맞춤법 제23항 [붙임]을 보면 "'-하다'나 '-거리다'가 붙을 수 없는 어근에 '-이'나 다른 모음으로 시작되는 접미사가 붙어서 명사가 된 것은, 그 원형을 밝혀 적지 않는다"는 규정이 있다. 그리고 그 예로 '깍두기'를 소개하고 있다.

쉽게 말하면 '깍둑'은 그 뒤에 '-하다', '-거리다'가 붙을 수 없는 어근인데, 그 어근에 접미사 '이'가 결합해 명사가 된 것이기 때문, 그 원형('깍둑'이)을 밝혀 적지 않고 그냥 '깍두'기로 적는다는 말이다. <표준국어대사전>에서는 '깍둑'을 '-거리다'가 붙을 수 있는 어근으로 보고 있는데, 정작 <한글 맞춤법>은 '깍둑'을 뒤에 '거리다'가 붙을 수 없는 어근으로 보고 있다는 말이다. 이야기가 너무 복잡한가? 어쨌든 문법 지식은 절대적인 것이 아니라는 점을 다시 한 번 떠올리는 정도로 하고 넘어가자.

만약 깍두기가 '깍둑(어근)'과 '이(접미사)'가 합쳐진 말이라는 걸 어떤 수험생이 미리 알고 있었고, 그래서 맏+사위는 '접두사(맏)', 깍둑+이는 '접미사(이)'니까 5번 답지('깍뚜기'가 아니라 '깍두기'로 적는 것은 ㉣의 '맏사위'를 표기할 때 적용된 규정을 따른 것이군)는 적절하지 않다고 판단했다면, 그 수험생은 '기립 박수'를 받아도 좋을 만큼 대단한 학생이다. 하지만 그렇다고 실제 시험장에서 또 다른 수험생이 '깍두기'를 '깍둑+이'가 아니라 '깍+두기'로 보고, '두기'를 단어나 어근일지도 모른다고 생각하는 것 또한 그렇게 비난받을 일은 아니다. 어쨌든 그래서 25%의 수험생들이 오답을 고른 것 아닌가? 이 문제를 맞힌 수험생들 중에 과연 몇 명이 '깍두기'를 '깍둑'이라는 어근과 '이'라는 접미사가 합쳐져 명사로 된 파생어라고 파악했을지는 독자들의 상상에 맡긴다.

여기서 어떤 친구들은 "깍두기는 ㉣가 아니라 ㉡에 해당하는 것 아니냐?, 그걸 체크하지 못한 것은 수험생 잘못 아니냐?"는 지적을 한다. 꼭 그렇지도 않다. 전체적으로 헷갈리는 상황에서 5번 답지에 주목한 수험생들은, 깍두기가 맏아들이나 홑이불과 같은 것인지 아닌지에만 신경을 썼지, 사고의 방향을 확 바꿔서, 그러니까 문제 풀이 과정을 처음으로 '리셋'해서 깍두기가 <보기>의 ㉡에 해당하는 사례라는 것을 다시 확인하기는 어려웠다. 어쨌든 여기서는 일정한 문법 지식, 그러니까 접사나 파생어에 대한 지식을 동원하면 오히려 5번 답지가 그럴 듯해 보일 수도 있었다는 점이 중요하다. 거꾸로 그런 문법 지식이 없었던 수험생들이 '깍두기'가 '맏사위'와 같은 것이라는 생각을 훨씬 '덜' 했다. '모르는 게 약'이었던 것이다. 독자들이 믿든 믿지 않든 말이다.

오히려 이 문제에서 결정적인 것은 '짭'과 '짤'이 비슷한 음절이라는 판단이었다. '음절'은 모음 앞뒤에 하나 이상의 자음이 결합한, 발음의 최소 단위인데, 이런 문법 지식을 미리 알고 있었다고 해서 이 문제를 맞힌다는 보장은 물론 없다. 시험장에서 그 순간 '짭'과 '짤'을 비슷한 음절로 보지 않았다면 그만이기 때문이다. "'짜'까지는 둘 다 똑같고 받침만 'ㅂ'과 'ㄹ'로 다른데, 비슷한 음절로 봐야 하는 것 아니냐"고 대드는 독자에게 들려주고 싶은 이야기가 두 가지 있다. 하나는 "님이라는 글자에 점 하나만 찍으면 남이 되는 장난 같은 인생사"라는 유행가 가사다. 또 하나는 수험생들에게도 익숙한 말, "'아' 다르고 '어' 다르다"이다. '득'도 점 하나가 붙으면 '독'이 된다. 미안하지만, 어디까지를 비슷한 음절로 볼 것인지에 관한 절대적인 기준은 없다. 상황이 이런데도 '짭'과 '짤'을 비슷한 음절이 아니라고 본 수험생을 다짜고짜 비난할 수 있을까? 물론 '짭'과 '짤'을 비슷한 음절로 본 수험생들이 더 많았지만, 그 둘을 비슷한 음절로 보지 않았다는 것이 그렇게 '죽을 죄'를 지은 것은 아니다.

여기서 더 중요한 것은 '짭'과 '짤'을 비슷한 음절로 보기 위해서는, '모호함에 대한 관용성'과 '모국어 화자의 언어 체험에 대한 신뢰'가 있어야 했다는 점이다. 이것들이 없다면 '짭'과 '짤'을 비슷한 음절로 선뜻 인정하기가 힘들 수도 있었기 때문이다. 그런데 감각형-심사숙고형-좌뇌형 수험생들의 '완벽함에 대한 집착'은 그런 관용성과 신뢰를 허용하지 않았다.

이 문제를 해결하는 데 과연 어떤 문법 지식이 동원될 수 있었는지 곰곰이 생각해 보기를 바란다. 우리 솔직해지자. 국어 시험을 잘 치르려면 솔직해져야 한다. '회칠한 무덤'이 되면 안 된다. 필자는 재학생을 포함해서 이 문제를 맞힌 아이들에게 이 문제를 어떻게 풀었느냐고 물어본 적이 있다. 독자들이 믿든 안 믿든 "3번과 5번이 헷갈렸는데, 어쨌든 '짭'과 '짤'이 비슷한 음절이라는 3번 답지가 5번보다 덜 이상하고 무슨 말인지 대충 이해가 됐기 때문에 5번을 적절하지 않은 것으로 골랐다"고 말하는 친구들이 대다수였다. 솔직히 말하면 이 문제를 맞힌 아이들 중에 ㉺의 접두사에 주목했다는 친구는 지금까지 한 명도 본 적이 없다.

그렇다면 접사에 대한 암기 학습을 철저히 하면 이 문제를 맞힌다는 보장이 있었을까? 실제 시험장에서는 별로 달라질 것도 없다. 다시 말하지만 정답을 선택한 75%의 수험생들은, 그저 3번 답지보다 5번 답지가 무슨 말인지 이해가 안 되고 더 이상했기 때문에 고른 것뿐이다. 그리고 3번보다 5번이 무슨 말인지 더 이해가 안 되고 더 이상했다는 판단은, 수험생들이 미리 암기했던 문법 지식 때문에 생긴 것이 아니다. 그럴 리가 없다. 그것은 모국어 화자의 내재적 문법에 비춰봤을 때, 뭔가 어색한 느낌이 들었기 때문에 가능한 판단이었다. 14%의 수험생들은 다만 두 답지 사이에서 헷갈리다가 '재수 없게' 오답지를 선택한 것뿐이다. 둘 사이에 무슨 지식의 차이, 실력의 차이가 있나? 없다. 다만 상대적으로 더 거슬리는 답지를 적절하지 않은 것으로 선택한 유연함의 차이, 그리고 모국어 화자의 내재적 문법에 대한 신뢰의 차이만 있었을 뿐이다. 당연히 그런 유연함(모호함에 대한 관용성)과 신뢰의 정도는 직관형-충동형-우뇌형 수험생들이 감각형-심사숙고형-좌뇌형 수험생들보다 높다.

2008학년도 수능에 나온 문법 문제를 하나 더 보자. 50%라는 낮은 정답률을 보인 문제다. 그해 수능 50문제 가운데 오답률 5위 안에 들었던 문제다. 게다가 각각 20% 정도의 선택률을 보인 오답이 2개나 있었다.

[문제] <보기>의 자료를 읽고 탐구한 것으로 적절하지 않은 것은?

<보 기>

【맞춤법 규정】
　제19항 어간에 '-이'나 '-음'이 붙어서 명사로 된 것과 '-이'나 '-히'가 붙어서 부사로 된 것은 그 어간의 원형을 밝혀 적는다. (예) 먹이, 믿음 등
　다만, 어간에 '-이'나 '-음'이 붙어서 명사로 바뀐 것이라도 그 어간의 뜻과 멀어진 것은 원형을 밝혀 적지 않는다. (예) 목거리(목이 아픈 병), 노름 등

[붙임] 어간에 '-이'나 '-음' 이외의 모음으로 시작된 접미사가 붙어서 다른 품사로 바뀐 것은 그 어간의 원형을 밝혀 적지 않는다. (예) 마중, 무덤 등

【맞춤법 규정 제19항 해설】
○ 널리 쓰이는 접미사가 어간에 붙어서 만들어진 단어는 어간의 원형을 밝혀 적는 것이 원칙이나, 그 어간의 뜻과 멀어진 단어는 밝혀 적지 않는다.
○ 널리 쓰이지 않는 접미사가 어간에 붙어서 만들어진 단어는 그 어간의 원형을 밝혀 적지 않는다.

① '먹이'를 '머기'로 적지 않는 것을 보니 '-이'가 널리 쓰이는 접미사겠군.

② '목거리'와 달리 '목걸이(장신구)'는 어간의 뜻과 멀어지지 않은 예로군.

③ '마중'을 '맞웅'으로 적지 않는 것을 보니 '-웅'이 널리 쓰이지 않는 접미사겠군.

④ 널리 쓰이는 접미사가 붙어 어간의 원형을 밝혀 적은 예로 '같이'를 추가할 수 있겠군.

⑤ 널리 쓰이는 접미사가 붙었지만 어간의 뜻과 멀어져 어간의 원형을 밝혀 적지 않은 예로 '마개'를 추가할 수 있겠군.

한번 보자. <보기>에서는 맞춤법 규정 19항과 그 해설을 보여주고 있다. 사실 이 문항은 <보기>를 통해 배경지식을 제공하지 않고는 아예 성립이 불가능한 문항이다. <보기>의 규정을 답지에 적용할 수 있는지를 묻고 있는 것이기 때문이다. 미리 암기한 문법 지식으로 풀 수 있는 문제가 처음부터 아니다. 어쨌든 <보기>에 나온 [붙임]을 보면 "어간에 '-이'나 '-음' 이외의 모음으로 시작된 접미사가 붙어서 다른 품사로 바뀐 것은 그 어간의 원형을 밝혀 적지 않는다"는 내용이 있다. 그러면서 든 예가 '마중'과 '무덤'이다. 여기서 '이'나 '음' 이외의 모음으로 시작된 접미사라는 말도, 사실은 그리 쉽게 이해되는 내용이 아니다. 그런 내용은 아마 <보기>를 보면서 감지되기보다는, 답지를 보면서 눈치 챌 가능성이 높다.

'마중'이 맞다의 어간 '맞'과 접미사 '웅'이 합쳐진 것이고, '무덤'이 묻다의 어간 '묻'과 접미사 '엄'이 합쳐진 것이라는 내용은, 3번 답지를 봐야 그나마 어렴풋이 파악되는 내용이기 때문이다. 물론 이때에도 여전히 '웅'과 '엄'을 접미사로 보는 것에 대해서는 약간의 심리적 거부감이 있을 수 있다. 이것저것 다 떠나서 너무 낯설기 때문이다. 그래서 그런지 3번을 적절하지 않은 답지로 선택한 수험생이 18%에 달했다. 더 큰 문제는 '웅'과 '엄'을 억지로 접미사로 봐준다 해도, 5번 답지의 '마개'가 원래 막다의 어간 '막'과 '애'가 결합한 것이라는 점, 그러니까 '애'가 접미사라는 점은 정말 인정하기 힘들었다는 데 있다. 당연한 일이다.

5번 답지를 다시 보자. "널리 쓰이는 접미사가 붙었지만 어간의 뜻과 멀어져 어간의 원형을 밝혀 적지 않은 예로 '마개'를 추가할 수 있겠군." 여기서 "어간의 뜻과 멀어져 어간의 원형을 밝혀 적지 않은 예로 '마개'를 추가할 수 있겠군"부터 먼저 보자. 이게 5번이 적절하지 않은 답지가 되는 첫 번째 이유다. 물론 '마개'의 '마'는 원래 어간(막다의 '막')의 뜻에 가깝다. 마개라는 것이 어쨌든 뭔가를 틀어 '막'는 것 아닌가? 원래 어간의 뜻(막다의 '막')과 멀어져 어간의 원형('막')을 밝혀 적지 않은 것은 아니라는 말이다. 뭔지는 모르겠지만 다른 이유 때문에 원형을 밝혀 적지 않았을 것이라는 생각이 들 수 있다. 하지만 '애'가 접미사라는 것도 파악이 안 되는데, '막'이 '마'의 원형이라는 것은 어떻게 알 수 있을까? 그게 그렇게 쉬운 일이었을까?

5번이 적절하지 않은 답지가 되는 두 번째 이유는 "널리 쓰이는 접미사가 붙었지만"이다. 마개는 '애'라는 널리 쓰이지 않는 접미사가 어간(막다의 '막')에 붙어서 만들어진 단어다. "널리 쓰이지 않는 접미사가 어간에 붙어서 만들어진 단어는 그 어간의 원형을 밝혀 적지 않는다"는 <보기>의 두 번째 해설에 따르면 당연히 어간의 원형(막다의 '막')을 밝혀 적지 않아도 된다. 쉽게 말하면 "원래 어간의 뜻과 멀어진 것은 아니지만, 널리 쓰이는 접미사가 붙은 것이 아니기 때문에, 어간의 원형을 밝혀 적지 않은 예가 바로 '마개'다."

그런데 여기에는 또 다른 문제가 있다. 무슨 말이냐면 마개를 막(어간)과 애(접사)의 결합으로 파악했다고 해서, '애'가 널리 쓰이는 접미사인지 널리 쓰이지 않는 접미사인지 판단하는 것은 또 다른 문제였기 때문이다. "나한테 익숙하지 않은 것일 뿐 '애'가 널리 쓰이는 접미사일지도 모른다"고 그 순간 생각한 수험생이 분명히 있을 수 있었다는 말이다. 충분히 그럴 수 있다.

4번 답지(널리 쓰이는 접미사가 붙어 어간의 원형을 밝혀 적은 예로 '같이'를 추가할 수 있겠군)를 선택한 수험생(19%)이 정답 다음으로 많았는데, 그 이유도 앞의 경우와 비슷하다. '같이'를 같다의 '같'과 접미사 '이'의 결합으로 보지 못했기 때문이다. 물론 <보기> 앞부분에

"어간에 '-이'나 '-음'이 붙어서 명사로 된 것과 '-이'나 '-히'가 붙어서 부사로 된 것은 그 어간의 원형을 밝혀 적는다. (예) 먹이, 믿음 등"이라는 내용을 보면, 접미사 '이'가 붙어서 '부사'가 될 수도 있다는 것을 확인할 수는 있다.

하지만 수험생들에게는 <보기>의 그런 내용보다는 접두사든 접미사든 접사가 붙어 만들어진 말은 대부분 '명사'라는 보편적인 언어 체험, 즉 '스키마'가 있었다. 그 결과 '같이'의 '이'를 접미사로 보는 것에 대한 심리적 저항감이 생겼다고 볼 수 있다. 그리고 결국 그런 저항감이 19%에 이르는 수험생들의 어리석은 손을 이끈 것이다. 어간에 '-이'가 붙어서 부사로 된 것에는 '같이', '굳이', '길이(명사 ×)', '높이(명사 ×)', '많이', '실없이', '좋이', '짓궂이' 등이 있다고 한다. 만약 출제자들이 <보기>에 제시된 예로 '먹이', '믿음' 외에 '많이'를 하나만 더 추가해 줬다면, 이 오답지에 대한 선택률은 크게 낮아졌을 것이다.

자, 한번 정리해 보자. 이 문제의 정답률이 낮고, 2개의 오답지가 각각 20%에 달하는 선택률을 기록한 이유는 결국 낯선 접미사(웅, 엄, 애)와 접미사의 낯선 용법(같이: 형용사의 부사화) 때문이다. 또 나에게는 낯설지만, 그것이 실제로 널리 쓰이는 접미사인지 아닌지 수험생의 입장에서 확신하기 어려웠다는 데도 그 이유가 있었다. 이 과정에서 접사에 관한 문법 지식은 아무런 역할을 하지 못하거나 오히려 문제 해결에 부정적인 영향을 미쳤다. 그렇다면 이 문제를 계기로 '웅', '엄', '애' 정도를 낯선(널리 쓰이지 않는) 접미사로 챙겨서 학습해 두면, 앞으로 '접미사가 붙은 말'에 관한 문법 문제는 '술술' 풀리게 될까? 아니다. 왜 그런지 지금부터 예를 들 것인데, 미리 말하지만 마음의 준비를 단단히 하길 바란다. 왜 마음의 준비를 하냐고? 그 이유는 잠시 후에 알게 된다. 먼저 명사 뒤에 '-이'나 '-음' 이외의 모음으로 시작된 접미사가 결합해 단어가 되는 경우부터 보자.

(골+앙) 고랑, (굴+엉) 구렁, (끝+으러기) 끄트러기, (목+아지) 모가지, (속+아지) 소가지, (솥+앵) 소댕, (올+아기) 오라기, (털+억) 터럭.

여기에서 앙, 엉, 으러기, 아지, 앵, 아기, 억이 모두 접미사다. 정말 '앵?', '억!' 소리가 날 정도로 낯설다. 마개의 '애'는 여기에 비하면 '양반'이다.

이번에는 어간에 '-이, -음' 외의 모음으로 시작된 접미사가 붙어서 다른 품사로 바뀐 예를 들어 보자. 예가 너무 많아서 여기서는 '명사'로 바뀐 것만 소개한다.

(꾸짖+웅) 꾸중, (남+어지) 나머지, (눋+웅지) 누룽지, (늙+으막) 늘그막, (돌+앙) 도랑, (돌+으래) 도르래, (동글+아미) 동그라미, (붉+엉이) 불겅이, (뻗+으렁) 뻐드렁(니), (옭+아미) 올가미, (짚+앙이) 지팡이, ((코)뚫+에) (코)뚜레.

여기서도 웅, 어지, 웅지, 으막, 앙, 으래, 아미, 엉이, 으렁, 앙이, 에가 '이'나 '음' 이외의 모음으로 시작하는 접미사들이다. 앞에서 '앵'이나 '억'을 통해 약간의 '내성'이 생긴 독자들도, '웅지', '으래', '으렁' 같은 접미사에서는 자칫 '접미사 트라우마'로 이어질 수 있는 정신적 충격을 받게 될 가능성이 높다.

만약 앞으로 있을 수능 국어 영역 문법 문제에, 널리 쓰이지 않는 접미사로 '앵'이나 '으렁' 같은 것이 나온다면 어떨 것 같은가? 이 책을 읽지 않은 상태에서 수능을 치렀는데, 만약 문법 문제의 답지 중에 "널리 쓰이는 접미사가 붙었지만 어간의 뜻과 멀어져 어간의 원형을 밝혀 적지 않은 예로 '뻐드렁(니)'를 추가할 수 있겠군"이라는 답지가 있다면, 독자들은 어떨 것 같은가? 적절하다거나 적절하지 않다고 금방 판단할 자신이 정말 있나? 한글맞춤법 가운데 '접미사가 붙은 말'이라는 한 부분, 그리고 그 한 부분의 극히 일부분이 이 정도다. 자, 한번 물어보자. 도대체 암기로 문법을 정복하겠다는 발상은 어떤 자신감에서 나온 것인가?

혹시 이떤 독자들은 "너무 극단적인 사례를 드는 것 아니냐"는 불만을 표시할 수 있다. 아니다. 더 극단적인 사례도 많다. 이 문항은 그나마 '덜' 극단적이어서 50% 정도의 정답률을 기록한 것이다. 이쯤에서 두 가지를 생각해 봐야 할 것 같다. 첫째는 세밀한 문법 지식을 암기하는 것이 정말 가능한 것이며, 또 그게 가능하다 해도 실제 문제 해결 과정에서 어떤 역할을 하느냐이다. 결론은 불가능하며 실제 시험장에서는 아무 역할도 하지 않거나 오히려 부정적인 역할을 할 수도 있다는 것이다. 둘째는 그렇다면 이 문제를 맞힌 50%의 수험생은 어떻게 정답을 선택했느냐이다. 찍어서 이 문제를 맞힌 친구들을 제외한 나머지 30% 정도의 수험생들은, 아마 5번 답지의 "어간의 뜻과 멀어져 어간의 원형을 밝혀 적지 않은 예"라는 대목으로, 찜찜하지만 5번을 정답으로 확정했을 가능성이 매우 높다. 실제로 시험 후에 이 문제를 맞힌 제자들에게 물어봐도 대부분 비슷한 답변을 한 기억이 있다. 문제를 풀면서 '마개'가 막다의 '막'과 접미사 '애'가 결합한 것이라는 데까지 생각이 미쳤던 친구는, 미안하지만 지금까지 한 명도 본 적이 없다.

우리에게는 국어 시험 치르는 모습을 상당히 '이상적'으로 묘사하는 '이상한' 경향이 있다. 하지만 실제 국어 시험장에서 벌어지는 모습은 이런 이상적인 모습과는 전혀 다르다. 솔직히 말하면 지금 이 글을 읽고 있는 독자들도 매번 국어 시험이 끝난 후 뼈저리게 느끼는 사실 아닌가? 암기한 문법 지식만으로 푼 문법 문제가 한 문항이라도 있었나? 아니 문법 문제 풀 때 암기한 문법 지식을 사용해야겠다는 생각을 해본 적이 한 번이라도 있었나? 미안하지만 없었다. 그건 15년 동안 국어를 가르쳐 온 필자도 마찬가지다. 그게 국어의 '맨살'이고 '민낯'이다. 불편하지만 받아들여야 하는 '진실'이다.

여기서 어떤 독자들은 "좋다, 그 정도 판단으로 답을 골라서 문제를 맞혔고, 그 정도가 수험생이 시험장에서 현실적으로 도달할 수 있는 최고 수준이라는 것은 인정하겠다. 하지만 그렇게 하기 위해서는 답지에 사용된 어휘 그러니까 '어간'이나 '어간의 원형', '접미사' 정도는 미리 알고 있어야 하는 것 아니냐"는 문제 제기를 한다. 맞다. 문법 공부는 그 정도로 하면 충분하다.

물론 '어간'이나 '어간의 원형', 접미사 등은 따로 암기 학습을 하지 않았어도, <보기>나 답지의 문맥 안에서 거의 정확한 의미가 추론되는 단어들이다. 하지만 그 정도 개념을 미리 알고 있는 것은 나쁘지 않다. 수험생은 그 정도의 문법 지식만 갖추면 된다. 나머지는 전적으로 시험지에서 <보기>를 통해 제공되는 배경지식을 잘 활용하는 능력, 그리고 시험장에서 작동하는 모국어 화자의 내재화된 문법에 순응하는 능력에 달린 것이다. 수험생들을 대상으로 문법을 15년 넘게 가르친 사람이 하는 말이다. 믿어라.

제 4 부

·
·
·

'시'를 위한 '감상법'은 없다

시인도 모르는
화자의 정서와 상황

　많은 수험생들이 시를 어려워한다. 이유는 다른 데 있는 것이 아니다. 시에 사용된 언어는 '내포'되거나 '함축'된 경우가 많기 때문이다. 다른 말로 "정보성이 높다"는 것인데, 여기서 내포되거나 함축된 정보는 '생략'된 정보라고도 할 수 있다. 어떤 경우에는 아예 문장 성분이 통째로 생략되는 비정상적인 언어 용법(시적 허용)을 보이기도 한다. 이때 수험생이 시의 내용을 이해하기 위해서는 생략된 정보를 복원하거나 비정상적인 언어를 정상적인 언어로 바꿔야 한다. 왜냐하면 그 과정을 통해야만 충분하지는 않더라도 시간적 순서나 인과적 관계가 파악되기 때문이다. 수험생을 포함한 모든 인간은 '시간적 순서'나 '인과적 관계'가 파악되지 않으면, 그것이 어떤 글이든 그 내용을 이해하는 데 큰 어려움을 겪게 된다.

　보통 강의나 교재에서 이뤄지는 시 학습은, 시에 대한 해석에는 모범 답안이 있다는 전제 아래, 그 내용을 일방적으로 암기하는 식이다. 그리고 이런 교재나 강의가 아직도 시 학습의 대부분을 차지하고 있다. 하지만 최근에 일부 강의나 교재는 "화자의 정서나 상황을 떠올리면서

감상하라"는 방법론을 제시하는데, 그 결론은 모범 답안과 다를 게 없
다. 무슨 말이냐면, 하나는 모범 답안을 처음부터 제시하는 것이고, 다
른 하나는 "화자의 정서와 상황을 파악하라"는 '지당하신 말씀'을 중간
에 하나 끼워놓고, 그렇게 하면 결국 이렇게 해석된다며, 또다시 모범
답안을 수험생 앞에 들이미는 꼴이다.

　화자의 정서나 상황을 파악하라는 조언부터 보자. 이때 수험생들은
"좋다. 화자의 정서나 화자가 처한 상황을 파악하는 것이 중요하다는
것은 알겠다. 그렇다면 화자의 정서나 처한 상황을 어떻게 파악하라는
것이냐"는 질문을 던지게 된다. 당연한 일이다. 그런데 이때 하는 조언
도 하나같이 똑같다. 그냥 "시를 마음으로 느끼면서 화자의 입장이 돼
서 그가 처한 상황과 그의 정서를 떠올려 보라"는 것이다. 아니, 세상
에 하나마나한 소리도 유분수지, 이런 허무한 '동어반복'이 어디 있나?
솔직히 말하면 그 정도로 파악될 내용의 시라면, 화자가 처한 상황이나
화자의 정서를 의식하면서 꼼꼼히 읽는 것 자체가 '난센스'다. 그 시는
그냥 편하게 읽으면 그만인 시다. '진짜' 어려움은 무슨 말을 하는지
헷갈리는 시가 나올 때 생긴다.

　이때는 "시적 화자의 정서나 상황을 떠올리라"는 하나마나한 이야기
보다는 차라리 이렇게 조언하는 게 낫다. '시적 화자는 누구인가', '그
가 바라보고 있는 대상은 무엇인가', '대상이 둘 이상이라면 그 대상을
바라보는 태도는 같은가 다른가', '그는 어떤 행위를 하는가', '그 결과
가 나타나 있는가', '그 결과가 미치는 대상이 나타나 있는가', '있다면
누구(무엇)인가', '구체적으로 언급할 수 있는 사건이 있는가', '화자는
자신이 어떤 상황에 처해 있다고 생각하는가(화자가 처한 객관적 상황
과 화자가 받아들이는 주관적 상황은 일치하지 않을 수 있다)', '화자는
무엇을 바라는가', '시간은 하루 중 언제인가', '계절은 언제인가', '시

간은 멈춰 있는가 흘러가는가', '화자는 지금 어느 곳에 있는가', '상상 속의 공간인가', '현실적인 공간인가' 등등의 물음을 던져 보라는 것이다. 그리고 그 물음에 대한 답을 통해 생략된 부분을 복원해 보라는 말이다. 하지만 수험생이 시험장에서 이런 작업을 하기는 현실적으로 어렵다. 당연하다.

어떤 교재나 강의는 여기에다 한술을 더 뜬다. "화자의 정서와 상황을 파악하는 것도 부족하니, 시를 읽으면서 시에 사용된 표현법이나 시상 전개 방식까지 같이 챙겨야 한다"고 겁을 주기까지 한다. 아니, 시가 무슨 내용인지도 파악하기가 힘든데 그것도 모자라서 또 무슨 표현법이나 시상 전개 방식까지 함께 챙기라는 말인지, 정말 '너무한다'는 생각이 든다. 가끔 교재나 강의를 보면 마치 끝이 두 갈래로 갈라진 막대기를 마구 휘두르는 것 같은 느낌을 받을 때가 많다. 어떤 때는 수험생을 코흘리개 아이만도 못하게 보다가, 어떤 때는 갑자기 문학 박사 학위를 서너 개 정도 가지고 있는 전문가로 본다는 것이다. 뭐가 됐든 그들이 휘두르는 막대기를 수험생들은 피해 갈 수가 없다. 어떻게든 얻어맞는다. 그러고 나서 수험생들은 "다 내가 못난 탓"이라며 자학을 하게 된다. 정말 불쌍하다.

표현법을 파악하라는 말도 사실은 하나마나한 조언이다. 왜냐하면 표현법이란 것도 '수미 상관'이나 '시적 허용', '역설' 정도는 그나마 눈에 띄지만, '비유'나 '상징'만 해도 약간 애매해지면 이게 비유인지 상징인지 파악하기가 어렵기 때문이다. 정말 그렇다. 대조도 색채의 대조 정도가 아니면 판단하기가 그렇게 쉬운 게 아니다. 만약 대조가 시어의 함축적 의미로까지 확장되면, 이게 대조인지 대조가 아닌지 진짜 판단하기가 어렵다. 필자가 대단한 사람은 아니지만, 필자조차도 헷갈린다. 그리고 그게 실제 시험장에서의 모습이다.

　그래서 나온 것이 ‘문학 개념어’인데, 앞서 말했듯이 정확히 말하면 그건 문학 개념어라기보다는 답지에 사용된 어휘들의 용법이다. 시를 대충 읽어도 답지 어휘 쪽에 대한 판단이 정밀해지면 문제 해결에 도움이 된다는 발상인데, 효과는 의외로 작다. 수험생들은 답지 어휘를 몰라서 틀리는 경우가 많을 것이라고 막연하게 생각하지만, 실상은 그렇지 않다. 답지 어휘를 몰라서가 아니라, 그 어휘가 사용되는 방식이 우리가 알고 있는 익숙함과 크게 어긋날 때 정답률은 폭락한다. 이건 뒤에서 정답의 표지성, 그리고 수능 문제가 해결되는 실제 모습을 소개하면서 구체적으로 이야기할 것이다.

　수능 국어 영역에는 ‘전설’처럼 내려오는 이야기가 하나 있다. 2002학년도 수능에 신경림의 <가난한 사랑 노래>가 제시문으로 실린 적이 있다. 신경림은 그 후 자신의 시가 수능 모의 평가에 두 차례(목계장터, 농무)나 실릴 정도로 출제자들의 사랑을 받는 시인이다. 하여튼 시인에게 자신의 시를 가지고 출제된 문제를 풀어보게 했더니, 모두 열 문제 중 일곱 문제를 틀렸다고 한다. ‘100점 만점에 30점’이다. 물론 다른 시인의 작품도 섞여 있기는 했지만 가히 ‘충격적’이다. 문제의 2002학년도 수능 현대시 세트에는 신경림의 <가난한 사랑 노래>와 이용악의 <그리움>, 박재삼의 <추억에서>, 이렇게 세 편의 시가 실렸다. 시인은 시 세 편의 공통점을 묻는 문제도 보기 좋게 틀렸는데, 결국 정답지(“사랑하는 대상을 향한 그리움과 안타까움이 드러나 있다”)를 보고 나서야, 자기 시가 ‘사랑하는 대상을 향한 그리움과 안타까움을 표현한 시’라는 것을 ‘뒤늦게’ 알게 됐다는 것이다.

　재미있는 일화는 또 있다. 2010학년도 6월 모의 평가에 <대설주의보>가 실린 적이 있는 최승호 시인은, 해당 현대시 세트에 나온 다섯 문제 중 네 문제를 틀렸다고 한다. ‘100점 만점에 20점’이다. ‘시인들의 굴욕'이 아닐 수 없다. 그렇다면 그 시를 직접 쓴 시인도 틀리는 문제들을 맞힌 그 당시 수험생들은 도대체 어떤 사람들인가? 수험생 '주제'에 시인보다 뛰어난 시적 능력을 지녔던 것은 아닐까? 사실 여기에는 어떤 '비밀'이 숨겨져 있다. 그건 조금 있다가 이야기하도록 하고, 말 나온 김에 신경림 시인이 틀린 '굴욕적'인 문제를 한번 보자.

(가)

가난한 사랑 노래
  - 이웃의 한 젊은이를 위하여

신경림

가난하다고 해서 외로움을 모르겠는가,
너와 헤어져 돌아오는
눈 쌓인 골목길에 새파랗게 달빛이 쏟아지는데.
가난하다고 해서 두려움이 없겠는가,
두 점을 치는 소리,
방범대원의 호각 소리, 메밀묵 사려 소리에
눈을 뜨면 멀리 육중한 기계 굴러가는 소리.
가난하다고 해서 그리움을 버렸겠는가,
어머님 보고 싶소 수없이 뇌어 보지만,
집 뒤 감나무에 까치밥으로 하나 남았을
새빨간 감 바람소리도 그려 보지만.
가난하다고 해서 사랑을 모르겠는가,
내 볼에 와 닿던 네 입술의 뜨거움,
사랑한다고 사랑한다고 속삭이던 네 숨결,
돌아서는 내 등 뒤에 터지던 네 울음.
가난하다고 해서 왜 모르겠는가,
가난하기 때문에 이것들을
이 모든 것들을 버려야 한다는 것을.

(나)

추억에서

박재삼

진주 장터 생어물전에는
바다 밑이 깔리는 해 다 진 어스름을,

울 엄매의 장사 끝에 남은 고기 몇 마리의
빛 발(發)하는 눈깔들이 속절없이
은전(銀錢)만큼 손 안 닿는 한(恨)이던가.
울 엄매야 울 엄매.

별밭은 또 그리 멀리
우리 오누이의 머리 맞댄 골방 안 되어
손 시리게 떨던가 손 시리게 떨던가,

진주 남강 맑다 해도
오명 가명
신새벽이나 밤빛에 보는 것을,
울 엄매의 마음은 어떠했을꼬.
달빛 받은 옹기전의 옹기들같이
말없이 글썽이고 반짝이던 것인가.

(다)

그리움

이용악

눈이 오는가 북쪽엔
함박눈 쏟아져 내리는가

험한 벼랑을 굽이굽이 돌아간
백무선* 철길 위에
느릿느릿 밤새워 달리는
화물차의 검은 지붕에

연달린 산과 산 사이
너를 남기고 온
작은 마을에도 복된 눈 내리는가

잉크병 얼어드는 이러한 밤에
어쩌자고 잠을 깨어
그리운 곳 차마 그리운 곳

눈이 오는가 북쪽엔
함박눈 쏟아져 내리는가

* 백무선: 함경북도 백암에서 두만강의 삼림 지대를 가로질러 무산을 잇는 철도

[문제] (가)~(다)의 공통점으로 알맞은 것은?

① 사랑하는 대상을 향한 그리움과 안타까움이 드러나 있다.
② 화자는 자신의 현재 상황을 회의적으로 바라보고 있다.
③ 부정적인 현실에 대한 비판적 태도를 보여 주고 있다.
④ 화자 자신의 과거를 반성적으로 되돌아보고 있다.
⑤ 자연 친화적인 삶의 태도가 나타나 있다.

그해 시험에서 이 문항의 정답률은 90% 정도였다. 수험생 열 명 중
에 아홉 명이 맞힌 문제인데, 정작 그 시를 직접 쓴 시인은 보기 좋게
오답을 골랐다. (시인이 몇 번 오답지를 선택했는지는 알려져 있지 않
다. 독자들이 한번 짐작해 보기를 바란다.)

우리 한번 솔직해져 보자. 사실 신경림의 시 정도만 돼도 '봐줄 만'
하다. 대충 무슨 말을 하는지는 알 수 있기 때문이다. 그렇다면 김춘수
의 <꽃을 위한 서시>를 한번 보자.

나는 시방 위험(危險)한 짐승이다.
나의 손이 닿으면 너는

미지(未知)의 까마득한 어둠이 된다.
존재의 흔들리는 가지 끝에서
너는 이름도 없이 피었다 진다.
눈시울에 젖어드는 이 무명(無名)의 어둠에
추억(追憶)의 한 접시 불을 밝히고
나는 한밤 내 운다.
나의 울음은 차츰 아닌 밤 돌개바람이 되어
탑(塔)을 흔들다가
돌에까지 스미면 금(金)이 될 것이다.
…… 얼굴을 가리운 나의 신부(新婦)여.

김춘수의 이 시는 수험생들이 국어 공부하면서 이렇게 저렇게 자주 접하게 되는 작품이다. 그래서 많은 수험생들은 교재에 나와 있는 해설('존재의 본질을 인식하려는 염원과 노력')에 공감은 하지는 못한다 하더라도(당연하다. '존재의 본질을 인식하려는 염원과 노력'이 도대체 무슨 말인가?), 그냥 그런 의미가 있는가 보다 한다. 하지만 그 정도의 익숙함도 없는 상태에서, 만약 이 시를 시험장에서 처음 만났다면 그때 수험생들의 기분은 어땠을까?

국문과 대학생과 수험생의
감상 수준은
똑같다

독자들에게 한번 물어보자. 시가 복잡하다든가 너무 낯설어서 도대체 무슨 말을 하고 있는 건지 알 수가 없을 때, 수험생이 가장 먼저 하는 일이 뭐라고 생각하나? 아니, 그렇게 하려고 한다기보다는 자연스럽게 그렇게 되는 것은 뭐라고 생각하나? 독자들 스스로 시험 치를 때마다 하는 일이라 잘 알 것 같은데, 막상 말해 보라고 하면 대답을 하지 못한다. 자, 그렇다면 필자가 질문을 던져 보겠다. "시인의 창작 의도를 떠올리면서 화자가 처한 상황과 정서를 찾으려고 애쓰는 것인가?" 그러면서 "동시에 다양한 표현법과 시상 전개 방식, 시어의 함축적 의미, 운율 등을 체크하는 것인가?" 그렇다면 앞에서 소개한 김춘수의 <꽃을 위한 서시>를 놓고 정말 그렇게 할 수 있나? 아니다. 누구도 그렇게 하지 않는다. 여러분에게 그렇게 하라고 강요하는 교재의 저자나 강의의 강사들도 절대 그렇게 하지 않는다. 아니 못한다. 그리고 미안한 말이지만 그렇게 하면 그나마 이해될 시도 이해가 안 된다.

낯선 시를 접했을 때 수험생들이 실제 시험장에서 보이는 감상 태도는 사실 거의 똑같다. 설사 그 수험생이 특별히 매우 많은 시를 학습했다 해도 상황은 별반 다르지 않다. "나는 다르다"고 생각한다면 그건 엄청난 '자기기만'이다. 15년 이상 아이들과 속 깊은 이야기를 나눈 필자가 내린 결론이다.

먼저 수험생은 시의 내용을 보면서 자신이 겪은 비슷한 경험을 떠올린다. 그게 맨 먼저 하는 일이다. 그리고 이런저런 배경지식이나 관련 지식, 또는 상식을 동원한다. 그 과정에서 자신이 이미 읽은 작품 가운데 분위기가 비슷한 작품을 떠올려 보기도 한다. 더 이상은 없다. 이게 시험장에서의 시를 감상하는 '진짜' 모습이다. 어떤가? 너무 똑같아서 오히려 거부감이 드는 독자들도 있을 것 같다. 하지만 이건 수험생들을 과소평가해서 하는 말이 결코 아니다. 국어국문학을 전공하는 대학생들도 생소한 시를 접할 때는 이것과 완전히 똑같은 방식으로 시를 이해하려고 시도한다.

이게 무슨 말인지 이해가 되나? 수험생을 포함한 모든 감상자(국어국문학과 대학생들까지 포함된)는 가장 먼저 자신이 이미 가지고 있는 '스키마'에 시의 내용을 비춰본다는 말이다. 다른 말로 수험생들을 포함한 모든 감상자들은 시를 자신에게 친숙한 형태로 바꾸려고 시도하는 것이다. 여기서 독자들이 어떤 문제 제기를 할지 필자는 이미 알고 있다. "그렇게 하면 시를 있는 그대로 읽지 못한다"는 비판이다. 솔직하지 못한 이야기다. 이렇게라도 하지 않으면 그 짧은 시간에 낯선 시에 대해 그나마 '감'이라도 잡고 간다는 것은 아예 불가능하다. 이게 시험장에서의 실제로 벌어지는 '진짜 모습'이다.

물론 낯선 시에 대해 일정한 정보를 제공하는 <보기>가 문항에 등장할 경우, 무조건 그 <보기>를 먼저 봐야 한다. 여러분이 낯선 시를 하루 종일, 말 그대로 하루 종일 붙들고 앉아 분석해도 파악하지 못할 엄청난 배경지식이 바로 거기에 있기 때문이다. 그런 것이 아니라면,

대부분의 수험생은 앞에서 말한 방식의 감상을 하게 된다. 아니 그것 말고는 하고 싶다고 해도 달리 할 것이 없다.

이때 대부분의 수험생들은 시에 나타난 '서술적' 단서에 주목하게 된다. 그렇게라도 해서 서술성을 확보해야, 충분하지는 않더라도 '시간적 계기성'이나 '인과적 질서'가 파악되기 때문이다. 일부러 그렇게 하려고 해서 그렇게 되는 것이 아니라, 그냥 '자동적'으로 그렇게 된다는 말이다. 서술성(내러티브, 혹은 스토리텔링)은 인간이 언어로 된 자료를 가장 쉽게 이해할 수 있도록 도와주는 '인식의 틀'이기 때문이다. 실제 시험을 치르면서 '함축적 표현'이라는 시의 장르적 특성을 고려하는 수험생은 없다. 오히려 시의 장르적 특성에 얽매이게 되면, 발견된 서술적 단서를 무시하거나 왜곡하는 잘못을 범하게 된다.

자, 이쯤에서 "서술성, 서술성 하는데 도대체 서술성을 어떻게 확보하라는 말이냐"는 질문이 나올 것 같다. 별것 아니다. 수험생이 시험장에서 서술성을 확보하는 방법은, 시에서 감정이 드러난 표현, 그러니까 형용사(슬프다)나 동사(달린다), 그리고 형용사나 동사의 관형형(슬픈, 달리는)에 주목하는 것뿐이다. 바로 그 부분이 그나마 챙길 수 있는 유일한 서술적 단서다. 그리고 '명사' 형태의 시어는 원래의 의미보다는 문맥, 그러니까 감정 표현이 담긴 동사나 형용사, 그리고 이들의 관형형의 맥락 안에서 그 의미를 파악하는 정도다. 그리고 그렇게 확보된 서술적 단서와 수험생의 스키마를 연결시켜, 시에서 생략된 부분이나 확정되지 않은 부분들을 그저 나름대로 추측해 보는 것이다.

이것이 수험생이 시험장에서 현실적으로 도달할 수 있는 최고 수준의 감상이다. 사실 이게 전부이자 끝이다. 다른 건 하고 싶어도 할 수 없다. 여기서 더 나아가 뭔가 억지로 시를 분석하려고 시도하면 생각지도 못한 큰 어려움을 만나게 된다. 여기서 "시를 감상할 때 정말 그 이상은 할 수 없는 것이냐?”는 질문이 나올 것 같다. 물론 뭔가를 더 할 수는 있다. 하지만 그건 실제 시험장에서 할 수 있는 것이 아니다. 시험이 끝난 다음에야 가능하다. 그리고 그건 대부분 정답을 미리 본 사람의 특권으로, 자습서의 해설까지 참고해서 끼워 맞춘 구차한 설명일 뿐이다.

“화자의 상황이나 화자의 처지를 떠올리라”는 말의 진짜 의미는 사실 이런 것이다. 서술적 단서와 수험생의 스키마를 연결시켜, 시에서 생략된 부분이나 확정되지 않은 부분들을 그저 나름대로 추측해 보라는 말이다. 그러나 보통 우리는 화자의 상황이나 정서를 떠올리라는 말의 의미를, 시인이 어떤 메시지를 전달하고자 하는지 파악하는 것으로 알고 있다. 하지만 시 자체에는 어떤 의미도 ‘선험적’으로 존재하지 않는다. 무슨 말이냐면, 시인의 의도는 그것이 명확하게 알려져 있지 않은 이상, 아니 설사 명확하게 알려져 있다 하더라도 중요한 것이 아니라는 말이다. 시의 해석은 전적으로 수험생의 주관성이 개입돼서 이뤄지는 것이다. 시에 의미가 부여된다는 것은 감상자가 살아오면서 익힌 일종의 의미 체계(스키마)가 개입된다는 말이기 때문이다.

수험생이 시를 감상한다는 것은, 시에서 서술적인 단서를 찾아 그 내용을 자신의 ‘십수 년 인생사’와 ‘보편적인 언어 체험’에 비춰보는 것일 뿐이다. 하지만 많은 수험생들은 화자의 정서와 그가 처한 상황을 떠올려 보라는 말을 이런 식으로 이해하지 않는다. 그 시에는 이미 어떤 메시지가 선험적으로 존재하기 때문에 그걸 찾으라는 말로 이해한다는 것이다. 그래서 자기에게 익숙한 방식으로 시를 이해하는 것을 무슨 죄 짓는 것으로 아는 수험생들이 많다. 하지만 앞에서 신경림 시인의 예를 든 것에서 알 수 있듯이, 시를 직접 쓴 시인도 모르는 ‘화자의 정서와 상황’을 수험생들이 도대체 어떻게 찾는다는 말인가?

　그렇다면 화자의 정서와 그가 처한 상황을 떠올려 본다는 말의 진짜 의미는, 결국 시에 등장하는 서술적 단서와 수험생의 스키마를 결합시킨다는 말이다. 하지만 줄곧 이야기하고 있지만, 수험생들의 스키마는 '대동소이'하다. 모국어 화자로서의 언어 체험과 십수 년 인생사는 상당히 '보편적인' 성격을 가지고 있기 때문이다. 그것은 '저주'일 수도 있지만 '축복'일 수도 있다. 저주라는 것은 객관적으로 볼 때 그 수준이 높지 않다는 것이다. 축복이라는 것은 수능 국어 영역을 치를 때 대부분의 수험생들은 특별한 변수가 개입되지만 않는다면, 결국 비슷한 감상을 할 가능성이 높다는 말이다. 여기서 특별한 변수가 뭔지 짐작했나? 맞다. 시를 읽을 때 별별 해괴한 기술이나 스킬, 감상법을 적용하려 하고, 심지어 시인도 모르는 시인의 창작 의도까지 파악하려고 애쓰는 것이다. 그럴 경우 자칫 그렇게 한 친구만 그 문제를 틀릴 수 있다. 정말이다.

신경림 시인의 '굴욕'

이제 결론을 말할 때가 됐다. 수험생 대부분이 시를 이해하는 정도는 거의 비슷하다. 달리 어떤 감상법을 적용한다고 해서 그 이해의 수준이 달라지는 것도 아니다. '학습한 감상법'은 이미 '습득된 감상법'을 바꾸지 못한다. 그리고 학습한 감상법을 억지로 적용하려고 애쓰면 상황은 오히려 악화된다. 처음에는 생각지도 못한 큰 어려움을 겪을 가능성만 높아진다.

이쯤에서 앞에서 언급한 '시인의 굴욕', 그러니까 신경림 시인의 굴욕에 담긴 '비밀'에 대해서 이야기해 보자. 수험생의 90% 이상이 맞힌 문제를 정작 그 작품을 쓴 시인이 틀린 황당한 상황이 도대체 무엇을 의미하는지 깊이 생각해 볼 필요가 있다. 왜일까?

그 이유는 다른 데 있는 것이 아니다. 시인이 가진 스키마와 수험생들이 가진 스키마가 달랐기 때문이다. "수능 국어 영역에서는 수준이 더 높고 더 전문적인 스키마가, 오히려 수준이 더 낮고 보편적인 스키마보다 문제 해결을 어렵게 만든다"는 매우 역설적인 결론을 내릴 수밖에 없는 이유가 바로 여기에 있다.

최승호 시인의 예도 떠올려 보자. 그는 자기가 쓴 시가 포함된 현대시 세트 5문항 중 4문항을 틀렸다. 신경림과 최승호는 '훌륭한 시인'이지만 '유능한 수험생'은 아니었다. 그 이유는 수험생들이 소유한 '수준은 낮지만 보편적인 스키마'와 시인이 소유한 '수준은 높지만 개별적인 스키마'가 서로 달랐기 때문이다.

여기서 한 가지 덧붙일 이야기가 있다. 수능이나 6, 9월 모의 평가는 시험이 끝난 후 응시자들을 대상으로 '이의 신청'이라는 것을 받는다. 그리고 교육과정평가원은 이런 '이의'를 검토한 다음, 심사결과 답변서를 내 놓는다. 이때 이의를 신청하는 사람들은, 보통은 평가원이 정답이라고 한 답지에 대해서 문제 제기를 하지는 않는다. 간혹 그런 경우도 있기는 하지만, 그보다는 다른 것도 정답이 될 수 있다는 '이의'가 많다. 그리고 그런 이의는 비문학보다는 문학, 특히 '시' 쪽에 많다. 당연한 일이다.

그런데 평가원 답변서에 자주 등장하는 표현이 하나 있다. 물론 비문학 문제에도 가끔 등장하지만, 주로 문학 특히 '시' 문항에 많이 등장하는 표현이다. 바로 "널리 공감을 얻기 어렵다"는 말이다. 구체적으로 말하면 이런 식이다. "당신의 그러한 해석이나 추론은 충분히 가능한 것이지만, 널리 수험생들의 공감을 얻기는 어렵습니다." "당신의 그러한 해석과 추론의 건전성은 충분히 인정되지만, 널리 수험생들의 공감을 얻기는 어렵습니다."

"해석과 추론의 가능성은 알겠는데, 건전성은 또 뭐냐?"고 질문할 독자들이 있을 것 같다. 그것은 그렇게 해석하는 것이 가능할 뿐만 아니라 교육적으로도 문제가 없다는 말이다. 말하자면 배운 대로 잘했다는 것이다. 문제는 그런데도 정답이 아니라는 데 있다. '널리 공감을 얻기 어렵기 때문'에 말이다.

"'널리 공감을 얻는다'는 말, 언뜻 들으면 무슨 의미인지 알겠는데 가만히 생각해보면 굉장히 애매한 말인 것 같다"고 생각하는 독자들이 많을 듯싶다. 맞다. 처음에는 쉬운 말 같지만, 곰곰이 생각하면 할수록 점점 더 모호해지는 말이다. 여기서 '공감'이라는 것은 남의 감정이나 의견, 주장에 대해 자기도 그렇다고 느끼는 것이다. '널리'는 그 적용 범위가 넓다는 것이다.

여기서 문제는 도대체 어떨 때 널리 공감을 얻을 수 있느냐는 것이다. 그리고 더 중요한 것은 그런 공감을 널리 얻어야 하는 대상이 바로 고3 정도 되는 수험생들이라는 점이다. 쉽게 말해서 공감을 널리 얻어야 할 대상에 '시인들'은 포함되지 않는다는 말이다. 그들(시인)의 판단은 수험생들보다 더 정확할 수 있고 더 전문적일 수 있지만, 거꾸로 그래서 보편적이지 않다. 그들(시인)의 감상 내용은 '널리(보편적으로)' 60만 명 정도 되는 수험생들의 공감을 얻기는 매우 힘들다는 말이다. 당연히 그럴 수밖에 없다. "수능 국어 영역에서는 수준이 더 높고 더 전문적인 스키마가, 오히려 수준이 더 낮고 보편적인 스키마보다 문제 해결을 어렵게 만든다"는 매우 역설적인 결론을 내릴 수밖에 없는 이유가 바로 여기에 있다.

여기서 독자들은 "그럼 그냥 나에게 익숙한 방식으로 편하게 시를 읽으라는 것이냐? 그리고 그때 파악되는 시의 의미는 대다수 수험생들 간에 별 차이가 없다는 것이냐? 좋다. 그런데 그렇다면 어떤 친구는 맞히는 문제를 어떤 친구는 틀리는 현상을 어떻게 설명할 수 있느냐?"는 질문을 던질 수 있다. 맞다. 시에 대한 감상 능력에서 수험생들은 별 차이를 보이지 않는다. 점수 차이가 만들어지는 지점은 감상 능력이 아니다. '정답의 표지성'을 발견하고 그것을 신뢰하는 능력이 시 세트에서 가져가는 점수를 결정한다. 여기에 답지 어휘의 익숙하지 않은 용법에 대한 관용성이 더해지면 그것으로 충분하다.

'문학 개념어'가 아니라
'익숙한 어휘'가 문제다

'답지 어휘의 익숙하지 않은 용법에 대한 관용성'이라는 말이 무슨 의미인지는, 바로 이해가 되지 않을 것 같다. 이 부분만 이야기하고, 평가 과제를 부여 하는 언어 자료(발문)와 표상(그래프, 표) 전환 문제로 넘어가자.

2013학년도 6월 모의 평가에 나온 (고전)시 문제를 하나 보자. 독자들에게도 익숙한 정철의 <사미인곡>이다. 작품을 읽고 나서 문제를 한번 풀어 보기 바란다.

동풍이 건 듯 불어 적설을 헤쳐 내니 창밖에 심은 매화 두세 가지 피었어라. 가뜩 냉담한 데 암향(暗香)은 무슨 일고. 황혼에 달이 좇아 베개 맡에 비치니 흐느끼는 듯 반기는 듯 임이신가 아니신가. 저 매화 꺾어 내어 임 계신 데 보내고져. 임이 너를 보고 어떻다 여기실꼬.

꽃 지고 새잎 나니 녹음이 깔렸는데 나위(羅幃) 적막하고 수막(繡幕)이 비어 있다. 부용(芙蓉)을 걷어 놓고 공작(孔雀)을 둘러두니 가뜩 시름 많은데 날은 어찌 길던고 원앙금(鴛鴦錦) 베어놓고 오색선 풀어내어 금자에 겨누어서 임의 옷 지어내니 수품(手品)은 물론이고 제도(制度)도 갖출시고 산호수 지게 위에 백옥함에 담아두고 임에게 보내려고 임 계신 데 바라보니 산인가 구름인가 험하기도 험하구나. 천리 만리 길에 뉘라서 찾아갈꼬. 가거든 열어 두고 나인가 반기실까.

하룻밤 서리 기운에 기러기 울어 엘 제 위루(危樓)에 혼자 올라 수정렴(水晶簾) 걷으니 동산에 달이 나고 북극에 별이 뵈니 임이신가 반기니 눈물이 절로 난다. 청광(淸光)을 쥐어 내어 봉황루(鳳凰樓)에 부치고져. 누위에 걸어 두고 팔황(八荒)에 다 비추어 심산궁곡(深山窮谷) 한낮같이 만드소서. 건곤이 얼어붙어 백설이 한빛인 때 사람은 물론이고 나는 새도 그쳐 있다. 소상남반(瀟湘南畔)도 추위가 이렇거늘 옥루고처(玉樓高處)야 더욱 일러 무엇하리. 양춘(陽春)을 부쳐 내어 임 계신 데 쏘이고져. 초가 처마 비친 해를 옥루에 올리고져. 홍상(紅裳)을 여며 입고 푸른 소매 반만 걷어 해 저문 대나무에 생각도 많고 많다. 짧은 해 쉬이 지고 긴 밤을 꼿꼿이 앉아 청등 걸어 둔 곁에 공후를 놓아두고 꿈에나 임을 보려 턱 받치고 기대니 앙금(鴦衾)[*]도 차도 찰샤 이 밤은 언제 샐꼬.

* 앙금: 원앙을 수놓은 이불, 혹은 부부가 함께 덮는 이불

[문제] <보기>를 바탕으로 위 글을 이해할 때, 적절하지 않은 것은?

〈보 기〉

남성 작가가 자신의 분신으로 여성 화자를 내세우는 방식은 우리 시가의 한 전통이다. 궁궐을 떠난 신하가 임금을 그리워하면서 지은 「사미인곡」도 이 전통을 잇고 있다.

---

① '옷'을 지어 '백옥함'에 담아 임에게 보내려 하는 것은 임금에 대한 신하의 정성과 그리움을 드러내는 행위이다.

② 지상의 화자가 천상의 '달'과 '별'을 매개로 임을 떠올린 것은 군신 사이의 수직적 관계를 반영한 것으로 볼 수 있다.

③ '청광'을 보내고자 염원하는 이유에서 시적 화자와 청자가 실제로는 신하와 임금의 관계임을 감지할 수 있다.

④ 추운 날씨에 '초가처마'에 비친 해는 임금의 자애로운 은혜가 신하가 머물고 있는 곳까지 미치고 있음을 암시한 것이다.

⑤ 긴긴 겨울밤을 배경으로 차가운 '앙금'을 통해 외로운 처지를 표현한 것은 군신관계를 남녀관계로 치환한 결과이다.

자, 몇 번이 적절하지 않은 것 같나? 2번인가? 3번인가? 아니면 4번인가? 정답은 4번 "추운 날씨에 '초가처마'에 비친 해는 임금의 자애로운 은혜가 신하가 머물고 있는 곳까지 미치고 있음을 암시한 것이다"이다. 2013학년도 6월 모의 평가에서 가장 낮은 정답률(50%)을 기록한 문항이다.

어떤 교재를 보면 <보기>에 제시된 조건을 두 가지로 구분한 다음(㉠ 남성 작가가 자신의 분신으로 여성 화자를 내세우는 방식, ㉡ 궁궐을 떠난 신하가 임금을 그리워하는 내용), 4번은 ㉡의 조건에 해당하지 않기 때문에 적절하지 않은 것이라고 설명한다. 쉽게 말하면 4번 답지만 '신하가 임금을 그리워하는 내용'이 아니라 '임금이 신하를 그리워하는 내용'이라는 것이다. 솔직히 말해서 '심하다' 이런 식으로 이 문제를 풀 수 있는 '강심장'을 가진 수험생이 과연 몇 명이나 될지 정말 의심스러울 뿐이다.

그리고 이런 식이라면 ㉠의 조건(남성 작가가 자신의 분신으로 여성 화자를 내세우는 방식)을 충족시키는 답지는 5번밖에 없다. 엄밀하게 말하면 5번 답지도 답지 내용만으로는 신하와 임금 가운데 어느 쪽이 여자인지도 알 수 없다. 하지만 5번을 제외한 다른 답지는 남성 작가가 자신의 분신으로 여성 화자를 내세운다는 것은 고사하고, 남녀 관계조차 아예 확인되지 않기 때문에 그나마 5번이 ㉠의 조건을 충족시킨다는 이야기다. 굳이 말하자면 옷을 지어 보낸다는 1번 답지에서 옷을 짓는 사람이 여자일지도 모른다는 추론이 가능하지만, 여자만 옷을 만든다는 법은 없다.

더 재미있는 것은 5번 답지도 ㉠의 조건과는 어느 정도 맞아 떨어지지만, ⓛ의 조건을 대응시켜보면 4번 답지만큼은 아니더라도 연관성이 떨어진다는 점이다. 무슨 말이냐면 외로운 처지를 표현한 것은 말 그대로 외로운 처지를 표현한 것뿐이지, 신하가 임금을 그리워하는, 혹은 생각하는 내용은 아니기 때문이다. "외롭다는 것은 결국 누군가를 그리워하기 때문이 아니냐"는 주장이 있을 수 있는데, 과연 그것이 보편적인 추론이 될 수 있는지, 시험장에서 가능한 추론인지는 독자들 스스로 판단해 보기를 바란다.

4번 답지를 고른 사람들은 두 가지 이유 때문에 그랬다. 먼저 지금 신하는 귀양을 와 있는데, 임금의 자애로운 은혜가 귀양 온 신하에게 미친다는 게 뭔가 말이 안 되는 것 같은 느낌을 줬기 때문이다. 맞다. 자애롭지 않기 때문에 귀양을 보낸 것 아닌가? 남녀 관계로 치면 남자가 여자를 버린 것이다. 그렇다면 이 답지에 나오는 임금은 마치 자기가 버린 여자에게 '사랑의 선물'을 보내는 남자와 같다. 이상하고 무서운 남자다.

둘째는 "초가 처마 비친 해를 옥루에 올리고져"를 문자 그대로 이해한 경우다. 옥루를 궁궐로 보면, 초가 처마에 비친 해는 어쨌든 신하가 임금에게 보내려고 하는 그 '무엇'이다. 이 정도면 충분하다. 화자인 신하가 추운 날씨에 자신보다 더 북쪽에서 생활하는 임금을 걱정하며 보내고 싶어 하는 어떤 '따뜻함'이라는 것까지는 짐작을 하지 못해도 상관없다. 어쨌든 임금 쪽에서 신하 쪽으로 향하는 그 '무엇'은 아니라는 정도의 판단만 하면 된다. 그런데 이렇게 무난한 답지를 50%의 수험생만 정답으로 골랐다. 미스터리한 일이 아닐 수 없다.

이유는 다른 게 아니다. 21%의 선택률을 보인 매력적 오답이 하나 있어서 그랬다. 2번 답지, "지상의 화자가 천상의 '달'과 '별'을 매개로 임을 떠올린 것은 군신 사이의 수직적 관계를 반영한 것으로 볼 수 있다” 때문에 벌어진 ‘대참사’다. ‘수직적 관계’라는 5음절의 어휘가 바로 대참사를 만들어낸 ‘폭탄’이다.

수능 국어 영역에서는 어떤 어휘를 놓고 출제자들이 사용하는 방식과 수험생들이 이해하는 방식 사이에 큰 괴리가 발생하면 정답률이 폭락하는데, 이 답지에 등장한 ‘수직적 관계’가 그 대표적인 예이다. 쉽게 말하면 ‘수직적 관계’라는 표현을 출제자가 사용한 방식대로 수험생이 이해하지 못했기 때문에 벌어진 참사라는 말이다. 왜 그랬을까? 당연히 수험생의 입장에서는 ‘수직적 관계’ 하면 ‘명령과 지시’라는 억압적인 느낌이 먼저 떠오르기 때문이다. 그런 억압적인 느낌의 어휘는 <사미인곡>의 남녀 관계, 혹은 군신 관계에는 어울리지 않는다고 생각하게 하는 뭔가 ‘익숙함’이 있었다는 말이다. 어떤 어휘에 대한 수험생들의 보편적 익숙함을 역이용한 방식이다.

사실 많은 수험생들이 수직적 관계라는 말을 낯설어하고 거슬려 했다는 건 크게 잘못된 일이 아니다. 물론 여기서 교재나 강의는 “수직적 관계는 꼭 일방적으로 명령하고 지시하는 그런 관계만 이야기하는 게 아니거든. 신분이 됐든, 직책이 됐든, 나이가 됐든 나보다 상위에 있는 사람과의 관계를 통틀어서 하는 표현일 뿐이거든. 따라서 거기에는 반드시 부정적인 의미만 있는 게 아니거든. 그리고 이 글이 쓰인 조선시대에는 남자와 여자의 관계도 군신관계 만큼 수직적이었거든. 어떤 의미로도 수평적 관계는 아니었거든”이라는 설명을 할 수는 있다. 하지만 그건 어디까지나 시험이 끝난 후에나 가능한, 지당하기는 하지만 상당히 ‘얄미운’ 설명일 뿐이다.

‘답지 어휘의 익숙하지 않은 용법에 대한 관용성’이라는 말이 무슨 의미인지, 어느 정도는 이해했을 것으로 기대한다. 답지 어휘의 익숙하지 않은 용법은 ‘매력적 오답’이 만들어지는 중요한 지점이기 때문에 뒤에서 더 자세하게 다룰 것이다.

자, 다시 한 번 강조하고 다음으로 넘어가자. 시에 대한 감상 능력에서 수험생들은 별 차이를 보이지 않는다. 점수 차이가 만들어지는 지점은 감상 능력이 아니다. 정답의 표지성을 발견하고 그것을 신뢰하는 능력이 시 세트에서 가져가는 점수를 결정한다. 여기에 '답지 어휘의 익숙하지 않은 용법에 대한 관용성'이 더해지면 그것으로 충분하다. 만약 시를 읽을 때 별별 해괴한 기술이나 스킬, 감상법을 적용하려 하고, 심지어 시인도 모르는 시인의 창작 의도까지 파악하려고 애쓸 경우 자칫 그렇게 한 그 친구만 그 문제를 틀릴 수 있다. 왜냐고? '널리 수험생들의 공감을 얻기'가 어려우니까.

제 5 부

:

'발문' 분석은 '쓸데없는 짓'

발문에는 정답에 대한
단서가 제시돼 있으면
안 된다

수험생을 겁주는 대표적인 말이 있다. "출제자들은 조사 하나 문장 부호 하나도 허투루 사용하지 않으니 항상 긴장하라"는 말이다. 이건 언뜻 들으면 수험생을 엄청 걱정해 주는 말 같지만, 가만히 생각해 보면 쓸데없이 공포를 부추기는 행위다. 조사 '가'가 '만'으로 바뀌면 (예시가 사용되었다→예시만 사용되었다) 의미가 '확' 달라지는 것은 맞다. 하지만 출제자들이 분명한 의도를 갖고 이런 식으로 문항을 디자인한다고 생각하는 것 자체가 매우 황당한 발상이다. 그것은 거의 '피해 의식'에 가까운 것이다.

출제자들은 우리를 골탕 먹이려고 작정한 사람들인가? 정말 조사 하나, 문장 부호 하나로 정·오답을 갈라놓는다고 생각하나? 혹시 출제자들은 그걸 자신들의 출제 역량으로 착각한다고 생각하나? 그럴 리가 없다. 그것은 근거 없는 피해 의식의 발로다. 20년 동안의 수능 국어 문제에서 그런 문제가 한 문제도 없었다고 단정할 수는 없지만, 그건 지극히 예외적인 것이다. 그리고 의도했다기보다는 '실수'에 가깝다. 그런데 일부 교재나 강의는 이런 '꼼수'를 마치 보편적인 출제 방식으로 소개하면서, 조심 또 조심하라고 수험생들에게 겁을 준다.

이런 조언은 당연히 수험생의 정서 필터 수준을 크게 높인다. 문항에 대한 방어적인 태도를 만들어낸다는 말이다. 높은 정서 필터 수준이 수능 국어 영역에서 얼마나 부정적인 역할을 하는지는 앞에서 충분히 이야기했다. 교재나 강의에서 수험생의 정서 필터 수준을 쓸데없이 높이는 데 가장 자주 이용되는 것이 바로 이 발문(문두)이다. 마치 발문을 꼼꼼히 읽지 않으면 큰일이라도 나는 것처럼 협박을 하는데, 미안하게도 발문 때문에 정·오답이 갈리는 경우는 거의 없다. 일부 모의 평가에서 매우 드물게 이런 결정적 역할을 하는 발문이 등장한 적이 있지만, 실제 수능에서는 그런 식의 발문이 등장하지 않는다. 아니 등장하지 못한다. 왜 그런지 한번 따져보자.

출제자들이 출제 시 유의사항 중 하나가 '발문'인 것은 맞다. 하지만 그건 문제 해결을 어렵게 하거나 수험생을 골탕 먹이려는 의도에서 그러는 것이 아니다. 시험이 끝난 다음 정답 시비가 생기지 않도록, 정답이 되기 위해 필요한 조건을 발문에 모두 포함시켜야 하기 때문이다. 하지만 그렇다고 착각하면 안 된다. 그건 일부 교재나 강의가 말하는 수준의 것이 절대 아니다. 일부 교재나 강의는 마치 "출제자들은 발문에 정답에 대한 단서를 몰래 숨겨 놓았고, 따라서 수험생은 암호를 해독하듯, 또는 수수께끼를 풀듯 발문에 포함된 조건을 분석해야 한다"고 겁을 주는데, 실상은 전혀 그렇지가 않다는 말이다.

자, 한번 보자. 교육과정평가원의 출제 지침에는 "발문에 정답에 대한 단서가 제시돼 있으면 안 된다"는 내용이 나온다. 여기서 수험생들은 혼란이 올 수 있다. "발문에 정답 시비가 야기되지 않도록 필요한 조건이 모두 포함되어야 한다"는 말과 "발문에 정답에 대한 단서가 제시되어 있으면 안 된다"는 말이 언뜻 모순되기 때문이다. 아니다.

발문은 보통 '조건 부재형'과 '조건 부과형'으로 나뉜다. 조건 부재형은 "위 글의 내용과 일치하는 것은?", "위 글에서 언급하지 않은 것은?", "위 글을 통해 알 수 있는 사실로 옳지 않은 것은?", "~대한 설명으로 적절한 것은?", "~에 대한 이해로 적절하지 않은 것은?"처럼 특별한 조건이 제시돼 있지 않은 발문을 말한다. 반면에 조건 부과형은 특정의 조건이 발문에 포함돼 특정의 방향으로 문제를 해결하도록 유도하는 유형이다. 흔히 "~을 극본으로 각색한다면", "~로 바꿀 경우", "~한다고 할 때" 같은 형식으로 제시된다. '한다면', '할 경우', '할 때는' 말 그대로 조건형의 문장이다. "위 글을 바탕으로", "<보기>를 참고하여"도 발문에 제시된 매우 중요한 조건이다. 말하자면 답지가 그럴 듯해도 '위 글을 바탕으로' 하지 않으면 정답이 될 수 없는 것이고, '<보기>를 참고하지' 않으면 정답이 될 수 없다는 것이다.

눈치 빠른 독자들은 짐작했겠지만, '위 글을 바탕으로'라는 조건이 제시될 경우 <보기>를 흉내 낸 것이, '<보기>를 참고하여'라는 조건이 제시될 경우 '위 글'을 흉내 낸 것이 매력적 오답이 될 가능성이 높다. 이 부분은 뒤에서 다시 이야기할 것이다. 어쨌든 발문에 제시되는 조건은 이게 전부다. "정답 시비가 야기되지 않도록 발문에 필요한 조건이 포함된다"는 말의 의미는 정확하게 이 정도를 말하는 것이다. 문제는 그 수준을 넘어서 발문을 결정적인 단서로 생각하고, 그 발문으로 문제를 해결하려고 애를 쓰는 수험생들이 의외로 많다는 데 있다. 더 큰 문제는 그런 '해괴망측'한 시도를 오히려 '잘한다'며 부추기는 교재나 강의가 많다는 것이다.

예를 하나 들어 보자. 2011학년도 수능에 나온 '작문' 문제다.

[문제] <보기>에 착안하여 '좋은 문학 작품의 창작'에 대한 글을
쓰기 위해 이끌어 낸 내용으로 적절하지 않은 것은?

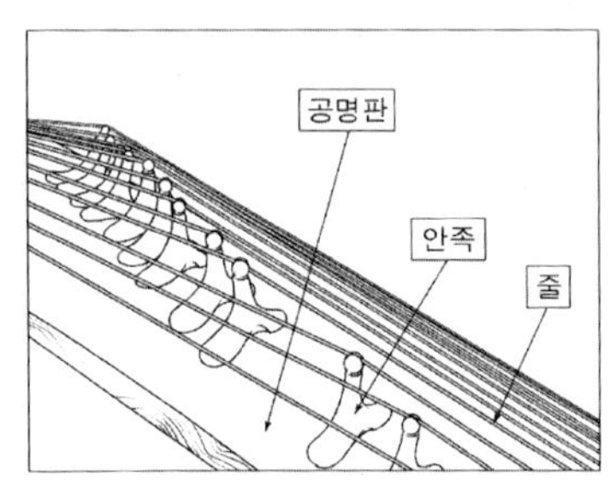

〈보 기〉

"가야금은 공명판, 줄, 안족(雁足) 등으로 이루어져 있습니다. 가야금이 깨
끗하고 맑은 소리를 내기 위해서는 공명판이 될 만한 좋은 나무를 골라 오랜
기간 잘 건조시켜야 하고, 줄과 안족도 좋은 재료를 골라 잘 손질해야 합니다.
다음으로는 가야금에서 이들 각 부분들이 잘 어우러지도록 자기 자리를 잡아
주는 것이 중요합니다. 이 모든 과정에 만드는 사람의 정성과 노력이 들어가
야 소리가 맑고 선명하게 울리는 명품이 탄생하게 됩니다. 물론 만드는 사람
의 음감도 중요합니다. 들을 줄 아는 귀가 없는 사람이 어떻게 남의 귀를 즐
겁게 하는 악기를 만들 수 있겠습니까"

-가야금 장인 ○○○ 씨와의 대담-

착안점: 가야금≒문학작품

① 의도대로 작품이 창작되었는지 예상독자의 평가를 받아야 한다.

② 감동적인 작품을 쓰려면 작가는 문학적 감수성을 갖춰야 한다.

③ 좋은 작품을 창작하기 위해서는 좋은 글감을 선별해야 한다.

④ 작품에 적합하게 활용할 수 있도록 글감을 다듬어야 한다.

⑤ 작품의 요소들끼리 긴밀한 짜임새를 이루도록 해야 한다.

이 문항의 발문을 한번 보자. "<보기>에 착안하여 '좋은 문학 작품의 창작'에 대한 글을 쓰기 위해 이끌어 낸 내용으로 적절하지 않은 것은?"이다. 이 발문을 다음과 같이 분석하는 '이상한' 수험생들이 있다. 조건 1) '<보기>에 착안하여'(그래, <보기>에 착안하지 않으면 아무리 그럴 듯해도 적절한 것이 아니야) 조건 2) '좋은 문학 작품의 창작에 대한'(그래, '좋은 문학 작품', 그리고 '창작'에 관한 내용이 아니면 아무리 그럴 듯해도 적절한 것이 아니야) 조건 3) '이끌어 낸 내용으로'(그래, 이끌어 낸 내용이 아니면, 말하자면 이끌어 낼 필요도 없이 그냥 명시적으로 제시된 내용이면 아무리 그럴 듯해도 적절한 것이 아니야) 조건 4) '적절하지 않은 것은'(그래, 적절한 것이 아니라 적절하지 않은 것이 정답이야), 이렇게 발문을 '해부'해 놓고 나서 "음, 다른 것은 잘 모르겠고 '좋은 문학 작품의 창작'이라는 부분이 좀 신경이 쓰이는군" 하면서 아주 '해괴한' 방식으로 문제를 풀게 된다. 이 수험생을 이상한 사람으로 비판할 수만은 없다. 이 수험생은 "발문에 정답의 단서가 숨겨져 있고, 그래서 눈에 불을 켜고 발문을 분석하라"는 교재나 강의의 조언을 충실하게 따른 죄밖에 없기 때문이다.

이런 해괴한 방식에 따르면 문제 해결 과정은 이렇게 된다. "'좋은 문학 작품의 창작'이라는 발문의 단서에 비춰볼 때, 다른 답지는 모두 '창작' 과정인데, 1번 답지만 '창작의 결과', 혹은 '창작 이후'인 것 같아. 발문을 분석하면 정답은 1번밖에 없네. 와, 1번이다. 만세." 어떤가? 독자들은 이 문제를 이렇게 푸는 게 옳다고 생각하나? 또 독자들은 실제 시험장에서 이렇게 문제를 풀 수 있는 '강심장'을 가지고 있는가? 물론 이 문제의 정답은 1번이 맞다. 하지만 이건 정말 우연의 일치일 뿐이다. 이런 식으로 문제를 해결하면, 다른 문제에서는 맞힐 확률보다 틀릴 확률이 훨씬 더 높다.

왜 그런지 한번 생각해 보자. 우선 '창작'에는 오직 '창작 과정'만 포함돼야 한다는 법이 없다. 창작 이전이나 창작 이후의 과정은 절대 포함되면 안 되는 것인가? '창작'이라는 말의 의미를 오로지 '창작을 하는 도중'으로만 이해해야 할 어떤 필연성이라도 있나? 그렇게 생각하지 않은 수험생은 도저히 하면 안 되는, 도저히 씻을 수 없는 커다란 잘못을 저지른 것인가? 아니다. 그리고 미안하게도 정말 엄격하게 '창작 과정'에 해당하는 것만을 적절한 것으로 본다면, 2번 답지와 3번 답지도 마찬가지로 적절하지 않은 것이 된다. 이들 두 답지의 내용도 창작 도중에 초점을 맞춘 것은 아니기 때문이다. 2번은 좋은 창작을 위한 전제 조건, 그러니까 작가의 잠재력에 관한 이야기이고, 3번도 창작을 위한 준비 작업이지 본격적인 창작 과정에 관한 내용은 아니기 때문이다.

필자는 앞에서 "정답 시비를 야기하지 않도록 발문에 필요한 조건이 모두 포함되어야 한다"는 말과 "발문에 정답의 단서가 제시돼 있으면 안 된다"는 말이 모순적으로 보일 수 있다는 이야기를 한 적이 있다. '좋은 문학 작품의 창작', 특히 '창작'이라는 조건에 사로 잡혀 그걸로 문제를 풀겠다는 '헛된' 야심을 가진 수험생에게는 당연히 이 두 명제가 모순적이다. 그 수험생에게는 '정답의 단서'와 '정답 시비를 피하기 위한 조건'이 똑같은 의미로 받아들여질 것이기 때문이다. 하지만 그 과정에서 발생할 수 있는 오류는 보다시피 너무나 많고, 그 결과는 매우 치명적이다. 다 떠나서 이 문항의 정답률이 얼마인지 아나? 95%다. 발문을 분석한다고 시간을 소비하는 행위, 그리고 해체시킨 발문의 조건과 각각의 답지를 일일이 대응시키는 데 시간을 소비하는 행위, 이 모든 행위가 얼마나 쓸데없는 '짓'이었는지 다시 한 번 생각해 보기 바란다.

사실 문제를 풀 때 뭘 물어보는지(평가 과제) 파악하는 것은 수험생이 갖춰야 할 기본 중의 기본이다. 여기서 일부 교재나 강의는 수험생들이 발문을 습관적으로 읽는 경우가 많다는 점을 지적한다. 꼼꼼하게 볼 필요가 있다는 말이다. 물론 가끔 국어 성적이 '최상위권'을 넘어 '극상위권'인 친구들도, '적절한 것'을 '적절하지 않은 것'으로, '적절하지 않은 것'을 '적절한 것'으로 착각해서 한두 문제를 틀리는 경우가 있다. 이런 '덤벙거림'은 분명히 문제가 된다. 무슨 수를 써서라도 고쳐야 한다. 하지만 부정 발문을 긍정 발문으로, 긍정 발문을 부정 발문으로 착각하는 이런 치명적인 오류를 제외하고, 수능 국어 영역에서 발문을 제대로 분석하지 않아 문제를 틀리는 경우는 거의 없다. 이건 수험생들이 막연히 생각하는 것과는 정말 크게 다르다.

물론 발문을 꼼꼼히 챙기라는 조언은, 발문을 습관적으로 봐왔던 친구들에게는 참신하게 다가올 수 있는 내용이다. 하지만 이건 발문을 '의미 단위'로 끊어서 읽기만 하면 되는 것이고, 이런 행위는 금방 익숙해진다. 굳이 '기술'이나 '스킬'이라는 이름까지 붙여서 그렇게 정색하면서 내세울 만한 것은 아니라는 말이다. 발문에서 우리가 신경 써야 할 것은 1) **적절한 것을 찾으라는 것인지, 적절하지 않은 것을 찾으라는 것인지**, 2) **따옴표 처리되어 있는 부분**, 3) **'~바탕으로 하여', '~참고하여'의 문장 형식이 등장할 경우, '~바탕으로'나 '~참고하여' 앞에 온 말이 '제시문'인지 '<보기>'인지**(제시문일 경우 제시문에 중점을 두고, <보기>일 경우 <보기>에 중점을 두고 풀면 된다)뿐이다.

이 정도로 충분하다. 여기서 더 나아가 발문을 '해부'하고 '분석'하고 '대응'시키는 것은 불필요한 일일 뿐만 아니라, 많은 경우 해로운 일이다. 정서 필터의 수준을 쓸데없이 높이는 결과를 가져오기 때문이다. 이건 마치 가벼운 찰과상을 입고 병원에 찾아온 환자인데, 환자의 흉부를 절개해서 내부 장기를 들춰보는 것과 비슷하다. 그래서 생각지도 못했던 초기 암 같은 것이 발견될 수도 있지만, 그건 지극히 예외적인 일이다. 기대하지 않았던 효과(암의 조기 발견)를 감안해도 그에 따른 희생이 너무 크다.

발문 분석의 '원조'는
따로 있다

사실 발문을 챙기라는 말은, 정보성이 없는 조언이다. 너무 당연한 말이라는 것이다. 발문(혹은 문두)을 파악하는 것은 수험생이 지켜야 할 기본적인 태도에 관한 것이다. 그리고 발문을 챙기라는 이야기는 이미 오래전부터 선생님들이나 강사들이 강조해 왔던 것이다. 특별히 강조를 해야 했기 때문에 강조한 것이 아니라, 문제를 해결하려면 무엇을 해결해야 하는지 알려주는 과제를 파악하는 것이 가장 중요하기 때문이다. "'동네 슈퍼'에 가서 '음료수'를 사오라"는 과제를 받으면, 동네 슈퍼에서 음료수를 사오면 되는 것이다. '음료수'는 사왔는데, '동네 슈퍼'가 아니라 대형 할인점에 사왔다거나, '동네 슈퍼'를 가긴 갔는데, '음료수'가 아닌 과자를 사오면 안 된다는 말이다.

사실 너무도 당연한 이 발문(문제의 요구사항)의 중요성을 작정하고 강조한 교재는, 전 서울대 국어교육학과 김대행 교수가 모 출판사에서 2003년에 출간한 『올인』이라는 교재다. 그전에도 발문을 챙겨한다는 이야기는 많이 있었지만, 수능 국어 영역 볼 때 챙겨야 할 중요한 체크리스트로 명시화한 건 이 교재가 처음이었다. A부터 E까지로 모두 다섯 권으로 된 책인데, '읽기만 해도 10점이 올라간다'는 부제가 달려 나왔다. 수능출제위원장을 두 번이나 역임한 분이 집필한 책인데, 무슨 이유에선지 금세 절판된 '비운'의 책이다. 필자는 그 내막을 어느 정도 알고 있지만, 독자들에게 전할 내용은 아니다. 궁금해도 할 수 없다. 어쨌든 일부 교재나 강의는 이 발문의 중요성을 마치 자신이 발견한 국어 시험의 대단한 '비밀'인 것처럼 내세우는데, 그건 전혀 사실이 아니다. 발문을 분석하라는 조언 자체가 대단한 것이 아닐 뿐더러, 그걸 떠나서 말해도 일부 교재나 강의의 자화자찬은 '오리지널리티'에 대한 중대한 도전이다.

발문은 국어라 중요한 것이 아니라, 모든 객관식, 심지어 주관식 시험이나 논술 시험에서도 가장 먼저 챙겨야 하는 부분이다. 당연하다. 무엇을 물어보는지 알아야 문제를 풀 수 있기 때문이다. 혹시 논술 시험 준비를 해본 독자라면 잘 알 것이다. 논술 문제 분석이라는 것도 결국 발문을 꼼꼼히 읽으면서 출제자가 요구하는 사항이 몇 개이고 각각의 내용은 무엇인지를 확인하는 것이다. 이걸 어떻게 기술이나 스킬이라고 말할 수 있는지 실소를 금하기 힘들다. 이름만 새로 만들어 갖다 붙이면 다 기술이 되고 스킬이 되는 것인가? 그냥 조금 신경 써서 읽으면 그만이다. 이런 식이라면 '숨쉬기', '밥 먹기', '눈 깜박이기'에도 누군가가 어떤 해괴한 이름을 붙여서 '생활의 기술', '생활의 스킬'이라고 할지도 모를 일이다.

수능 국어 영역에서는 설사 습관적으로 '대충' 발문을 읽고 푼다 해도 대부분은 정답을 고를 수 있다. 만약 그 문제를 틀렸다면 그건 발문을 제대로 분석하지 못해서가 아니다. 다른 이유 때문이다. 다만 몇 문항 정도에서 발문이 중요할 수 있는데, 그 몇 문항에서 실수하지 않으려면 앞에서 말한 부분만 챙기면 그만이다. 1) '적절한 것을 찾으라는 것인지 적절하지 않은 것을 찾으라는 것인지를 확인하는 것', 2) '따옴

표 처리된 부분을 확인하는 것', 3) '~바탕으로, ~참고하여 라는 표현
이 등장할 때 앞에 있는 말이 제시문인지, <보기>인지 확인하는 것',
이 세 가지 정도가 수능 국어 영역을 보면서 발문에서 수험생이 챙겨
야 할 조건의 전부다.

발문을 레고 블록처럼 해체시켜 개별적인 조건으로 나열하면, 뭔가
분석적인 것 같기도 하고 재미도 있어서 그럴 듯한 느낌을 수험생들에
게 주기는 한다. 하지만 실제 시험 성적에 미치는 영향은 극히 미미하
다. 물론 그동안의 전체 수능, 그리고 기타 국어(언어)와 관련된 각종
시험에서 발문이 특이한 문항들만 따로 모아서 이야기를 하면 느낌이
조금 달라진다. 뭔가 발문의 역할이 대단한 것처럼 느껴지는 '착시 현
상'이 생긴다는 말이다. 하지만 실제는 전혀 그렇지 않다. 전혀 걱정할
부분이 아니다. 오히려 발문에 뭔가 출제자들이 파 놓은 함정이 있지
않을까 '노심초사'하면서, 그걸 눈에 불을 켜고 찾으려는 태도가 더 위
험하다. 수험생의 정서 필터 수준을 쓸데없이 높이고 문항에 대한 방어
심리를 자극해서, 제대로 된 문제 해결을 방해하는 경우가 훨씬 더 많
기 때문이다.

말이 나온 김에 발문의 중요성을 강조할 때 드는 대표적인 문제 2개
를 보자. 모두 2005학년도 6월 모의 평가에 등장했던 문제다.

1434년 7월 1일. 조선 왕조는 자격루(自擊漏)라고 불리는 자동 물시계를 국
가의 새로운 표준 시계로 채택했다. 세종의 명을 받은 장영실은 더 정확한 물시
계를 만들기 위해 시각을 측정하는 잣대의 길이를 4배가량 키워 눈금을 세밀하
게 새겨 넣고, 물받이 통을 비울 때도 연속적으로 시간을 잴 수 있게 통을 2개
로 늘렸다. 여기에 자동으로 시간을 알려 주는 장치를 더하여 자격루를 완성하
였다.

자격루는 시각을 측정하는 물시계, 물시계에서 측정된 시간을 소리로 바꿔 주는 시보 장치, 물시계와 시보 장치를 연결해 주는 방목(方木) 등 크게 세 부분으로 이루어져 있다. 현재 만 원짜리 지폐에서 볼 수 있는 물시계 부분은, 물을 공급하는 항아리인 파수호에서 물을 흘려보내면 물받이 통인 수수호에 물이 고이는 구조로 되어 있다. 수수호에 띄워 놓은 잣대가 고인 물의 부력에 의해 떠오르면 잣대에 새긴 눈금을 읽어 시각을 알아낸다. 따라서 물시계의 정확도를 높이려면 수수호를 튼튼하게 제작하여 물이 가득 찼을 때 받는 수압에도 변형되지 않도록 만들 필요가 있었다. 실제 자격루의 수수호는 지금까지 원형을 그대로 유지하고 있다.

시보 장치의 상단에 설치된 3개의 시보 인형은 시(時), 경(更), 점(點)마다 각각 종, 북, 징을 쳐서 시간을 알린다. 시보 인형 가운데 하나는 시를 알려 준다. 매 시각 인형의 팔뚝과 연결된 제어 장치가 작동하여 인형의 팔뚝을 움직이고 그 움직임이 종을 울리게 한다. 시를 담당한 인형이 종을 울리면 곧이어 시보 장치 하단에서 12지신 가운데 그 시에 해당하는 동물 인형이 시 이름이 적힌 팻말을 들고 나온다. 예를 들어 자시(子時)에는 쥐 인형이 '자(子)'라는 글자가 적힌 팻말을 들고 나와 지금 울린 종소리가 자시라고 알려 준다. 이러한 일련의 동작은 시보 장치 안에 있는 복잡하면서도 정교한 기계에 의해 자동으로 진행된다. 경과 점을 알려 주는 다른 2개의 인형은 경점법이라는 우리의 고유한 시간 표시 방법에 따라 작동하면서 시간을 더 자세히 알려 준다.

아날로그-디지털 신호 변환기의 원리가 들어 있는 방목은 시보 장치가 자동으로 작동할 수 있는 동력을 제공한다. 즉, 수수호에 물이 차올라 잣대가 떠오르면서 방목 안에 설치된 장치가 구리로 만든 작은 구슬을 차례대로 떨어뜨린다. 연속적으로 흘러내리는 물의 양인 아날로그 신호가 일정한 간격마다 구슬이 떨어지는 불연속적인 디지털 신호로 변환되는 것이다. 그리고 구슬이 떨어지면서 발생하는 운동 에너지는 시보 장치에 전달되어 시간을 알려 주는 데 사용된다. 한마디로 말해 자격루는 디지털 방식을 도입한 기계식 시계인 셈이다.

한편, 조선 왕조에는 자격루가 제작되기 전부터 시간을 측정하고 알려 주는 일을 담당하는 관청이 있었다. 물시계를 맡은 관리는 밤낮으로 물시계를 지켜보면서 시간을 알려 주었는데, 가끔씩 제때를 놓쳐 처벌되는 경우도 있었다. 이런 상황에서 자동 시보 장치를 가진 정확한 물시계의 제작은 모든 시계 제작 기술자의 꿈이었으며, 예로부터 정확한 시간을 알려 줄 책무를 지닌 왕의 소망이기도 하였다. 자격루는 그 꿈을 실현시킨 15세기의 첨단 기술이었던 것이다.

[문제] 위 글을 읽고 '자격루의 원리'에 대한 심화 학습을 하고자 할 때, 던질 수 있는 질문으로 가장 적절한 것은?

① 자격루에서 발생하는 오차는 어떻게 보정했을까?

② 자격루는 언제까지 국가의 표준 시계로 사용되었을까?

③ 일반 백성들에게 시간을 알려 주는 방법은 무엇이었을까?

④ 조선 시대의 왕은 왜 그렇게 정확한 시간을 알려고 했을까?

⑤ 만 원짜리 지폐에 자격루 그림이 들어간 이유는 무엇일까?

이 문제는 발문에서 '자격루의 원리'라는 따옴표, 특히 '원리'에 주목하지 않으면 헷갈릴 수 있다. 그냥 '자격루'에 대한 심화 학습으로 문제를 파악하면, 다섯 개 답지가 다 적절한 것으로 보이기 때문이다. 만약 답지 다섯 개가 모두 적절한데, 그 가운데 '가장' 적절한 것을 찾아야 하는 것으로 발문을 이해하면 생각지도 못한 어려움을 겪게 된다. 뭐가 더 적절한지 판단할 수 있는 기준이 아예 없기 때문이다.

여기서 어떤 친구들은 "제시문에 답변이 이미 나와 있는 질문은 심화 학습이 될 수 없으니까 적절한 것이 아니다"라거나 "제시문에 그 질문의 근거가 되는 내용이 아예 안 나오는 질문은 '뜬금없는' 질문이기 때문에 적절한 것이 아니다"라는 식으로 접근하는 경우가 많았다. 여기에 "너무 지엽적인 내용을 가지고 정색하면서 심화 학습의 질문을 던지는 것도 적절한 것이 아니다"라고 생각한 수험생도 있었다. 이쯤 되면 오히려 정답인 1번(정답률 63%)을 제외한 나머지 답지 중에 정답이 있는 것 같은 느낌이 들기 시작하는데, 그렇다고 나머지 답지 가운데 뭐가 정답인지는 전혀 알 수가 없다. 말 그대로 미궁에 빠진 것처럼 헷갈리기 시작한다.

이 문항에서 1번이 답이 되는 이유는 단순하다. '자격루의 원리'에 관한 질문으로 적절한 것이어야 하기 때문이다. 1번을 제외한 나머지 답지는 '자격루'에 관한 질문은 될 수는 있어도 '자격루의 원리', 그러니까 자격루의 작동 원리에 관한 것은 될 수 없기 때문이다.

많은 수험생들은 이 문제를 다시 보면서 "와, 발문이 엄청 중요한 거구나. '원리'라는 발문의 조건을 챙기지 못하면 자칫 틀릴 수도 있었겠는 걸" 하는 생각이 들 수 있다. 하지만 이 문제는 역대 수능과 모의평가, 그러니까 교육과정평가원에서 출제한 모든 국어 시험을 통틀어서 발문이 가장 결정적인 역할을 한 대표적 문항이다. 만약 발문이 어떤 역할을 한다면, 그 역할의 수준이 거의 '극'에 달한 형태가 이 정도라고 보면 딱 맞다.

하지만 엄밀하게 말하면 이건 따옴표 처리된 부분을 챙기는 것만으로 충분한 일이다. 그렇다면 따옴표가 왜 표시됐을까? 당연히 따옴표는 강조하기 위해서 사용한 것이다. 출제자들은 수험생들로 하여금 눈여겨보라는 취지에서 자격루의 원리에 굳이 따옴표를 쳐 준 것이다. 문제는 따옴표 부분을 챙긴 수험생들 중에서도 '원리'라는 어휘의 의미에 특별히 주목하지 않을 경우, 여전히 어려움을 겪었다는 데 있다. 어쨌든 실제 수능에서는 이런 식으로 발문에 등장한 특정 어휘가 결정적 역할을 한 경우는 한 번도 없다. 물론 수능에도 등장할 수 있기는 하지만, 이런 식은 될 수 없다.

한 문제 더 보자.

[문제] <보기>의 ㉠, ㉡과 의미 중복 유형이 가장 유사한 단어는?

〈보 기〉

㉠'<u>저희들</u>'이나 ㉡'<u>너희들</u>'은 '–희'가 복수성을 가지고 있어 '저희', '너희'만으로 복수를 표현할 수 있다. 하지만 사람들은 여기에다 다시 '–들'을 붙여 '저희들', '너희들'처럼 앞 말의 일부를 중복하여 표현하기도 한다.

① 뼛골　　② 외갓집　　③ 씀씀이

④ 단옷날　　⑤ 교차로

이 문제는 1번과 2번이 엄청난 경쟁을 벌였다. 1번을 고른 수험생이 전체 수험생의 31%, 2번을 고른 수험생이 51%였다. 답은 2번이다. 사실 이 문제는 발문의 역할을 강조할 때는 예제로 쓸 수 없는 문제다. "<보기>를 잘 읽어야 한다"는 '지당하신 말씀' 정도를 할 때 제시할 수 있는 예제다. 제시문이 없는 문법이나 작문 문제의 경우, 당연히 정답의 결정적인 근거는 <보기>에 담길 수밖에 없다. 그건 특별히 그래야 하기 때문에 그런 것이 아니라, 그렇게 하는 것 말고는 달리 방법이 없기 때문이다.

이 발문에서 문제가 되는 것은 '의미 중복 유형'이다. 뜻이 겹치는 유형이라는 말이다. 당연히 수험생들은 답지를 보는 순간 즉각적으로 '뼛골'과 '외갓집'에 주목하게 된다. '뼈'와 '골(骨)'이 의미의 중복이고, 외가(外家)의 '가'와 '집'이 의미의 중복으로 보이기 때문이다.

여기서 문제가 되는 것은 '저희들'이나 '너희들'과 '가장 유사한' 의미 중복 유형이 무엇이냐이다. 이때 <보기>의 '복수성'이라는 말에 주목한 수험생도 있었고, '앞말의 일부'에 주목한 수험생도 있었다. 그리고 '앞말의 일부'보다 '복수성'에 주목했던 수험생이 압도적으로 많았다. 사실 '복수성'과 '앞말의 일부'를 빼면 <보기>에서 특별히 챙겨야 할 내용도 없다.

'복수성'이라는 조건은 적용이 쉽지 않다. 그럼에도 불구하고 '외갓집'이 '뼛골'보다 뭔가 더 복수성이 있는 것 같아서 답으로 고른 수험생이 많았고, 또 그래서 그들은 이 문제를 맞혔다. 혹시 그 수험생들은 온몸의 뼈가 하나로 돼 있는, 말 그대로 '통뼈'들이어서 그랬을까? 이 글을 읽고 있는 독자들은 황당하다고 생각할지 모르지만, 꼭 그렇지만은 않다. 많은 수험생들은 국어 시험을 치르다가 답지 두 개를 두고 헷갈리기 시작하면, 정말 '별의별 짓'들을 다한다.

더 재미있는 '별짓'도 있었다. 필자는 이 시험에서 2번을 정답으로 고른 제자들에게 질문을 한 적이 있다. "왜 1번을 고르지 않고 2번을 골랐느냐"는 필자의 질문에 많은 제자들이 "'저희들', '너희들'도 3글자이고 '외갓집'도 3글자잖아요. 그래서 그냥 2번 찍었어요"라는 '웃지 못 할' 대답을 엄청나게 많이 했다. 정말이다. '앞말의 일부를 중복'이라는 부분을 체크했고, 그 말이 정확하게 어떤 의미인지 확인한 후에 2번을 정답으로 골랐다고 말하는 제자는 한 명도 없었다(그 당시 필자의 제자들에게 조금 문제가 있었던 것 아닐까 생각하는 독자들도 있을 것 같다. 혹시 바보들만 모여 있는 '봉숭아 학당'이었을지도 모른다는 의심 말이다. 아니다. 그해 수능에서 1등급을 받은 제자들도 많았다).

사실 똑같은 3글자라 2번을 골랐다는 것은 다소 '바보 같은' 접근이었지만, 이 문제를 출제한 사람의 의도에 거의 근접한 것이다. 3글자 이상이 돼야 '앞말의 일부를 중복'해 표현할 수 있기 때문이다. 두 글자로 된 단어는 앞말을 자음과 모음으로 분해하지 않는 이상, 뒷말은 앞말의 일부가 아니라 전부를 중복할 수밖에 없기 때문이다.

재미있다. 그런데 재미있기는 하지만 이건 발문에 제시된 조건을 챙기는 것과는 사실상 무관하다. 발문에 제시된 '의미 중복 유형이 가장 유사'라는 조건을 한참 동안 생각한 후에, <보기>의 '앞말의 일부를 중복'하는 것이 바로 '저희들'이나 '너희들'의 의미 중복 유형이라는 판단을 신속하게 진행한 수험생은 거의 없었기 때문이다. 이 문제를 맞힌 50%의 수험생 가운데, 이런 사고 과정을 통해서 문제를 맞힌 친구들은 단언컨대 5%를 넘지 않는다.

물론 '의미 중복 유형'이라든가 '앞말의 일부를 중복'이라는 표현이 수능에 또다시 등장한다면, 이 문제를 한번 접했던 친구들은 해당 문제를 틀리지 않을 가능성이 높다. 하지만 같은 방식이지만, 또 다른 표현이 등장할 경우, 그리고 그 곤란도가 이 문항 정도라면, 미안하지만 그 문제는 여전히 50%대의 정답률이 나올 가능성이 높다. 왜일 것 같은가? 이 문제는 단순히 발문이나 <보기>에 제시된 조건을 챙기는 것만으로 해결되는 문제가 아니기 때문이다. '앞말의 일부가 중복된다'는 부분을 즉각적으로 감지하고, 그 말의 의미를 신속하게 파악하는 수험생의 '스키마'에 전적으로 달려 있는 문제였기 때문이다.

제6부

‘지옥행 급행열차’ – 그래프와 표 문제

시간 잡아먹는
'초대형' 하마

그래프나 표 문제는 언어적 자료를 비언어적 자료로 바꾸는 것이다. 말하자면, 출제자들은 수험생에게 "제시문의 내용을 표나 그래프로 바꾸면 어떻게 되는지 알겠느냐"고 묻는 것이다. 반대의 경우, 그러니까 비언어적 자료를 언어 자료로 바꾸는 문제도 있다. 표나 그래프에 담긴 의미를 파악해서 언어로 풀어내는 능력을 보겠다는 것이다. 어떤 사람들은 이런 그래프나 표 문제를 '자료 전환' 문제, 혹은 '표상 전환' 문제라고도 부른다. 명칭은 중요하지 않다. 이런 문제는 그래프나 표에 대한 해석의 실마리가 직관적으로 감지되면 매우 빠른 시간 안에 쉽게 풀리지만, 그렇지 않을 경우 시간을 어마어마하게 소비시킨다는 점이 중요하다. 어떤 해에는 한 문제도 안 나올 때가 있지만 어떤 해에는 두세 문제 이상이 나오기도 한다. 전체 점수에서 차지하는 비중은 매우 적다고 볼 수 있다. 그러나 시간을 한없이 잡아먹는 '하마'라는 점에서 결과적으로 그해 수능 국어 영역 전반에 걸쳐 매우 중요한 변수로 작용하는 경우가 많다.

사실 매년 수능에서 생각지도 못했던 '복병'으로 작용하는 것은 많은 경우 그래프나 표 문제다. 하지만 그래프나 표 문제는 답을 알고 나면 사실 아무것도 아닌 경우가 정말 많다. 너무 빤해서 허무하기까지 할 정도다. 하지만 막상 시험 현장에서는 해석의 실마리가 파악되지 않으면 그때부터 시간을 마구 잡아먹는다. 그 시간은 10분을 '훌쩍' 넘어가는 경우까지 있다. 물론 수험생은 자신이 그만큼의 시간을 쓰고 있다는 것을 전혀 의식하지 못한다. 실제 국어 시험장에서는 '물리적인 시간'과 '심리적인 시간'이 일치하지 않는 경우가 많은데, 그래프나 표 문제가 가장 대표적인 경우다.

'물리적인 시간'이란 실제로 수험생이 소비한 시간을 누군가가 옆에서 스톱워치로 측정한 것이고, '심리적인 시간'이란 수험생이 사용한 것으로 스스로 느끼는 주관적인 시간이다. 그래프나 표 문제의 경우 해석이 잘 안 되면 물리적인 시간이 어마어마하게 소비된다. 물론 이때 수험생은 자신이 시간을 얼마 쓰지 않았다고 착각한다. 심리적인 시간은 언제나 수험생의 편이기 때문이다.

표상 전환 문제가 시간을 잡아먹는 이유는 그래프나 표가 그 자체로 많은 의미를 함축하고 있기 때문이다. 기본적으로 그래프나 표는 그 자체로 고도의 상징체계이며 상당히 많은 측정값을 요약해서 시각적인 경향성으로 표현한 것이다. 따라서 중요한 단서가 직관적으로 감지되지 않을 경우, 해석을 해야 하는데 이게 말처럼 쉽지가 않다. 사실 이 부분도 과학 탐구 과목을 공부한 이과생이 유리하다(문과생들이여, 어쩌면 좋은가). 과학을 공부하면서 불가피하게 많은 표와 그래프를 접하기 때문에, 그것들이 의미하는 바를 직관적으로 감지하는 능력이 더 뛰어나다고 볼 수 있다. 문과생의 경우 경제 과목을 공부한 친구들도 다소 유리한 위치에 설 수 있다. 이런저런 표나 그래프를 문과생 치고는 그나마 접할 기회가 많기 때문이다. 하지만 '경제'는 선택 과목인데다가 선택 비율마저 5% 내외다. 한마디로 문과 수험생들이 가장 싫어하는 사회 탐구 과목이다.

사실 문과생들 중에는 오른쪽으로 갈수록 x축의 값이 커진다거나 위쪽으로 갈수록 y축의 값이 커진다는 것도 모르는 친구들이 의외로 많다. 이들이 그래프의 '기울기' 개념(경제학에서 말하는 '탄력성' 개념)을 알 것이라고 기대하거나, 독립 변수와 종속 변수를 구별하고 변수들 간의 상관관계나 인과관계를 파악할 수 있을 것이라고 기대하기는 현실적으로 힘들다. 또 수능에는 그래프 하나에 두 가지 이상의 정보를 함께 나타내는 경우도 가끔 있는데, 이때는 아마 '인지적 부하'까지 걸릴 가능성이 높다.

'그래프나 표에 약한 이과생'이나 '대다수 문과생'들은 반드시 수능이나 모의 평가 기출 문제에 나온 '모든' 그래프나 표 문제를 따로 모아서 볼 필요가 있다. 그렇게라도 해서 표나 그래프에 대한 익숙함, 그러니까 '스키마'를 만드는 것이 매우 중요하다. 그래프나 표를 변환하거나 해석하는 능력은 '십수 년 인생사'나 '모국어 화자의 언어 체험'이 만들어내는 보편적인 능력이 아니기 때문이다. 이건 집중적이고 반복적인 훈련을 통해야만 개발되는 능력이다.

그런 훈련이 있어야 그나마 시간을 덜 투자하면서도 해결의 실마리를 직관적으로 발견할 가능성이 높아진다. 만약 그게 안 될 때는 시간을 투자하는 수밖에 없다. 다른 방법은 없다. 문제는 그때 소비되는 시간이 문제가 해결되는 방향으로 작용하지 않는 경우가 더 많다는 데 있다. 그리고 그건 대부분 '지옥행 급행열차'에 탑승하는 절차인 경우가 많다. '지옥행 급행열차'를 타지 않으려면, 아쉽지만 사용할 수 있는 시간의 마지노선(최대 2분 정도)을 정해놓고 그 시간을 넘기면 다음 문제로 무조건 넘어가는 것이 현명하다. 마지막 문제까지 풀고 나서 다시 돌아올 수 있으면 좋은 것이고, 다시 돌아오지 못한다 해도 어쩔 수 없는 일이라고 생각하는 것이 현명하다는 말이다.

직관적으로
해석의 실마리를
찾아라

　여기서 실제로 표상 전환 문제가 어떻게 출제되는지 한번 살펴보고 넘어가는 것이 좋을 것 같다. 두 문제 모두 2013학년도 6월 모의 평가 때의 문제들이다. "해석의 실마리가 직관적으로 감지된다"는 말이 무슨 의미인지 곰곰이 생각하면서, 문제를 풀어보기 바란다.

　일반적으로 대기 중에서 만들어질 수 있는 물기둥의 최대 높이는 10m 정도이다. 그런데 지구상의 나무 중에는 그 높이가 110m를 넘는 것들도 있다. 어떻게 뿌리에서 흡수된 물이 높이 110m의 나무 꼭대기에까지 전달될 수 있는 것일까?

　대기 중의 수분 농도는 잎의 수분 농도보다 낮기 때문에 물이 잎의 표피에 있는 기공을 통하여 대기 중으로 확산되는데, 이를 증산 작용이라고 한다. 기공을 통해 물이 빠져나가면 물의 통로가 되는 조직인 물관부 내부에 물을 끌어올리는 장력이 생기며, 이에 따라 물관부의 물기둥이 위로 끌려 올라가게 된다. 이때 물기둥이 끊어지지 않고 끌려 올라갈 수 있는 것은 물의 강한 응집력 때문이다. 물의 응집력이 물관부에서 발생하는 장력보다 크기 때문에 물기둥이 뿌리에서부터 잎까지 끊어지지 않고 마치 끈처럼 연결되어 올라가는 것이다. 물관부에서 물수송이 이루어지도록 하는 이러한 작용을 '증산—장력—응집력' 메커니즘이라 한다.

　이 메커니즘은 수분 퍼텐셜로 설명할 수 있다. 수분 퍼텐셜은 토양이나 식물체가 포함하고 있는 물의 양을 에너지 개념으로 바꾼 것으로, 물이 이동할 수 있는 능력을 나타낸다. 단위로는 파스칼(Pa, 1MPa=106Pa)을 사용한다. 물은 수분 퍼텐셜이 높은 쪽에서 낮은 쪽으로 별도의 에너지 소모 없이 이동한다. 순수한 물의 수분 퍼텐셜은 0MPa인데, 압력이 낮아지거나 용질*이 첨가되어 이온 농도가 높아지면 수분 퍼텐셜이 낮아진다. 토양의 수분 퍼텐셜은 −0.01∼−3MPa, 대기의 수분퍼텐셜은 −95MPa 정도이다. 일반적으로 토양에서 뿌리, 줄기, 잎으로 갈수록 수분 퍼텐셜이 낮아지고, 그에 따라 물은 뿌리에서 줄기를 거쳐 잎에 도달한 후 기공을 통해 대기 중으로 확산된다.

　기공의 개폐는 잎 표면에 있는 한 쌍의 공변세포에 의해 이루어진다. 빛의 작용으로 공변세포 내부의 이온 농도가 높아지면 수분 퍼텐셜이 낮아지고, 그에 따라 물이 공변세포로 들어와 기공이 열린다. 그러면 식물은 대기 중의 이산화탄소를 흡수하여 광합성을 통해 포도당을 생산할 수 있다. 문제는 식물이 이산화탄소를 흡수하기 위해 기공을 열면 물이 손실되고, 반대로 물 손실을 막기 위해 기공을 닫으면 이산화탄소를 포기해야 하는 데 있다. 물과 포도당이 모두 필요한 식물은, 이러한 딜레마를 해결하기 위해 광합성에 필요한 햇빛이 있는 낮에는 기공을 열고 그렇지 않은 밤에는 기공을 닫아서 이산화탄소의 흡수와 물의 배출을 조절하는 시스템을 만들어 냈다. 그 결과 기공의 개폐는 일정한 주기를 가지게 된다.

* 용질: 용액에 녹아 있는 물질

[문제] 일출부터 일몰까지 '잎'의 수분퍼텐셜을 나타낸 다음 그래프 중 위 글의 내용에 부합하는 것은?

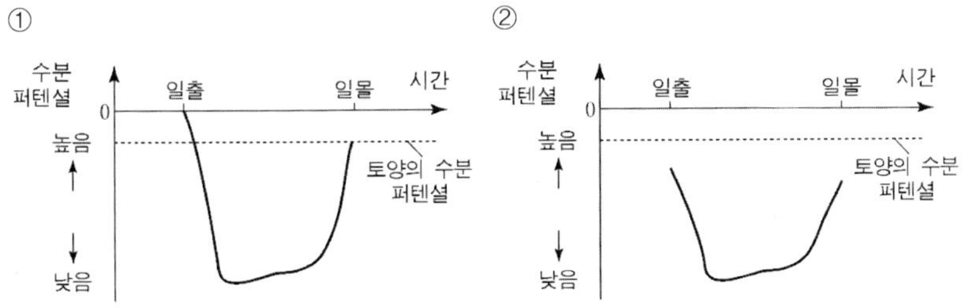

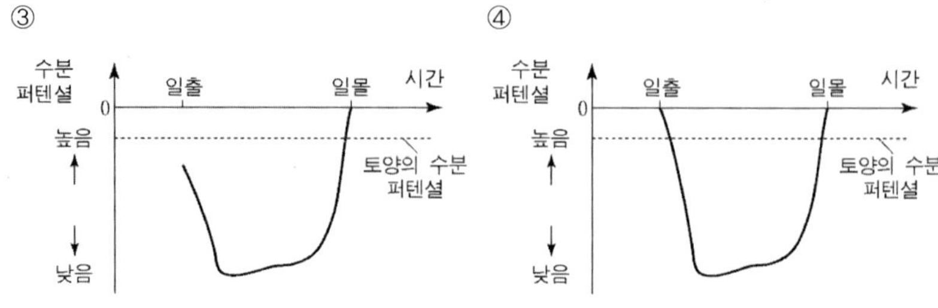

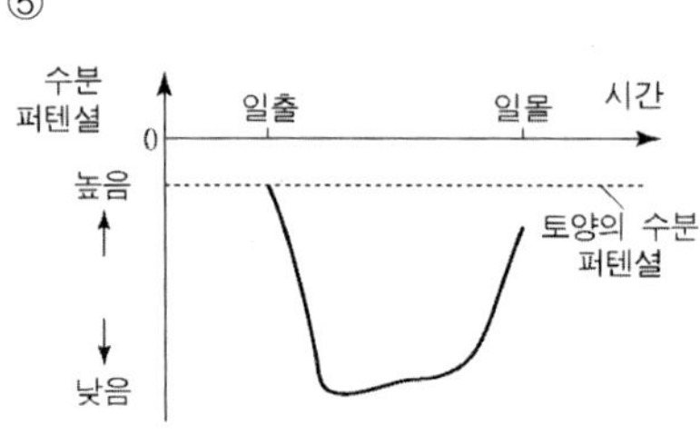

이 문제는 "잎의 수분 퍼텐셜은 어떤 경우에도 토양의 수분 퍼텐셜보다 높을 수 없다"는 점이 '직관적'으로 감지되면 문제 해결이 엄청 편해진다. 잎의 수분 퍼텐셜이 토양의 수분 퍼텐셜보다 높다는 것은 물의 이동이 잎에서 토양으로 거꾸로 진행된다는 것을 의미하기 때문이다. 잎뿐만 아니라 나무의 어떤 부분(뿌리, 줄기)도 토양의 수분 퍼텐셜보다 높을 수 없다. 그러면 나무는 말라 죽는다. 식물에서 물의 이동은 수분 퍼텐셜이 높은 쪽에서 낮은 쪽으로 이루어진다. 세 번째 단락의 내용, 그러니까 "토양의 수분 퍼텐셜은 $-0.01 \sim -3$MPa, 대기의 수분퍼텐셜은 -95MPa 정도이다. 일반적으로 토양에서 뿌리, 줄기, 잎으로 갈수록 수분 퍼텐셜이 낮아지고, 그에 따라 물은 뿌리에서 줄기를 거쳐 잎에 도달한 후 기공을 통해 대기 중으로 확산된다"가 바로 그런 내용이다. 수분 퍼텐셜을 높은 것에서 낮은 것 순으로 나열하면 토양→뿌리→줄기→잎→대기가 된다. 그 순간 2번과 5번이 남는다.

여기서 "잎의 수분 퍼텐셜은 어떤 경우에도 토양의 수분 퍼텐셜과 같은 수치를 보일 수 없다"는 점이 또 '직관적'으로 감지되면 답은 2번이 된다. 잎의 수분 퍼텐셜이 토양의 수분 퍼텐셜과 같은 수치를 보인다는 것은 물의 이동이 아예 일어나지 않는 상황을 의미하기 때문이다. 그렇게 되면 '불쌍한' 우리의 나무는 또 말라 죽는다. 사후적으로 설명하면 이렇게 간단한 문제다. 하지만 이 문항의 정답률은 52%에 그쳤다. 그리고 5번 답지(9%)보다 3번 답지에 대한 선택률(18%)이 더 높았다. 결과적으로 이 문제를 맞힌 수험생은 전체 수험생의 절반 정도였지만, 많은 수험생들, 특히 이 문제를 틀린 수험생들은 어마어마한 시간을 썼을 가능성이 높다. 틀린 것도 억울한데 시간까지 '과소비'했을 것이라는 말이다.

한 문제 더 보자.

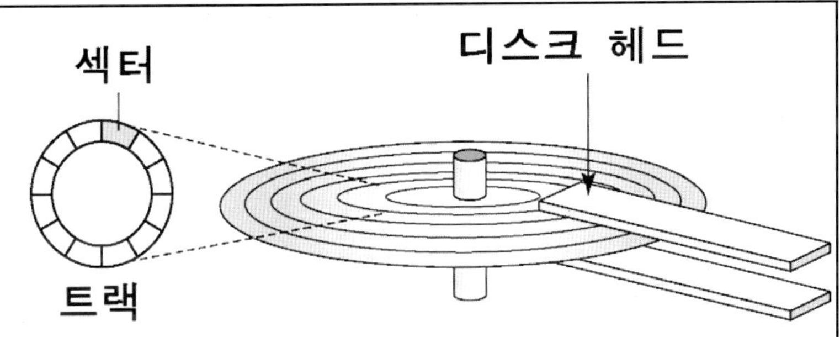

하드디스크는 고속으로 회전하는 디스크의 표면에 데이터를 저장한다. 데이터는 동심원으로 된 트랙에 저장되는데, 하드디스크는 트랙을 여러 개의 섹터로 미리 구획하고, 트랙을 오가는 헤드를 통해 섹터 단위로 읽기와 쓰기를 수행한다. 하드디스크에서 데이터 입출력 요청을 완료하는 데 걸리는 시간을 접근시간이라고 하며, 이는 하드디스크의 성능을 결정하는 기준 중 하나가 된다. 접근시간은 원하는 트랙까지 헤드가 이동하는 데 소요되는 탐색시간과, 트랙 위에서 해당섹터가 헤드의 위치까지 회전해 오는 데 걸리는 대기 시간의 합이다. 하드디스크의 제어기는 '디스크 스케줄링'을 통해 접근시간이 최소가 되도록 한다.

㉠ 200개의 트랙이 있고 가장 안쪽의 트랙이 0번인 하드디스크를 생각해 보자. 현재 헤드가 54번 트랙에 있고 대기큐*에는 '99, 35, 123, 15, 66' 트랙에 대한 처리 요청이 들어와 있다고 가정하자. 요청 순서대로 데이터를 처리하는 방법을 FCFS 스케줄링이라 하며, 이때 헤드는 '54→99→35→123→15→66'과 같은 순서로 이동하여 데이터를 처리하므로 헤드의 총 이동거리는 356이 된다. 만일 헤드가 현재 위치로부터 이동거리가 가장 가까운 트랙순서로 이동하면 '54→66→35→15→99→123'의 순서가 되므로, 이때 헤드의 총 이동거리는 171로 줄어든다. 이러한 방식을 SSTF 스케줄링이라 한다. 이 방법을 사용하면 FCFS 스케줄링에 비해 헤드의 이동거리가 짧아 탐색 시간이 줄어든다. 하지만 현재 헤드위치로부터 가까운 트랙에 대한 데이터처리 요청이 계속 들어오면 먼 트랙에 대한 요청들의 처리가 계속 미뤄지는 문제가 발생할 수 있다. 이러한 SSTF 스케줄링의 단점을 개선한 방식이 SCAN 스케줄링이다. SCAN 스케줄링은 헤드가 디스크의 양 끝을 오가면서 이동경로 위에 포함된 모든 대기 큐에 있는 트랙에 대한 요청을 처리하는 방식이다. 위의 예에서 헤드가 현재 위치에서 트랙 0번 방향으로 이동한다면 '54→35→15→0→66→99→123'의 순서로 처리되며, 이때 헤드의 총 이동거리는 177이 된다. 이 방법을 쓰면 현재 헤드 위치에서 멀리 떨어진 트랙이라도 최소한 다음 이동 경로에는 포함되므로 처리가 지나치게 늦어지는 것을 막을 수 있다. SCAN 스케줄링을 개선한 LOOK 스케줄링은 현재 위치로부터 이동방향에 따라 대기큐에 있는 트랙의 최솟값과 최댓값 사이에서만 헤드가 이동함으로써 SCAN 스케줄링에서 불필요하게 양 끝까지 헤드가 이동하는 데 걸리는 시간을 없애 탐색시간을 더욱 줄인다.

* 대기큐: 하드디스크에 대한 데이터 입출력 처리 요청을 임시로 저장하는 곳

[문제] <보기>는 주어진 조건에 따라 ㉠에서 헤드가 이동하는 경로를 나타낸 것이다. (가), (나)에 해당하는 스케줄링 방식으로 적절한 것은?

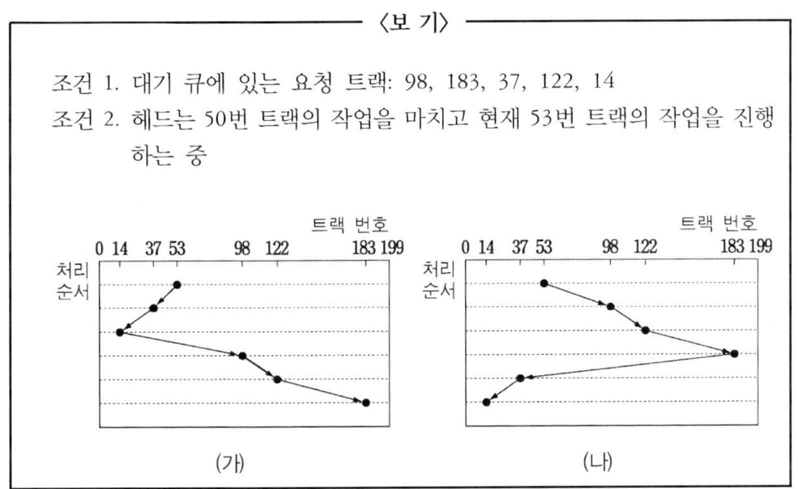

	(가)	(나)
①	FCFS	SSTF
②	SSTF	SCAN
③	SSTF	LOOK
④	SCAN	LOOK
⑤	LOOK	SCAN

이 문제는 두 가지 방식으로 해결이 가능하다. 첫 번째 해결 방식부터 보자. 먼저 (가)는 헤드가 '53→37→14→98→122→ 183' 순으로 이동하고 있다는 것을 확인한 후, 그런 방식은 헤드가 현재 위치로부터

가장 가까운 트랙 순서로 데이터를 처리하고 있다는 것을 파악하는 것
이다. 그렇다면 (가)는 SSTF 스케줄링 방식이다. 그 순간 2번(20%)과 3번
(62%)이 남게 된다. 그다음 (나)는 '53→98→122→183→37→14' 순서
로 헤드가 양쪽 끝으로 이동하면서 그 경로에 있는 데이터를 처리하고
있다는 것을 확인하는 것이다. 여기서 헤드가 트랙의 끝인 199까지 가
지 않고 요청된 트랙의 최댓값인 183에서 방향을 바꾸고 있다는 점이
파악되면, (나)는 LOOK 스케줄링 방식이라고 판단할 수 있다. 어떻게
할 만한가?

그렇다면 두 번째 해결 방식을 보자. 이때 가장 중요한 것은 (가)와
(나) 모두 헤드가 양끝 트랙(0과 199)까지 가지 않았다는 것을 '직관적'
으로 감지하는 것이다. 왜냐하면 SCAN 스케줄링은 헤드가 반드시 0이
든 199든 끝까지 가야 하기 때문이다. 그렇다면 (가)와 (나)는 어떤 경
우에도 SCAN이 될 수 없다. 그 순간 1번(3%)과 3번 답지(62%)가 남게
된다. 여기에서 (가)와 (나) 모두 대기큐에 있는 요청 트랙 98, 183, 37,
122, 14 순으로 처리하지 않았다는 것이 판단되면, 3번이 남게 된다. 요
청대로 데이터를 처리하는 것은 FCFS 스케줄링이기 때문이다.

이 두 가지 방식 중에 수험생이 더 많이 사용한 방식은 첫 번째로 보
인다. 왜냐하면 20%라는 높은 선택률을 보인 답지는 1번이 아니라 2번
이었기 때문이다. 1번 답지는 가장 낮은 선택률(3%)을 보인 오답지다.
어쨌든 열 명 중 여섯 명이 맞힌 문제인데, 마찬가지로 이 정도 정답률
을 기록하기 위해서 수험생들이 이 문제에 투자한 시간은 결코 짧지
않았을 것이다.

제 7 부

:
:

'답이 보인다!' – 정답의 표지성

정답의 '표지성'이
'정답률'을 결정한다

앞에서 국어 시험, 영어 시험, 수학 시험은 정답률에 영향을 미치는 요소가 각기 다르다는 이야기를 한 적이 있다. 사실 이 부분은 수능을 준비하는 데 매우 중요한 고려 사항인데, 수험생들은 의외로 관심을 두지 않는다는 말도 덧붙인 바 있다. 국어에서 정답률에 가장 큰 영향을 주는 요인은 '정답의 표지성' 혹은 '오답의 매력도'다. 두 번째 요인은 그래프나 표가 제시되는 경우, 그러니까 문제 형태나 과제의 복잡성이다. 그래프나 표 문제가 왜 어려운지는 앞에서 이미 이야기했다.

'문항의 내적 근거', 그러니까 제시문이 쉽냐 어렵냐가 정답률에 미치는 영향력은 우리가 생각하는 것보다 낮다. 제시문에 담긴 제재(내용)나 어휘의 친숙성, 그리고 제시문 구조나 표현의 복잡성이 정답률에 미치는 영향은 상대적으로 크지 않다는 말이다. 또 앞에서 계속 강조했듯이 독해력이나 문제 해결력에서 수험생들 간에 큰 차이가 없다. 문법 지식과 문학 감상 능력조차 '거기서 거기'다. 모국어 화자로서의 스키마의 양과 질이 거의 비슷하기 때문이다.

국어 시험에서 점수 차이가 만들어지는 이유는 두 가지다. 첫째, '정답의 표지성'이다. 둘째, 그 정답의 표지성을 알아보는 '자신의 능력에 대한 신뢰'다. 그 신뢰의 정도는 수험생의 개인적 특성, 그러니까 '성격'과 밀접하게 관련된다.

먼저 정답의 표지성이 무엇인지부터 이야기해 보자.

정답의 표지성이라고 할 때 표지는 책의 겉장이나 커버를 말하는 표지(表紙)가 아니라 '標識'라고 쓰는 표지다. 국어사전을 찾아보면 표지는 "1. 표시나 특징으로 어떤 사물을 다른 것과 구별하게 함. 또는 그 표시나 특징, 2. 다른 대상과 구별하여 어떤 대상을 확정하고 그것을 인식할 수 있게 하는 개념적 특성"이라고 나와 있다.

쉽게 말해, 정답의 표지성은 오답과 구별되는 정답의 특성이라는 의미다. 흔히 말하는 오답의 매력도(간섭도)도 정답의 표지성과 밀접하게 관련된다. 오답의 매력도(간섭도)가 높다는 것은 오답이 간섭하는 정도가 커서 정답 찾는 행동을 방해한다는 의미다. 정답의 표지성은 매력적 오답이 간섭하는 정도가 크면 그 뚜렷한 정도가 낮아진다. 하지만 어떤 정답의 표지성은 아무리 매력적인 오답이라도 간섭할 수 없을 정도로 강렬한 경우도 있다. 어떤 경우든 국어 시험에서는 그런 정답의 표지성을 알아보는 '눈'이 가장 중요하다.

정답의 표지성이 드러날 수밖에 없는 이유는 객관식 5지 선다라는 수능 국어 영역의 형식 때문이다. 우리가 보는 객관식 5지 선다형 시험의 문항은 결국 4개의 오답과 1개의 정답으로 이뤄질 수밖에 없다. 이런 시험은 그러지 않으려고 아무리 애를 써도 거의 필연적으로 정답의 표지성이 드러날 수밖에 없다. 선다형은 답지 안에서 정답을 추측하고 예상할 수 있는 흔적이나 '마크'를 아무리 없애려 해도 결코 없앨 수 없는 시험이라는 말이다. 그래서 어떤 사람들은 정답의 표지성을 선다형 문항이 갖는 일종의 특징, 한편으로는 태생적 한계라고 보기도 한다. 수험생들의 표현으로는 답지를 두 개 남겨놓고 무척 헷갈릴 때, 결국 정답이 갖는 표지성을 알아보느냐 못 알아보느냐에 따라 정·오답이 갈린다. 그렇다면 문제는 그런 헷갈리는 상황에서 그나마 정답의 표지성을 찾아내는 것이다.

여기서 "영어나 수학도 5지 선다형이 아니냐?"라고 말하고 싶은 독자들이 있을 것 같다. 아니다. 5지 선다라는 시험 형식만 같을 뿐 그 본질적 성격은 전혀 다르다.

미안하지만 수학은 정답의 표지성이라는 것이 아예 없다. 매력적 오답이라는 것도 굳이 말하자면 정답 앞뒤로 근접한 수치를 차례로 제시하는 정도다. 국어에서 말하는 정답의 표지성이나 오답의 매력도가 적용되는 시험이 처음부터 아니라는 말이다.

영어는 수학보다는 정답의 표지성이 정답률에 미치는 영향이 크다. 아까도 말했지만 영어도 결국 '언어'라 그렇다. 하지만 국어처럼 정답의 표지성이나 오답의 매력도가 미치는 영향이 '절대적'이지는 않다.

여기서 잠깐 옆길로 새 보자.

수능 출제진 사이에는 "전 영역을 통틀어서 수능의 취지에 가장 부합하는 영역은 다름 아닌 '국어 영역'"이라는 말이 있다. 왜 그럴까?

"암기력이나 기억력이 아닌 사고력을 측정하고, 대학에 가서 공부하는 데 필요한 보편적인 능력을 평가"하는 수능의 목표가 바로 국어 영역의 평가 목표와 똑같기 때문이다. 그래서 모든 출제진 중에서도 특히 국어(언어) 영역 출제진의 자부심이 가장 높다는 이야기까지 있다. "바로 우리가 '수능의 정신'을 가장 잘 구현하고 있는 사람들"이라는 명실상부한 자부심이 있다는 것이다.

그런데 그런 국어 영역 출제진이 가장 아쉬워하고 불만스러워하는 부분이 하나 있는데 그게 바로 이 5지 선다형이라는 문항 형식이다.

무슨 말이냐면 선택형 평가는 수험생의 창의력, 문제 해결력, 그리고 비판적 판단력이나 사고력을 측정하기에는 근본적인 한계가 있을 수밖에 없다는 것이다. 선택형 문항으로는 수능이 추구하는 고등의 정신 능력을 측정하기에는 어려움이 많다는 말이다.

이 말에는 분명히 일리가 있다. 하지만 국어 영역 출제진이 선택형 평가를 아쉬워하는 '진짜' 이유는 정작 다른 데 있다고 한다. 그게 뭘까? 맞다. 선택형 문항은 문항 자체에 정답을 추리할 수 있는 힌트, 필자 표현으로는 '정답의 표지성'이 반드시 노출될 수밖에 없기 때문이다.

이런 한계에 대한 근본적인 해결책이 물론 있기는 있다. '서답형' 문항이다. 서답형 문항은 주어진 물음이나 지시에 따라서 수험생이 스스로 답을 만들고 서술하는 문항 형식을 통틀어서 부르는 말이다. 보통은 주관식이라고 하는데, 단답형, 완성형, 서술형, 논술형 같은 것을 말한다.

하지만 평가의 객관성이나 효율성을 생각하면, 수능 국어 영역이 서답형으로 바뀌는 것은 현실적으로 불가능하다.

우선 서답형은 채점의 객관성을 확보하기가 정말 어렵다. 지금 같은 선택형에서도 정·오답 시비가 심심찮게 벌어지는데, 서답형은 그런 시비가 만들어질 가능성이 매우 높다. 당연하다. 서답형은 객관성에 치명적인 오류가 발생할 수 있는 평가이기 때문이다. 태생적으로 그렇다는 말이다.

그뿐만이 아니다. 평균 60만 명에 달하는 수험생의 서답형 답안을 제한된 시간 안에 채점한다는 것도 결코 간단한 문제가 아니다. 서답형은 채점의 효율성이 너무 낮기 때문이다.

수능 출제자들, 특히 국어 영역 출제자들은 5지 선다형을 정말 마음에 들어 하지 않는다고 한다. 분명히 그렇다고 한다. 하지만 5지 선다형은 어쩔 수 없이 그대로 유지될 수밖에 없다. 그럴 수밖에 없는 불가피한 이유가 너무 많기 때문이다.

이게 답인 것 같다!

자, 5지 선다형의 '불가피성'은 이 정도로 하고, 다시 정답의 표지성으로 돌아가자. 독자들 표현으로는 '답지를 두 개 남겨놓고 무척 헷갈릴 때', 결국 정답이 갖는 표지성을 알아보느냐 못 알아보느냐에 따라 정·오답이 갈리게 된다. 그렇다면 문제는 그런 헷갈리는 상황에서 그나마 정답의 표지성을 찾아내는 것이다. 정답의 표지성은 크게 두 가지로 나뉜다. 다른 답지와 무관하게 드러나는 표지성, 그리고 다른 답지와의 관계 속에서 드러나는 표지성으로 말이다. 필자는 앞의 표지성을 '독립적 표지성', 뒤의 표지성을 '관계적 표지성'이라고 한다.

독립적 표지성은 "정답이 자기가 정답이라고 깃발을 흔들고 있다"고 할 때의 표지성이다. 나머지 답지를 모두 보기도 전에 이미 '빤하다'는 느낌을 준다는 말이다. 그것은 정답의 표지성이 너무 강렬하기 때문이다. 국어 시험에는 이런 답지가 독자들이 생각하는 것보다 훨씬 많다. 하지만 아무리 그래도 국어 시험에는 독립적 표지성보다 관계적 표지성이 더 많다. 다른 답지와의 관계 속에서 드러나는 표지성 말이다. 물론 다른 답지와의 관계 속에서 드러나는 표지성도 독립적 표지성 만큼이나 '빤할' 때가 있다. 보통 이런 표지성을 두고 "오답이 힘을 합쳐 정답을 왕따시킨다"고 표현한다. 특정 답지가 나머지 답지들과는 너무 이질적인 느낌을 주는 경우다. '왕따'든 '깃발'이든 '빤하다'는 점에서는 둘 다 똑같다. 하지만 '왕따'는 나머지 답지들을 모두 봐야 알아차리게 되는 표지성이라는 점에서 독립적 표지성인 '깃발'과는 성격이 조금 다르다.

수능 국어 영역에서 가장 문제가 되는 것은, 관계적 표지성 가운데 다른 하나다. '왕따'가 아닌 것, 말하자면 정답의 표지성이 다른 오답지들의 매력에 의해 일정 부분 가려지거나 방해받는 경우다. 이때는 오답들이 미처 가리지 못한 정답의 표지성을 알아차리는 것이 결정적으로 중요하다. 정답의 표지성은 쉽게 말하면 "이게 답인 것 같다"는 느낌이다. "이게 답인 것 같다"라는 말, 어디서 많이 들어본 말 아닌가? 맞다 국어 잘하는 아이들이 입에 달고 다니는 말이다. 그 친구들은 공통적으로 "이게 답이다"가 아니라 "이게 답인 것 같다"고 말하는 '이상한' 버릇이 있다. 답이면 답이지, '답인 것 같다'는 또 뭔가? 기분 나쁘게 말이다. 하지만 너무 기분 나빠 하지는 말기 바란다. 독자들도 이 책을 다 읽고 나면 그 아이들이 왜 그런 말을 하게 되는지, 아니 왜 그렇게 말할 수밖에 없는지 알게 될 것이기 때문이다. 어쨌든 적절한 것을 찾아야 하는 '긍정 발문'에서는 '적절한 것 같다'는 느낌이 정답의 표지성이다. 반대로 적절하지 않은 것을 찾아야 하는 '부정 발문'에서는 '적절하지 않은 것 같다'는 느낌이 정답의 표지성이 된다. 문제는 어떨 때 그런 느낌이 드느냐다.

아주 간단하게 말하면, 어떤 답지가 자신이 지닌 '스키마(Schema)'와 잘 맞을 때, 수험생은 그 답지가 적절하다는 느낌을 갖게 된다. 반대로 어떤 답지가 자신이 지닌 '스키마'와 잘 맞지 않을 때 수험생은 그 답지가 적절하지 않다는 느낌을 갖게 된다.

필자는 앞에서 국어 시험을 치를 때 수험생은 단순히 문제지 속에 주어진 문자 정보만을 인지하고 해독하는 것이 아니라고 말한 적이 있다. 그게 아니라 수험생들은 자신의 모국어 문화, 개인적 경험, 상식, 기초 지식 같은 모든 '사전 지식'(십수 년 인생사)을 활용하는 동시에, 문자 형태나 문법 규칙, 어순, 어휘 지식 같은 그동안 습득한 '언어 지식'(모국어 화자의 '보편적인 언어 체험')을 총동원해 수능 1교시 국어 영역을 치르게 된다고 말했다. 여기서 '십수 년 인생사'와 '모국어 화자의 보편적 언어 체험', 이 두 가지를 합쳐 놓은 것이 그 사람의 '스키마'라는 이야기도 그동안 '줄기차게' 해 왔다. 이 '스키마'가 바로 모국어 화자의 '습득(학습이 아니라)된 국어 능력'이라는 이야기도 했다.

국어 시험에서 '정답의 표지성'은 바로 이 '스키마', 그러니까 모국어 화자로 태어나서 공통의 언어 환경 속에서 오랫동안 국어를 말하고 읽고 쓰고 했던 '보편적인 언어 체험', 그리고 비슷한 일을 비슷하게 경험한 '십수 년 인생사' 때문에 알아차리게 되는 것이다.

여기서 일부 독자는 "이게 답인 것 같다는 느낌은 마치 비슷하게 생긴 두 물건을 놓고 '어느 게 더 좋다거나 끌린다'는 느낌과 같은 것 아니냐"는 의문을 제기한다. 둘 중 하나를 선택했지만 "그게 왜 더 좋다고 생각했느냐", "그게 왜 더 끌렸느냐"고 누가 물어보면 사실 특별히 할 말이 없다는 것이다. 무슨 말이냐면, 그 느낌이라는 것이 결국은 나만의 것이라면 그 느낌은 어차피 다른 사람에게 설명할 수도 없고, 그렇다면 공유할 수도 없는 것 아니냐는 문제 제기다. 아니다.

국어 시험에서 어떤 답지를 보면서 드는 "이게 답 같다"는 느낌은 비슷한 물건 중 하나에 끌리는 것과는 다르다. 어떤 물건에 끌리는 것은 분명히 그 사람만의 취향일 수 있다. 물론 사람의 취향이라는 것도 겹치는 부분이 많지만, 독특한 취향도 의외로 많을 수 있기 때문이다. 그때 그 사람의 느낌은 말 그대로 그 사람만의 느낌이라 다른 사람과 공유하기 어려운 것일 수 있다.

하지만 필자가 지금 말하는 '정답의 표지성'은 그런 것과는 다르다. 국어 시험에서의 표지성은 모국어 화자로 태어나서 공통의 언어 환경 속에서 오랫동안 국어를 말하고 읽고 쓰고 했던 '보편적인 언어 체험', 그리고 비슷한 일을 비슷하게 경험한 '십수 년 인생사' 때문에 감지되는 것이다. 굳이 말하자면, '정답의 표지성'은 고유한 취향이라기보다는 공통의 취향이라고 봐야 한다는 것이다. 그 취향을 표현하는 방식은 사람마다 다를 수 있지만 그 취향 자체는 거의 비슷한 것이라고 보는 게 맞다.

난독증이나 언어 장애 같은 병적인 증상을 앓고 있지 않다면, 고등학생 정도의 모국어 화자들이 하는 언어 체험은 상당히 보편적인 성격을 지닐 수밖에 없다. 수험생들 간에 큰 차이가 없다는 말이다.

'십수 년 인생사'도 마찬가지다. 튀는 것을 잘 용납하지 못하고, 대세를 좇지 않으면 불안해하는 우리나라의 '과격한' 동조 문화에 비춰 볼 때, '십수 년 인생사'의 내용도 수험생들 간에 별 차이가 없다. 결국 '모국어 화자로서의 언어 체험'과 '십수 년 인생사'의 내용은 대동소이(大同小異)하다는 말이다.

여기서 어떤 독자들은 "대한민국 수험생들이 지닌 스키마가 비슷하다는 것을 인정한다 하더라도 어떻게 국어 시험을 '스키마'로만 푼다고 말하느냐"고 따질 수 있다.

필자는 모든 수험생이 어휘력이나 배경지식, 독해력, 문법 지식, 문학 감상 능력에서 완벽하게 똑같은 수준에 있다는 이야기를 하는 것이 아니다. 이미 '대동소이(大同小異)'하다고 말하지 않았나? '소이(小異)',

그러니까 작은 차이는 있다. 하지만 그 차이는 실제 점수 차이를 만들어내는 지점이 아니라는 것이다. 수능 국어 영역을 잘 치르게 하는 '근본적인 힘'은 바로 '스키마'에서 나온다는 이야기를 하고 있는 것이다.

물론 국어 시험에서 '만점'을 맞으려면 '뭔가'가 더 있어야 한다. 그리고 그 부분은 필자조차 '함부로' 말할 수 없는 미묘한 영역이기도 하다. 수능 국어 영역에서 만점을 맞는 것은 다른 과목에서 만점을 맞는 것과는 그 성격이 180도 다르기 때문이다. 솔직히 말하면 그것은 노력의 문제가 아닐 수도 있다. '알량하기 짝이 없는' 국어 교재나 강의를 홍보하면서 아무렇게나 그리고 누구에게나 약속할 수 있는, 그런 가볍고 간단한 이야기가 결코 아니다. 하지만 그런 최고 수준은 아니더라도 어느 정도 높은 수준, 필자 표현으로는 '국어 시험 상위 2등급에서 중하위 1등급 수준'의 성적을 얻게 하는 요인은 따로 있다는 것이다.

정답의 표지성을 알아보는 능력+
수험생의 성격=
'국어 고득점'

결론부터 미리 말하면, '정답의 표지성을 알아보는 능력'에 '성격적 특성'이 합쳐진 것이 바로 국어 시험을 잘 치르는 능력이다. 국어 시험에서 상위 2등급에서 중하위 1등급의 성적이 만들어지는 지점은 바로 여기다.

자, 그렇다면 이제부터 '정답의 표지성을 알아보는 능력+성격=국어 고득점'이라는 국어 시험의 '비밀 공식'을 한번 풀어보자.

정답의 표지성을 알아보는 건 수험생이 가진 스키마 때문이고, 발견된 표지성을 신뢰하는 것은 수험생이 가진 성격적 특성 때문이다. 대한민국 수험생들이 지닌 스키마의 양과 질이 비슷하다면 결국 국어 시험에서 '감'이 좋다는 것은 성격적 특성과 밀접하게 관련된다.

다시 반복해 보자. '국어 시험을 잘 치르는 능력'은 두 가지로 이뤄진다. '정답의 표지성을 알아보는 능력'과 '표지성을 알아보는 자기 능력에 대한 신뢰'로 말이다.

그런데 '정답의 표지성을 알아보는 능력'은 대다수 수험생들이 지닌 '보편적인 특성'인데 '정답의 표지성을 알아보는 자기 능력에 대한 신뢰'는 개인에 따라 큰 차이를 보이는 '개별적인 특성'이다.

첫 번째 능력, 그러니까 '정답의 표지성을 알아보는 능력'은 수험생들 사이에 큰 차이가 없다. 그건 모국어 화자로 태어나 '보편적인' 언어 환경 속에서 '보편적인' 언어 체험을 한 결과라서 그렇다. 그들이 하는 언어 체험 이외의 개인적 체험, 그러니까 '십수 년 인생사'의 내용도 매우 보편적이다. 튀는 것을 잘 용납하지 못하고, 대세를 좇지 않으면 불안해하는 우리나라의 '과격한' 동조 문화를 생각하면, '십수 년 인생사'의 내용도 수험생 간에 별 차이가 없다. 바로 그런 스키마('보편적 언어 체험'과 '십수 년 인생사')가 수험생으로 하여금 정답의 표지성을 알아보게 만드는 근본적인 '이유'다.

그런데 두 번째 능력, 그러니까 '정답의 표지성을 알아보는 자기 능력에 대한 신뢰'는 개인적인 특성, 특히 성격적인 요인의 영향을 크게 받는다. 앞에서 말한 두 유형을 다시 떠올려 보면 좋다. '정답의 표지성을 알아보는 자기 능력에 대한 신뢰'에서 직관형－충동형－우뇌형 수험생은 감각형－심사숙고형－좌뇌형을 크게 앞선다.

사실 수험생의 심리적인 특성이 개입하는 부분은 쉬운 것 같으면서도 어렵다. 성격은 누가 바꾸라고 해서 쉽게 바뀌는 것이 아니기 때문이다. '성격'은 '스키마'와는 분명히 다른 차원이지만, 어쨌든 그런 특성이 저장되어 있는 곳은 단기 기억 쪽이 아니라 장기 기억 쪽, 그러니까 '무의식의 영역'일 것이기 때문이다. 그리고 수학이나 일부 탐구 과목에서는 감각형－심사숙고형－좌뇌형이 유리한 측면도 없지 않다. 하지만 국어 시험에서만큼은 감각형－심사숙고형－좌뇌형은 반드시 고쳐야 할 성격적 특성이다.

하지만 성격은 고치기가 힘든 것이니, 감각형－심사숙고형－좌뇌형 성격의 부정적인 영향력을 최소화하는 어떤 '원칙'이 필요하다. 그리고 그런 '원칙'을 내 것으로 만드는 의식적인 노력도 필요하다.

이제 그 원칙에는 어떤 것들이 있고, 그런 원칙을 시험에 적용하기 위해서는 어떤 노력들이 필요한지 이야기해 보자.

다섯 개 답지
'훑어 읽기'

감각형－심사숙고형－좌뇌형 수험생이 직관형－충동형－우뇌형처럼 국어 시험을 치르기 위해서는 몇 가지 의식적인 노력이 필요하다. 감각형－심사숙고형－좌뇌형 수험생은 그 노력을 '굳이', 그리고 '일부러'라도 해야 한다.

첫째는 '훑어 읽기'다. 제시문을 훑어 읽는 것의 효과에 대해서는 이미 앞에서 이야기했기 때문에 여기서는 생략한다. 여기에 하나 더, 정답의 표지성과 관련해서는 답지도 반드시 훑어 읽기를 해야 한다. 답지를 훑어 읽을 때만 모국어 화자가 지닌 스키마가 제대로 작동하기 때문이다. 그래야 정답의 상대적 표지성을 보다 신속하게 감지할 수 있다.

답지를 훑어 읽어야 하는 이유를 조금 더 살펴보자.

앞에서 이미 이야기한 것처럼, 정답의 표지성은 크게 두 가지로 나뉜다. 다른 답지와 무관하게 드러나는 표지성, 그리고 다른 답지와의 관계 속에서 드러나는 표지성이다. 앞의 표지성을 '독립적 표지성', 뒤의 표지성을 '관계적 표지성'이라고 부를 수 있다.

독립적 표지성은 "정답이 자기가 정답이라고 깃발을 흔들고 있다"고

할 때의 표지성이다. 나머지 답지를 모두 보기도 전에 이미 '빤하다'는 느낌을 준다는 말이다. 정답의 표지성이 너무 강렬하기 때문이다. 사실 국어 시험에는 이런 답지가 수험생이 생각하는 것보다 훨씬 많다.

하지만 아무리 그래도 국어 시험에는 독립적 표지성보다 관계적 표지성이 더 많다. 다른 답지와의 관계 속에서 드러나는 표지성이다. 물론 다른 답지와의 관계 속에서 드러나는 표지성도 독립적 표지성만큼이나 '빤할' 때가 있다. 보통 이런 표지성을 두고 "오답이 힘을 합쳐 정답을 왕따시킨다"고 표현한다. 특정 답지가 나머지 답지들과는 너무 이질적인 느낌을 주는 경우다. '왕따'든 '깃발'이든 빤하다는 점에서는 둘 다 똑같지만, '왕따'는 나머지 답지들을 모두 봐야 알아차리게 되는 표지성이라는 점에서 독립적 표지성인 '깃발'과는 성격이 조금 다르다.

수능 국어 영역에서 가장 문제가 되는 것은, 관계적 표지성 가운데 다른 하나다. '왕따'가 아닌 것, 말하자면 정답의 표지성이 다른 오답지들의 매력에 의해 일정 부분 가려지거나 방해받는 경우다. 결국 오답들이 미처 가리지 못한 정답의 표지성을 알아차리기 위해서라도, 그리고 오답들이 왕따시킨 정답의 표지성을 알아차리기 위해서라도, 5개 답지를 연속적으로 훑어봐야 한다. 관계적 표지성은 바로 그때 감지되기 때문이다.

다시 말하지만, 객관식 5지 선다형 시험은 결국 4개의 오답과 1개의 정답으로 이뤄질 수밖에 없다. 그래서 국어 시험은 그렇게 안 되게 하려고 아무리 애를 써도 다른 답지와의 관계 속에서 정답의 표지성을 드러낼 수밖에 없다. 5지 선다형 객관식 문항에서 반드시 잊지 말아야 할 것은 '정답은 상대적'이라는 사실이다. '장단상교(長短相較)'라는 말처럼, 답지 다섯 개를 전체적으로 훑어봐야 그런 상대적 표지성을 알아차릴 수 있게 된다.

장단상교는 『노자 도덕경』에 나오는 말이다. 이 말이 나온 상황은 이렇다. 한 스님이 지팡이 하나를 앞에다 놓고 제자들에게 말한다. "톱이나 도끼나 손을 대지 말고 이 막대기를 짧게 만들어 보라"고 말이다. 다들 답을 몰라 어쩔 줄 몰라 하는데, 제자 하나가 어디서 그 지팡이보다 긴 막대기를 하나 주워 와서 그걸 지팡이 옆에다 '딱' 놓는다.

그랬더니 스님이 "길고 짧다는 건 상대적이다. 네가 해냈구나" 하면서 그 제자를 칭찬했다는 이야기다. 그렇다. 처음부터 길거나 짧은 것은 있을 수 없다는 것이다. 그것은 어디까지나 다른 것과의 비교를 통해서만 가능하다는 말이다. 국어 시험에서 말하는 관계적 표지성도 마찬가지다.

확인 욕구를
잠재워라

감각형－심사숙고형－좌뇌형 수험생이 반드시 염두에 두어야할 또 하나는 답지 확인 과정이 유연해야 한다는 것이다. 물론 직관형－충동형－우뇌형 수험생들은 이런 이야기를 듣지 않았어도 이미 그렇게 하고 있을 가능성이 높다. 하지만 감각형－심사숙고형－좌뇌형 수험생의 경우 답지 확인 욕구를 의식적으로 억제할 필요가 있다. 그래야 직관형－충동형－우뇌형처럼 국어 시험에 대응할 수 있기 때문이다. 감각형－심사숙고형－좌뇌형에게 정말 필요한 것은 '모호함에 대한 관용성'을 높이고 확인 욕구를 억제하는 것인데, 현실은 반대로 흘러가는 경우가 많다.

무슨 말이냐면, 감각형－심사숙고형－좌뇌형 수험생들은 분명한 확인을 통해 모호함을 제거하려는 욕구가 강하고, 따라서 기술이나 스킬 같은 더 개별적이고 명시적이고 분석적인 풀이 방식에 의존하려는 경향이 높다는 것이다. 하지만 이미 말했듯이 감각형－심사숙고형－좌뇌형 수험생들은 그런 개별적이고 명시적이고 분석적인 풀이를 하지 않아서 낮은 점수를 받은 게 아니다. 오히려 그런 확인 욕구를 잠재우지 못하기 때문에, 지속적으로 낮은 점수를 얻고 있는 것이다. 그 결과 매번 시간 부족도 경험하게 되는 것이다.

당연히 기술이나 스킬에 더 신경을 쓰는 것은, 이런 악순환 구조를 개선하는 게 아니라 오히려 악화시키는 것일 뿐이다. 솔직히 말해서 이 친구들(감각형－심사숙고형－좌뇌형)이 그나마 '나락'으로 떨어지지 않는 것은, 그렇게 안 하려고 해도 결국은 '모국어 화자의 보편적인 언어 체험'과 '십수년 인생사'로 풀게 되는 문제들이 수능 국어 영역에는 일정 분량 들어있기 때문이고, 이 친구들이 그런 문제를 어쨌든 맞히기 때문이다. 필자가 지금 무슨 말을 하고 있는지 독자들은 잘 생각해보기 바란다.

직관형－충동형－우뇌형 수험생에게도 위험한 상황이 연출될 수 있다. 이 친구들도 가끔 막연한 불안감을 없애려고 감각형－심사숙고형－좌뇌형 수험생, 그러니까 '국어만 못하거나 국어도 못하는' 친구들의 원칙적이고 분석적이고 논리적인 학습 방식을 따라하는 경우가 있다. 당연히 그 결과는 부정적이다. "뭐가 됐든 공부를 하는 게 안 하는 것보다는 그래도 낫다"는 말은 미안하지만 국어에서는 안 통한다. 안 하는 것만 못한 공부가 국어에는 정말 많다. 만약 수능을 얼마 앞두고 직관형－충동형－우뇌형 수험생에게 이런 일이 벌어지면 정말 위험할 수 있다. 자칫 모든 게 다 무너지고 망가질 수 있기 때문이다.

직관형－충동형－우뇌형 수험생의 경우 먼저 정답을 찾고, 나머지 답지에는 크게 신경 쓰지 않는 경우가 많다. 어떤 의미로는 '의도적'으로 무시한다. 답이 보이면 그대로 그걸 고르고 다음 문제로 신속하게 넘어간다. 진짜 불안해서 확인을 하더라도 그 답지만 확인하는 경우가 대부분이다.

'확실하게 문제를 풀려는 욕구', 그러니까 '다른 답지는 왜 안 되는지 확인하려는 욕구'는 믿기 힘들겠지만 '국어를 못하는' 친구들, 특히

'국어만 못하는' 친구들이 가장 크다. 그리고 그들의 대다수는 감각형심사숙고형좌뇌형들이다.

직관형충동형우뇌형의 경우 답지에 대한 확인 욕구 자체가 크지 않을 뿐더러 설사 확인을 하더라도 그 과정이 굉장히 유연하다. 그리고 그래서 거꾸로 국어 성적이 높게 나온다.

'모호함에 대한 관용성'은 국어 시험에서 수험생이 갖춰야 할 가장 중요한 미덕이다. 모호함에 대한 관용성이 높다는 것은, 정확성에 대한 강박이 없고 그 결과로 사고가 매우 유연하다는 말이다. 바로 이런 유연성이 문제를 편하게 풀게 하고 시간도 크게 줄여주는 역할을 한다.

국어 시험에서 '이게 답인 것 같다'는 판단과 '확실하게 이게 답이다'라는 판단은 '하늘과 땅 차이'다. 판단과 결정에 이르기까지의 과정과 시간이 전혀 다르다는 말이다. 비문학(독서)도 그렇지만, 특히 문학에서는 '확실하게 이게 답이다'라는 판단에 도달하기까지의 사고 과정은 수험생들이 상상할 수 없을 만큼 복잡한 것이다. 또 그렇게 했다고 해서 모든 모호함이나 애매함이란 게 완전히 사라지는 것도 결코 아니다.

시 한 편을 몇 년 동안 연구하고도, 아직 그 정확한 의미를 알지 못하겠다고 말하는 국문과 교수님들도 계신다. 정말 그렇다. 심지어 전문가들도 그런데, 고등학생 정도의 수험생이 고작 몇 분 동안 낯선 작품을 읽으면서 모든 모호함과 애매함을 제거한다고 하면 그것은 처음부터 가능한 일이 아니다. 결국 모호함과 애매함은 고스란히 남아 있는 상태에서 아까운 시간만 더 쓰게 될 뿐이다.

여기서 간과하면 안 되는 것이 하나 있다. 직관형충동형우뇌형 수험생들, 그러니까 국어를 잘하는 친구들은 '모호함에 대한 관용성'이 매우 높고, 거꾸로 그래서 성적이 높게 나온다는 '국어의 역설'이다.

다시 한 번 강조하지만 감각형심사숙고형좌뇌형의 수험생들은 일부러라도 답지 확인 과정을 유연하게 만들 필요가 있다. 그래야 직관형-충동형-우뇌형 수험생들의 국어 능력을 따라 잡을 수 있기 때문이다.

자, 그럼 어떻게 해야 답지 확인 과정을 유연하게 만들 수 있는지 이야기해 보자. 먼저 정답의 표지성으로 답을 확정하는 과정에는 두 가지가 있다. '확인 과정이 생략되는 경우'와 '확인 과정이 필요한 경우', 이렇게 두 가지다.

첫 번째는 제시문을 한 번 읽은 후에 답지에서 적절하다거나 적절하지 않다는 표지성이 발견되면 그 표지성만 믿고 '그대로' 정답을 확정하는 경우다. 제시문으로 돌아가서 다시 확인하는 과정을 아예 '생략'하는 것이다. 사실 국어 시험에서는 많은 문제가 이런 식으로 해결된다. 요즘처럼 시험이 쉬워지는 추세에서는 더 그렇다. 사실 국어 고득점자들, 특히 직관형-충동형-우뇌형 수험생들이 시간을 남기면서도 높은 점수를 기록하는 근본적인 원인은 바로 여기에 있다. 하지만 발견된 표지성만으로 정답을 확정한다는 것이 불안한 경우도 있을 수 있다. 특히 이런 불안감은 직관형-충동형-우뇌형보다 감각형-심사숙고형-좌뇌형 수험생들이 더 자주 경험하게 된다.

아주 단순하게 말하면, 확인 욕구를 자극하는 이런 문항의 개수 차이가 그 수험생이 경험하는 시간의 '여유로움'과 '부족함'을 결정한다. 감각형-심사숙고형-좌뇌형의 경우 확인을 해야만 정답을 확정할 수 있다는 심리 상태에 들어가게 되는 문항 수가 직관형-충동형-우뇌형에 비해 훨씬 많다. 그 이유는 이미 여러 차례 이야기했다.

근본적인 해결책은 직관형-충동형-우뇌형과 같은 태도를 갖추는 것이다. 하지만 수능 전까지 그런 태도를 갖추지 못할 수도 있다. 현실적으로 그럴 수도 있다는 말이다. 그렇다면 "도대체 왜 그러느냐"며 다그치기보다는, 그나마 그런 상황에서 시간의 소비를 최소화하는 원칙에 대해 고민해 보는 것이 반드시 필요하다.

먼저 제시문을 읽고 나서 5개 답지를 전체적으로 훑어본 다음 적절하다거나 적절하지 않다는 표지성이 감지되는 답지를 일단 잠정적으로 선택한다. 여기서 중요한 건 5개 답지를 전체적으로 연속해서 훑어봐야 한다는 것이다. 답지에 적혀 있는 낱말 하나하나를 헤아리면서 읽은 다음, 순서대로 일일이 제시문이나 <보기>에서 확인하지 말고, 일단 5개 답지를 중간에 끊지 않고 내리 읽어야 한다는 말이다. 그리고 그렇게 5개 답지를 훑어보는 과정에서 정답의 표지성이 감지되면, 표지성이 발견된 답지만 제시문이나 <보기>를 통해 확인해야 한다. 이때 해당 답지의 적절성 여부가 확인되면 다른 답지는 아예 '무시'해야 한다. '일부러'라도 무시해야 한다.

문제는 표지성은 감지했는데 그 표지성에 대한 확인이 잘 안 되거나 시간이 걸리는 경우다. 이때도 직관형－충동형－우뇌형 수험생들은 확인 욕구를 최대한 억제하는 방향으로 행동하는 경우가 많다. 하지만 감각형－심사숙고형－좌뇌형 수험생들, 그리고 교재나 강의의 조언을 충실히 추종하는 수험생들은 이런 경우 제시문이나 <보기>에서 뭔가 명시적인 근거를 찾고자 하는 욕구, 즉 불안감에서 비롯된 원칙적인 확인 욕구를 도저히 잠재우지 못한다. 바로 그 과정에서 시간도 많이 쓰게 되고, 처음에는 생각지도 못했던 어려움도 겪게 되는 것이다.

국어에서는 '애매함'을 '명료함'으로 바꾸려고 애쓰다가는 반드시 어려움을 겪게 된다는 사실을 명심할 필요가 있다. 그렇게 되는 경우가 그렇게 되지 않은 경우보다 몇 배는 많다. '모호함에 대한 관용성'이 없으면 '융통성'은 사라진다. 계속 강조했듯이 '모호함에 대한 관용성'과 '융통성'은 훌륭한 모국어 화자가 가진 최대의 미덕이다. 이 미덕을 스스로 내팽개치고 마치 외국인 학습자처럼 모국어 시험을 치르겠다는 발상은 '자살 행위'나 다름없다.

수능 국어 영역 정도의 시험에서는 애매함을 명료함으로 바꾸지 않아도 정답의 표지성이 발견된다. 답지를 훑어보는 도중에 발견된 표지성은 시험을 보고 난 후 제시문을 열 번 정도 정독한다면 명료하게 확인될 수도 있겠지만, 어떤 문제는 그렇게 해도 여전히 희미할 수 있다. "답의 모든 근거는 제시문에 있다"는 명제가 절대적인 것이 되기 위해서는 모든 수험생이 제시문의 세부 정보를 쉽게 확인하고, 다소 희미한 정보라 해도 정확한 추론을 통해 그 '희미함'을 '분명함'으로 증폭시키는 능력을 갖추고 있다는 전제 조건이 필요하다. 여기서 일부 교재나 강의는 "그렇게 완벽한 능력을 갖춘 학생들이 많다"거나 "끊임없이 노력하면 결국 그렇게 될 수 있다"고 주장한다. 믿지 말라. 그런 사람은 극소수다. 그리고 그것은 노력의 문제가 아니다.

"애매함을 명료함으로 바꾸려고 애쓰다가 어려움을 겪게 되는 경우가 그렇지 않은 경우보다 몇 배나 많다"는 점에서, 발견된 정답의 표지성을 제시문에서 확인할 때는 어떤 원칙이 있어야 한다. 확인 욕구를 처리하는 원칙이다. 특히 감각형 — 심사숙고형 — 좌뇌형 수험생들은 이런 원칙을 반드시 적용하면서 국어 시험을 치러야, 시간 부족 문제도 해결되고 정답률도 높일 수 있다.

그 원칙은 이렇다. 적절한 것을 찾으라는 긍정 발문의 경우, 적절하다는 느낌을 주는 답지를 제시문이나 <보기>에서 확인하려고 하는데 확인이 잘 안 되는 경우, '적절한 것'으로 확인이 잘 안 되는 것을 거꾸로 그 답지가 적절하다는 증거로 여기라는 것이다. 오직 '적절하지 않다'는 것이 분명하게 확인될 때만 원래 선택한 답지를 버리고 다른 답지를 골라야 한다는 말이다. 반대로 부정 발문에서 적절하지 않다는 느낌을 주는 답지를 확인할 때도 그 답지가 적절한 것으로 분명하게 확인될 때만 다른 답지로 눈을 옮겨야 한다. 단지 적절하지 않은 것으로 확인이 안 된다고 해서, 답을 번복하면 틀릴 가능성이 몇 배나 높아진다.

더 구체적으로 이야기를 해보자. 적절한 것을 찾아야 하는 긍정 발문 문제가 있는데, 답지를 훑어보는 도중에 '적절하다는 느낌을 주는 답지'가 눈에 들어왔다고 가정해 보자. 그렇다면 이 상태에서 그 답지는 잠정적으로 정답이 되는 것이다. 그런 다음 그 답지만 제시문에서 확인한다. 그런데 확인이 잘 되면 좋겠지만, 확인이 잘 안 되거나 시간이 많이 걸릴 것 같은 상황이 벌어질 수 있다. 그럴 때는 처음에 적절한 것으로 판단한 답지가 제시문에서 '적절한 것'으로 확인이 잘 안 되는 상황을 오히려 그 답지가 정답이라는 증거로 받아들이라는 말이다. 절대로 그 답지를 '버려야 하는' 증거로 삼지 말아야 한다. 오직 그 답지가 '적절하지 않은 것'으로 '분명하게' 확인될 때만, 다시 말하면 처음에는 적절한 것으로 알았는데 확인 과정에서 적절하지 않은 것으로 분명하게 확인될 때만 다른 답지로 눈을 옮겨야 한다.

적절하지 않은 것을 찾아야 하는 부정 발문에서도 답지를 훑어보는 도중에 '적절하지 않다는 느낌을 주는 답지'가 발견될 경우 그 답지를 일단 정답으로 가정하고, 먼저 그 답지만 제시문이나 <보기>에서 확인한다. 이때도 그 답지가 적절하지 않은 것으로 확인이 잘 안 된다는 것을 오히려 그 답지가 정답이라는 '증거'로 인정해야 한다. 확인이 안 되니까 오답이라고 생각하지 말고, 그래서 정답이라고 '거꾸로' 판단하라는 말이다. 처음에는 적절하지 않은 것인 줄 알았는데 제시문을 통해서 적절한 것으로 '분명히' 확인될 때만 처음 선택한 답지를 버리고 다른 답지로 선택을 번복해야 한다.

여기서 어떤 친구들은 이 말을 "그냥 처음의 판단대로 밀어붙이라"는 것으로 이해하기도 한다. 아니다. 확인 과정에서 처음에 판단했던 답이 다른 것으로 번복될 수도 있다. 그런 이야기가 아니라, 처음에 발견한 표지성을 확인하는 과정이 상당히 '유연해야' 한다는 말이다. 쉽게 말하면, 처음에 판단한 정답은 정답이 아니라는 근거가 분명하고 확실하게 확인되는 경우를 제외하고는 '무조건' 정답으로 '인정'하라는 말이다.

좀 더 알기 쉽게 비유하면 이렇다. 어떤 사람이 있다고 해보자. 난 처음에 그 사람을 여자로 봤다. 그러면 그냥 그렇게 판단하고 의심 없이 넘어가는 경우도 있지만, 그 사람이 진짜 여자인지 확인하고 싶은 욕구가 생길 수도 있다. 그런데 그런 욕구가 생겨도 그 사람이 남자라는 사실이 분명히 확인될 때만 처음의 판단을 바꿔야 한다는 말이다. 그 사람이 여자라는 사실이 확인이 안 된다는 것만으로 내가 했던 처음의 판단, 그러니까 '저 사람은 여자다'라는 판단을 바꾸면 안 된다는 말이다.

사실 이 부분은 "국어 시험에서는 답을 고치면 틀린다"는 '체험적 지혜'와 밀접하게 관련되는 것이다. 처음에 골랐던 답을 버리고 다른 답을 선택해서 틀리는 과정이 대부분 이런 식이기 때문이다. 수험생들이 너무도 자주 하는 경험, 즉 '고치면 틀리는 경험'도 뒤집어 생각하면 국어 시험에서 '스키마'가 크게 작용한다는 '결정적인' 증거다. "불안은 영혼을 잠식한다"는 말이 있는데, 여기서는 "의심과 확인 욕구는 스키마에 대한 믿음을 잠식한다"로 바꿀 수 있다.

고치면 맞을 때보다 틀릴 때가 훨씬 더 많다는 걸 매번 '뼈아프게' 경험하면서도 결국 또 고치게 되는 수험생들, 특히 감각형-심사숙고형-좌뇌형 수험생들의 심정을 모르는 것은 아니다. 감각형-심사숙고형-좌뇌형에 해당하는 많은 수험생들은 국어 시험을 치르는 도중에, 몇 걸음만 더 앞으로 가면 절벽이 있다는 걸 느끼면서도 어쩔 수 없이 그쪽으로 걸어가는 심리 상태에 빠지는 경우가 정말 많다. 답이 아니라는 느낌이 드는 데도 어쩔 수 없이 그걸 정답으로 선택하게 되는 그런 상황이다. 모국어 화자의 스키마가 내는 '목소리', 그러니까 "그쪽으로 가면 큰일 난다"는 경고의 목소리를 애써 외면하는 것이, 감각형−심사숙고형−좌뇌형의 뚜렷한, 그러나 안타까운 특징이기 때문이다.

여기서 한 가지만 짚고 넘어가자. 뭐냐면 많은 수험생들은, 다른 답지는 왜 정답이 아닌지를 분명하게 한 후에 정답을 선택하는 것을, 제대로 된 문제 풀이라고 생각한다는 것이다. 맞다. 당연히 그것이 제대로 된 문제 풀이다. 하지만 그것은 한 문제를 한 시간씩 풀 때만 가능한 일이다.

이때 바로 "아니다. 짧은 시간 안에 그렇게 할 수 있고, 만약 지금 그렇게 하지 못하고 있다면 그렇게 되도록 노력해야 한다"는 반론이 제기될 것이다. 정말 그럴까?

보통 국어 시험에서 사용되는 문제 풀이 방식은 세 가지 정도다.

앞에서 말했듯이, 첫째는 즉각적으로 어떤 답지가 눈에 들어온 상태에서, 다른 답지를 무시하고 그 답지를 그대로 확정하는 경우다. 둘째는 즉각적으로 눈에 들어온 답지만 제시문이나 <보기>에서 다시 확인하면서 왜 정답인지 이유를 찾아보는 방식이다. 셋째는 일일이 답지를 순서대로 확인하고, 정답이 되는 이유나 정답이 되지 않는 이유를 제시문이나 <보기>에서 찾아 '확인 사살'을 한 후, 최종적으로 정답을 확정하는 방식이다.

여기서 꼭 하고 싶은 이야기가 있다. 실제 시험장에서 수험생이 의존해야 하는 방식은 앞의 두 가지여야 한다는 것이다. 그리고 두 번째 방식도 그 확인 과정이 매우 유연해야 한다는 전제가 반드시 있어야 한다. 확인 과정에서 정답이 아니라는 명백한 근거가 발견되지 않는 이상, 찜찜하더라도 처음의 판단대로 가야 한다는 말이다.

세 번째 방식은 실제 시험장에서는 하면 안 되는 방식이다. 하지만 많은 교재나 강의는 오히려 세 번째 방식을 더 권장한다. 독자들은 착각하면 안 된다. 그런 작업은 '초를 다투는' 실제 시험장에서는 하면 안 되는 것이다.

현실이 이런데도 많은 수험생들, 특히 감각형－심사숙고형－좌뇌형들은 실제 시험장에서 세 번째 방식으로 정답을 고르려고 애쓴다는 데 바로 '국어의 비극'이 있다. "정·오답이 되는 이유를 내가 납득할 수 있는 수준으로 확인하는 것이 문제를 정확하게 푸는 것"이라는 생각은 많은 경우 치명적인 결과를 가져온다. 실제 시험장에서는 말이다.

왜 그럴까? 그때 필요한 시간은 하늘에서 '뚝' 하고 떨어지는 것이 아니기 때문이다. 그것은 뒤에서 사용해야 할 시간을 미리, 그것도 '함부로' 끌어다 쓰는 것일 뿐이다. 그것도 매우 낭비적인 방식으로 말이다. 그렇게 낭비된 시간은 독자들의 생각과는 달리 어떤 경우에도 만회할 수가 없다.

많은 수험생들은 앞에서 시간을 조금 많이 썼어도 뒤쪽에서 좀 더 빨리 풀면, 앞에서 소비한 시간을 만회할 수 있다는 착각들을 한다. 미안하지만 그건 불가능하다. 그 수험생은 이미 '지옥행 급행열차'에 올라 탄 것인데, 그 열차는 한번 올라타면 절대 중간에 뛰어내릴 수가 없다. 필자조차 한번 올라타면 중간에는 뛰어내리지 못한다.

아예 올라타지를 말아야지, 이미 올라탄 다음에 "나는 내가 원하면 언제든지 뛰어내릴 수 있어"라고 생각하는 것은 엄청난 '자기기만'이다. 결국 시험 뒤쪽으로 갈수록 만회는 고사하고 시간은 시간대로 쓰면서 마음만 다급해질 뿐이다. '나는 남들과 다르다'고 생각한 결과는 대부분 참담한 것이 된다는 말이다.

설사 시간을 단축시킨다 해도 상황은 더 안 좋아진다. 국어 시험에서 이런 방식의 시간 단축은 결국 더 이상 단축시킬 수 없는 최소한의 물리적 시간마저 포기하는 것, 말하자면 '찍기'에 가까운 것이 되기 때문에 그렇다.

수능 국어 영역은 '표지성'과 '유연한 확인'으로 정답을 확정하고 신속하게 다음 문제로 이동하는 과정 없이는, 그 어떤 수험생도 반드시 시간 부족을 경험할 수밖에 없는 시험이다. 시험 자체의 성격이 '숙명적'으로 그렇다는 말이다. 그렇다면 결국 시간이 남느냐 남지 않느냐는, 전적으로 그 수험생이 정답의 표지성과 유연한 확인으로 해결한 문제의 숫자에 달려 있는 것이다.

자, 그렇다면 정답의 표지성에는 어떤 것들이 있는지, 그리고 그런 표지성으로 정답을 선택할 때 감각형-심사숙고형-좌뇌형 수험생과 직관형-충동형-우뇌형 수험생은 어떤 차이를 보이는지, 차례로 살펴보자. 실제 수능 문제를 놓고 말이다.

'적절하지 않다'는
강력한 표지성

먼저 수험생들은 답지의 표현이 과도하지 않거나 단정적이지 않을 때 '적절하다'는 느낌을 갖게 된다. 반대로 답지의 표현이 과도하거나 단정적일 때는 '적절하지 않다'는 느낌을 받게 된다. 가장, 관계없이, 모두, 주로, 오직, 뿐, 만, 반드시 같은 표현들이 대표적인 것들이다.

이런 것 말고도 답지를 보다 보면 과도하다거나 단정적이라는 느낌을 받게 되는 표현이 있다. '딱 잘라서 판단하고 결정하는 듯한' 느낌, '정도에 지나친' 느낌을 주는 표현들이다. 바로 이런 표현이 들어 있지 않은 게 적절하다는 표지성이 된다. 만약 적절한 걸 찾으라는 문제라면 그런 답지를 고르면 정답일 가능성이 높다는 말이다. 반대로 적절하지 않은 걸 고르라는 부정 발문일 때는 이런 표현이 등장하는 답지를 고르면 된다.

사실 이 부분은 이렇게 이야기를 안 해도 많은 수험생들이 문제 풀면서 쉽게 감지하는 부분이기도 하다. 그 이유는 다른 것이 아니다. 수험생들이 지닌 '보편적인' 스키마가 그런 '보편적인' 판단을 만들어내기 때문이다. 단지 중요한 시험에서 그것만으로 답을 고른다는 게 두렵고 불안하니까 과감하게 적용을 하지 못하는 것뿐이다.

여기서 어떤 친구들은 다음과 같은 문제를 제기한다. "만약 제시문에 실제로 그런 과도하고 단정적인 내용이 나와 있고, 그래서 답지에도 과도하고 단정적인 표현이 사용된 거라면 그것이 적절한 답지가 되는 거 아니냐"는 말이다. 당연하다. 그런 경우에는 그게 적절한 것이다. 하지만 필자가 지금 말하는 건 그런 의미가 아니다. 물론 제시문을 아예 보지 않은 상태에서도 '적절하지 않은 것을 고르라'는 문제에서는 과도하거나 단정적 표현이 사용된 답지를 선택하는 게 훨씬 '바람직'하다. 다른 답지보다 그게 정답일 가능성이 몇 배는 높다. 하지만 지금 하려는 이야기는 제시문을 읽고 난 후에 관한 것이다. 정답의 표지성은 아무렇게나 감지되는 것이 아니다. 제시문을 제대로 이해했느냐와는 별개로 제시문을 읽은 후 머릿속에 남는 흔적이란 게 있다. 전체적인 느낌, 맨 뒤의 장면, 대체적인 윤곽, 자주 등장하는 단어, 인물의 이름, 인상적인 장면이나 부분, 대체적인 시간의 흐름, 말하고자 하는 바 같은 것들이 그것이다.

믿기 어렵겠지만 제시문을 읽은 후 머릿속에 남는 흔적의 정도는 잘하는 친구들이나 못하는 친구들이나 정말 비슷하다. 그게 모국어 화자의 보편적인 언어 능력이다. 그리고 바로 그러한 언어 능력이 답지를 일일이 확인하기 전에, 그러니까 답지를 그냥 훑어보는 도중에 정답의 표지성을 알아보게 하는 보편적인 판단을 작동시킨다. 당연히 제시문에 과도하거나 단정적인 내용이 있었다면 그 상황에서 과도하거나 단정적인 표현은 적절하지 않은 것이 아니라 적절한 표지성으로 다가오게 된다. 하지만 그런 게 아니라면 과도하거나 단정적인 표현이 사용된 답지를 적절하지 않은 것으로 '편하게' 인정할 필요가 있다.

수능 문제를 예로 들어 보자. 2012학년도 수능, 기술 지문이다.

이어폰으로 스테레오 음악을 들으면 두 귀에 약간 차이가 나는 소리가 들어와서 자기 앞에 공연장이 펼쳐진 것 같은 공간감을 느낄 수 있다. 이러한 효과는 어떤 원리가 적용되어 나타난 것일까?

사람의 귀는 주파수 분포를 감지하여 음원의 종류를 알아내지만, 음원의 위치를 알아낼 수 있는 직접적인 정보는 감지하지 못한다. 하지만 사람의 청각체계는 두 귀 사이, 그리고 각 귀와 머리 측면 사이의 상호작용에 의한 단서들을 이용하여 음원의 위치를 알아낼 수 있다. 음원의 위치는 소리가 오는 수평, 수직 방향과 음원까지의 거리를 이용하여 지각하는데, 그 정확도는 음원의 위치와 종류에 따라 다르며 개인차도 크다. 음원까지의 거리는 목소리 같은 익숙한 소리의 크기와 거리의 상관관계를 이용하여 추정한다.

음원이 청자의 정면 정중앙에 있다면 음원에서 두 귀까지의 거리가 같으므로 소리가 두 귀에 도착하는 시간 차이는 없다. 반면 음원이 청자의 오른쪽으로 치우치면 소리는 오른쪽 귀에 먼저 도착하므로 두 귀 사이에 도착하는 시간 차이가 생긴다. 이때 치우친 정도가 클수록 시간 차이도 커진다. 도착 순서와 시간 차이는 음원의 수평 방향을 알아내는 중요한 단서가 된다.

음원이 청자의 오른쪽 귀 높이에 있다면 머리 때문에 왼쪽 귀에는 소리가 작게 들린다. 이러한 현상을 '소리그늘'이라고 하는데, 주로 고주파 대역에서 일어난다. 고주파의 경우 소리가 진행하다가 머리에 막혀 왼쪽 귀에 잘 도달하지 않는 데 비해, 저주파의 경우 머리를 넘어 왼쪽 귀까지 잘 도달하기 때문이다. 소리그늘 효과는 주파수가 1,000Hz 이상인 고음에서는 잘 나타나지만, 그 이하의 저음에서는 거의 나타나지 않는다. 이 현상은 고주파 음원의 수평 방향을 알아내는 데 특히 중요한 단서가 된다.

한편, 소리는 귓구멍에 도달하기 전에 머리 측면과 귓바퀴의 굴곡의 상호작용에 의해 여러 방향으로 반사되고, 반사된 소리들은 서로 간섭을 일으킨다. 같은 소리라도 소리가 귀에 도달하는 방향에 따라 상호작용의 효과가 달라지는데, 수평 방향뿐만 아니라 수직 방향의 차이도 영향을 준다. 이러한 상호작용에 의해 주파수 분포의 변형이 생기는데, 이는 간섭에 의해 어떤 주파수의 소리는 작아지고 어떤 주파수의 소리는 커지기 때문이다. 이 또한 음원의 방향을 알아낼 수 있는 중요한 단서가 된다.

[문제] 위 글의 내용과 일치하지 않는 것은?

① 사람의 귀는 소리의 주파수 분포를 감지하는 감각기관이다.

② 청각 체계는 여러 단서를 이용해서 음원의 위치를 지각한다.

③ 위치 감지의 정확도는 소리가 오는 방향에 관계없이 일정하다.

④ 소리그늘 현상은 머리가 장애물로 작용하기 때문에 일어난다.

⑤ 반사된 소리의 간섭은 소리의 주파수 분포에 변화를 일으킨다.

답지를 훑어보는 도중 대부분의 수험생들은 3번 답지의 '관계없이'라는 표현을 거슬려 하게 된다. 그렇게 하려고 일부러 애써서 그런 것이 아니라 자연스럽게 그렇게 된다는 말이다. 수험생들에게 과도하고 단정적인 표현은 자신의 '스키마'에 부합하지 않는다는 느낌을 주기 때문이다. 그것도 즉각적으로 말이다.

물론 3번이 정답이다. 정답률은 96%로 거의 대부분의 수험생이 맞힌 문제다. 어떤 독자들은 "에이, 이건 쉬운 문제잖아요"라고 핀잔을 할지도 모르겠다. 좋다. 적절한 타이밍에 적절한 말을 했다. 그렇다면 한번 물어 보자. 도대체 이 문제가 왜 쉬운가? 아마 제시문이 쉬워서라는 말은 못할 것이다. 다섯 개의 답지 내용도 사실 그렇게 간단한 것이 아니다. 제시문에서 제대로 확인하기로 마음먹으면 하나하나가 결코 쉽지 않은 답지들이다. 설사 정보를 확인했다고 해도 그것으로 끝나는 게 아니라 추론이 더 필요한 답지도 있었다.

이 문제가 이렇게 높은 정답률을 기록한 것은 순전히 3번 답지가 가진 '적절하지 않다'는 표지성 때문이었다. '관계없이'라는 표현이 가진 단정적이고 과도한 느낌 때문이었다는 말이다. 그것 말고는 이 문제가 쉬울 이유는 전혀 없다고 보는 게 맞다. 그렇지 않은가?

제시문을 한번 읽고 난 다음 답지를 봤을 때 3번 답지가 눈에 '확' 들어오는 건 잘하는 친구나 못하는 친구나 모두 비슷했다. 하지만 3번 답지를 정답으로 확정하는 데 걸린 시간에는 큰 차이가 있었다. 직관형—

충동형-우뇌형 수험생의 경우 '관계없이'라는 정답의 표지성으로 편하게 정답을 확정하고 다른 문제로 신속하게 넘어갔을 가능성이 높다. 그 시간은 적게는 몇 초, 많게는 몇 십 초를 넘지 않았을 것이다. 하지만 감각형-심사숙고형-좌뇌형 수험생의 경우 그렇게 하지 못해, 결국 시간을 '과소비'했을 가능성이 높다.

시간이 과소비된 방식은 두 가지다.

하나는 순서대로 1번 답지를 제시문에서 꼼꼼하게 확인하고, 그런 다음 2번 답지로 넘어가서 또 그렇게 꼼꼼하게 확인하고, 3번 답지가 이상하다는 걸 알면서도 나머지 4, 5번 답지까지 꼼꼼히 확인한 후 최종적으로 정답을 선택한 경우다.

또 하나는 답지를 일일이 확인하기 전에, 그러니까 답지 다섯 개를 전체적으로 훑어본 다음 3번 답지가 눈에 들어왔음에도 불구하고 "이렇게 쉽게 가도 정말 괜찮을까" 하는 의구심이 든 경우다. 이 문제는 전체 문항 중에서 앞쪽에 있었다. 아직은 심리적 여유가 있을 때였기 때문에 아마 이 친구들은 나머지 답지들을 확인하고 싶은 욕구를 결국 '잠재우지' 못했을 것이다.

그러니까 대부분의 수험생들이 이 문제를 맞혔다 하더라도, 그 친구들이 문제 해결에 사용한 시간은 몇 배에서 몇 십 배까지 차이가 났을 가능성이 높다. 여기서 필자가 하고 싶은 말은, 이 정도의 단정적 느낌에도 불구하고 나머지 답지들을 세밀하게 확인하는 행위는 시간 낭비라는 것이다. 제시문에서 확인을 하더라도 정답의 표지성이 드러난 답지만 확인하는 것이 좋다. 그리고 독자들의 짐작과 달리 국어 시험에는 이런 문제가 생각보다 훨씬 많다. 이런 문제에서 괜히 '뭉그적거리는' 태도를 취하면 절대 안 된다. 특히 감각형-심사숙고형-좌뇌형 수험생들의 경우에 말이다.

다시 한 번 강조하지만, 정답을 빨리 확정하지 못하고 제시문과 답지를 왔다 갔다 하는 건 수험생들의 '성격' 문제이지 제시문에 대한 '이해' 문제가 아니다. 제시문 전체를 놓고 보면 잘하는 친구들이나 못하는 친구들이나 이해의 수준은 '대동소이'하다. 한마디로 비슷하다. 이건 필자의 말을 믿어야 한다. 그리고 어차피 수능 수준의 제시문을 한 번 읽고 세부 내용까지 완벽하게 이해하고 기억한다는 것은 거의 불가능에 가깝다. 해당 분야의 박사 학위 소지자들도 그렇게는 하지 못한다.

문제는 그 정도 수준의 이해만으로도 정답의 표지성을 찾아내고 그 표지성을 발견한 자기 능력을 신뢰하는 직관형−충동형−우뇌형 수험생들이 있는 반면에, 두려움이 앞서서 그렇게 하지 못하는 감각형−심사숙고형−좌뇌형 수험생들이 있다는 점이다. 그리고 이때 이 문제를 맞히느냐 틀리느냐 혹은 시간을 안 쓰느냐 많이 쓰느냐는 '능력의 문제'라기보다는 '성격의 문제'일 가능성이 높다.

작문 문제 하나만 더 보자.

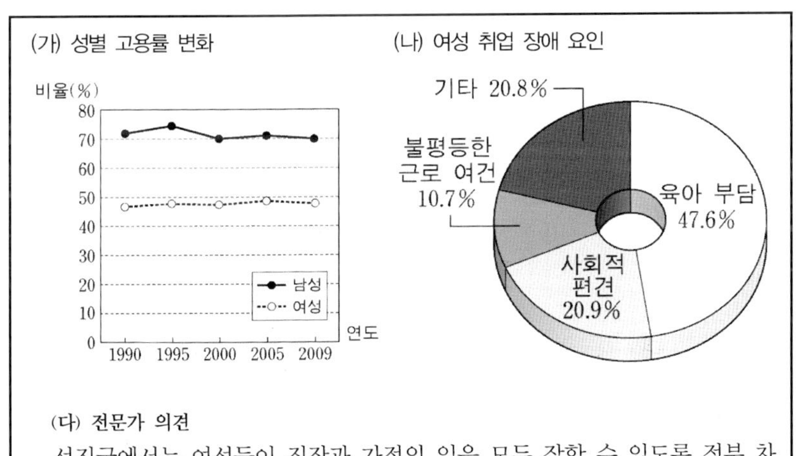

(다) 전문가 의견

선진국에서는 여성들이 직장과 가정의 일을 모두 잘할 수 있도록 정부 차원에서 다각도의 정책을 시행해 왔습니다. 금전적 지원, 휴가 정책, 보육 서비스 등의 정책을 통해 직업과 가사를 병행할 수 있도록 돕는 것이죠. 그 결과 노동 시장에서 여성 고용이 크게 증대되었다고 합니다.

[문제] ‘여성 고용 촉진 방안’에 대한 글을 쓰려고 한다. 자료의 활용
방안으로 적절하지 않은 것은?

① (가)를 활용하여, 최근 20년간 여성 고용률과 남성 고용률의 격차
  가 거의 줄어들지 않고 있음을 지적하고, 그 원인을 알아볼 필요
  가 있음을 제시한다.

② (나)를 활용하여, 여성 취업의 장애 요인을 가정, 사회, 직장 차원
  으로 나누어 제시한다.

③ (다)를 활용하여, 정부의 노력으로 여성 고용률을 높이고 있는 선
  진국의 사례를 제시한다.

④ (가)와 (다)를 활용하여, 성별의 고용률 격차를 줄이기 위해서는
  사회적 편견의 해소가 가장 중요하다고 주장한다.

⑤ (나)와 (다)를 활용하여, 여성의 고용 촉진을 위해 정부가 보육 서
  비스를 강화할 필요가 있다고 주장한다.

이건 금방 알아차릴 것 같은데, 어떤가? 맞다. 정답은 4번이다. ‘가
장’이라는 과도하고 단정적인 표현이 정답의 표지성이다.

여기서도 “재미있기는 한데, 단정적이거나 과도한 표현이 나온다고
그런 것만 고르는 식으로 모든 문제를 다 풀 수는 없는 것 아니냐? 실
제로 자료를 꼼꼼히 보면 ‘사회적 편견 해소’가 가장 중요한 것으로 나
와 있을 수도 있는 것 아니냐?” 같은 질문이 나올 것 같다.

물론 그럴 수도 있다. 하지만 필자가 강조하는 것은 그런 것이 아니
다. 적절하지 않은 것을 찾으라는 문제라면 확인을 하더라도 이런 답지
를 가장 먼저 확인해야 한다는 것이다. 단정적이거나 과도한 표현이 사
용된 답지 말이다. 확인해보면 아마 80% 이상은 그것이 답일 가능성이

높다. 거꾸로 적절한 것을 찾으라는 긍정 발문에서는 확인하더라도 그런 답지는 맨 나중으로 미루라는 말이다.

특히 작문에서는 시간이 소비되기 시작하면 페이스가 크게 흔들리는 경우가 많다. 이렇게 해서라도 해결 시간을 단축한다면 그보다 좋은 것은 없다. 시간을 많이 쓰게 되는 '작문'만이 아니라 문학, 비문학(독서) 같은 '읽기'에서도 그렇게 하면 된다. 나쁠 것이 전혀 없다. '백해무익'이 아니라 '백익무해'라는 말이다.

수능 국어 영역은
상식도 측정한다

답지 내용이 상식에 부합한다는 것이 적절하다는 표지성이고, 상식에 부합하지 않는다는 것이 적절하지 않다는 표지성이다.

여기서 많은 수험생들은 "국어 시험은 상식을 측정하는 시험이 아니지 않느냐? 모든 근거는 제시문에 있는 것 아니냐? 이건 강의나 교재에서 귀에 못이 박히도록 듣는 이야기다"라는 의문을 제기한다. 아니다. 미안하지만, 국어 시험에서는 적절성을 판단하는 마지막 도구가 결국 '상식'인 경우가 의외로 많다. 이건 필자의 주관적인 주장이 아니다. 교육과정평가원의 수능 국어 영역 출제 지침에는 "주어진 텍스트 안에서 해결할 수 있도록 하되, 일반화된 상식이나 기초 지식을 활용하는 능력도 측정하도록 출제한다"라는 내용이 명시적으로 나와 있기 때문이다.

사실 일반화된 상식이나 기초 지식이 없다면, 많은 경우 수험생들은 제시문을 제대로 읽을 수도 이해할 수도 없다. 문제 해결은 말할 것도 없다. 어떻게 상식이나 기초 지식이 아주 없는 상태에서, 주어진 제시문의 문자 정보만 가지고 문제를 해결할 수 있는지 독자 스스로 판단해 보기 바란다. 앞에서 이야기했지만, 그건 컴퓨터가 문자 형태를 처리(인지)하는 해독화 과정과 비슷한 것이다. 사람이 할 '짓'이 아니라는 말이다. 아니 하고 싶어도 할 수 없는 '짓'이다.

사실 상식은 수험생의 스키마, 그러니까 '모국어 화자의 언어 체험'과 '십수 년 인생사'의 중요한 부분이기도 하다. 상식이란 것이 결국 '스키마'에서 나오는 것이라면, 상식은 국어 시험에서 정답의 표지성을 판단할 때 중요한 기준이 될 수밖에 없다.

앞에서 말한 과도하고 단정적 표현이 그런 것처럼, 적절하지 않은 것을 찾으라는 부정 발문에서는 제시문을 보지 않더라도 답지 가운데 상식에 부합하지 않는 답지를 고르는 것이 나머지 다른 답지를 고르는 것보다 정답을 맞힐 확률이 몇 배는 높다.

여기서 일부 독자들은 또 "제시문이나 작품이 상식적이지 않은 내용을 담고 있는 경우에는 상식에 부합하지 않는다는 게 거꾸로 적절하다는 표지성이 되는 거 아니냐"는 문제를 제기할 것이다. 맞다. 제시문이 그렇다면 그런 게 답이다. 하지만 그 정도 답지는 제시문을 한 번 읽으면 판단이 서는 경우가 대부분이다.

문제는 답지가 제시문을 통해서 확인이 안 되거나 확인하는 데 드는 시간이 너무 많을 때다. 확인에 걸리는 시간이 과도하다는 것은 그 문제가 그렇게 쉬운 문제가 아니라는 반증이다. 그리고 자주 있는 일은 아니지만, 헷갈리는 두 답지의 내용이 제시문에서 아예 확인이 안 되는 경우도 있다. 한 시간을 읽어도 확인이 안 되는 경우가 정말로 있다.

쉽게 말하면 헷갈리는 두 답지가 확인이 잘 안 되거나 그런 확인 작업에 시간이 많이 소비될 것 같을 때에는, 상식에 더 부합하는 답지를 정답으로 선택해야 한다. 적절한 것을 찾아야 하는 긍정 발문의 경우에 말이다. 적절하지 않은 것을 찾아야 하는 부정 발문의 경우에는, 상식에 부합하는 답지가 가장 먼저 정답에서 배제되는 것이다.

2009학년도 수능 문제를 하나 보자.

현대의 문장 부호는 독서의 편의를 위해 사용하는 보조적 기호의 일종이다. 일반적으로 문장의 의미를 명백하게 하거나 문장을 구별하여, 읽고 이해하는 데 도움을 주기 위해 사용된다. 형태나 기능의 차이는 있지만, 옛 문헌에도 오늘날의 문장 부호와 비슷한 역할을 하는 것들이 있었다. 띄어쓰기를 거의 하지 않았던 옛 문헌에서 이러한 부호들은 더욱 요긴하게 쓰였다.

현대의 마침표나 쉼표의 기능을 하는 것으로 '◦'이 있다. '◦'은 찍힌 위치에 따라 그 기능이 달랐다. 세로쓰기를 했던 옛 문헌에서 글자의 오른쪽 아래에 찍힌 점은 구점(句點)이라 하는데, 마침표와 비슷한 기능을 하였다. 글자 아래쪽 가운데에 찍힌 점은 두점(讀點)이라 하는데, 쉼표와 비슷한 기능을 하였다. '구두점'이란 말은 여기서 유래한다. 단락이 끝나고 공백이 오는 경우와 같이 문장이 끝났음이 명백할 때에는 문장 뒤에 구점이 생략된다.『훈민정음해례』나 『용비어천가』 등에 이러한 구두점이 사용되었다.

'○'은 새로운 단위의 내용이 시작될 때 쓰였다. 각각의 예문이나 단락, 조항 등이 시작하는 곳이나 화제가 전환되는 곳에 사용되었다.

주석을 달기 위해서는 '【 】'가 사용되었다. 단어나 구절의 뜻을 풀이하거나 보충 설명이 필요할 때 '【 】' 안에 그 내용을 넣었다. 오늘날의 '( )', '[ ]'와 기능이나 형태가 유사하다. 다만 구점과 마찬가지로 단락이 끝나는 위치에서는 '】'가 생략된다.

㉠'〃', 'ヾ', 'ヘ'은 앞 글자나 앞 어구와 동일함을 표시해 주는 부호인데, 인쇄본보다는 손으로 쓴 필사본에 더 많이 나타난다. 한편 사전류에서는 설명의 대상인 표제어가 용례로 반복되어 나타날 때 '—'로 대체하였다. '〃' 등은 바로 앞에 오는 글자나 어구의 반복만 나타낼 수 있는 데 비해, '—'는 위치에 상관없이 표제어에 해당하는 것이 그 자리에 들어감을 나타낸다.

이러한 부호들은 한문 문화권에서 널리 사용되던 것이다. 우리 조상들은 이를 사용하여 우리의 문자 생활을 다채롭고 정확하게 하였다. 구점은 한글 맞춤법 규정에 포함되어, 세로쓰기를 할 때 마침표로 사용된다. '○', '〃'은 규정에는 포함되어 있지 않으나 지금도 쓰이고 있다.

※ 이 글에 쓰인 옛 문헌의 부호들은 가로쓰기에 맞게 방향을 바꿔 제시한 것임.

[문제] ⊙을 사용한 이유로 가장 적절한 것은?

① 단어의 의미를 분명히 드러내기 위해
② 문장 간의 관계를 잘 나타내기 위해
③ 띄어쓰기의 기능을 대신하기 위해
④ 쓰기의 편의를 도모하기 위해
⑤ 글의 내용을 보충하기 위해

이 문제는 정답률이 80%다. 답지를 보는 도중 바로 4번 답지가 눈에 들어온다. 대부분의 수험생들이 똑같았다. 당연한 일이다. 하지만 결과적으로 4번을 정답으로 고르지 못한 수험생이 20%에 달했다. "인쇄본보다는 손으로 쓴 필사본에서 쓰기의 편의를 도모한다"라는 답지는, 제시문 내용을 떠나서 상식적으로도 너무 당연한 말이다.

그렇다면 필사본이 아닌 인쇄본에서 쓰기의 편의를 추구한다는 말인가? 도대체 인쇄본에다 누가 무엇을 왜, 그리고 어떻게 '쓴다'는 말인가?

이런 빤한 답지를 놔두고 20%의 수험생들이 다른 답지를 고른 이유는 다른 게 아니다. 제시문에 '쓰기의 편의'라는 표현, 아니 그런 거라고 생각하게 할 만한 그 어떤 내용도 등장하지 않았기 때문이다. '독서의 편의'라는 말이 한 번 나오지만, '독서의 편의'와 '쓰기의 편의'는 전혀 다른 차원의 이야기다.

의심이 드는 독자들은 지금부터 1시간 동안 제시문을 '외울 것처럼' 읽어 보기 바란다. 절대 찾아낼 수 없다. 당연히 실제 시험장에서 그런 내용이나 적어도 그런 거라고 추론할 만한 건더기라도 찾으려는 모든 시도는 결국 '헛수고'로 끝났다. 그렇다고 나머지 답지 중에 매력적인 오답이 있었던 것도 아니다. 상식적으로는 맞지만, 단지 제시문에 나와 있지 않다는 이유만으로 적지 않은 친구들이 4번 답지를 선택하기를 주저한 것이다. 그리고 그렇게 주저한 수험생들 중에는 감각형-심사숙고형-좌뇌형 친구들이 압도적으로 많았다. 이 문제의 정답률 80%는 당연히 출제자들도 예상하지 못한 결과였을 것이다. "모든 답의 판단 근거는 제시문에 있다"는 명제는 불변의 진리가 아니다. 이 문제는 상식이 중요하다는 사실을, 그리고 '제시문 지상주의'에 대해 경계가 필요하다는 사실을 '온몸으로' 보여준다.

하나 더 보자.

2008학년도 6월 모의평가다.

테니스 선수 그라프는 1992년에 우승을 통해 거액을 벌었지만, 유독 숙적인 셀레스에게는 계속해서 패하였다. 그러나 이듬해 셀레스가 사고를 당해 더 이상 경기에 참여할 수 없게 되자, 그라프는 경기 능력에 큰 변화가 없었음에도 불구하고 이후 승률이 거의 두 배 이상 상승했다. 이에 따라 우승 상금은 물론 광고 출연 등의 부수적 이익 또한 전보다 크게 증가했다. 이런 현상은 '위치적 외부성'의 개념으로 설명된다. 한 사람의 보상이 다른 사람의 행동에 영향을 받음에도, 그에 대한 대가를 받지도 지불하지도 않는 현상을 외부성이라고 한다. 특히 자신의 상대적 위치에 따른 보상이 다른 경쟁자의 상대적 성과에 부분적으로 의존하는 것을 위치적 외부성이라고 한다. 위치적 외부성이 작용할 경우에 자신의 상대적 위치를 향상시키는 모든 수단은 반드시 다른 경쟁자의 상대적 위치를 하락시킨다. 그라프의 사례는 경쟁자의 성과에 의해 자신의 위치적 보상이 크게 상승했음을 보여 주는 좋은 예이다.

위치적 외부성이 개입되어 있는 상황에서 사람들은 자신의 위치를 높이는 행동을 하려고 한다. 예컨대 한 경쟁자가 성과를 향상시키기 위해 지출을 늘리면, 이는 다른 경쟁자들의 위치에 영향을 미치게 되므로 다른 경쟁자들 또한 지출을 늘리게 된다. 그러나 모든 경쟁자가 동시에 자신의 위치를 향상시키기 위해 지출을 반복적으로 늘린다면, 경쟁자 간의 실질적인 위치는 변하지 않을 가능성이 크다. 그리고 다른 경쟁자의 상대적인 성과에 따른 각 경쟁자의 위치적 보상 정도가 클수록 이와 같은 투자의 유인은 커진다.

위치적 외부성이 존재하면 사람들은 성과를 향상시키기 위하여 경쟁적으로 투자를 늘린다. 그러나 경쟁자의 위치에 따른 이익이 한정되어 있고 투자의 결과 각자의 위치에 별 효과가 없다면 소모적인 지출일 가능성이 크다. 이와 같은 투자 행태를 군비 경쟁에 비유하여 '위치적 군비 경쟁'이라고 부른다. 위치적 군비 경쟁은 사회 전체의 입장에서 볼 때 경제적 비효율성을 가져오는데, 이는 개인의 유인과 사회 전체의 유인이 다른 데서 비롯된 것이다.

개인의 입장에서는 모든 의사 결정에 있어 자신의 이익을 사회 전체의 이익보다 우선시한다. 자본주의 사회에서 경쟁의 결과가 사회 전체에 다소간 기여할 수 있다면 모든 구성원이 개인의 이익을 위해 경쟁하는 것은 바람직한 현상이다. 하지만 경쟁이 과열되고 더 이상 사회 전체의 이익에 기여하지 못한다면, 개인의 이익만을 위한 과도한 투자는 자원 배분의 왜곡을 가져오는 비효율성을 야기한다. 더구나 개인 간에 위치적 외부성이 강하게 작용하면, 사회적 관점에서는 불필요한 경쟁으로 인해 초래되는 비효율성의 문제가 더욱 심각해진다. 사회가 이러한 심각성을 인식하는 단계에 이르면 경쟁을 자제시키는 사회적 규범이 생겨나거나 경쟁을 제약하기 위한 구속력 있는 사회적 협약이 마련되기도 한다.

[문제] 위 글의 내용으로 알 수 없는 것은?

① 위치적 외부성은 비슷한 수준의 경쟁자 사이에서 크게 작용한다.

② 위치적 외부성이 나타나면 경쟁자의 비용 지출이 수반될 수 있다.

③ 위치적 보상은 개인의 유인과 사회 전체의 유인의 차이가 클수록 증가한다.

④ 위치적 군비 경쟁의 비효율성을 인식하면 사회적 해결 방안을 모색하게 된다.

⑤ 위치적 외부성으로 인한 경쟁의 결과가 경쟁자들 모두에게 이익이 되는 것은 아니다.

답은 3번이다. 정답률은 68%였다. 정답률이 상대적으로 낮은 이유는 15%에 이르는 수험생들이 1번을 선택했기 때문이다. "위치적 외부성은 비슷한 수준의 경쟁자 사이에서 크게 작용한다"라는 1번 답지에서 문제가 된 것은 '비슷한 수준'이다. 바로 이 '비슷한 수준'이라는 표현이 15%에 달하는 수험생들의 어리석은 손을 이끌었다.

"위치적 외부성은 비슷한 수준의 경쟁자 사이에서 크게 작용한다"라는 1번 답지의 내용은 상식적으로는 아무 문제가 없다. 상식적으로 경쟁이라는 것은 서로 '비슷한 수준'에서 벌어지는 것이기 때문이다. 전교 1등하고 전교 꼴찌하고 경쟁할 수는 없다. 그리고 경쟁이 있으니까 '위치적 외부성'이란 것도 생기는 것이다.

15%나 되는 수험생들이 이 답지를 '알 수 없는 내용'이라고 생각한 이유는 다른 데 있었던 것이 아니다. '비슷한 수준'이라는 말이 제시문에 없었기 때문이다. 자꾸 번거롭게 해서 미안하지만, 독자들은 또 지금 당장 제시문으로 돌아가서 눈을 씻고 찾아보기 바란다. 정말 안 나온다. '경쟁'이란 말만 몇 번 나올 뿐이다.

다시 말하지만 경쟁이란 건 기본적으로 수준이 비슷해야 일어나는 것이다. 동네 구멍가게와 대형 할인점 사이에는 경쟁이 있을 수 없다. 경쟁이 없으니까 당연히 한쪽의 위치가 조금 내려갔다고 해서 다른 쪽의 위치가 '확' 올라가는 '위치적 외부성'도 있을 수 없다. 지극히 상식적인 이야기다. 그런데 적지 않은 수험생들이 '비슷한 수준'이라는 문자 정보가 제시문에 명시적으로 나오지 않다는 이유만으로 다른 답지를 놔두고 이걸 '알 수 없는 내용'으로 골랐다.

독자들 중 일부는 지금 속으로 이 수험생들(여러분의 선배들이다)을 비웃을지도 모르겠다. 하지만 문제를 푸는 그 순간에 '모든 근거는 제시문 안에 있다'는 통념에 '지배'당하고 있었던 수험생들은 차마 달리 어쩔 수가 없었던 것뿐이다. 안타깝게도 모든 근거는 명시적인 것이 아닐 수도 있다는 데까지는 생각이 미치지 않았던 것이다.

국어 시험에는 제시문을 통한 확인이 어려울 때 상식이 최종적인 판

단 기준이 되는 경우가 의외로 많다. 이런 경우 "모든 답의 판단 근거
는 제시문에 있다"는 '제시문 지상주의'는 오히려 편하게 풀 수 있는
문제를 어렵게 만드는 부정적 요인으로 작용하게 된다.

추론은 '더'하는 것보다 '덜'하는 것이 잘하는 것

추론과 상상, 그리고 해석을 덜 요구하는 것도 적절하다는 표지성이다. 이 말은 언뜻 이해가 안 될 것 같다. 예를 하나 들어 보자. "바람이 불면 나무통 장수가 돈을 번다"는 일본 속담이 있다.

샤미센(삼미선)이라는 일본 전통 악기가 있다. 그런데 이 악기는 통의 울림판에 고양이 가죽을 쓴다. 일본 에도 시대에는 장님들이 주로 이 샤미센을 연주해서 생계를 유지했다고 한다. 말하자면 이 속담은 이런 생활상을 배경으로 해서 생겨난 것이다. 그렇다면 어떻게 해서 "바람이 불면 나무통 장수가 돈을 번다"는 속담이 나왔는지 한번 보자.

바람이 분다, 모래가 날린다, 사람들 눈에 모래가 들어간다, 사람들 눈이 멀게 된다, 장님이 늘어난다, 샤미센 수요가 늘어난다, 울림판에 쓰일 고양이 가죽이 더 필요해진다, 가죽을 얻기 위해 고양이를 죽인다, 고양이 수가 줄어든다, 쥐가 늘어난다, 쥐들이 계속 자라나는 이빨을 갈아서 줄이기 위해 더 많은 나무통을 갉아댄다, 나무통이 못 쓰게 되어 새로 산다, 통장수가 돈을 번다.

어떤가? 재미있기는 한데, 이런 식이라면 "바람이 불면 지구가 멸망

한다"도 가능하다. 중간의 과정을 조금 바꾸면 말이다. "바람이 불면 내가 수능에서 국어 만점을 맞는다"도 가능해진다.

필자가 이 속담을 꺼낸 이유는 다른 데 있는 것이 아니다. 추론과 상상, 해석의 '부작용'을 말하려는 것이다. 많은 수험생들은 비문학(독서)은 추론을 해야 문제가 해결되는 것이고, 문학도 상상하면서 문제를 푸는 것이 좋은 것 아닌가 하는 생각을 한다. 하지만 추론 과정이 길면 길수록, 상상을 하면 할수록 "바람이 불면 나무통 장수가 돈을 번다"처럼 '해괴망측'한 상황도 모두 가능해진다.

사실 국어 시험에서 "거리가 가까운 걸 찾으라"는 말은 "추론이 짧은 걸 찾으라"는 말과 똑같은 것이다. 그리고 꼭 "거리가 가까운 걸 찾으라"는 요구 사항이 없어도, 적절한 걸 찾는 문제는 추론이 짧은 걸 고르면 그게 정답이다.

많은 경우 국어 시험은 가능하냐 불가능하냐의 문제가 아니다. 말 그대로 제시문이나 문제의 요구 사항으로부터 거리가 가까우냐 머냐의 문제라고 할 수 있다. 추론이 짧아야 사고의 비약이 없고 흐름이 자연스러워진다.

여기서 추론이나 상상을 더 길게, 그리고 더 많이 하고, 그런 다음에 보이는 답지를 적절한 것으로 선택하는 건 국어를 잘하는 친구들이 아니라 국어를 못하는 친구들이 하는 행동이다. 사실 조금 심하게 말하면, 추론과 상상을 더 많이 하는 것은 국어 못하는 친구들이 가진 '대표적인 특징'이다.

여기서 일부 독자들은 "아까는 직관형—충동형—우뇌형이 추측과 추론을 잘한다고 하지 않았느냐? 그런데 왜 지금은 추론이 나쁘다고 하는 것이냐? 모순적인 주장이다"라는 문제를 제기할 수 있다. 아니다. 추측과 추론을 '잘한다'는 말은 추측과 추론을 '많이 한다'는 말이 아니다. 추측과 추론을 하되 적절한 수준에서 멈춘다는 말이다.

자, 한번 보자. 감각형─심사숙고형─좌뇌형 수험생들은 추측과 추론을 기본적으로 싫어한다. 추측과 추론에 내재해 있는 모험적이고 불확정적인 성격을 두려워하기 때문이다. 그래서 그들은 명시적이고 논리적이고 분석적으로 제시문을 읽고 문제를 해결하려고 애쓴다.

문제는 답지를 2개 정도 남겨놓고 무척 헷갈릴 때 발생한다. 이때 직관형─충동형─우뇌형은 오히려 추론을 최소화하고 주어진 제시문이나 문제의 요구 사항에서 가장 거리가 가까운 것을 적절한 답지로 과감하게 선택한다. 반면에 그때까지는 그토록 추측과 추론을 싫어하던 감각형─심사숙고형─좌뇌형 수험생들은 이전과는 전혀 다른 모습을 보인다. 마치 '헐크'처럼 말이다. 갑자기 무지막지한 추론과 상상을 하기 시작하는 것이다. 당연히 그 과정에서 심각한 사고의 비약도 '마구' 발생한다.

추론 과정이 길어지면 중간에 '생각의 점핑'이 일어난다. 그건 자연스럽지 않은 사고의 흐름이다. 계단에 비유하면 한 칸씩 딛고 올라가는 게 아니라 두세 칸을 한꺼번에 뛰어 올라가는 것과 같다. 학교 같은 데서 복도 계단을 몇 칸씩 건너뛰는 건 멋있게 보일지도 모르지만, 그건 국어에서는 절대 하면 안 되는 '짓'이다.

국어에서는 추론이나 해석을 더 많이 하면 처음에는 괜찮다가도 헷갈리기 시작하는 답지가 꼭 새로 생기게 된다. 물론 그건 적절한 답지가 아니다. 추론과 상상을 많이, 그리고 길게 해서 억지로 그렇다고 스스로를 납득시킨 것뿐이다. 더 많은 추론과 상상, 해석을 통한 억지는 사실 감각형─심사숙고형─좌뇌형 수험생의 입장에서 더 편한 것이다. 더 많은 추론과 상상이 "나는 지금 논리적이고 분석적인 접근을 하고 있다"는 이상한 착각을 불러일으키기 때문이다.

실제 시험 현장에서 덜 억지스러운 답지, 추론이나 해석을 덜해서 바로 보이는 답지를 선택하는 건 모국어 화자의 '스키마'가 이끄는 대로 따라가는 '순종적인 태도'에서 비롯되는 것이다. 그런데 감각형―심사숙고형―좌뇌형 수험생들은 이상하게도 불필요한 추론을 더 많이 하는 것보다 모국어 화자의 스키마에 순응하는 걸 훨씬 더 힘들어한다. 그건 성격적인 특성 때문이기도 하지만, 필자가 보기엔 잘못된 학습의 영향 때문이기도 하다. 문제를 해결할 때는 추론과 해석을 가능하면 많이 하라는 수많은 '조언'들 말이다.

사실 추론을 더 많이 하는 감각형―심사숙고형―좌뇌형 수험생들의 속마음으로 들어가 보면 그 추론과 상상이 맞는다는 확신도 없다. 하지만 일단 그 '사고의 폭주'가 한번 시작되면 어쩔 수 없이 그냥 그렇게 마구 달려가는 경우가 많다. 그저 내 해석과 추론이 더 가해졌다는 데서 오는 일종의 '애정'과 '집착'이 오답지를 선택하게 하는 부정적 힘으로 작용하는 경우가 많다는 말이다. 자신의 해석과 추론이 더 가해진 답지에 대해서 과도한 '애정'을 갖고 '집착'하는 것도 감각형―심사숙고형―좌뇌형 수험생들의 두드러진 특징 가운데 하나이기 때문이다.

작문 문제 2개를 예로 들어 보자.

[문제] <보기>의 내용을 서두로 하여 글을 쓰려고 한다. 바로 이어서 쓸 내용으로 적절하지 않은 것은?

〈보 기〉

  인터넷에는 유용한 정보도 있지만, 부정확하거나 검증되지 않은 정보도 많다. 그런데 대다수의 학생들이 인터넷 정보검색을 통해서 손쉽게 얻은 정보를 이용하여 보고서를 작성하고 있다.

---

① 정보의 상업적인 이용을 경계해야 한다.

② 정보 습득의 다양한 방법을 안내해야 한다.

③ 보고서 작성의 바른 태도를 교육해야 한다.

④ 정보의 가치를 스스로 판단할 수 있어야 한다.

⑤ 인터넷에서 공유되는 정보에 대한 질 관리가 필요하다.

사실 다섯 개 답지는 모두 <보기> 다음에 올 수 있는 것들이다. 불가능한 건 없다. 가능하냐 불가능하냐는 문제가 절대 아니다. 다만 답지 중에 추론 과정이 긴 것이 있고 짧은 것이 있을 뿐이다. <보기>를 기준점으로 거리가 먼 것이 있고 가까운 것이 있을 뿐이라는 말이다. 추론 과정이 가장 긴 것, <보기>를 기준점으로 할 때 가장 거리가 먼 것, 생각의 점핑이 가장 많은 것을 답으로 고르면 된다. 그게 스키마의 '힘'이 이끄는 대로 따라가는 순종적인 태도다.

답은 1번이다. 1번이 <보기>를 기준으로 거리가 가장 멀다. 추론 과정도 가장 길고, 생각의 점핑도 가장 심하게 일어났다. 쉽게 말하면 <보기>와 1번 답지 사이에는 뭔가가 빠져 있다. 1번 답지는 <보기>가 있고 그다음에 인터넷 정보를 이용하는 데 유료 회원 가입을 하든가 하는, 하여튼 돈을 쓴다는 내용이 있어야 그 뒤에 올 수 있는 내용이다. 다른 답지에 비해서 중간에 비약이 있고, 그래서 사고 과정이 자연스럽지 않다.

프랑스 시인 폴 발레리가 쓴 시에 이런 구절이 있다. "바람이 분다, 살아야겠다." 참 멋있는 말이긴 한데, 중간에 굉장히 많은 사고 과정이 생략됐다는 것을 이제는 알 수 있을 것으로 기대한다. '바람이 분다'에서 '살아야겠다'로 넘어가는 추론이 얼마나 긴 것인지, 그리고 중간에 얼마나 많은 '생각의 점핑'이 있는 것인지 한번 생각해 보기 바란다.

그리고 국어 시험 치를 때 "바람이 분다, 살아야겠다" 같은 답지를 만나면 '멋있긴 하지만 적절하지 않은 것'으로 '냉정하게' 판단하고 답을 고르면 된다.

한 문제 더 보자.

[문제] <보기>의 내용을 서두로 하여 '만화'를 소재로 하는 글을 쓰려고 한다. 바로 이어서 쓸 내용으로 적절하지 않은 것은?

─────────── 〈보 기〉 ───────────

　어린아이가 태어나서 초등학교를 졸업할 때까지 만화를 보는 시간은 중학교에서 시작하여 고등학교를 졸업할 때까지 교실에서 수업을 받는 시간보다 길다고 한다.

① 아이들의 관심 방향을 돌리도록 해야 한다.
② 아이들이 만화를 보는 시간을 줄이도록 해야 한다.
③ 아이들에게 좋은 내용의 만화를 보여주어야 한다.
④ 아이들이 만화의 폭력성을 심각하게 인식해야 한다.
⑤ 아이들에게 만화를 올바르게 보는 법을 가르쳐야 한다.

답은 4번이다. 앞의 문제랑 똑같다. 답지 가운데 추론 과정이 가장 길다. <보기> 다음에 4번 답지가 오려면 만화가 어쨌든 '폭력적'이라는 내용이 둘 사이에 와야 한다. 중간에 다리 역할을 하는 내용이 있어야, 사고 과정이 자연스러워진다는 말이다.

독자들은 지금 이 문제들이 쉽다고 생각할지도 모르겠다. 하지만 두 문제의 정답률은 모두 60%대다. 둘 다 그 당시 오답률 10위 안에 드는 문제들이었다. 작문에서 60%대의 정답률은 낮은 편에 속한다.

이번에는 좀 더 어려운 문제(2007학년도 수능)를 한번 보자.

제시문 전체를 안 봐도 되는 문제니까 해당되는 부분만 옮겨 보도록
하겠다.

　⊙ 우리는 감각 경험을 통해 직접 만나는 개별적인 대상들로부터 귀납추리
를 통해 일반 법칙에 도달할 수 있다. ⓛ 따라서 자연세계의 일반 법칙에 대
한 지식도 경험적 지식이다.

**[문제] ⊙으로부터 ⓛ을 도출하는 과정에서 생략된 전제로 가장 적
　　　절한 것은?**

① 귀납추리는 일반 법칙에 기초해 있다.

② 귀납추리는 자연에 대한 지식을 확장해 준다.

③ 귀납추리는 지식의 경험적 성격을 바꾸지 않는다.

④ 귀납추리는 지식이 경험 세계를 넘어서도록 한다.

⑤ 귀납추리의 결론은 전제로부터 필연적으로 도출되지 않는다.

이 문제는 ⊙을 '바람이 분다'로 놓고, ⓛ을 '모래가 눈에 들어간다'
로 놓은 다음에 중간에 무엇이 빠졌는지를 판단하면 좋다. 말하자면
'모래가 날린다' 같은 답지를 한번 찾아보라는 것이다. 추론 과정이 가
장 짧고 ⊙이나 ⓛ에서 가장 거리가 가까운 답지, 가장 사고의 비약이
없는 답지를 찾아보라는 말이다.

이때 대부분의 수험생은 3번이 가진 정답의 표지성을 발견하게 된

다. ⓐ 다음에 3번 답지가 오고 그다음에 ⓑ이 오는 것이 가장 자연스러운 것 같은 느낌을 받기 때문이다. 생각의 점핑도 가장 작은 것 같고, 추론도 짧고, 거리도 가까운 것 같은 느낌도 받게 된다.

말하자면 이런 식이다. "1번, 귀납추리는 일반 법칙에 기초해 있다(모래가 날린다)→자연세계의 일반 법칙에 대한 지식도 경험적 지식이다(모래가 눈에 들어간다), 이거 이상해요. 자연스럽지 않아요. '귀납추리는 일반 법칙에 기초해 있다'를 '모래가 날린다'로 놓으면, '모래가 눈에 들어간다'는 아마 '귀납추리도 자연세계의 일반 법칙에 대한 지식이다' 정도가 돼야 하는 거 아닌가요? 추론을 많이 하면 어떨지는 모르겠지만, 선생님 말씀은 그걸 하지 말라는 이야기잖아요. 1번은 자연스럽지 않은 거 같아요."

"2번, 귀납추리는 자연에 대한 지식을 확장해 준다(모래가 날린다)→자연세계의 일반 법칙에 대한 지식도 경험적 지식이다(모래가 눈에 들어간다), 이것도 이상해요. '모래가 날린다'에서 '날린 모래가 눈에 들어간다'로 넘어가는 느낌이 안 들어요. 1번과 마찬가지로 추론을 길게 하면 어떨지 모르겠지만 거리가 가까운 것도 아니고, 자연스럽지도 않아요."

"3번, 귀납추리는 지식의 경험적 성격을 바꾸지 않는다(모래가 날린다)→자연세계의 일반 법칙에 대한 지식도 경험적 지식이다(모래가 눈에 들어간다). 이건 괜찮은 거 아닌가요? 물론 설명을 하라면 멋있게 할 수는 없을 거 같아요. 하지만 '귀납추리는 지식의 경험적 성격을 바꾸지 않는다' 그렇기 때문에 '일반 법칙에 대한 지식도 경험적 지식이다' 이 두 진술이 이어지는 흐름이 자연스럽다는 느낌이 들어요. 당연한 말이겠지만, 귀납추리가 지식의 경험적 성격을 바꾸지 않았으니까 귀납추리를 통해 만들어진 일반 법칙도 경험적 지식이 되는 거 아닌가요? 만약 귀납추리가 지식의 경험적 성격을 바꾼다면 귀납추리를 통해 만들어진 일반 법칙도 경험적 지식이 된다는 보장이 없는 거잖아요. 어쨌든 계단을 한 칸만 더 올라가는 느낌이 든다고 할까요? ㉠ 다음에 3번 답지, 그다음에 ㉡이 오는 게, 계단 세 칸을 한 칸 한 칸 딛고 올라가는 느낌을 주거든요. 1번, 2번 답지는 이런 느낌이 전혀 안 들어요. 솔직히 말하면, 계단을 올라가는 건지 내려가는 건지도 잘 모르겠고, 몇 칸을 뛰어넘고 있는 건지도 '감'이 안 와요."

"4번, 귀납추리는 지식이 경험 세계를 넘어서도록 한다(모래가 날린다)→자연세계의 일반 법칙에 대한 지식도 경험적 지식이다(모래가 눈에 들어간다), 이건 많이 이상해요. 앞에서는 지식이 경험을 넘어선다고 이야기하고서 바로 그다음에서는 정반대로 지식은 경험적이라고 하는 거잖아요. 이건 추론을 길게 해도 여전히 이상할 거 같은데요."

"5번, 귀납추리의 결론은 전제로부터 필연적으로 도출되지 않는다(모래가 날린다)→자연세계의 일반 법칙에 대한 지식도 경험적 지식이다(모래가 눈에 들어간다). 이건 무슨 말을 하는 건지도 모르겠어요. 솔직히 이해 자체가 안 되는 말이에요. 다른 친구들은 안 그런데 나만 그런 건가요? 추론을 길게 하면 어떨지 모르겠는데, 그러려면 아마도 엄청나게 많이 해야 하지 않을까 싶은데요."

맞다. 이 정도면 정말 '훌륭한' 학생이다. 5번 답지가 아예 무슨 소린지 몰랐어도 말이다.

여기서 많은 독자들은 이 문제가 어렵긴 하지만 아주 못 풀 정도는 아니라는 생각을 했을 것이다. 그렇지 않다. 이 문제는 그해 수능에서 가장 낮은 정답률(36%)을 기록한 문제였다. 거의 독보적인 1위였다. 1번을 선택한 친구가 33%, 2번이 16%, 4번, 5번이 각각 8%였다.

"추론 과정이 짧은 것이 적절하다는 표지성"이라는 말이 무슨 의미인지 이제 어느 정도는 이해했을 것으로 기대한다. 다시 말하지만, 추론은 '더'하는 것이 잘하는 게 아니다. '덜'하는 게 잘하는 것이다. 더 많은 추론이나 상상이나 해석은 역설적으로 국어 못하는 아이들 입장에서 오히려 하기가 훨씬 편하다. 그리고 그들 중에는 감각형－심사숙고형－좌뇌형 수험생들이 압도적으로 많다. 감각형－심사숙고형－좌뇌형 수험생들은 추론을 '덜'해서 바로 보이는 답지를 선택하는 것을 훨씬 더 힘들어한다.

더 정확하게 말하면, 감각형－심사숙고형－좌뇌형 수험생들은 편한 길을 가려고 하는 자기 모습을 스스로 용납하는 것을 정말 힘들어한다. 편한 길을 놔두고 웅덩이나 암석이 잔뜩 있는 험한 길을 일부러 찾아다니게 하는 굉장히 '기이한' 심리다. 그렇다면 추론을 더하는 그 친구들 속마음으로 들어가 보면 자기가 지금 제대로 추론하고 있다는 확신이 과연 있을까? 단언컨대 없다. 하지만 일단 이렇게 추론이 한번 시작되면 자기도 어쩔 수 없는 상태로 빠져 들어가게 된다. 그러면서 갈 데까지 가보자는 '집요함'도 생기게 된다. 일종의 '집착적인 추론'이다.

적절한 것을 찾으라는 문제에서 '추론을 짧게 해도 괜찮은 답지'와 '추론을 길게 하면 가능할 것도 같은 답지'가 서로 충돌할 때는 무조건 전자의 손을 들어줘야 한다. 실제 상황에서는 반드시 그렇게 해야 시간 낭비 없이 정답을 선택할 수 있다. 왜 그렇게 되는지는 수능이 끝난 후에 여유롭게 분석해보면 될 일이다. 물론 수능이 끝나고 그런 걸 할 마음의 여유가 있는 사람이 얼마나 될지는 모르겠지만 말이다.

제시문은 반드시
머릿속에 어떤
'흔적'을 남긴다

제시문의 전체적인 내용이나 작품의 전체적인 분위기와 연관성이 높다는 느낌도 적절하다는 표지성이다.

특히 이런 표지성은 제시문을 제대로 이해했느냐와는 별개로, 제시문을 읽은 직후 머릿속에 남는 흔적 때문에 감지되는 것일 가능성이 높다. 앞에서 말했듯이 제시문을 한 번 읽게 되면 글에 대한 이해도와 상관없이 글의 전체적인 느낌, 맨 뒤의 내용이나 장면, 대체적인 윤곽, 자주 등장하는 단어, 인물의 이름, 인상적인 장면이나 내용, 대체적인 시간의 흐름, 말하고자 하는 바 같은 것들이 흔적으로 남게 된다.

세부 내용은 다시 돌아가서 확인해야겠지만, 적어도 전체적인 윤곽은 잡힌다는 말이다. 바로 그것 때문에 많은 수험생들이 '이 답지는 제시문의 전체적인 내용이나 작품의 전체적인 분위기와 연관성이 높다'는 표지성을 알아차리게 된다. 사실 이 경우 문제가 쉬울 경우 정답을 선택하고 다음 문제로 넘어가는 데 걸리는 시간이 길지 않다. 하지만 문제가 조금 어려워질 경우에는 이런 답지(전체적인 분위기나 내용과의 연관성이 높은 답지)와 경쟁하는 답지가 하나 이상 꼭 등장한다. '정답지를 흉내 낸 오답지'인데, 많은 경우 제시문의 특정 표현을 아무런 변형 없이 그대로 가져다 쓰는 답지이다.

조금 자세하게 풀어서 이야기해 보자. 먼저 제시문의 전체적인 내용이나 작품의 전체적인 분위기와 연관성이 높다는 느낌을 주는 답지를 보면 대부분의 수험생은 적절하다는 느낌을 받게 된다. 만약 적절한 것을 찾으라는 문제라면 그게 정답이다. 그런데 쉬운 문제가 아닐 경우 반드시 그걸 정답으로 선택하는 것을 방해하는 답지가 있기 마련이다. 제시문의 전체적인 내용이나 작품의 전체적인 분위기와의 연관성은 조금 떨어지거나 판단이 잘 안 되지만, 제시문에 등장한 어휘나 표현이 그대로 사용된 답지가 그것이다.

그리고 이런 경우 정답지는 전체적인 분위기나 내용과의 연관성은 있지만, 제시문에 분명하게 등장하지 않는 어휘나 표현을 사용하게 된다. 이렇게 두 답지가 경쟁하는 상황이 되면, 감각형 – 심사숙고형 – 좌뇌형 수험생의 대부분, 그리고 직관형 – 충동형 – 우뇌형 수험생의 일부까지 이상하게도 경쟁 답지로 마음이 가는 경우가 많다.

물론 제시문 또는 작품의 특정 어휘나 표현이 그대로 사용됐다는 건 아주 쉬운 문제에서는 적절하다는 표지성이 되기는 한다. 하지만 쉬운 문제가 아닐 경우에 제시문 또는 작품의 특정 어휘나 표현이 그대로 사용됐다는 건 대부분 적절하지 않은 내용을 적절한 것으로 '위장'하는 것일 가능성이 높다. 오답지가 정답지를 흉내 내는 것이라는 말이다.

여기서도 원칙을 하나 세우는 것이 좋다. '제시문의 전체적인 내용이나 작품의 전체적인 분위기와 연관성이 높다는 느낌을 주기는 하지만, 사용된 어휘나 표현이 제시문이나 작품에 등장하지 않는 답지'와 '제시문의 전체적인 내용이나 작품의 전체적인 분위기와 연관성은 조금 떨어지지만, 제시문이나 작품에 등장한 어휘나 표현이 그대로 사용된 답지' 사이에 경쟁이 벌어지는 경우, 그리고 동시에 그 문제가 적절한 걸 찾아야 하는 긍정 발문일 경우에는 무조건 전자의 손을 들어줘야 한다. 그렇게 하면 맞고, 그렇게 하지 않으면 틀린다.

'왠지 모르게'
거슬리는
대표적인 답지

답지에 사용된 어휘나 표현의 부조화가 상대적으로 낮은 것이 적절하다는 표지성이다. '답지에 사용된 어휘나 표현의 부조화'는 그런 부조화가 낮은 것보다 높은 것으로 설명하는 것이 이해가 빠를 것 같다. 그러니까 부조화가 높다는 건 적절하다는 표지성이 아니라 적절하지 않다는 표지성으로, 부정 발문에서는 이게 정답이 된다.

답지에 사용된 어휘나 표현에 부조화가 있다는 건 제시문에서는 다른 부분(문단)에서 언급된 내용 혹은 다른 대상을 설명하는 데 사용된 어휘나 표현이, 답지에서는 하나로 묶여서 등장한다는 말이다. 뭔가 성격이 다르고 대비되는 내용이 마치 그렇지 않은 것처럼 구분 없이 한 답지에 나오는 것을 말한다. 사실 이건 많은 수험생들이 이미 갖고 있는 '스키마'에 따라 무의식적으로 감지하는 부분이기도 하다. 다만 그것을 신뢰하는 직관형－충동형－우뇌형 수험생들이 있는 반면에 신뢰하지 못하는 감각형－심사숙고형－좌뇌형 수험생들이 있을 뿐이다.

예를 한번 들어보자. 공터에 수십 명의 아이들이 있다. 아이들 옷 색깔은 주홍색, 분홍색, 빨간색, 선홍색, 그리고 하늘색, 파란색, 남색, 코

발트색이다. 그 밖의 색깔, 말하자면 흰색이나 검은색, 노란색 계통은 없다. 이때 이 공터의 아이들을 바라보는 사람이라면 누구라도 아이들 옷 색깔을 '레드' 계열과 '블루' 계열로 크게 구분해서 인식하게 된다.

부조화가 느껴진다는 말은 말하자면 이런 것이다. 아이들이 둘씩 짝지어 벤치에 앉아 있다. '분홍-빨강', '분홍-주홍', '주홍-분홍', '빨강-주홍', '분홍-파랑', 이때 가장 부조화가 높은 조합은 무엇이라고 생각하나? 맞다. 당연히 '분홍-파랑'이다.

국어 시험에서 답지가 조화롭지 못하다는 말도 이것과 비슷하다. 바로 이런 게 적절하지 않다는 강력한 표지성이 된다. 제시문에서는 다른 부분(문단)에서 언급된 별개의 내용 혹은 각기 다른 대상을 설명하는 데 사용된 어휘나 표현이 답지에서는 하나로 묶여서 등장하는 것을 말한다.

여기서 독자들은 "그건 꼼꼼한 읽기 아니냐? 그건 제시문을 읽을 때 하지 말라고 하던 것 아니냐? 그건 정서 필터 수준을 높여서 심리적인 방어벽을 만들어내는 것 아니냐?" 같은 질문을 할 수 있다. 아니다. 필자가 지금 하는 말은, 제시문을 처음 읽을 때 이런 부분을 의식하면서 따로 표시를 하라는 것이 아니기 때문이다.

제시문 내용이 생소하고 복잡할 경우 글을 읽는 도중에 이런 '유목화'를 의식하면서 표시 작업을 하는 건 가능하지도 않고 또 억지로 그렇게 할 경우 부정적인 상황이 벌어진다. 아직 글을 읽는 중이란 것은, 공터에 있는 아이들 전체를 한눈에 보는 게 아니라 문틈으로 아이들을 차례로 훑어보는 상황하고 비슷하다. 아이들 옷이 레드 계열과 블루 계열로 크게 구분된다는 생각은 아직 하지 못한다는 말이다. 국어 시험으로 말하면 결국 제시문을 다 읽고 나서야 그런 생각이 든다는 것인데, 그렇다고 다시 제시문으로 돌아가서 어떤 표시 작업을 한다는 것은 '난센스'다.

필자는 처음 읽을 때 수험생의 스키마와 교섭이 되지 않는 글은, 이해가 되든, 되지 않든 한번 훑어 읽고 다시 한 번 읽기를 조언한 바 있다. 한번 훑어 읽었을 때 별다른 의식을 하지 않거나 따로 표시를 하지 않아도 이런 '비교와 대조'는 제시문을 읽고 나면 우리 머릿속에 어떤 흔적을 남기게 된다. 즉석에서 어떤 스키마가 만들어진다는 것이다. 그 흔적만으로도 답지에 나오는 어휘나 표현의 부조화를 알아보거나 거슬려 하는 '스키마'가 작동한다. 여기에 제시문을 한 번 더 읽으면, 이런 답지의 부조화를 알아보는 감은 더 예민해진다.

예를 하나 들어보자.

음악은 시간 예술이다. 회화나 조각과 같은 공간 예술과는 달리, 음악에서는 시간이 흐르면서 사라지는 음을 기억하기 위한 방법이 필요하다. 작곡가들은 그 방법의 하나로 반복을 활용했다. 즉, 반복을 통해 어떤 일이 어떻게 일어났는지를 기억하여 악곡의 전체를 쉽게 파악할 수 있도록 한 것이다. 이러한 반복의 양상과 효과는 <비행기>와 같은 동요에서도 확인할 수 있다. 이 동요에서는 반복되는 선율이 노래를 하나로 묶어 주고 있다.

무반주 성악곡을 즐겨 부른 르네상스 시대의 다성 음악 양식에서는 입체적인 효과를 주기 위한 기술적인 방법으로 '모방'을 선택했다. 이때 모방은 노래의 시작 부분에서 돌림 노래와 비슷한 방식을 적용함으로써 구현된다. 예를 들어 소프라노 성부의 노래에 뒤이어 알토 성부가 시간차를 두고 같은 선율로 시작하는 반복 기법을 적용하는 것이다. 이렇게 돌림 노래처럼 시작한 후에는 각 성부가 서로 다른 선율로 노래를 이어 간다. 이로써 다성 음악 양식에서는 성부의 독립성을 추구하면서도 통일감을 느끼게 해 주는 짜임새가 만들어졌다.

다성 음악의 시대를 지나 바로크 시대로 들어서면 성악 음악을 구현하는 데 모방은 더 이상 효과적인 기법이 아니었다. 이제 음악가들은 화성을 중시해서, 여러 성부로 이루어진 음악을 연주하기보다 화성 반주에 맞추어 하나의 선율을 노래하는 짜임새를 선호하게 되었다. 화성 반주의 악보 중에는 저음

성부에서 일정한 패턴이 반복되는 경우가 있다. 이때 고음 성부에서는 선율이 반주에 맞춰 변화되는 이른바 장식적 변주가 나타난다. 이로써 반복의 일관성과 변주의 다양성을 통해 조화된 아름다움을 이룰 수 있게 되었다.

고전 시대에는 반복이 악곡의 형식을 결정하는 요소로 사용된다. 이 시대에 널리 쓰인 소나타는 주제가 다른 여러 악장이 음악적 대조를 이루는데, 마지막 악장은 첫 악장에 비해 상대적으로 쉬운 음악으로 구성된다. 마지막 악장의 이런 성격을 표현하는 데에는 론도 형식이 적합하다. 이 형식은 악장의 주제를 주기적으로 반복하는 사이사이에 이와 대조되는 새로운 주제들을 삽입하는 방식이다.

각 시대의 작곡가는 입체적인 모방, 장식적인 변주, 형식적인 반복 등 다양한 방법을 통해, 시간의 흐름 속에 구현된 악곡 전체의 모습을 파악할 수 있게 하였다. 결국 음악은 시대마다 그 양상은 다르지만, 반복을 기본 원리의 하나로 활용하여 만들어진 것이다.

[문제] 위 글을 통해 알 수 없는 것은?

① 반복은 각 시대의 음악 양식에 따라 양상을 달리한다.

② 선율의 반복은 노래에 통일성을 부여하는 요소가 된다.

③ 돌림 노래는 무반주 성악곡에서 변주의 방식으로 사용된다.

④ 다성 음악의 시대를 지나 화성을 중시하는 시대가 시작된다.

⑤ 반복 기법은 단순한 노래부터 복잡한 악곡까지 널리 사용된다.

정답은 3번(62%)이다. 음악에서 사용되는 '반복 기법'을 다룬 제시문으로, 두 번째 문단에서는 '르네상스 시대의 무반주 성악곡'과 '돌림 노래(입체적인 모방)'를 같이 설명하고, 세 번째 문단에서는 '바로크 시대의 성악 음악'과 '장식적 변주'를 같이 설명하고 있다.

제시문을 읽고 답지를 훑어보는 도중에 대다수 수험생들은 "돌림 노래는 무반주 성악곡에서 변주의 방식으로 사용된다"는 3번 답지를 거슬려 한다. '돌림 노래'와 '무반주 성악곡'은 연관성이 있는데 '변주'는 그렇지 않다는 느낌을 받기 때문이다. 답지 표현 간에 부조화를 감지한 것이다. 말하자면 '분홍—빨강—파랑'의 조합이다. 파랑이 '튄다' 제시문 내용을 완벽하게 이해하지 못했다 하더라도, 이 정도 판단은 누구나 할 수 있다. 이 문제를 맞힌 대부분의 수험생들도 이 정도 판단으로 정답을 골랐다.

하지만 정답률은 62%에 그쳤는데, 20%가 선택한 5번 답지 때문이다. "반복 기법은 단순한 노래부터 복잡한 악곡까지 널리 사용된다"는 5번 답지는 내용 자체로는 매우 당연한 것이었다.

그럼에도 불구하고 20% 수험생이 이 답지를 적절하지 않은 것으로 고른 이유는 다른 게 아니다. 제시문에 나온 어휘를 많이 변형시켰기 때문이다. 말하자면 제시문에 나온 '동요(비행기)'라는 표현을 답지에서는 '단순한 노래'로 바꾸고, 제시문에 나온 '르네상스 시대 무반주 성악곡'이나 '바로크 시대 성악 음악', '고전시대 소나타'를 '복잡한 악곡'으로 바꿨다는 것이다. 만약 5번 답지가 "반복 기법은 동요에서 르네상스시대 무반주 성악곡, 바로크 시대 성악 음악, 고전시대 소나타까지 널리 사용된다"였다면, 아마 정답률이 '확' 올라갔을 것이다.

하지만 이 문제를 풀면서 '동요'를 '단순한 노래'로, '무반주 성악곡'이나 '성악 음악', '소나타'를 '복잡한 악곡'으로 금방 바꿔서 생각한 수험생은 많지 않았다. 당연히 그렇다. 물론 시간이 충분히 주어지면 그쪽으로 사고가 진행될 수 있을지는 모른다. 하지만 그러는데 걸리는 시간이 짧을지 길지는 누구도 장담할 수 없다.

항상 그런 것은 아니지만, "제시문에서 정답과 오답의 모든 근거를 찾으라"는 말처럼 당연하지만, 그래서 무책임한 말이 없는 이유도 바로 여기에 있다. 제시문에 등장하는 어휘가 답지 쪽에서 '심하게' 변형되면, 답지의 내용을 제시문에서 아무리 찾으려고 해도 정말 안 찾아질 수 있기 때문이다. 시간도 촉박하고 마음도 급한 실제 시험 상황에서는 더 그렇다.

이 문제를 풀면서 변형된 답지를 원래 표현으로 바꾼 다음 오답지를 제거하고 정답을 확정한 수험생이 과연 얼마나 있었을지는 솔직히 의문이다. "많은 노력을 통해 그런 능력을 무조건 길러내라"는 조언이 얼마나 도움이 되는 해법일지도 의문이다. 오히려 정답지를 볼 때 '돌림노래와 무반주 성악곡은 함께 다루는 듯한 느낌이지만, 변주는 다른 악곡 쪽에서 언급하고 있다'는 정도의 판단, 그리고 '그것은 뭔가 이상하다'는 정도의 느낌이 5번 답지가 주는 찜찜함을 뿌리치고 정답지를 선택하게 한 '실질적인 힘'이었다. 또 그런 게 답지 표현간의 부조화를 감지한 '스키마의 힘'에 순응하는 태도이기도 하다. 현실적으로 이 방법 말고 이런 문제를 짧은 시간 안에 해결하는 방법은 실제 시험장의 상황을 감안할 때 거의 없다고 보는 게 맞다.

결국 이 문제를 해결하는 과정에서는, 눈길을 끈 두 개의 답지 가운데 사용된 어휘들 사이에서 부조화가 느껴지는 답지를 선택하는 것이 수험생이 현실적으로 도달할 수 있는 '최고 수준'의 행동이었다. 남는 문제는 오답지 5번에 대한 '찜찜함'인데, 이건 의도적 무시 말고는 대책이 없다.

왜 그럴까? 답지에 사용된 어휘의 부조화를 감지하는 것은 '스키마의 문제'지만, 심하게 변형된 답지를 제시문에 나온 어휘로 다시 바꿔서 이해하는 것은 '꼼꼼함의 문제'이기 때문이다. 또 그건 반드시 시간을 소비시킨다. 엄밀하게 말하면, 시간을 소비했다고 해서 그런 '복원' 작업이 잘될 것이라는 보장도 없다. 답지 변형, 그러니까 '말 바꾸기'에 너무 신경 쓰지 말고 전체적인 내용과의 연관성이나 답지에 사용된 어

③ 창조 산업과 창조 계층이 갖추어져야 창조 환경이 마련된다.

④ 창조 도시에는 문화적 요소와 경제적 요소가 복합적으로 작용한다.

⑤ 창조 계층의 창의력을 이끌어내기 위해서는 그 능력을 표준화해야
   한다.

답은 4번(74%)인데, 17%에 달하는 수험생들이 3번을 골랐다. 제시문에는 '창조 환경'이 원인이고 '창조 산업'과 '창조 계층'이 결과인데, 답지에서는 '창조 산업'과 '창조 계층'이 원인이고 '창조 환경'이 결과로 바뀌어 있다. 잘못된 것은 원인과 결과일 뿐 제시문에 등장하는 핵심 단어가 아무런 변형 없이 답지에 그대로 등장하기 때문에 의외로 의심 없이 그런 답지를 선택하는 경우가 있는데, 바로 이 문제가 그렇다.

이런 경우 가장 간단한 대처법은 제시문에서 사용된 단어, 특히 핵심 단어가 아무런 변형 없이 답지에 그대로 등장하면 가장 먼저 '인과관계'가 제대로 돼 있는지부터 확인하는 것이다. 제시문과 똑같은 표현이 나온 답지의 경우 무난한 것으로 보기보다는 매력적 오답일 가능성이 높다고 생각하는 것이 더 좋다. 인과관계를 먼저 체크하고, 그런 다음에 전체 내용과의 연관성으로 정답 여부를 판단하는 것이 좋다.

한번 정리해 보자. 제시문이나 <보기>의 표현이 변형되지 않고 답지에 그대로 등장한다는 것은 두 가지 의미를 갖는다. 첫째, 쉬운 문제의 경우 표현이 변형되지 않은 답지가 정답이다. 둘째, 어려운 문제의 경우 표현이 변형되지 않은 답지가 매력적 오답이다. 물론 적절한 것을 찾으라는 긍정 발문에서 그렇다는 말이다. 그렇다면 "이 문제가 쉽냐, 어렵냐를 어떻게 아느냐"는 질문이 당연히 나올 수 있다. 집중해서 읽기 바란다.

그 문제가 쉽다는 것은 표현이 변형되지 않은 답지와 경쟁을 벌이는

다른 답지가 없는 경우다. 그 문제가 어렵다는 것은 표현이 변형되지 않은 답지와 경쟁을 벌이는 다른 답지가 있는 경우다. 특히 어려운 문제인 경우, 제시문이나 <보기>의 표현이 변형되지 않은 '오답지'는 제시문과 개별적이고 구체적 수준에서 일치하는 느낌을 주고, 제시문의 표현을 변형시킨 '정답지'는 전체적이고 추상적인 수준에서 일치한다는 느낌을 주는 경우가 많다. 이런 경쟁 상황에서 그 문제가 적절한 것을 찾으라는 긍정 발문이라면, 후자의 손을 들어 주는 것이 정답률을 몇 십 배는 높여준다고 보면 '딱' 맞다.

물론 답지에서 변형된 표현을 제시문의 표현으로 다시 바꿔서 확인하면 더할 나위가 없다. 하지만 그건 실제 시험장에서는 별로 권하고 싶지 않은 방식이다. 시간을 소비시킬 뿐만 아니라 자칫하면 선택을 번복시키는 경우가 너무 많기 때문이다.

'정답을 흉내 내는 오답',
그리고
'오답인 척하는 정답' (2)

이번에는 제시문에 등장하는 표현을 답지 쪽에서 '심하게' 변형시킨 경우를 보자.

2013학년도 수능 기술 지문이다.

음성인식 기술은 컴퓨터가 사람이 말하는 소리를 인식하여 해당 문자열로 바꾸는 기술이다. 사람의 말은 음소들의 시간적 배열로 볼 수 있다. 컴퓨터는 각 단어의 음소들의 배열을 '기준 패턴'으로 미리 저장해 두고, 이를 입력된 음성에서 추출한 '입력 패턴'과 비교하여 단어를 인식한다.

음성을 인식하기 위해서 먼저 입력된 신호에서 잡음을 제거한 후 음성 신호만 추출한다. 그런 다음 음성 신호를 하나의 음소로 판단되는 구간인 '음소 추정 구간'들의 배열로 바꾸어 준다. 그런데 음성 신호를 음소 단위로 정확히 나누는 것은 쉽지 않다. 이를 해결하기 위해 먼저 음성 신호를 일정한 시간 간격의 '단위 구간'으로 나누고, 이 단위 구간 하나만으로 또는 연속된 단위 구간을 이어 붙여 음소 추정 구간들을 만든다.

음성의 비교는 음소 단위로 이루어지는데 음소 추정 구간에 해당하는 음소를 알아내기 위해서 각 구간에서 '특징 벡터'를 추출한다. 각 음소 추정 구간에서 추출하는 특징 벡터는 1개이다. 특징 벡터는 음소를 구별하는 데 필요한 정보를 수치로 나타낸 것으로, 음소 추정 구간의 길이에 상관없이 1개로만 추출된다. 특징 벡터는 음소의 특성을 잘 나타내는 정보들을 이용하지만 사람마다 다른 특성을 보이는 정보는 사용하지 않는다. 사용하는 정보의 가짓수가 많을수록 음소를 더 정확하게 인식할 수 있지만 그만큼 필요한 연산량이 많아져 처리 시간은 길어진다.

음성을 인식하려면 ㉠ 입력 패턴의 특징 벡터와 기준 패턴의 특징 벡터를 비교해야 한다. 이를 위해서 음소 추정 구간이 비교하려는 기준 패턴의 음소 개수와 동일한 개수가 되도록 단위 구간을 조합한다. 그리고 각 음소 추정 구간에서 추출된 특징 벡터를 구간 순서대로 배열하여 입력 패턴을 생성한다.

예를 들어 ㉡ 입력된 음성 신호를 S1, S2, S3 3개의 단위 구간으로 나눈 경우를 생각해보자. 만일 비교하려는 기준 패턴의 음소가 3개라면 3개의 음소 추정 구간으로부터 입력 패턴이 구성되어야 하므로 [S1, S2, S3]의 음소 추정 구간 배열을 설정하고, 이로부터 입력 패턴을 생성한다. 그런 다음 이것을 순서대로 기준 패턴의 음소와 일대일 대응시키고 각각의 특징 벡터의 차이를 구한 뒤 이것들을 모두 합하여 '패턴 거리'를 구한다. 만일 기준 패턴의 음소가 2개라면 3개의 단위 구간을 조합하여 [S1, S2 ~S3], [S1 ~S2, S3]로 2개의 음소 추정 구간 배열을 설정하고, 이로부터 입력 패턴을 생성한다. 이와 같이 1개의 기준 패턴에 대해 여러 개의 입력 패턴이 만들어질 수 있는 경우에는 생성 가능한 입력 패턴과 기준 패턴 사이의 패턴 거리를 모두 구하고, 그중의 최솟값을 그 기준 패턴에 대한 패턴 거리로 정한다. 만일 기준 패턴의 음소가 3개보다 크면 두 패턴을 일대일로 대응시킬 수 없으므로 비교가 불가능하다. 단위 구간의 시간 간격을 짧게 하여 그 개수를 늘리면 음소 추정 구간을 잘못 설정하여 발생하는 오류를 줄일 수 있다. 하지만 연산량이 많아져 처리시간은 길어진다. 이와 같은 방법으로 컴퓨터에 저장된 모든 기준 패턴에 대해 패턴 거리를 구하고 그중 최솟값이 되는 기준 패턴을 선정한다. 최종적으로, 이 기준 패턴에 해당하는 문자열을 입력된 음성 신호에 대해 인식된 단어로 출력한다.

[문제] 하나의 기준 패턴에 대해 ㉠을 ㉡에 적용할 때, 이에 대한 설명으로 옳지 않은 것은?

① 기준 패턴의 음소 개수가 3개이면 입력 패턴에 들어 있는 특징 벡터는 3개이다.

② 기준 패턴의 음소 개수가 3개이면 산출되는 패턴 거리는 1개이다.

③ 기준 패턴의 음소 개수가 2개이면 조합되는 음소 추정 구간 배열

은 1개이다.

④ 기준 패턴의 음소 개수가 2개이면 생성 가능한 입력 패턴은 2개이다.

⑤ 기준 패턴의 음소 개수가 4개이면 패턴 비교가 불가능하다.

정답은 3번이고, 정답률은 63%다. 낮은 정답률이다. 하지만 수험생 대다수는 제시문을 읽고 답지를 전체적으로 훑어보는 과정에서 3번이 가진 정답의 표지성을 감지했다. 제시문에서 ㉠ 바로 다음에 나오는 "음소 추정 구간이 비교하려는 기준 패턴의 음소 개수와 동일한 개수가 되도록 단위 구간을 조합한다"는 내용 때문에 그랬을 가능성 높다.

그 당시 이 문제를 맞힌 제자들에게 물어보면, "솔직히 무슨 내용인지는 하나도 모르겠지만, 기준 패턴의 음소 개수와 음소 추정 구간의 개수가 '동일'해야 한다는 것은 알겠더라. 그런데 3번 답지는 '기준 패턴의 음소 개수가 2개이면 조합되는 음소 추정 구간 배열은 1개'라고 했으니까, 어쨌든 잘못된 것 같은 느낌이 들었다"는 답변이 대부분이었다.

맞다. 그래서 3번이 정답이다. 여기서 3번을 정답으로 확정하고 다음 문제로 넘어가면 정말 '나이스'한 상황이다. 하지만 적지 않은 수험생들이 그렇게 하지 못했다. 특히 감각형-심사숙고형-좌뇌형 수험생들이 그랬다. 왜일까? 그들은 "기준 패턴의 음소 개수가 3개이면 산출되는 패턴 거리는 1개이다"라는 2번 답지가 제시문에서 확인이 안 된다는 생각을 하기 시작했기 때문이다. 당연히 주체할 수 없는 확인 욕구가 스멀스멀 기어 나오기 시작했을 것이다. 한번 생긴 확인 욕구는 도저히 잠재울 수 없다는 것이, 감각형-심사숙고형-좌뇌형 수험생들의 '슬픈' 특징이기 때문이다.

'패턴 거리'가 제시문에 나오기는 한다. 세 군데다. 다섯 번째 문단 "입력 패턴을 생성한 다음 이것을 순서대로 기준 패턴의 음소와 일대일 대응시키고 각각의 특징 벡터의 차이를 구한 뒤 이것들을 모두 합하여 '패턴 거리'를 구한다", 그리고 "생성 가능한 입력 패턴과 기준 패턴 사이의 패턴 거리를 모두 구하고, 그중의 최솟값을 그 기준 패턴에 대한 패턴 거리로 정한다", 또 하나 "이와 같은 방법으로 컴퓨터에 저장된 모든 기준 패턴에 대해 패턴 거리를 구하고 그중 최솟값이 되는 기준 패턴을 선정한다", 이렇게 세 군데다.

그런데 적지 않은 수험생들, 특히 감각형-심사숙고형-좌뇌형 수험생들은 이 세 군데 내용만 가지고는 '기준 패턴의 음소 개수가 3개이면 산출되는 패턴 거리는 1개'라는 2번 답지가 맞는지 틀리는지 알 수가 없다고 생각했다. 그래서 16%의 수험생들이 '옳지 않은 것'으로, 이 2번 답지를 골랐다. 결과적으로 이 문제가 63%라는 낮은 정답률이 나온 가장 큰 이유는 16%의 수험생들이 2번을 정답으로 선택했기 때문이다.

여기서 독자들에게 질문을 하나 해 보겠다. "한 반에 30명의 학생이 있다고 쳐 보자. 그 30명 중에 키가 가장 작은 학생은 몇 명인가?"

독자들은 당연히 "뭐? 키가 가장 작은 아이가 몇 명이냐고? 당연히 한 명이지. '가장' 작은 아이가 어떻게 두 명 이상이 될 수 있느냐?"고 대답할 것이다.

자, 그렇다면 다시 질문을 해 보겠다. "그렇다면 '최솟값', 그러니까 가장 작은 값은 몇 개라고 생각하나?" 눈치 빠른 독자는 필자가 왜 이런 질문을 던졌는지 그 의도를 알아차렸을 것 같다. "아, '그중의 최솟값을 패턴 거리로 정한다'! 최솟값이란 게 결국 1개구나" 하면서 말이다. 맞다. 제시문에 등장한 '최솟값'이라는 표현이 2번 답지에서 '1개'로 변형된 것이다. '최솟값=1개'다.

"제시문에 등장한 표현이 답지 쪽에서 심하게 변형되면 매력적 오답이 된다"는 말의 의미를 이제는 충분히 이해했을 것으로 기대한다. 필자가 보기에 이 문제를 맞힌 63%의 수험생들 중에 2번과 3번 사이에서 헷갈리다가 '최솟값은 1개'라는 생각이 어느 순간 들어 3번을 고른 아이들은 5%도 안 된다. 그냥 답지를 훑어봤을 때 3번이 답인 것 같아서 정답으로 고른 아이들이 대부분이다.

다시 돌이켜 보자. 대부분의 수험생들은 어쨌든 답지를 훑어보는 도중에 정답의 표지성을 발견했다. 확실하지는 않지만 제시문에서 어느 정도 확인도 된다. 그 정도로 하고 정답을 확정했으면 문제도 맞고 시간도 안 쓰고 얼마나 좋았을까? 그런데 제시문이 생소하고 까다롭다보니까 그 '위엄'에 눌려서 결국 그렇게 하지 못한 것이다.

적지 않은 수험생들, 특히 감각형 – 심사숙고형 – 좌뇌형 수험생들에게는, 제시문이 어려울 때 문제를 쉽게 푸는 걸 마치 무슨 죄라도 짓는 거처럼 생각하는 이상한 심리가 있다. 말하자면 어려운 제시문에 대한 '예의'가 아니라는 심리다. 그 친구들이 언제부터 그렇게 예의를 갖췄는지는 몰라도, "예의를 차릴 데가 그렇게 없어서 세상에 제시문에다 대고 그런 예의를 갖추느냐"는 이야기를 들려주고 싶다. 물론 이렇게 된 것은 그들만의 잘못은 아니다. 이런 '해괴한' 심리를 널리 퍼뜨리고 부추기는 기존의 학습서나 공부법의 영향도 크기 때문이다. 단언컨대 제시문의 위엄에 주눅 들 필요는 없다. 제시문에 주눅 들어서 좋은 점은 정말 단 한 가지도 없다. 제시문이 아무리 어려워도 처음에 발견한 정답의 표지성을 믿고 편하게 가는 것이 훨씬 바람직하다.

자, 한번 정리해 보자. 위에서 살펴본 것처럼 수능 국어 영역에서는, 제시문이나 <보기>에 등장하는 표현을 그대로 가져다 쓰거나, 반대로 제시문이나 <보기>에 등장하는 표현을 심하게 변형시킨 답지가 '굉장히' 매력적인 오답으로 기능하는 경우가 많다. 적절한 것을 찾으라는 문제의 경우 제시문이나 <보기>의 표현을 그대로 가져다 쓰는 답지가 매력적 오답으로, 반대로 적절하지 않은 것을 찾으라는 문제에서는 제시문이나 <보기>의 표현을 변형시킨 답지가 매력적 오답으로 기능한다.

문제는 출제자들이 '작정을 하고' 제시문이나 <보기>의 표현을 그대로 가져다 쓰거나, 제시문이나 <보기>의 표현을 심하게 변형시킬 경우, 수험생들이 소유한 '스키마'는 그런 방식에 속아 넘어가는 경우가 많다는 데 있다. 이런 경우 스키마의 힘을 따라가면 자칫 틀릴 수도 있다는 말이다. 또 그 순간에 '정·오답의 모든 근거는 제시문에 있다'는 잘못된 통념이 부정적으로 작용하면서 결국 오답을 선택하게 된다.

'익숙함'을 역이용하면
정답률은 폭락한다

'스키마'를 그대로 따라가면 어려운 경우가 또 하나 있다. 수험생의 익숙함 그러니까 보편적인 스키마를 '역이용'하는 문제들이다. 수능 국어 영역에서 익숙함이 역이용되면 수험생들은 처음에는 생각지도 못한 큰 어려움을 겪게 되는 경우가 정말 많다. 수험생들은 자신이 경험한 '십수 년 인생사'나 '보편적인 언어 체험'과 잘 부합되지 않는다는 느낌이 들면, 그 답지를 적절한 것으로 선택하는 것을 '무의식적'으로 주저하기 때문이다. 수험생들의 익숙함을 역이용하는 것에는 두 가지 방식이 있다. 첫째, 수험생들의 익숙한 통념을 역이용하는 방식이다. 좀 더 구체적으로 말하면 '과연 이런 일이 가능한가 하는 의심이 들지만, 제시문의 전체 내용이나 작품의 분위기와는 어느 정도 연관성이 엿보이는 답지'와 '가능한 일이지만, 제시문의 전체 내용이나 작품의 분위기와는 어울리지 않는 내용을 담고 있는 답지'가 경쟁하는 경우다. 여기서 '가능한 일이냐'에 무게를 두느냐, 아니면 '전체 내용이나 분위기와의 연관성'에 무게를 두느냐에 따라 선택이 갈리게 된다. 이때 많은 수험생들은 '가능한 일이냐'에 무게를 더 두고, 그것이 실제 가능한지를 자신의 익숙함에 비춰서 판단하게 되는데, 이런 경우 그 문제를 틀릴 가능성이 높다.

예를 하나 들어 보자. 2008학년도 6월 모의 평가에 나온 희곡 문제다. 제시문을 읽고 문제를 풀어보기 바란다.

모시 적삼을 입은 한영덕이 오른쪽 무대 아래에서 허리를 굽힌 채 염을 하고 있다. 수술 장면에서 사용했던 수술대와 환자용 마네킹이 그대로 이용된다. 허름한 옷차림의 강 노인, 관을 들고 등장. 차트를 넘긴다. — '1972년 서울.' 강 노인은 망치를 관 위에 올려놓고 소주병을 관 옆에 둔다. 조용히 엎드려 잠을 청한다. 이때 여학생 교복을 입은 한혜자, 조심스럽게 걸어 나와 한영덕을 바라보면서 오른쪽 무대 위로 올라간다.

한혜자 (종이쪽지를 보며) 오늘 아침에 아버지가 돌아가셨다는 전보를 받았습니다. 난, 아버지에 대해 아는 게 별로 없습니다. 날마다 허리를 앓거나 날마다 폭음을 하던 술꾼이라는 기억뿐이에요. 아버지는 식구들과 말도 건네지 않고 항상 골이 난 사람처럼 보였어요. 술이 깨면 무슨 이상한 소리가 들린다면서 솜으로 두 귀를 꼭 틀어막고 지냈었죠. 나는 자라는 동안, 양친의 일가친척 집에 거의 왕래를 하지 않고 살았습니다. 그 어느 쪽에서도 혈육의 대접을 기대할 수가 없었거든요. 내가 태어나서 지금까지 아버지가 의사 노릇을 했었다는 기억이 없습니다. 난 아버지가 의사인 줄도 몰랐으니까요.
한영덕 (염을 끝내고 흰 천을 씌우면서) 자, 이제 염은 끝났소. 이승에서 못다 한 일, 저승에 가서라도 꼭 이루시오. (천천히 강 노인이 엎드려 있는 관 쪽으로 걸어간다)
강노인 (인기척에 잠을 깨며) 일은 다 끝났수?
한영덕 예.
강노인 내가 깜박 잠이 들었나 보구만. (한영덕이 관 옆에 앉아 소주를 마신다)
한혜자 어느 날 아침에 아버지는 아무 얘기도 없이 집을 나가서 다시는 돌아오지 않았습니다.
  (중략)
강노인 한 씨한테는 딸이 하나 있는 모양인데 이제 그만 집으로 들어가지 않구.
한영덕 여기가 내 집이외다. 내레 갈 곳이 없시오.

강노인 (쯧쯧 혀를 찬다) 필시 무슨 사연이 있을 게야. 하기사 한 씨가 우리 장의사에 처음 찾아왔을 때부텀 무슨 기막힌 사연이 있는 줄 알았지. (사이) 근데, 거, 한 씨 염하는 솜씨를 보니까 보통 솜씨가 아니던데 전에도 시체를 다뤄 본 적이 있수?

한영덕 (뭔가 얘기를 하려다 말고) 강 노인은 집 짓던 목수가 어째 관을 짜게 되었수?

강노인 나야 뭐, 늙어서 쉬운 일을 찾다 보니까 이렇게 되었지. 하지만 이 관으로 말할 것 같으면 죽은 사람의 집이니까 마찬가지예요.

한영덕 기왕이면 내 것도 하나 짜 주시구려.

강노인 (어이가 없다는 듯) 거 무슨 소리! 나보다 젊은 양반이 못하는 소리가 없구만. 갈려면 이 늙은이가 먼저 가야지. (사이) 정말 한 씨 염하는 솜씨가 내 맘에 꼭 들어요. 그러니까 내가 가거들랑 내 염을 해 주고 나서 뒤따라올 생각을 해도 늦지 않아요.

한영덕 그러면 내 관은 누가 짜 줍네까?

강노인 (한영덕을 물끄러미 바라보다가 아무 말 않고 관을 두드린다)

한혜자 한영덕 씨가 사망했다는 전보를 받고서도 울음이 나오지 않았습니다. 난 그가 살았던 시대를 새롭게 실감했기 때문이죠. 아버지 한영덕 씨는 시대와 더불어 캄캄한 어둠 속에 박제될 거예요. 저 정지된 폐허 가운데 들꽃과 잡초에 뒤덮여 쓰러진 녹슨 기관차처럼 그의 매장은 아직 끝나지 않았습니다. (퇴장)

　술에 취한 한영덕, 관 앞에 쓰러져 잔다. 음악 소리와 함께 망치 소리 고조되면서 조명 서서히 암전된다.

－ 황석영 원작, 김석만·오인두 각색, 「한씨연대기」 －

[문제] 위 글을 공연하려고 할 때, 연출가가 지시할 만한 내용으로 적절하지 않은 것은?

① 한혜자는 다른 인물들과는 달리 해설을 하듯이 말하세요.

② 한영덕과 강 노인의 의상은 깔끔한 모시 적삼으로 준비해 주세요.

③ 차트를 통해서 시간에 대한 정보를 관객들에게 시각적으로 알려 주세요.

④ 한혜자가 말을 할 때 다른 인물들은 퇴장하지 말고 하던 일을 계
속하세요.

⑤ 마지막 장면의 망치 소리가 고조될 때 조금 어두운 배경 음악을
깔아 주세요.

3번 같은가? 아니면 2번 같은가? 3번을 고른 수험생이 19%이고, 2번을 고른 수험생이 66%다. 정답은 2번이다. 두 답지가 경쟁을 벌인 이유는 다른 데 있지 않다. 적지 않은 수험생들이 '연극에서 차트를 사용한다는 것'에 대해 낯설어했기 때문이다. 대한민국의 수험생 대다수는 태어나서 지금까지 고작 한두 편 정도의 연극밖에 보지 않은 '주제'에, '연극에서는 차트를 사용하지 않는다'는 통념을 가지고 있었던 것이다.

그런데 재미있는 건, 제시문에 나오는 장면이 장의사에서 한영덕이 염을 하는 것이라는 점이다. 염은 관에 넣기 전에 시체를 알코올이나 물 같은 걸로 닦는 일이다. 강노인은 그 옆에서 시체를 넣을 관을 짜고 있다. 보통 그런 일을 할 때 깔끔한 옷을 입는다는 것은 말이 안 된다. 장면의 분위기와 크게 어긋나는 것이다. 상식적으로도 이상한 일이다.

그런데 이런 답지를 놔두고 20%의 아이들이 3번 답지를 정답으로 골랐다. 제시문 맨 앞부분에 '차트를 넘긴다―1972년 서울'이라는 정보가 지나가는 말처럼 딱 한 번 나오는데 그걸 못 봐서 그랬을 수도 있다. 하지만 이 정보를 읽고서도 3번을 정답으로 선택한 수험생들이 의외로 적지 않았다. 연극에서 차트를 사용한다는 것이 여전히 낯설었기 때문이다. 연극에서 차트를 사용한다는 것이 자기들이 알고 있는 '익숙함'에 비춰보면, 뭔가 크게 이상하다는 느낌을 줬기 때문이다.

처음에 했던 질문을 다시 해 보자. '과연 이런 일이 가능한가 하는 의심이 들지만, 전체 내용이나 분위기와는 어느 정도 연관성이 엿보이는

답지'와 '가능한 일이지만, 전체 내용이나 분위기와는 어울리지 않는 내용을 담고 있는 답지'가 경쟁한다고 쳐보자. 어느 것이 적절한 것인가? 무조건 전자의 손을 들어줘야 한다. 이런 경우 나에게 익숙하지 않다고 해서 곧바로 적절하지 않은 것으로 판단하는 태도는 위험하다. '익숙함'이나 '통념'을 자극하는 방식에 결국 유혹당하는 것이기 때문이다.

그런데 이게 문제가 되는 이유는 '스키마'란 게 결국 '익숙함'이나 '통념'과 어느 정도 관련돼 있는 것이기 때문이다. 스키마 자체가 보편적인 체험에서 비롯된 것이기 때문이다. 이런 경우에는 오히려 스키마가 이끄는 대로 가면 오답으로 인도될 수도 있다. 안타깝지만 '그 나이를 먹도록' 연극을 몇 편밖에 보지 못하는 것도, 대한민국 수험생들의 '보편적인 체험'이니까 말이다. 그래서 이렇게 수험생들의 익숙함을 역이용하는 방식이 사용되면, 그 문제는 정답률이 굉장히 큰 폭으로 하락하게 된다. 정답률이 50% 이하, 심지어는 30% 이하로 내려가는 경우도 실제로 많다. 수험생 입장에서는 '속수무책'으로 당하게 된다.

이런 경우에도 어떤 원칙이 필요하다. 내가 가진 통념이나 선입견, 익숙함에 어긋나도, 전체 내용이나 장면의 분위기와 연관성이 높으면 그걸 적절하다는 표지성으로 '인정해버린다'는 원칙이다.

이렇게 익숙함을 역이용하는 방식은 비문학보다는 문학 쪽에서 자주 '출몰'한다. 이때 익숙함이 큰 문제를 일으키지 않도록 하려면, 이번에는 '스키마'가 아니라 미리 세워둔 '원칙'대로 행동하는 게 필요하다. 설사 내가 가진 익숙함에 어긋나도 전체 내용이나 장면의 분위기와 연관성이 높으면 적절한 것으로 인정하라는 말이다.

여기서 이런 질문을 하는 친구들이 있다. "아까는 상식에 부합하는 것이 적절하다는 표지성이라고 하지 않았느냐? 그런데 이번에는 익숙함이나 통념이 오히려 적절하지 않다는 표지성이 될 수도 있다고 말하는 것은 뭔가 앞뒤가 맞지 않는다. '상식'과 '통념'은 결국 같은 말 아닌가?"

그렇지 않다. '상식에 부합하는 게 적절하다는 표지성'이라는 말에는 어떤 전제가 있었다. 경쟁하는 두 답지 모두 제시문을 통해서 확인이 잘 안 될 경우에, 상식에 부합하는 답지를 고르면 적절한 것을 찾으라는 문제에서 정답이 된다는 전제다. 그리고 지금 이야기하는 "통념이나 익숙함에 어긋나도 그 답지가 적절한 게 된다"는 말에도 전체 내용이나 장면의 분위기와 연관성이 있어야 한다는 전제가 반드시 필요하다. 거꾸로 통념이나 익숙함에 부합돼도 전체 내용이나 장면의 분위기와 연관성이 떨어지면 적절하지 않은 답지가 된다.

수험생들의 보편적인 스키마를 역이용하는 대표적인 방식이 또 하나 있다. 답지의 특정 표현에 대한 아이들의 익숙한 선입견을 역이용하는 방식, 말하자면 답지에 사용된 표현이 수험생들의 익숙함과 크게 어긋나는 경우다.

쉽게 말하면 어떤 어휘나 표현을 출제자들이 사용하는 방식과 수험생들이 이해하는 방식 사이에 큰 괴리가 발생하면 정답률이 큰 폭으로 하락한다는 것이다. 이런 괴리는 결국 어휘나 표현을 출제자가 사용한 방식대로 수험생이 이해하지 못하는 데서 비롯된다고 볼 수밖에 없는데, 국어 시험에서는 이게 엄청난 '비극적' 결과를 만들어낸다. 제시문이 어렵지 않은데도 정답률이 50% 이하로 나오는 문제는 많은 경우 이것 때문이라고 보는 게 맞다. 수능에서 가끔 벌어지는 '대참사'다.

앞에서 <사미인곡>을 예로 들면서 잠깐 이야기한 적이 있다.(189페이지 참조) 기억을 떠올려 보기 바란다. '수직적 관계'라는 표현이 주는 익숙하지 않은 느낌이 정답률을 크게 낮춘 경우 말이다. 앞에서는 시를 예로 들었는데 이번에는 독서(비문학) 문제를 하나 보자.

2012학년도 수능 예술(음악) 지문인데, 먼저 제시문을 읽어 보기 바란다.

서양 음악에서 기악은 르네상스 말기에 탄생하였지만 바로크 시대에 이르면 악기의 발달과 함께 다양한 장르를 형성하면서 비약적인 발전을 이루게 된다. 하지만 가사가 있는 성악에 익숙해져 있던 사람들에게 기악은 내용 없는 공허한 울림에 지나지 않았다. 이러한 비난을 면하기 위해 기악은 일정한 의미를 가져야 하는 과제를 안게 되었다.

바로크 시대의 음악가들은 이러한 과제에 대한 해결의 실마리를 '정서론'과 '음형론'에서 찾으려 했다. 이 두 이론은 본래 성악 음악을 배경으로 태동하였으나 점차 기악 음악에도 적용되었다. 정서론에서는 웅변가가 청중의 마음을 움직이듯 음악가도 청자들의 정서를 움직여야 한다고 본다. 그렇게 하기 위해서는 한 곡에 하나의 정서만이 지배적이어야 한다. 그것은 연설에서 한 가지 논지가 일관되게 견지되어야 설득력이 있는 것과 같은 이유에서였다.

한편 음형론에서는 가사의 의미에 따라 그에 적합한 음형을 표현수단으로 삼는데, 르네상스 후기 마드리갈이나 바로크 초기 오페라 등에서 그 예를 찾을 수 있다. 바로크 초반의 음악 이론가 부어마이스터는 마치 웅변에서 말의 고저나 완급, 장단 등이 호소력을 이끌어내듯 음악에서 이에 상응하는 효과를 낳는 장치들에 주목하였다. 예를 들어, 가사의 뜻에 맞춰 가락이 올라가거나, 한동안 쉬거나, 음들이 딱딱 끊어지게 연주하는 방식 등이 이에 해당한다.

바로크 후반의 음악 이론가 마테존 역시 수사학 이론을 끌어들여 어느 정도 객관적으로 소통될 수 있는 음 언어에 대해 설명하였다. 또한 기존의 정서론을 음악 구조에까지 확장하며 당시의 음조(音調)를 특정 정서와 연결하였다. 마테존에 따르면 다 장조는 기쁨을, 라 단조는 경건하고 웅장함을 유발한다.

그러나 마테존의 진정한 업적은 음악을 구성적 측면에서 논의한 데 있다. 그는 성악곡인 마르첼로의 아리아를 논의하면서 그것이 마치 기악곡인 양 가사는 전혀 언급하지 않은 채, 주제 가락의 착상과 치밀한 전개 방식 등에 집중하였다. 이는 가락, 리듬, 화성과 같은 형식적 요소가 중시되는 순수 기악 음악의 도래가 멀지 않았음을 의미하는 것이었다. 실제로 한 세기 후 음악 미학자 한슬리크는 음악이 사람의 감정을 묘사하거나 표현하는 것이 아니라, 음들의 순수한 결합 그 자체로 깊은 정신세계를 보여주는 것이라 주장하기에 이른다.

자, 이번에는 이 제시문에 딸린 문제를 하나 풀어보자. 풀기 전에 미리 말하면, 이 문제의 정답률은 43%였다. 정답률이 낮았던 이유는 당연히 매력적 오답이 하나 있었기 때문이다. 그런데 그 매력적 오답을 선택한 수험생이 전체 수험생의 50%였다. 엄청난 매력도를 가진 오답으로의 '대량 러시'가 발생한 경우다.

수능 국어 영역에서는 문제가 아무리 어려워도, 특정 오답을 선택한 비율이 정답을 선택한 비율을 넘어서는 경우는 극히 드물다. 오답지 4개에 대한 선택률을 모두 합친 수치가 정답률을 넘어서는 경우가 가끔 있을 뿐이다. 이 문제는 그 정도로 특정 오답이 매력적이었다는 것이다. 자, 그렇다고 너무 긴장하지는 말고, 한번 문제를 풀어 보기 바란다.

[문제] 위 글의 내용 전개 방식으로 가장 적절한 것은?

① 구체적 증거를 활용하여 통념이 잘못된 것임을 증명하고 있다.
② 비유적인 예를 통하여 문제를 제기하고 이를 반박하고 있다.
③ 문제 상황을 소개하고 이를 해결하는 과정을 제시하고 있다.
④ 어떤 이론이 다양하게 분화하는 과정을 보여주고 있다.
⑤ 문답 형식으로 화제에 대해 구체적으로 설명하고 있다.

몇 번인가? 4번인가? 아니면 3번인가? 사실 즉각적으로 정답의 표지성이 발견되는 답지는 4번이다. 하지만 정답은 3번이다. 아마 많은 독자들도 엄청난 매력도를 가진 오답으로의 '대량 러시'에 동참했을 것 같은데, 아닌가?

대량 러시가 발생한 이유는 딱 하나다. '문제 상황'이라는 4음절의 어휘 때문이다. 말하자면 '문제 상황'이라는 어휘를 출제자가 사용한 방식대로 수험생이 이해하지 못한 데서 비롯된 '비극적' 결과다.

자, 한번 보자. '가사 없는 기악곡도 의미를 가져야 하는 과제를 안게 된 것'이 출제자가 생각하는 '문제 상황'이다. 그리고 원래는 성악 음악에서 태동한 음악 이론, 그러니까 '정서론'이나, '음형론'을 기악 음악에도 적용하려는 여러 시도들은 출제자들이 볼 때 이런 문제 상황을 '해결하려는 과정들'이다.

  문제는 수험생의 입장에서 '문제 상황'이라는 말이 주는 느낌은 절대 그렇지가 않았다는 데 있다. 수험생들은 말 그대로 뭔가 큰 문제가 발생해야 문제 상황이라고 할 수 있다고 생각했다는 말이다. 제시문 정도의 상황에 '문제 상황'이라는 이름을 붙이는 데 대해서 동의하기가 어려웠다는 것이다. 그래서 처음부터 같은 비중으로 거론된 정서론이나 음형론을 이전의 어떤 이론이 분화되는 과정으로 여겨버리는 '의도적 오류'가 발생한 것이다.

  출제자들이 해당 어휘나 어구를 '사용하는 방식'과 그걸 수험생들이 '이해하는 방식' 사이에 큰 괴리가 발생할 경우 수험생들은 '눈 뜨고 코를 베일' 수 있다. 그나마 다행인 건, '맞았다'는 확실한 느낌으로 '신속하게' 오답을 선택하기 때문에 시간 낭비는 크게 없다는 것 정도다.

  시 문제를 하나만 더 보자. 작품 전체를 다 볼 필요는 없으니까, 해당되는 부분만 옮겨 보겠다.

[A] 엊그제 겨울 지나 새 봄이 돌아오니
　　도화행화(桃花杏花)는 석양리(夕陽裏)에 피어 있고
　　녹양방초(綠楊芳草)는 세우(細雨) 중에 푸르도다.
　　칼로 말라냈나 붓으로 그려냈나
　　조화신공(造化神功)이 물물(物物)마다 헌사롭다.
　　수풀에 우는 새는 춘기(春氣)를 못내 겨워
　　소리마다 교태로다.

　　　　　　　　　　　　　　　　　－정극인, 「상춘곡(賞春曲)」－

[C] 동풍이 건 듯 불어 적설(積雪)을 다 녹이니

> 사면(四面) 청산이 옛 모습 나노매라
> 귀밑의 해묵은 서리는 녹을 줄을 모른다.
>
> — 김광욱, 「율리유곡(栗里遺曲)」 —

[문제] [A]와 [C]를 비교한 내용으로 가장 적절한 것은?

① [A]와 [C]에서 봄은 모두 인간의 유한성을 상징한다.

② [A]는 [C]와 달리 봄을 겨울과 대조하여 표현하고 있다.

③ [C]는 [A]와 달리 의인화를 통해 봄의 속성을 강조하고 있다.

④ [A]의 봄은 흥겨움을, [C]의 봄은 서글픔을 불러일으킨다.

⑤ [A]는 근경에서 원경으로, [C]는 원경에서 근경으로 봄을 묘사하
　고 있다.

　정답은 4번이다. 정답률은 44%였다. 많이 낮았다. "[C]는 [A]와 달리 의인화를 통해 봄의 속성을 강조하고 있다"는 3번 답지와 "[A]는 근경에서 원경으로, [C]는 원경에서 근경으로 봄을 묘사하고 있다"는 5번 답지를 고른 수험생들이 각각 21%였다. "[A]는 [C]와 달리 봄을 겨울과 대조하여 표현하고 있다"는 2번 답지는 10%의 수험생들이, "[A]와 [C]에서 봄은 모두 인간의 유한성을 상징한다"는 1번 답지는 4%의 수험생들이 선택했다. 정답률보다 오답률이 더 높았다는 점에서 변별도도 떨어지고, 문항 설계의 타당성도 낮은 문항이었다.

　물론 [C]에는 의인화가 없다. 당연히 [A]에는 근경에서 원경으로의 시선 이동이 없다. 사실 이 정도 판단은 웬만한 수험생들은 모두 할 수 있는 것들이다. 문제는 4번 답지의 "[C]의 봄은 서글픔을 불러일으킨다"는 내

용이었다. '서글픔'이라는 3음절의 단어가 또 '대참사'를 일으킨 것이다.

왜 그랬을까? 많은 수험생들은 '서글픔'이라는 감정이 늙음 자체에 대한 감정일 수는 있어도, 그것이 '봄'이라는 계절과 어떻게 연관되는지에 대해서는 정말 많이 낯설어했기 때문이다. 결국 많은 수험생들은, 4번 답지를 정답으로 확정할 용기가 없는 상태에서 "그래도 어쨌든 정답은 있겠지" 하면서, 조금이라도 덜 이상한 답지를 고르겠다는 심리로 대응했다. 그 결과 나머지 오답지들로 선택이 '심하게' 골고루 퍼지는 '극적'인 상황이 연출된 것이다.

이 문항 해결의 핵심은 정답지 4번의 '서글픔'을 어떻게 처리하느냐에 있었다. 하지만 많은 수험생들은 서글픔이라는 감정이 늙음 자체에 대한 감정일 수는 있어도, '봄'이라는 계절과 어떻게 연관되는지는 여전히 헷갈렸다. 그래서 '서글픔'이라는 정서는 모두가 쉽게 파악했지만, 그걸 정답으로 고르는 걸 굉장히 망설였다. 봄이라는 계절에 서글픔이라는 감정을 떠올린다는 것 자체가, 수험생들의 스키마에 비춰 볼 때 뭔가 자연스럽지 않고 익숙하지 않았기 때문이다. 이렇게 보면, 이 문제는 수험생들의 통념이나 익숙함을 역이용하는 방식이 사용된 것으로 볼 수 있다.

하지만 "봄이 돼서 산은 과거의 푸른 모습을 다시 드러내는데 화자의 흰 머리카락은 봄바람으로도 녹일 수 없다. 즉, 검은 머리카락으로 되돌릴 수 없다" 정도로 이해하면, 그래도 이 답지가 조금 낫다는 생각은 들 수 있다. "봄이라는 계절이 화자로 하여금 늙어가는 것에 대한 서글픈 감정을 다른 계절보다 더 깊게 불러일으킬 수 있다" 이런 정도로 말이다.

시한부 선고를 받은 사람을 한번 떠올려 보자. 오히려 모든 것이 죽어 있는 듯 보이는 겨울보다 모든 것이 다시 살아나는 봄에 자기 처지가 더 서글퍼질 수 있지 않은가? 이 답지는 그나마 이렇게라도 해서 이해할 수가 있다. 하지만 나머지 답지들은 아예 단순한 사실 자체에 어긋나는 것들이다. 문제는 실제 시험장에서 수험생들이 이런 사고를 할 수 있는지, 한다 하더라도 그렇게 하는 데 필요한 막대한 시간 소비를 어떻게 감당할 수 있는 지였다.

답지를 훑어보는 도중에 이게 답인 것 같다는 느낌이 들어서, 처음부터 4번을 정답으로 확정한 수험생은 단언컨대 한 명도 없었다. "봄이 서글픔을 불러일으킨다"는 표현이 주는 생소함이 너무 컸기 때문이다.

여기서도 '원칙'을 하나 세우는 게 좋다. "문학, 특히 시 문제에서 적절한 것을 찾으라는 긍정 발문에서는 '감정 자체는 사실적으로 확인되지만 통념이나 익숙함에 비춰볼 때 뭔가 익숙하지 않은 느낌을 주는 답지'와 '작품에 나타난 단순 사실과 일치하지 않는 답지' 사이에 경쟁이 발생하는 경우에는 무조건 전자의 손을 들어 줘야 한다" 이런 정도로 말이다.

단순 사실과 일치하지 않는 것은 더 이상 어떻게 해볼 수가 없다. 하지만 통념이나 익숙함에 어긋나는 것은 달리 생각하면 가능해질 수도 있다. 특히 문학 쪽에서 더 그렇다. 문제는 그렇게 달리 생각해서 처음에는 익숙하지 않은 것을 이해할 만한 것으로 만들려면 시간이 필요하다는 데 있다. 당연히 문학은 그런 시간을 더 많이 필요로 한다. 그러니까 '단순 사실에 어긋나는 답지 4개'와 '익숙하지 않은 내용의 답지 1개'가 있을 경우, '익숙하지 않은 내용이 적절한 것'이라고 인정하게 하는 원칙을 가지고 있어야 한다는 것이다.

정답률이 크게 낮은 문학 문제의 경우, 이런 방식으로 답지가 구성된 적이 의외로 많다. 역대 수능 문제를 분석해 보면 그렇다는 말이다. 정답률보다 오답률이 더 높았다는 점에서 변별도도 떨어지고, 문항 설계의 타당성도 낮지만, 어쨌든 이런 문제가 매년 1문항 이상씩 출제된다는 점에는 주목할 필요가 있다. 조금 찜찜하더라도 이런 원칙대로 행동하는 것이 그렇게 하지 않는 경우보다 정답률을 몇 십 배는 높여준다. 꼭 기억해 두기를 바란다.

지금까지 예로 든 건, 특정 어휘에 대한 익숙함이나 통념을 따라가면 오답을 고르게 되는 문제들이다. 수험생들의 스키마를 역이용하는 방식인데, 국어 시험에서는 이런 경우 굉장히 낮은 정답률을 기록하게 된다.

하지만 필자가 보기에 헷갈리는 게 하나 있다. 무슨 말이냐면 이런 상황이 어떤 때는 출제자가 처음부터 의도한 것 같기도 하지만, 어떤 때는 출제자도 예상하지 못한 결과인 것 같기도 하다는 것이다. 정답률의 폭락을 가져오는 대표적인 문항임에도 불구하고, 둘 중에 어느 쪽이 사실인지 정확하게 가늠이 안 된다는 말이다. 만약 출제자도 예상하지 못한 결과라면, 출제자 세대나 교수 집단의 언어 사용 습관이 수험생 세대나 학생 집단의 그것과 달라서다.

이 부분도 수험생의 입장에서는 어떻게 할 수 없는 부분이다. 출제진, 그러니까 교수 집단의 스키마, 정확하게는 그들의 '언어 체험'과 수험생 집단의 '언어 체험'이 충돌하는 경우이기 때문이다. 하지만 '칼자루'는 출제진이 쥐고 있다. 그리고 애석하게도 그들이 잘못됐다고 단정할 수 없는 측면도 분명히 있다. 엄밀하게 말하면 그 내용이 무엇이든, 또 그 정도가 어떻든 뭔가 과제를 안게 된 상황은 '문제 상황'이 맞기는 맞기 때문이다. 심지어 친구가 빌려간 물건을 돌려주지 않는 것도 '문제 상황'이 될 수 있다. 가만히 생각해 보면, 그런 사소한 상황도 분명 문제 상황인 것은 맞다. 물론 수험생의 입장에서는 여전히 익숙하지 않지만 말이다.

답지 내용이 수험생의 익숙함(통념이나 선입견)을 자극하는 방식에는 어느 정도의 안전장치가 있다. 설사 통념에 어긋나도 전체 내용이나 분위기와 연관성이 높다면 그걸 적절하다는 표지성으로 인정하면 된다. 하지만 답지에 사용된 어휘의 용법이 수험생의 익숙함과 어긋나는 경우에는 어려움이 가중된다.

이때에는 한 가지 원칙을 세우는 것이 좋다. 특정 어휘의 익숙함을 역이용하는 문제에서 익숙함은 '정답의 표지성'이기보다 '오답의 매력성'이 되는 경우가 더 많다고 생각하는 것이다. 이런 문제에서는 충분한 시간이 주어져도 판단이 정답 쪽으로 진행된다는 보장이 전혀 없다. 시간만 하염없이 쓰게 된다. 그렇다면 익숙함을 경계하는 태도로 '덜' 익숙한 답지를 고르는 것이 시간적으로 보면 더 바람직하다고 할 수 있다.

답지의 특정 어휘에 대한 '익숙함'이 어려움을 가져올 때 취할 수 있는 또 다른 방법이 있다. 그 어휘를 긍정이나 부정 같은 느낌으로 구분하기보다는 중립적인 뉘앙스로 받아들이는 것이다. 그리고 그 어휘의 의미나 범위를 다소 넓혀서 생각하는 것이다. 앞에 나온 '수직적 관계' 같은 표현을 예로 들면, '수직적'이라는 말을 미리부터 부정적인 의미로 보지말고, 부정적이지도 긍정적이지도 않은, 그러니까 중립적인 표현으로 받아 들이라는 것이다. 앞에서 말한 '문제 상황' 같은 표현은, 친구가 빌려간 연필을 돌려주지 않는 '사소한 갈등 상황'도 어떤 경우 '문제 상황'이 될 수 있다고 생각하라는 것이다.

'개념'이라는 어휘로 예를 하나 더 들어보자. 개념이라는 말의 의미에는 '자유'나 '평등' 같은 것만이 아니라 '하고 싶다'나 '즐겁다' 같은 것도 포함될 수 있다는 식으로 생각하는 게 훨씬 좋다. 어휘의 의미나 범위를 넓게 생각하면서 문제를 풀라는 말이다. '개념'이란 어휘의 의미를 '생각의 결과물' 혹은 '추상적인 관념' 정도로 이해하면 감각적으로 경험하는 걸 제외한 거의 모든 게 그 말의 의미에 포함될 수 있다. 당연히 '즐겁다'도 개념이 되고, '하고 싶다'도 개념이 되는 것이다.

그런데 실제 시험 상황에서는 헷갈리면 헷갈릴수록 오히려 어휘의 의미를 긍정과 부정의 뉘앙스로 구분하려는 '이분법적' 사고, 그리고 어휘의 범위를 더욱 좁혀서 생각하는 '역방향'의 사고가 나타난다. 특히 감각형－심사숙고형－좌뇌형 수험생의 경우 이런 사고가 더 두드러지게 나타난다.

'정답'과 '매력적 오답'은
이런 모습으로
함께 등장한다

앞에서 이야기한 것처럼 제시문이나 <보기>를 흉내 내는(혹은 심하게 변형시키는) 방식, 그리고 수험생의 익숙한 통념을 역이용하는 방식은 스키마를 따라가면 오히려 오답으로 인도되기도 한다. 여기서 독자들은 질문을 할 수 있다. "이 문제가 스키마가 이끄는 대로 풀어도 되는 문제인지, 아니면 스키마대로 풀면 틀리는 문제인지를 어떻게 알 수 있느냐"는 질문이다. '좋은' 질문이다.

여기서 중요한 것이 정답의 '상대적 표지성'이다. 만약 5지 선다형이 아니라, 답지 하나만 주고 맞냐 틀리냐를 물어본다면 그건 수험생의 능력 범위를 벗어난 것이다. 무슨 말이냐면 수험생의 익숙함을 역이용하거나 제시문이나 <보기>를 흉내 낸(혹은 심하게 변형시킨) 답지 하나만 주어진다면 대다수 수험생은 그것이 적절한지 적절하지 않은지 판단할 수 없다. 하지만 5지 선다형은 그런 게 아니다. 분명히 그런 오답지의 '폭주'나 '전횡'을 견제하는 정답지가 나머지 4개 답지 중에 있다는 것이다.

물론 쉬운 문제의 경우 익숙함에 부합하거나 제시문이나 <보기>의 표현을 그대로 가져다 쓴 답지가 적절한 답지가 된다. 하지만 이때에는 익숙함에 부합하거나 제시문이나 <보기>의 표현을 그대로 가져다 쓴 답지를 간섭하는 다른 답지가 없어야 한다. 하지만 문제가 조금 어려워지면 반드시 익숙함에 부합하거나 제시문이나 <보기>의 표현을 그대로 가져다 쓴 답지와 경쟁하는 답지가 있다.

이때 적절한 것을 찾는 문제의 경우 익숙함에 부합하는 답지와 경쟁을 벌이는 답지(익숙하지 않은 답지)가, 제시문이나 <보기>의 표현을 그대로 가져다 쓴 답지와 경쟁을 벌이는 다른 답지(제시문이나 보기의 표현을 변형시킨 답지)가 정답인 경우가 많다. 거꾸로 적절하지 않은 것을 찾으라는 문제라면 익숙함에 부합하거나 제시문이나 <보기>의 표현을 그대로 가져다 쓴 답지가 정답인 경우가 많다.

쉽게 말해서, 한쪽이 정답이 될 때 다른 쪽은 그 정답의 선택을 방해하는 매력적인 오답이 된다는 것이다. 바로 이 부분에 대한 적절한 대응이 '안정적인 2등급'과 '1등급으로의 도약'을 결정한다.

이 부분은 금방 이해가 안 되는 독자들이 많을 것 같다. 조금 더 구체적으로 '매력적 오답'과 '정답' 혹은 '정답'과 '매력적 오답'이 어떻게 함께 등장하는지, 그 모습을 '대비적'으로 소개해 보고자 한다.

1. 답지의 내용이나 표현이 익숙하지만, 상식에는 부합하지 않는 답지/답지 내용이나 표현이 익숙하지 않지만, 상식에는 부합하는 답지

2. 제시문이나 <보기>의 표현을 변형 없이 그대로 사용하고 있지만, 상식에는 부합하지 않는 답지/제시문이나 <보기>의 표현이 많이 변형됐지만, 상식에는 부합하는 답지

3. 답지의 내용이나 표현이 익숙하지만, 단정적이고 과도한 느낌을 주는 답지/답지 내용이나 표현이 익숙하지 않지만, 단정적이고 과도한 느낌을 주지 않는 답지

4. 제시문이나 <보기>의 표현을 변형 없이 그대로 사용하고 있지만, 단정적이고 과도한 느낌을 주는 답지/제시문이나 <보기>의 표현이 많이 변형됐지만, 단정적이고 과도한 느낌을 주지 않는 답지

5. 답지의 내용이나 표현이 익숙하지만, 추론 과정이 길고 사고의 비약이 있는 답지/답지 내용이나 표현이 익숙하지 않지만, 추론 과정이 짧고 사고의 비약이 없는 답지

6. 제시문이나 <보기>의 표현을 변형 없이 그대로 사용하고 있지만, 추론 과정이 길고 사고의 비약이 있는 답지/제시문이나 <보기>의 표현이 많이 변형됐지만, 추론 과정이 짧고 사고의 비약이 없는 답지

7. 답지의 내용이나 표현이 익숙하지만, 전체적인 내용이나 분위기와의 연관성이 떨어지는 답지/답지 내용이나 표현이 익숙하지 않지만, 전체적인 내용이나 분위기와의 연관성이 높은 답지

8. 제시문이나 <보기>의 표현을 변형 없이 그대로 사용하고 있지만, 전체적인 내용이나 분위기와의 연관성이 떨어지는 답지/제시문이나 <보기>의 표현이 많이 변형됐지만, 전체적인 내용이나 분위기와의 연관성이 높은 답지

9. 답지의 내용이나 표현이 익숙하지만, 답지에 등장하는 표현 사이에 부조화가 있는 답지/답지 내용이나 표현이 익숙하지 않지만, 답지에 등장하는 표현 사이에 부조화가 없는 답지

10. 제시문이나 <보기>의 표현을 변형 없이 그대로 사용하고 있지만, 답지에 등장하는 표현 사이에 부조화가 있는 답지/제시문이나 <보기>의 표현이 많이 변형됐지만, 답지에 등장하는 표현 사이에 부조화가 없는 답지

10개의 대립항을 나열해 봤다. 앞의 답지가 '적절하지 않은 것'이고, 뒤의 것이 '적절한 것'이다. 만약 두 개의 답지가 경쟁하는 상황에서 적절하지 않은 것을 찾으라는 부정 발문이라면 앞의 것이 정답이다. 반대로 적절한 것을 찾으라는 긍정 발문이라면 뒤의 것이 정답이다. 한쪽이 '정답'이 될 때 다른 쪽은 그 정답의 선택을 방해하는 '매력적인 오

답'이 된다는 말이다.

짧게 줄이면 이렇다. 답지가 상식에 부합하지 않을 때, 단정적이거나 과도한 느낌을 줄 때, 추론 과정이 길거나 사고의 비약이 있을 때 수험생들은 자신이 지닌 '스키마'에 어긋난다는 느낌을 받게 된다. 그리고 답지가 전체 내용이나 분위기와 연관성이 떨어질 때, 그리고 답지 표현 사이에 부조화가 있을 때도 '스키마'에 어긋난다는 느낌을 받게 된다. 적절하지 않은 것을 찾아야 하는 부정 발문에서는 이런 답지가 정답이 된다.

반대로 수험생의 익숙함(통념)을 역이용하는 답지, 그리고 제시문이나 <보기>의 표현을 변형 없이 그대로 사용하거나 심하게 변형시킨 답지는 '스키마'를 따라가면 오히려 오답을 고르게 된다. 이때는 '스키마'의 문제가 아니라 '꼼꼼함'의 문제가 되기 때문이다. 하지만 꼼꼼함이라는 것은 많은 시간을 소비하는 부분이기 때문에, 어떤 원칙을 세우고 원칙대로 행동하는 것이 바람직하다. 위에서 나열한 '적절하지 않은 답지' 대 '적절한 답지'의 대립항은 그런 원칙을 세우는 데 반드시 필요한 것들이다. 꼭 숙지하기 바란다.

다시 한 번 정리해 보자.

스키마('십수 년 인생사'와 '모국어 화자의 보편적인 언어 체험(습득된 국어 능력)')로 알아보는 정답의 표지성

1. 상식과의 부합 여부

2. 단정적이거나 과도한 느낌 여부

3. 추론 과정의 길이와 사고의 비약 여부

4. 전체 내용이나 분위기와의 연관성 여부

5. 답지에 사용된 표현 사이의 부조화 여부

스키마에는 부합하지만, 그런 스키마를 따라가면 틀리게 되는 매력
적 오답의 표지성

6. 내용이나 어휘에 대한 수험생들의 익숙함(통념)을 역이용하는 것

7. 제시문이나 <보기>의 표현을 변형 없이 그대로 사용하거나 거꾸
   로 심하게 변형시키는 것

수능 국어 영역에서 90% 정도의 문제는 앞의 다섯 가지의 표지성으
로 해결된다. 물론 지금 같은 쉬운 추세가 계속 유지된다는 것을 전제
할 때 그렇다는 말이다. 그때 이 문제들을 맞히느냐 틀리느냐는 수험생
의 '능력'이 아니라 수험생의 '태도'에 달려 있다. 따라서 이때는 '스멀
스멀' 기어 나오는 확인 욕구만 잘 처리하면 된다. 특히 감각형-심사
숙고형-좌뇌형 수험생의 경우 확인 욕구의 억제, 혹은 유연한 확인 과
정에 대한 의식적인 노력이 반드시 필요하다.

나머지 10% 이내의 문제는 6, 7번 형태의 오답지가 매력적으로 기
능하면서 정답의 선택을 방해하는 경우다. 만약 수험생이 이때 오답의
유혹을 뿌리칠 수 있다면, 1등급으로의 진입이 가능하다.

자, 이쯤에서 국어 시험을 잘 치르기 위한 '기본 전략'을 이야기하는
것으로 이야기를 한번 매듭짓는 것이 좋을 듯싶다. 그리고 바로 이어서
'정답의 표지성+수험생의 성격=국어 고득점'이라는 '비밀 공식'이 시
험을 치를 때 실제로 어떻게 작동하는지, 수능 한 회분을 통해 함께 확
인해 보자.

<기본 전략>

첫째, 정답의 표지성이 강렬하게 감지되는 문제는 신속하게 해결한
다. 어떤 경우 정답지가 1번일 경우 나머지 2, 3, 4, 5번 답지를 보지

않고 다음 문항으로 이동하는 연습도 필요하다. 이런 태도는 시간 확보에 중요한 영향을 미친다. 정답의 표지성이 강하게 느껴짐에도 불구하고, 나머지 답지를 '확인 사살'하려는 태도는 반드시 시간의 '과소비'를 그 대가로 지불해야 한다. 그건 수능 국어 영역에서 반드시 치명적인 부작용을 발생시킨다는 점을 명심하라. 이것은 특히 감각형－심사숙고형－좌뇌형 수험생들이 유의해야 할 부분이다. 표지성으로 정답을 확정하고, 그렇게 푼 문제의 정답률이 높다는 것을 여러 번 체험하면 점점 과감해질 수 있다. 그래도 불안감이 해소되지 않는다면, 의식적으로 대담할 필요가 있고, 그러한 태도를 습관으로 만들어야 한다.

둘째, 정답의 표지성이 느껴지지만, 다른 오답지가 강한 매력도를 가지고 있어 정답 선택을 간섭하거나 방해하는 경우에는 일정한 '원칙'이 필요하다. 국어 시험에서 정답률을 떨어뜨리는 가장 큰 원인은 제시문의 까다로움이 아니라 매력적인 오답지가 정답지의 표지성을 가리기 때문이라는 점을 명심하라. 많은 경우 매력적 오답은 1) 내용이나 어휘에 대한 수험생들의 익숙함(통념이나 선입견)을 역이용하는 것, 그리고 2) 제시문이나 <보기>의 표현을 변형 없이 그대로 사용하거나 거꾸로 심하게 변형시키는 것, 이 두 가지 방식으로 만들어진다. 이때는 미리 세워둔 '원칙'으로 그런 오답의 유혹을 '과감하고 용기 있게' 뿌리쳐야 한다.

제 8 부

수능 1교시 시험장의 '불편한 진실' – 문제 풀이

자, 이제 2011학년도 수능 문제를 처음부터 끝까지 한번 풀어 보고자 한다. 물론 '듣기'는 뺐다. "왜 최근의 시험이 아니냐"는 문제 제기가 있을 것 같다. 별다른 이유는 없다. A형과 B형으로 구분돼 치러지는 수능 국어 영역이 아직 그 체제가 확실하게 정립되지 않은 것 같아서다. 그 또한 곧 사라질 운명에 처해 있다. 더 근본적인 이유는 이거다. 수능 국어 영역은 '듣기'가 '화법'으로 대체되고 '문법' 문항이 다소 증가한 것을 빼고는, 과거의 수능 언어 영역과 달라진 것이 하나도 없기 때문이다. 그나마 최근인 2013학년도를 선택하지 않은 이유는, 그해 1등급 컷이 원점수 98점으로 너무 높았기 때문이다. 문제가 쉬운 것은 아니었는데, 어쨌든 결과적으로 점수의 '인플레'가 발생한 시험이다.

이제부터 풀어보려는 2011학년도 수능의 경우, 1등급 컷이 90점으로 나름 적정했다는 점에서 선택했을 뿐이다. 국어 영역, 혹은 언어 영역은 그 이름을 아무리 달리한다 해도, 그리고 문제 유형이 아무리 바뀐다 해도, 결국은 똑같을 수밖에 없다. 거기엔 '읽기 과정'과 '언어적 문제 해결 과정'이 있을 뿐이다. 시험지에 제시된 여러 가지 언어 자료와 비언어 자료를 보고 다섯 개 답지 중에서 하나를 선택하면 되는 것이다. 그 과정은 본질적으로 달라질 수 없다. 다르게 하고 싶어도 다르게 할 방법이 없다. 피평가자가 유창한 모국어 화자인 국어 시험의 본질적 속성이 바뀌지 않는 한 말이다. 어쨌든 '듣기'를 제외한 2011학년도 수능 언어 영역 45문항을 모두 다루고자 한다.

지금부터 하게 될 문제 풀이는 기존의 국어 교재나 강의에서 하는 것과는 완전히 다르다. '정답의 표지성＋수험생의 성격＝국어 고득점'이라는 하나의 '공식'으로 모든 문제의 해결 과정을 설명할 것이기 때문이다. 그 과정을 통해서 독자들은, 왜 국어 시험에는 기술이나 스킬 따위가 필요 없는 것인지, 아니 그런 것들이 알고 보면 얼마나 유해한 것인지, '똑똑히' 알게 될 것이다. 어휘나 문법에 대한 암기 학습, 문학 감상법 학습도 그 효과가 매우 미미하다는 점도 아울러 깨닫게 될 것이다. 국어 시험에서 점수 차이가 만들어지는 지점이 수험생들의 통념과 얼마나 다른지도 분명히 알게 될 것이다.

그런데 독자들에게 부탁하고 싶은 것이 하나 있다. 필자는 제시문과 발문, <보기>와 답지, 그래프나 표를 모두 수능 문제지에 나온 그대로 옮길 것이지만, 이 책은 수능 문제지와는 편집 형식이 다르다. 그렇기 때문에, 특정 문항에 대한 풀이를 보다가 몇 페이지 앞으로 다시 돌아가 제시문이나 <보기>를 다시 확인해야 하는 번거로움이 있을 수도 있다. 그래서 하는 부탁이다. 교육과정평가원 홈페이지에 가서 2011학년도 수능 언어 영역 문제지를 다운로드해서, 몇 부 정도 프린트해 놓기를 바란다. 프린트본의 해당 부분과 이 책의 풀이 부분을 함께 보는 것이 독자들에게는 훨씬 편할 것 같기 때문이다. 자, 그렇다면 이제부터 수능 국어 영역의 '불편한 진실' 속으로 들어가 보자.

작문, 문법

6. <보기>에 착안하여 '좋은 문학 작품의 창작'에 대한 글을 쓰기 위해 이끌어 낸 내용으로 적절하지 <u>않은</u> 것은?

〈보 기〉

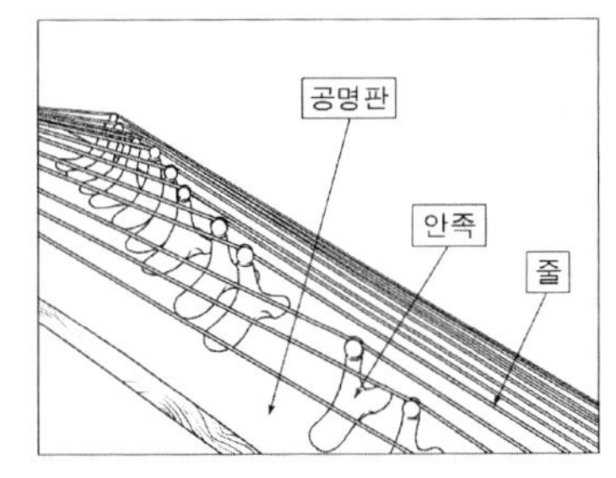

 "가야금은 공명판, 줄, 안족(雁足) 등으로 이루어져 있습니다. 가야금이 깨끗하고 맑은 소리를 내기 위해서는 공명판이 될 만한 좋은 나무를 골라 오랜 기간 잘 건조시켜야 하고, 줄과 안족도 좋은 재료를 골라 잘 손질해야 합니다. 다음으로는 가야금에서 이들 각 부분들이 잘 어우러지도록 자기 자리를 잡아 주는 것이 중요합니다. 이 모든 과정에 만드는 사람의 정성과 노력이 들어가야 소리가 맑고 선명하게 울리는 명품이 탄생하게 됩니다. 물론 만드는 사람의 음감도 중요합니다. 들을 줄 아는 귀가 없는 사람이 어떻게 남의 귀를 즐겁게 하는 악기를 만들 수 있겠습니까"

-가야금 장인 ○○○ 씨와의 대담-

착안점: 가야금≒문학작품

① 의도대로 작품이 창작되었는지 예상독자의 평가를 받아야 한다.

② 감동적인 작품을 쓰려면 작가는 문학적 감수성을 갖춰야 한다.

③ 좋은 작품을 창작하기 위해서는 좋은 글감을 선별해야 한다.

④ 작품에 적합하게 활용할 수 있도록 글감을 다듬어야 한다.

⑤ 작품의 요소들끼리 긴밀한 짜임새를 이루도록 해야 한다.

☞ **어휘**: 이 문항에 등장하는 전문 용어는 공명판, 안족 정도다. 공명판에서 공명은 '① 남의 사상이나 감정·행동 따위에 공감하여 그에 따름', '② [물리] 발음체(發音體)가 외부 음파(音波)에 자극돼 이와 동일한 진동수의 소리를 내는 현상'이라는 두 가지 의미가 있다. 그리고 보통 1의 경우가 2의 경우보다 더 자주 쓰인다. 물론 이 문제를 풀면서 1의 의미로 '공명'이라는 어휘를 이해한 사람은 없었다. 하지만 그렇다고 해서 2의 풀이로 '공명'을 이해한 수험생도 없었다. 대부분의 수험생은 그저 '소리가 울리는' 정도로 이해했을 것이고, 또 그렇게 하는 것에는 아무런 문제가 없다. 거의 원래의 의미에 근접하는 것이기 때문이다. 문제는 '안족'인데, 사실 2011학년도 수능을 치르기 전에, 안족이라는 어휘의 의미를 알고 있었던 수험생은 거의 없었을 것이다. 국악고등학교에서 가야금을 전공하거나, 한번 가야금을 배웠던 수험생들, 그리고 연주를 배우지는 않았어도 가야금에 특별한 관심이 있었던 수

험생이 아닌 이상 아예 접할 기회조차 없는 어휘였기 때문이다. 하지만 '안족'을 모른다고 해서, 글에 대한 이해나 문제 풀이에는 어떤 지장도 받지 않는다. 물론 <보기>에 나온 그림을 보면 대충 어디에 쓰는 물건인지 금방 파악되기도 하지만 말이다. 사실 수능 국어 영역에 등장하는 전문적인 어휘가 대부분 이런 식이다. 그럼에도 불구하고 "'안족'을 미리 암기 학습해야 한다"고 말하는 사람이 있다면, 그 사람은 이상한 사람이다.

☞ **개념어**: 발문에 등장하는 '착안'이라는 어휘. <보기>에 등장하는 '음감'이라는 어휘가 그나마 개념어라고 할 수 있다. '착안'은 "어떤 일을 눈여겨보아 그 일을 성취할 기틀을 잡음"이라는 풀이를 가진 어휘고, '음감'은 "음에 대한 감각, 또는 음의 높낮이·음색 따위를 감별하는 능력"이다. 솔직히 말해 보자. 그해 수능에 응시한 수험생 중 '착안'을 '어떤 일을 눈여겨보아 그 일을 성취할 기틀을 잡음'이라는 정확한 의미로 이해한 후 이 문제를 푼 사람이 단 한 명이라도 있었을까? 그저 문맥에 따라 '주목한다' 정도의 느낌으로 풀었을 테고, 그건 원래 의미에 거의 근접하는 것이다. '착안'을 미리 암기 학습한다고 해서 그 사람이 발문, <보기>, 답지의 내용을 더 잘 이해하고, 문제를 더 잘 해결하는 것은 결코 아니다.

☞ **발문**: 이 발문을 '조건 1) 보기에 착안하여', '조건 2) 좋은 문학 작품의 창작에 대한', '조건 3) 이끌어낸 내용으로', '조건 4) 적절하지 않은 것은'으로 해부한 다음, "음, 다른 것은 잘 모르겠고 '좋은 문학 작품의 창작'이라는 부분이 문제가 될 수 있겠군" 하며 해괴망측한 방식으로 문제를 푼 수험생이 있었다는 이야기를 앞에서 이미 한 바

있다. 앞쪽에서 한 이야기라 독자들의 기억이 희미해졌을 것 같다.

다시 말하면 그때의 문제 해결 과정은 이렇게 된다. "'좋은 문학작품의 창작'이라는 발문의 단서에 비춰볼 때 다른 답지는 모두 창작 과정인데, 1번 답지만 창작의 결과, 혹은 창작 이후에 대한 진술이기 때문에 주제와 어울리지 않는다. 발문을 분석하면 바로 답은 1번이다." 물론 정답은 1번이 맞지만, 이 문제를 맞혔다고 해서 다른 문제도 이렇게 해결하면 큰일 난다. '창작'에는 창작 과정만 포함되고, 창작 이전이나 창작 이후의 과정은 절대 포함되면 안 되는 필연성이 없다면 이건 매우 위험한 접근 방식이다. 물론 그 수험생은 발문에 정답의 단서가 숨겨져 있고, 그래서 눈에 불을 켜고 발문을 분석하라는 교재나 강의의 조언을 충실하게 따른 죄밖에 없다. 어쨌든 죄를 지었으니 벌을 받게 된다. 다만 그 벌을 이 문제에서는 안 받았을 뿐이다.

☞ **문제 해결 과정**: 어떤 교재에 다르면, 이 문제는 '1대1 대응'으로 푸는 '유추' 문제다. 게다가 이 방식은 교재의 주장에 따르면, '타의 추종을 불허하는' 독창적인 설명 방식이고 문제 분석 방식이다. 자, 그러면 타의 추종을 불허하는 독창적인 설명 방식과 문제 분석 방식이 어떤 것인지 한번 보자.

이 방식에 따르면 <보기>의 '만드는 사람의 음감도 중요하다'는 2번 답지 '문학적 감수성'과 1대1로 대응한다. <보기>의 '좋은 나무를 골라'는 3번 답지의 '좋은 글감을 선별'과 1대1로 대응한다. <보기>의 '좋은 재료를 골라 잘 손질'은 4번 답지의 '글감을 다듬어야 한다'와 1대

1로 대응한다. <보기>의 '각 부분들이 잘 어우러지도록'은 5번 답지의 '요소들끼리 긴밀한 짜임새를 이루도록'과 1대1로 대응한다. 1번 답지의 '예상 독자의 평가'는 <보기>에 대응하는 것이 없으니 이끌어낼 수 없는 내용이다.

할 말을 잊게 만드는 설명 방식, 문제 분석 방식이 아닐 수 없다. 정말 '타의 추종을 불허'한다. 이 문제의 정답률은 95%다. 수험생의 거의 대부분이 맞힌 문제다. 그들의 대부분은 발문을 한 번 읽고 <보기>를 보고 나서, 바로 1번을 답으로 선택했다. 그래서 95%의 정답률이 나온 것이다. 다만 차이가 있었다면 1번 답지만 보고 답을 확정한 직관형─충동형─우뇌형 수험생이 있었던 반면, 나머지 답지를 일일이 <보기>와 대응시킨 감각형─심사숙고형─좌뇌형 수험생이 있었을 뿐이다.

이 문제를 풀 때 '1대1 대응'이나 '유추'를 떠올린 수험생이 과연 있었을까? 백번 양보해서 그렇게 '1대1 대응의 유추' 문제라는 걸 의식하면서 문제를 푼 수험생이 몇 명이라도 있었다고 치자. 그렇다면 그렇게 했기 때문에 이 문제가 더 잘 풀렸을까? 거꾸로 이 문제가 '1대1 대응 유추' 문제라는 걸 몰라서 이 문제를 틀린 수험생은 과연 있었을까? 이 모든 질문에 대한 답변은 오직 하나, "절대 아니다"이다.

비유를 하나 들어보자. 우리는 수저를 사용해서 이미 밥을 잘 먹고 있다. 그런데 누군가가 그렇게 아무렇게나 수저를 사용하지 말고 수저와 손목뼈의 각도, 밥을 뜰 때 어느 정도의 힘을 줘야 하는지, 그리고 수저가 얼굴에 어느 정도 가까이 왔을 때 입을 벌려야 하는지를 설명하면서, 밥 먹을 때마다 그걸 떠올리면서 수저질을 하라고 하면 어떨까? 그 조언자는 자칫하면 그 수저로 얻어맞을 수도 있다.

사실 답지 내용이 너무 '빤하게' 적절하지 않기 때문에, 어떤 해설이나 설명도 '구질구질'한 것이 되는 문제다. 다만 3번 답지가 3% 정도의 선택률을 보인 이유가 조금 궁금하다. 그것은 '가야금을 만드는 사람의 음감'과 '작가의 문학적 감수성'을 같은 것으로 보기 어려웠기 때문이다. 이게 왜 같은 게 아니냐는 반박이 있을 수 있겠지만, 깊이 파고 들어가면 '음감'과 '문학적 감수성'이 정말 같은 것이냐는 의문이 제기될 수도 있다. '1대1 대응' 기술과 스킬을 엄격하게 적용한다면, 오히려 이 부분을 대응하지 않는 것으로 보는 것이 더 상식적이다.

이 문제를 통해 강조하고 싶은 것은 이렇다. 이 문제를 해결하는 데 도대체 어떤 특별한 어휘 지식, 기술, 스킬이 필요하냐는 것이다. 전혀 불필요하다. 그저 빤한 답지를 고르고, 다음 문제로 신속하게 이동하면 그만이다. 이게 무모한 행위인지 현명한 행위인지는 독자들이 판단하기 바란다. 3번 답지를 괜히 만지작거렸을 때 발생하는 '황당한' 상황도 고려하면서 말이다.

7. '리셋 증후군'의 증상과 예방에 대한 글을 교지에 싣고자 할 때,
   <보기> 자료의 활용 방안으로 적절하지 <u>않은</u> 것은?

<보 기>

(가) 신문 기사

컴퓨터가 제대로 작동하지 않거나 온라인 게임과 같은 가상현실에서 뜻한 대로 일이 풀리지 않을 때 버튼을 눌러 언제든 다시 시작할 수 있는데, 현실에서도 이것이 가능하다고 착각하는 증상을 '리셋 증후군'이라 한다. 이 증후군은 컴퓨터를 '리셋'하듯, 힘든 일에 부딪힐 때 책임감 없이 쉽게 포기하거나 타인과의 관계를 쉽게 맺고 끊는 모습으로 나타난다. 경우에 따라 현실과 가상 세계를 혼동해 극단적인 일을 실제로 저지르는 모습으로도 나타난다.

－○○ 신문－

(나) 인터뷰

"폭넓은 인간관계를 맺거나 활동적인 체험을 할 수 있는 마땅한 기회가 없다 보니, 청소년들이 자극적인 온라인 게임에 쉽게 빠져들고 이로 인해 리셋 증후군을 보이기도 합니다. 또 이런 청소년들의 대부분은 가족들과 함께 시간을 보내기보다는 게임으로 혼자 시간을 보내는 경우가 많았고, 사용 목적이나 시간을 스스로 정해 적절하게 컴퓨터를 사용하려는 의지도 부족했습니다."

                                    −청소년 상담 센터 ○○○ 소장−

(다) 통계 자료

1. 우리나라 중고생의 99% 이상이 하루 평균 2시간 정도 인터넷을 사용하는 것으로 조사되었다.

2. 청소년 인터넷 이용 유형

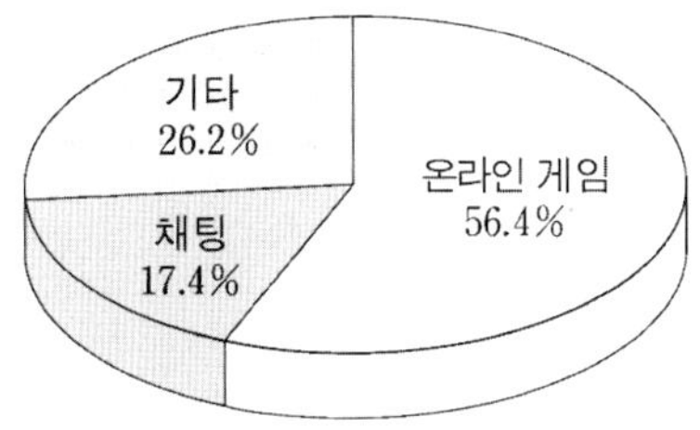

① (가)를 활용하여, 리셋 증후군의 증상으로 무책임한 태도, 인간관계 소홀, 극단적인 행동이 있음을 제시한다.

② (나)를 활용하여, 온 가족이 함께하는 취미 생활과 컴퓨터 사용 규칙을 마련하는 일이 리셋 증후군 예방에 도움이 됨을 제시한다.

③ (가)와 (나)를 활용하여, 청소년이 처한 여건이 개선되지 않는다면, 리셋 증후군이 사회 문제를 유발할 수 있음을 제시한다.

④ (가)와 (다)를 활용하여, 리셋 증후군의 증상을 보이는 청소년 가운데 원만한 대인관계를 맺지 못하는 유형이 가장 많음을 제시한다.

⑤ (나)와 (다)를 활용하여, 청소년의 인터넷 사용의 일상화와 온라인

게임 위주의 이용이 리셋 증후군 유발과 관련이 있음을 제시한다.

☞ **발문**: 발문을 끊어서 보면 '리셋 증후군의 증상과 예방에 대한 글', '교지에 실을 때', '<보기> 자료의 활용 방안', '적절하지 않은 것은' 이렇게 4개가 된다. 여기서 그나마 챙겨야 할 조건은 '리셋 증후군의 증상과 예방에 관한 글'이라는 부분인데, 문제 해결 과정에서는 별다른 역할을 하지 않는다.

☞ **어휘**: '리셋 증후군'이라는 어휘 말고는, 특별히 생소하거나 이해하지 못할 어휘는 없다.

☞ **스키마**: '리셋 증후군'에 대해서 이미 알고 있었던 수험생도 적지 않았을 것으로 보인다. 하지만 리셋 증후군에 대한 설명이 <보기> 자료에 자세히 설명돼 있기 때문에, 설사 스키마가 없었던 수험생들도 문제 푸는 데는 아무런 어려움도 겪지 않았다. 시험장에서 <보기>를 보면서 즉석에서 스키마를 만들어낼 수 있고, 그 정도의 스키마로도 문제는 충분히 해결된다.

☞ **정답의 표지성**: 답지를 훑어보는 도중에 정답의 표지성(94%)이 감지된다. 정답지는 과도하고 단정적이라는 느낌, 또는 <보기>를 통해서는 알 수 없다는 느낌을 다른 답지보다 강하게 준다. 부정 발문에서 단정적이고 과도하다는 느낌은 정답의 강력한 표지성이다. 만약 <보기>에서 확인을 하더라도, 이 답지부터 확인해야 한다. 그리고 그 과정에서 설사 '적절하지 않다'는 것이 확인이 잘 안 돼도, 거꾸로 그래서 이 답지가 정답지라고 인정해야

한다. 처음에는 '적절하지 않다'고 생각했는데, 확인 과정에서 적절한 것으로 '분명하게' 확인되는 경우를 제외하고는, 무조건 처음의 판단대로 가야 한다. 매력적인 오답은 없다.

☞ **문제 해결 과정**: <보기>를 읽고 답지를 훑어보는 도중에 대부분의 수험생들은 정답의 표지성을 발견하게 된다. 그건 '가장 많음'이라는 단정적인 표현 때문이다. 잘하는 친구나 못하는 친구나 <보기>를 한번 읽은 상태라면, <보기>에 대한 이해도와 상관없이 4번 답지가 거슬리는 것은 똑같다. 둘 사이의 유일한 차이라면, 이 답지를 정답으로 확정하고 다음 문제로 이동하기까지의 시간이었을 것이다.

직관형－충동형－우뇌형 수험생의 경우, 그대로 확정하거나 해당 답지의 내용만 확인했을 가능성이 높다. 하지만 감각형－심사숙고형－좌뇌형 수험생의 경우, 이 답지가 적절하지 않다는 것을 완벽하게 확인하려는 욕구와 함께 다른 답지는 왜 적절한지 스스로를 납득시키기 위한 시도를 할 수 있다. 이 정도로 강렬한 정답의 표지성이 감지되는 문제에서, 그런 원칙적이고 분석적인 태도가 얼마나 '쓸데없는' 것이었는지는 독자들이 판단하기 바란다. 또 이 문제를 해결하는 데 도대체 무슨 기술이나 스킬이 필요하지도 함께 생각해보길 바란다. 이건 그냥 되는 것이다. 다른 어떤 설명도 구차한 것일 뿐이다.

8. <보기>는 '우리 학교 직업 체험 활동의 내실화'라는 주제로 글을 쓰기 위해 작성한 개요이다. 검토 내용과 수정 방안이 모두 적절한 것은?

〈보 기〉

Ⅰ. 직업 체험 활동의 의의
  1. 직업 체험 활동에 대한 학생들의 요구 증대 ·········· ㉠
  2. 직업 탐색을 통한 진로 선택 기준 제공 ················ ㉡
  3. 직업과 관련한 능력 향상에 대한 동기 유발 ··········· ㉢

Ⅱ. 우리 학교 직업 체험 활동의 문제점 ······················ ㉣
  1. 간접 체험 위주의 활동
  2. 학생들의 적성 미반영
  3. 학년 간 체험 활동 내용의 중복

Ⅲ. 우리 학교 직업 체험 활동의 개선 방향 ·················· ㉤
  1. 직접 체험의 비중 강화
  2. 학생들의 적성 검사 결과 반영

Ⅳ. 실질적인 직업 체험 활동으로의 전환 촉구 ············· ㉥

	검토 내용	수정 방안
①	㉠은 상위 항목과의 관련성이 떨어짐.	'직업 체험 활동 개선에 대한 사회적 요구 증대'로 수정한다.
②	㉡과 ㉢은 내용이 서로 중복됨.	㉡은 남기고 ㉢은 삭제한다.
③	㉣은 하위 항목들을 포괄하지 못함	'우리 학교 직업 체험 활동의 과정'으로 바꾼다.
④	㉤은 Ⅱ의 하위 항목과의 관계를 고려할 때 내용의 보충이 필요함	'학년 간 체험 활동 내용의 차별화'를 하위 항목으로 넣는다.
⑤	㉥은 글의 주제에서 벗어난 내용임	'직업 선택 기준에 관한 발상의 전환 촉구'로 바꾼다.

☞ **발문**: 제시된 조건은 2개, 그러니까 '우리 학교 직업 체험 활동의 내실화'와 '검토 내용과 수정 방안이 모두 적절한'이다. '검토 내용과 수정 방안이 모두 적절한'이 그나마 챙겨야 할 조건이다. '검토 내용'은 적절해도 '수정 방안'이 적절하지 않거나, '수정 방안'은 적절해도 '검토 내용'이 적절하지 않으면, 어쨌든 그 답지는 적절하지 않은 것이 된다는 말이다. 하지만 검토 내용이 적절하지 않은데, 어떻게 수정 방안이 적절할 수 있는지를 생각해 보면 별 의미가 없는 조건이다. 물론 검토 내용과 상관없이 수정 방안 자체만 놓고 보면 적절한 상황이 있을 수 있다. 하지만 그건 수험생들에게 검토 내용과 수정 방안이 완전히 '따로 논다'는 느낌을 줄 가능성이 높기 때문에, 너무 빤한 오답지가 된다.

☞ **어휘**: '내실화'라는 어휘를 낯설어하는 일부 수험생이 있을 수 있다. '내적인 가치나 충실성을 다짐'이라는 뜻을 가진 말이다. 풀이가 더 어렵다. 그냥 "뭔지는 모르지만 더 좋아지는 쪽으로 간다" 정도로 이해하면 그만이다. 내실화의 정확한 의미는 몰라도 대부분의 수험생은 이 어휘를 보면서 비슷한 느낌을 받는다. 모국어 화자의 보편적인 언어 체험의 결과다. 이 정도로 넘어가도 아무런 문제가 없다.

☞ **정답의 표지성**: 답지를 훑어보는 도중 정답의 표지성(85%)이 발견된다. 다른 답지보다 '무난하다'거나 '문제가 되지 않는다'는 느낌이다. 그대로 정답을 확정해도 괜찮고, 조금 불안하다면 해당 답지만 <보기>에서 확인하면 된다. 작문에서는 시간이 어떤 식으로라도 소비되기 시작하면, 페이스가 크게 흔들리게 된다. 이

정도 정답률(85%)의 문제에서 모든 답지를 일일이 확인하고, 그 답지의 내용을 자신이 이해할 만한 것으로 만드는 행동은 불필요한 것이다. 처음에 발견된 표지성을 믿고, 과감하게 정답을 확정하는 것이 훨씬 바람직하다.

☞ **문제 해결 과정**: '문제점과 해결책은 1대1로 대응한다'는 글쓰기 원칙을 알면 조금 편할 수는 있다. 말하자면 '개인적 차원'의 문제점, '제도적 차원'의 문제점, '사회적 차원'의 문제점이 앞에 나왔다면, 당연히 '개인적 차원'의 해결책, '제도적 차원'의 해결책, '사회적 차원'의 해결책이 뒤에 나와야 한다는 것이다. 문제점과 해결책은 1대1로 대응해야 한다. 하지만 이런 원칙을 설사 모른다고 해도, 4번 답지는 다른 답지에 비해 "가장 정보성이 낮다(당연하다)"는 느낌을 준다. 그건 잘하는 수험생이나 못하는 수험생이나 똑같다. 문제는 그 표지성으로 정답을 확정하거나 해당 답지만 확인한 후 다음 문제로 넘어간 직관형－충동형－우뇌형 수험생들이 있었던 반면에, 괜히 뭉그적거리면서 다른 답지도 건드렸던 감각형－심사숙고형－좌뇌형 수험생들이 있었다는 데 있다.

[9～10] 다음은 '폐휴대전화 수거 운동'에 동참할 것을 권유하기 위해 쓴 글의 초고이다. 9번과 10번의 두 물음에 답하시오.

　최근 다양한 기능을 갖춘 휴대전화들이 출시되면서 휴대전화 교체 주기가 짧아지고 있고, 이에 따라 폐휴대전화 발생량도 증가하고 있습니다. ㉠ 사람들은 오랫동안 사용하던 휴대전화에 대한 애착이 매우 강합니다. 그런데 많은 사람들이 폐휴대전화를 어떻게 처리해야 할지 몰라 그냥 버린다고 합니다.

> 　그래서 우리 동아리에서는 소중한 금속 자원을 재활용하고 환경오염을 ⓛ <u>낮추는</u> 데에도 기여하자는 취지에서 '폐휴대전화 수거 운동'을 벌이기로 했습니다. 환경과 미래를 생각하는 여러분의 많은 참여를 부탁드립니다.
>
> 　이렇게 버려지는 폐휴대전화 속에는 금, 은 등의 귀한 금속 자원이 들어 있습니다. ⓒ 한편 폐휴대전화에는 공해를 일으킬 수 있는 물질들이 포함되어 있습니다. 이런 물질들을 일반 쓰레기와 함께 태우거나 땅속에 ② <u>파묻히게 되면</u> 환경오염을 유발하기도 합니다. ⑩ <u>이들 자원을 폐휴대전화에서 추출하여 재활용하면 자원의 낭비를 줄일 수 있습니다.</u>

9. 위 글을 고쳐 쓰기 위한 의견으로 적절하지 <u>않은</u> 것은?

① ㉠은 첫째 문단의 통일성을 고려하여 삭제해야겠어.

② ㉡은 단어의 쓰임이 부적절하므로 '줄이는'으로 바꿔야겠어.

③ ㉣은 피동 표현이 불필요하게 중복되므로 '파묻히면'으로 고쳐야겠어.

④ ㉤은 셋째 문단의 문맥을 고려할 때 ㉢으로 옮겨야겠어.

⑤ 문단 간의 연결 관계를 고려하여 둘째 문단과 셋째 문단의 순서를 바꿔야겠어.

☞ **정답의 표지성**: 답지를 보는 도중 정답의 표지성(84%)이 감지되나. '뭔가 거슬린다'는 느낌이다. 고쳐 쓰기 문항은 답지에서 '고치는 이유'와 '고쳐진 형태'가 같이 제시된다. "～하므로(를 고려하여) ～해야 겠어"라는 식이다. 이 문항에서 정답률이 90% 이상 나오지 않은 이유는 단 하나다. 일부 수험생들이 앞부분(고치는 이유)만으로 적절성 여부를 성급하게 판단했기 때문이다. 답지를 전체적으로 훑어보되, 답지 정보의 일부분만을 선택적으로 읽으면 당연히 문제가 발생한다. 이런 읽기 방식이 습관적으로 이뤄

지는 친구들이 가끔 있다. 만약 본인이 그렇다면 주의해야 한다. '스키마'가 아무리 보편적인 능력이라 하더라도, 그건 어쨌든 답지 정보를 온전하게 읽었을 때만 작동하는 것이다.

☞ **문제 풀이 과정**: '파묻히게 되면'은 '파묻으면'으로 고쳐야 한다. "피동 표현의 불필요한 중복"이라는 '수정의 이유'는 맞지만, '수정된 형태'가 잘못됐다. 3번을 적절하지 않은 것으로 고르지 못한 것은 답지의 일부분만 읽고 성급하게 판단을 내린 경우인데, 결국 빨리 풀어야겠다는 강박에서 비롯된 현상이다. 많은 수험생들은, 역설적으로 시험 전반부 특히 작문 쪽에서 마음이 급해지는 경우가 많다.

하지만 작문은 기본적으로 답지와 <보기>를 왔다 갔다 해야 하는 '노가다'적 성격을 가지고 있고, 많은 경우 그것은 불가피한 일이다. 해결을 위해서는 최소한의 물리적 시간이 필요하다는 말이다. 그런 작문 문제에서, 억지로 시간을 더 단축시키려고 하면 생각지도 못했던 오류가 발생할 가능성이 높다. 여기서 독자들은 "최소한의 물리적 시간이 필요한 건 모든 문제가 그런 것 아니냐? 작문만 그런 것은 아니지 않느냐?"는 문제 제기를 할 수 있다. 아니다. 문학 쪽은 그렇지 않은 경우가 더 많다. 문학에서는 제시문을 읽은 상태라면 단지 몇 초 만에 정답을 확정해도 되는 문제들이 많다. 하지만 작문에서는 그건 상황이 연출되기 어렵다. 어느 정도의 시간을 불가피하게 사용해야 하는 '노가다'의 성격이 있기 때문이다.

어쨌든 수험생 입장에서는, 해결 시간이 조금 길어지면 뭔가 지체하고 있다는 느낌이 들기 시작하면서, 답지의 정보를 선택적으로 읽는 현상이 발생한다. 제시문이나 <보기>는 융통성을 갖고 건너뛰면서 읽는 것이 몇 십 배는 더 효과적이다. 하지만 답지는 건너뛰면서 읽으면 문제가 발생한다. 왜 그럴까? 답지는 중요한 정보를 '압축적'으로 표현해 놓은 것이기 때문이다. 그런 답지 안에 담긴 내용을 선택적으로 읽으면 결국 이상한 선택을 하게 될 가능성이 높다. 자, 어쨌든 이 문제를 해결하는 데 어떤 기술이나 스킬이 필요한 것인지 독자들의 판단에 맡긴다. 다 필요 없다. 그저 답지를 다 읽는 것뿐이다. 답지를 다 읽는 것도 '기술'이라면, 그건 정말 중요한 '기술'이다.

10. 위 글을 고쳐 쓴 후, 독자들의 관심을 높이기 위해 홍보 문구를 작성하려고 한다. <보기>의 조건을 모두 충족한 것은?

〈보 기〉

○ 폐휴대전화의 양면성을 대구의 형식으로 표현할 것
○ 활유의 방식으로 표현하여 호소력을 높일 것

---

① 자원 활용은 두 배로, 환경오염은 반으로.
　 우리에게 맡기세요, 폐휴대전화. 지구가 아프지 않게.
② 우리에게 버리세요, 꼭꼭 숨어 있는 폐휴대전화.
　 환경을 사랑하는 당신의 마음, 지금 바로 실천하세요.
③ 함부로 버리지 마세요, 당신의 오랜 친구 폐휴대전화.
　 한데 모아 다시 쓰면 유용한 자원으로 다시 태어납니다.
④ 관심만 있다면 쓰레기도 귀중한 자원이 될 수 있습니다.
　 조용히 잠자는 폐휴대전화, 다시 써서 깨끗한 세상 만들어요.

⑤ 버리면 해로운 쓰레기가 되지만, 모으면 소중한 자원이 되지요. 폐휴대전화 수거에 동참하세요, 살기 좋은 세상을 만들 수 있게.

☞ **정답의 표지성**: <보기>의 조건을 뒤죽박죽으로 적용하면, 답지를 보는 도중 정답의 표지성(65%)이 잘 보이지 않는다. <보기>의 조건은 단순한 대구와 활유뿐인데, 예상 외로 정답률이 매우 낮았다. 23%가 선택한 오답이 1개 있다. 답지 자체의 매력도 때문이 아니라, <보기>의 조건이 명시적이지 않았기 때문이다. 23%의 수험생은 두 답지를 놓고 고민하다가 마지못해 찍은 것이 '재수 없게' 오답이 된 불행한 경험을 한 것뿐이다. 틀렸어도 수험생 잘못은 아니다.

☞ **문제 해결 과정**: 많은 수험생들이 대구라는 조건을 1행과 2행을 비교하는 상황에 적용시켰다. 또 일부는 1행도 앞부분과 뒷부분이 대구, 2행도 앞부분과 뒷부분이 대구가 돼야 하는 것으로까지 판단했다. 사실 <보기>는 단순히 1행은 대구, 2행은 활유라는 조건을 충족시켜야 한다는 것인데, 이 부분이 명시적으로 제시되지 않아 예상외로 낮은 정답률을 기록했다. 1행과 2행이 서로 대구여야 한다는 식으로 접근하면, 1번보다 5번이 더 그럴 듯하다. 물론 엄밀하게 말하면 5번도 1행과 2행이 대구라고 볼 수 없다. 그럼에도 불구하고 실제 시험 현장에서 적지 않은 수험생들이 "그래도 5번이 상대적으로 낫다"는 판단을 했을 것으로 보인다. 그 수험생들은 '해로운'이나 '소중한' 같은 단어에 주목해 남은 조건, 그러니까 '활유'에 5번 답지를 억지로 끼워 맞춘 것으로 보인다.

답이 되는 조건이 분명하게 제시되지 않았다는 점에서 처음부터 설계가 잘못된 문항이다. 출제자들도 아마 이 문제가 65%라는 낮은 정답률이 나올 것이라고는 예상하지 못했을 것이다. 쉽게 말하면 출제자는 답이 되는 조건을 '1행은 대구', '2행은 활유'라는 식으로 말한 건데, 적지 않은 수험생들이 그 두 가지 조건을 '뒤죽박죽'으로 적용해서 발생한 '참사'다.

하지만 이전의 수능에 출제된 표어 만드는 문제는 제시된 조건을 뒤죽박죽으로 적용해도 답이 하나밖에 없었다는 점에서, 수험생 탓만 할 수 없는 문제이기도 하다. 물론 잘못 낸 문제지만, 이런 잘못이 절대 재발하지 않을 것이라는 보장이 없기 때문에 기억해 둘 필요는 있는 문항이다. 작문에서 그것도 <조건>을 충족하는 표어 문제에서 60%대의 정답률이 나온 것은 매우 이례적인 일이다.

하여튼 이 문제를 해결하는 데 어떤 기술이나 스킬이 필요한 것인지 독자들의 판단에 맡긴다. 이런 문제에 대해 "제시된 조건을 모두 만족시키는 답지가 정답"이라고 조언하는 것은 너무도 당연해서 무책임하기까지 하다. 만약 그 조언자가 오답을 선택한 수험생 앞에서 이런 소리를 하면, 아마 수험생들로 하여금 '구타 심리'를 유발할지도 모른다.

11. <보기>의 분류 절차에 따라 용례를 A와 B로 나눈 결과로 적절
한 것은?

〈보 기〉

<분류 절차>
○ 각 용례에서 동사 '들다'의 의미를 확인함
○ 확인한 의미의 상호 유사성을 기준으로 분류함

<용례>
ㄱ. 감기가 <u>들다</u>   ㄴ. 가방을 <u>들다</u>
ㄷ. 단풍이 <u>들다</u>   ㄹ. 고개를 <u>들다</u>
ㅁ. 반기를 <u>들다</u>   ㅂ. 보험을 <u>들다</u>

	A	B
①	ㄱ ㄷ	ㄴ ㄹ ㅁ ㅂ
②	ㄱ ㄷ ㅁ	ㄴ ㄹ ㅂ
③	ㄱ ㄷ ㅂ	ㄴ ㄹ ㅁ
④	ㄱ ㄹ ㅁ	ㄴ ㄷ ㅂ
⑤	ㄱ ㄷ ㄹ ㅂ	ㄴ ㅁ

사실 이 문항은, 시험이 끝난 후 교육 과정 평가원에서 그해 수능의
대표적인 교육방송 연계 문항 가운데 하나로 제시한 것이다. 일단 교육
방송 교재에 나온 문항을 그대로 옮겨 보겠다. 교육방송 교재의 이 문
항을 미리 풀어본 수험생들이, 수능의 이 연계 문항을 해결하는 데 실
제로 어떤 도움을 받았는지를 생각하면서 한번 읽어보기를 바란다.

6. <보기 1>의 설명을 참고하여 <보기 2>의 예들을 국어사전의
   체계에 맞게 구분한 것은?

〈보기 1〉

  국어사전에서는 동음이의어는 다른 표제어로 구분하지만, 다의어는 한 표
제어에서 묶어 설명한다. 예를 들어, '쓰다'의 경우 '(글씨를) 쓰다'는 '쓰다 1'
로, '(모자를) 쓰다'는 '쓰다2'로 구분하고 있으며, '억울한 누명을 쓰다'의 '쓰
다'는 '쓰다 2'의 중심적 의미가 확장된 주변적 의미이므로 '쓰다 2'에 묶어
그 의미를 설명하고 있다.

〈보기 2〉

  ㄱ. 많은 신입생들이 문예반을 <u>들기</u>를 희망했다.
  ㄴ. 산에 단풍이 <u>들어</u> 형형색색의 자태를 뽐내었다.
  ㄷ. 낫이 잘 안 <u>들어</u> 풀을 베는 데 시간이 오래 걸렸다.
  ㄹ. 언덕에 오르자 시원한 바람이 불어 땀이 금방 <u>들었다</u>.

	들다 1	들다 2	들다 3
①	ㄱ, ㄴ	ㄹ	ㄷ
②	ㄱ, ㄷ	ㄴ	ㄹ
③	ㄴ	ㄱ, ㄷ	ㄹ
④	ㄴ	ㄷ	ㄱ, ㄹ
⑤	ㄷ	ㄴ, ㄹ	ㄱ

먼저 수능 문제부터 보자.

☞ **정답의 표지성**: 답지를 보는 도중 정답의 표지성(88%)이 발견된다. 모국어 화자의 언어적 직관에 따르면 가장 무난하고 가장 먼저 선호되는 답지이기 때문이다. 이러한 느낌은 수험생들 간에 거의 차이가 없었다. 추론이나 상상, 해석을 많이, 그리고 깊게 하지 말고, 처음에 발견된 표지성으로 정답을 확정하는 것이 좋다. 어휘 문제는 '극초반'의 언어적 직관이 정답으로 가는 길로 수험생을 인도한다. 초반의 이 느낌을 무시하거나 경시하고, 논리적 추론으로 문제를 해결하려고 시도하다가는, 처음에는 생각지도 못했던 어려움을 겪게 된다.

☞ **문제 해결 과정**: '들다'라는 동사의 다양한 용례를 따로 공부한 친구는 거의 없다. 또 따로 공부했다고 해서, 그런 암기적 지식으로 이 문제를 해결한 친구는 단언컨대 한 명도 없었다. 당연하다. 이 문항을 맞힌 모든 수험생들은 자신들의 일상적인 언어 체험을 떠올리며 문제를 해결했다. 그리고 이런 언어 체험은, 당연히 잘하는 친구나 못하는 친구나 전혀 다를 게 없는 보편적인 것이다.

정답률이 조금 낮은 이유는 다른 게 아니다. 보편적인 언어 체험은 동일하지만, 그 체험을 신뢰하는 정도는 달랐기 때문이다. 자, 이것이 누구도 부정할 수 없는 국어 시험의 민낯이다. 이 문제를 해결하는 데 과연 어떤 어휘, 문법 지식이나 기술, 스킬이 쓸모가 있을지는 독자들의 판단에 맡긴다. 다 필요 없다. 모국어 화자의 보편적인 언어 체험밖에 없다.

"왜 꼭 보편적인 언어 체험밖에 없느냐? 미리 '들다'라는 어휘에 대해서 암기 학습을 할 수도 있고, 또 그렇게 하면 이 문제를 해결하는 데 도움이 되지 않겠느냐"는 반론이 있을 것 같다.

자칫 '들다'라는 어휘에 대해 트라우마를 심어줄지도 모른다는 우려가 있어 망설여지지만, 좋다. 말 나온 김에 한번 이야기해 보자. '들다'에는 4개의 다른 표제어, 그러니까 '동음이의어'가 있다. 발음만 같을 뿐 중심적 의미가 완전히 다르다. 차례로 보자.

들다 1 - 1. 밖에서 속이나 안으로 향해 가거나 오거나 하다. 예) 숲 속에 드니 공기가 훨씬 맑았다.

2. 빛, 볕, 물 따위가 안으로 들어오다. 예) 이 방에는 볕이 잘 든다.

들다 2 - 1. 비나 눈이 그치고 날이 좋아지다. 예) 날이 들면 떠납시다.

2. 흐르던 땀이 그치다. 예) 시원한 바람이 불어 땀이 금방 들었다.

들다 3. 날이 날카로워 물건이 잘 베어지다. 예) 낫이 잘 안 들어 풀을 베는 데 시간이 오래 걸렸다.

들다 4 - 1. 손에 가지다. 예) 차표를 손에 들다.

2. 아래에 있는 것을 위로 올리다. 예) 고개를 들다, 반기를 들다.

3. 설명하거나 증명하기 위하여 사실을 가져다 대다. 예) 사례를 들다.

이렇게 '들다'에는 4개의 '동음이의어'가 있다. 그렇다면 '들다 1' 안에서의 다의어, 그러니까 중심적 의미가 확장된 주변적 의미는 앞에서 말한 '밖에서 속이나 안으로 향해 가거나 오거나 하다'와 '빛, 볕, 물 따위가 안으로 들어오다', 이 두 가지뿐일까? 당연히 아니다. '들다 1' 안에만 무려 28개의 다의어, 그러니까 서로 다른 용례가 있다. 길지만 한번 나열해 보자.

1. 밖에서 속이나 안으로 향해 가거나 오거나 하다. 예) 숲 속에 드니 공기가 훨씬 맑았다.

2. 빛, 볕, 물 따위가 안으로 들어오다. 예) 이 방에는 볕이 잘 든다.

3. 방이나 집 따위에 있거나 거처를 정해 머무르게 되다. 예) 새집에 들다.

4. 길을 택하여 가거나 오다. 예) 가파른 고갯길에 들자 일행 중 몇 명은 산행을 포기했다.

5. 수면을 취하기 위한 장소에 가거나 오다. 예) 자꾸 졸음이 몰려와서 잠자리에 들고 싶었지만 잘 곳이 마땅치 않았다.

6. 어떤 일에 돈, 시간, 노력, 물자 따위가 쓰이다. 예) 개인 사업에는 돈이 많이 든다.

7. 물감, 색깔, 물기, 소금기가 스미거나 배다. 예) 설악산에 단풍이 들다.

8. 어떤 범위나 기준, 또는 일정한 기간 안에 속하거나 포함되다. 예) 반에서 5등 안에 들다.

9. 안에 담기거나 그 일부를 이루다. 예) 그 글에는 이런 내용이 들어 있다.

10. 어떤 처지에 놓이다. 예) 고생길에 들었구나.

11. 어떤 물건이나 사람이 좋게 받아들여지다. 예) 마음에 드는 신랑감.

12. 어떤 일이나 기상 현상이 일어나다. 예) 남부 지방에 가뭄이 들다.

13. 어떠한 시기가 되다. 예) 올해 들어 해외여행자 수가 부쩍 늘었다.

14. 어떤 조직체에 가입하여 구성원이 되다. 예) 합창 동아리를 들다.

15. 적금이나 보험 따위의 거래를 시작하다. 예) 집을 장만하기 위해
주택 적금에 들었다.

16. 어떤 때, 철이 되거나 돌아오다. 예) 밤이 들자 기온이 떨어졌다.

17. 잠이 생기어 몸과 의식에 작용하다. 예) 아이는 울다 지쳐 잠이
들었나 보다.

18. 나이가 많아지다. 예) 그는 요즘 부쩍 나이가 많이 들어 보인다.

19. 과일, 음식의 맛 따위가 익어서 알맞게 되다. 예) 김치가 맛이 들다.

20. 몸에 병이나 증상이 생기다. 예) 아이가 감기가 들어 요즘 병원
에 다닌다.

21. 의식이 회복되거나 어떤 생각이나 느낌이 일다. 예) 불길한 예감
이 들었다.

22. 버릇이나 습관이 몸에 배다. 예) 그 아이는 거짓말을 하는 나쁜
버릇이 들었다.

23. 아이나 새끼를 가지다. 예) 며느리가 아이가 들어서 거동이 불편
하다.

24. 식물의 뿌리나 열매가 속이 단단한 상태가 되다. 예) 배추가 속
이 덜 들었다.

25. 남을 위하여 어떤 일을 하다. 예) 아버님의 시중을 들다.

26. 돈을 내고 셋집을 얻어 살다. 예) 선배 집에 월세를 들어 살고 있다.

27. 앞말이 뜻하는 행동을 애써서 적극적으로 하려고 함을 나타내는
말. 예) 망하자고 들면 무슨 일을 못해?

28. 앞말이 뜻하는 행동을 거칠고 다그치듯이 함을 나타내는 말. 예)
별거 아닌 것 갖고 너무 따지고 들지 마라.

자, 어떤가? 동음이의어 4개 가운데 하나인 '들다 1'의 용법이 이 정

도다. 이 문제를 해결하는 데 왜 모국어 화자의 보편적인 언어 체험만
이 의미가 있는지, '들다'라는 어휘에 대해서 따로 암기 학습을 한다는
것이 얼마나 가당치 않은 행동인지 '뼈저리게' 깨달았을 것으로 기대
한다. 그렇다면 교육방송 교재의 연계 문항을 미리 풀어본 경험은 도움
이 됐을까? 불행하게도 '아니다.' 자, 이번에는 교육방송 교재 문항과의
연계성을 한번 보자.

먼저 문항의 구성을 비교해 보면 수능에서는 분류 절차와 용례를 모
두 하나의 <보기>에 제시한 데 비해, 교육방송 교재는 <보기 1>에
서 국어사전의 표제어 제시 방법에 대해 설명한 다음, <보기 2>를 통
해 용례를 제시했다. 수능에 비해 교육방송 교재가 조금 더 설명이 자
세하지만, 문항 전체의 구성에서는 수능이 훨씬 더 단순하고 명쾌하다.
<보기>의 용례로 수능은 6개를, 교육방송은 4개를 제시했다. 그런데
수능은 용례가 더 많음에도 불구하고 그것들을 2개의 표제어로 묶어버
렸다. 교육방송은 4개의 용례를 3개로 묶었다. 용례를 [A]와 [B] 둘로
나눈 결과, 수능은 각 답지의 항목이 2개나 4개, 그리고 3개로 구성됐
다. 당연히 이런 선택지 구성은 문항의 난이도를 높이는 요인이 된다.
교육방송은 모두 4개의 용례를 3개의 표제어로 묶다 보니 한 표제어에
많아야 2개의 항목이 배정됐다. 결과적으로 4개의 용례 중 2개만 정확
하게 판단하면 문제를 맞힐 수 있게 된 것이다.

그렇다면 각각의 용례를 보자. 수능은 '감기가 들다', '가방을 들다',
'단풍이 들다', '고개를 들다', '반기를 들다', '보험을 들다'를, 교육방
송 교재는 '문예반에 들기', '단풍이 들어', '낯이 잘 안 들어', '땀이 금
방 들다'를 제시했다. 수능의 경우 ㉠의 '몸에 병이나 증상이 생기다'
와 ㉢의 '물감, 색깔, 물기, 소금기가 스미거나 배다', 그리고 ㉤의 '적
금이나 보험 따위의 거래를 시작하다'가 하나의 표제어(들다 1)로 묶이

고, ⓛ의 '손에 가지다'와 ⓔ과 ⓜ의 '아래에 있는 것을 위로 올리다'가 다른 표제어(들다 4)로 묶인다. 여기서 수능과 교육방송의 용례 중 일치하는 것은 '단풍이 들다' 오직 하나뿐이다. 무슨 말이냐면 교육방송 교재의 문제를 풀거나 외운 기억을 아무리 정확하게 동원해 봤자, 수능의 연계 문항을 해결하는 데는 별다른 도움을 받지 못했다는 것이다.

문항의 핵심 제재('들다')와 구성 방식(표제어 구분)을 빌려왔지만, 용례가 너무 달라 사실상 완전히 다른 문항으로밖에 볼 수 없다. 여기서 중요한 점은 수능의 용례는 그나마 평소 자주 접하는 것들이었지만, 교육방송의 용례는 그렇지 않았다는 것이다. 특히 '낯이 들다'와 '땀이 들다'가 그렇다. 사전적 의미를 모르면 문맥적 의미를 파악했어야 했는데, 적지 않은 수험생들에게 그 일은 쉬운 것이 아니었다. '낯이 들다'는 그렇다 치더라도 '땀이 들다'는 정말 낯선 용례였기 때문이다. 하지만 수능의 경우 기본적으로 사전적 의미보다는 문맥으로 그 용례를 추측할 수 있도록 문항이 디자인돼 있다. 모국어 화자의 보편적인 언어 체험이나 내재적 문법이 작동하기에 훨씬 유리한 상황이었다는 말이다.

12. <보기>를 바탕으로 한글 맞춤법에 대해 탐구한 내용으로 적절하지 <u>않은</u> 것은? [3점]

〈보 기〉

제5항

㉮ 한 단어 안에서 뚜렷한 까닭 없이 나는 된소리는 다음 음절의 첫소리를 된소리로 적는다. 예 어깨, 잔뜩, 살짝, 듬뿍, 몽땅

㉯ 다만, 'ㄱ, ㅂ' 받침 뒤에서 나는 된소리는, 같은 음절이나 비슷한 음절이 겹쳐 나는 경우가 아니면 된소리로 적지 아니한다. 예 국수, 법석

제27항

㉓ 둘 이상의 단어가 어울리거나 접두사가 붙어서 이루어진 말은 각각 그 원형을 밝히어 적는다. 예 칼날, 꽃잎, 맏사위, 홑이불

① ㉮를 보니 모음 뒤나 'ㄴ, ㄹ, ㅁ, ㅇ' 받침 뒤에서 나는 된소리가 소리 나는 대로 표기되어 있군.

② '납짝'이 아니라 '납작'으로 적는 것은 ㉯의 '법석'을 표기할 때 적용된 규정을 따른 것이군.

③ '짭잘하다'가 아니라 '짭짤하다'로 적는 것은 ㉯의 비슷한 음절이 겹쳐나는 경우에 해당하기 때문이군.

④ '물뻥'이 아니라 '물병'으로 적는 것은 ㉰의 '칼날'을 표기할 때 적용된 규정을 따른 것이군.

⑤ '깍뚜기'가 아니라 '깍두기'로 적는 것은 ㉰의 '맏사위'를 표기할 때 적용된 규정을 따른 것이군.

☞ **정답의 표지성**: 답지를 보는 도중 정답의 표지성(75%)이 발견된다. "확실하게 적절하지 않다"가 아니라, "잘은 모르겠지만 다른 답지보다 이상하다" 정도의 느낌이다. 정답 확정을 시도해 보라. 매력적인 오답도 1개(14%) 있다. 정답은 이 오답지보다 조금 더 이상하고 무슨 말인지 이해가 되지 않는다.

☞ **문제 해결 과정**: 앞에서 '문법'에 대해 이야기하면서 예로 들었던 문제다. 다시 그때의 설명을 반복해 보자. 물론 의도적으로 그러는 것은 아니지만, 앞에서 한번 읽은 내용이 지금 다시 읽을 때 어떻게 스키마로 작동하는지, 그리고 그 스키마가 어떤 예측을

가능하게 하는지 한번 느껴보길 바란다. 구체적인 내용은 많이 까먹었을지라도 말이다.

정답은 5번이다. 정답률은 75%다.

깍두기는 맏사위의 '맏'처럼 접두사 '깍'이 붙어서 이뤄진 말이 아니다. 깍두기의 '두'가 [뚜]처럼 된소리로 나는 것은 맞는데, 소리 나는 대로 적지 않은 이유는 제5항 ⑭의 규정, 그러니까 ㄱ받침(깍의 'ㄱ') 뒤에서 나는 된소리(뚜의 'ㄸ')지만 같은 음절이나 비슷한 음절이 겹쳐서 나는 경우가 아니기 때문이다. '깍'과 '뚜'는 비슷한 음절이 아니라는 말이다. 수험생의 14%가 선택한 3번 답지에서, 짭짤하다의 '짭'과 '짤'은 '같은' 음절은 아니지만 '비슷한' 음절이다. 마찬가지로 제5항 ⑭의 규정, 그러니까 ㅂ받침(짭의 'ㅂ')뒤에서 나는 된소리(짤의 'ㅉ')이고, 비슷한 음절('짭'과 '짤')이 겹쳐서 나는 경우이기 때문에 소리 나는 대로 '짭짤'이라고 적은 것이다.

자, 이게 대부분의 교재에 나온 해설이다. 필자는 지금 이런 해설이 잘못됐다는 이야기를 하려는 것이 아니다. 그 당시 수험생들이 시험장에서 실제로 문제를 해결하면서, 헷갈리고 고민한 내용은 이런 해설과는 전혀 다를 수 있다는 점을 말하려고 하는 것이다. 사실 수험생들이 해설과 같은 판단을 시험장에서 쉽고 편하게 했다면 도대체 무슨 걱정이 있겠는가? 그렇다고 시험 본 후에 이런 해설을 봤다고 해서, 다음번에 만나는 유사한 문법 문제(된소리 표기 문제)를 잘 해결하리라는 보장은 있을까? 미안하지만, 없다.

자, 실제로 이 문제를 시험 당일 접했던 수험생들은 어떤 어려움을 겪었는지 한번 살펴보자. 가장 큰 문제는 적지 않은 학생들이 '깍'을 접두사로 보거나(파생어), 깍두기를 '깍'이라는 단어와 '두기'라는 단어가 합쳐진 것(합성어)으로 생각하기도 했다는 점이다. 그렇게 생각하는 것이 크게 잘못됐다고 비난할 수는 없다. 시험 전에 '깍두기'라는 말에 대해 인상 깊게 공부하지 않은 이상, 실제 시험 현장에서는 충분히 그럴 수 있기 때문이다. 한글 맞춤법과 국어사전을 찾아보거나 해설을 참고해서 이런저런 설명을 할 수는 있지만, 그건 오직 시험이 끝난 후에나 가능한 일이다. 뭔가 대단한 척하면서 이 문제를 틀린 수험생을 비난하는 것은 '비겁한' 행동이다.

'칼+날', '꽃+잎', '맏+사위', '홑+이불'처럼 깍두기를 '깍+두기'로 보는 것이 그렇게 잘못된 것인가? 여기서 '칼날'과 '꽃잎', '맏사위'와 '홑이불'은 한군데 뭉뚱그려 놓았지만 사실 조어법이 다르다. 칼날과 꽃잎은 둘 이상의 단어가 어울려서 이뤄진 말(합성어)이고, 맏사위와 홑이불은 접두사(맏, 홑)가 어근(사위, 이불) 앞에 붙어서 이뤄진 말(파생어)다. 접사는 그것이 어근 앞에 붙으면 '접두사', 어근 뒤에 붙으면 '접미사'라고 부른다.

어쨌든 이 문제를 풀 때 접사니 어근이니 합성어니 파생어니 하는 문법 지식을 동원한 수험생이 과연 몇 명이나 있었을까? 필자가 보기에는 오히려 이런 문법 지식을 동원한 친구들의 경우, 오히려 5번을 답으로 고르지 못했을 가능성이 높다. 무슨 말이냐면 맏사위나 홑이불을 접두사가 붙어서 이뤄진 파생어로 파악했을 경우, 깍두기도 '깍'이라는 접두사와 '두기'라는 어근이 합쳐진 파생어로 볼 수도 있었다는 말이다. '깍'을 접(두)사로 보는 것은 잘 모르겠지만, '두기'가 어떻게 어근이 되느냐는 문제 제기가 있을 수 있다.

필자가 싫어하는 말이 정색한다는 말이다. 어쩌다가 딸아이에게 "그런데 아빠, 왜 정색해?"라는 말을 들으면 하루 종일 기분이 안 좋을 정도다. 하지만 여기서는 한번 정색을 하고 독자에게 물어봐야겠다. '두기'가 정말 어근이나 단어가 아니라고 확신할 수 있나? 국어사전에 단어나 어근으로 나오면 어쩔 것인가?

사실, 나오진 않는다. 국가 기관(국립국어원)에서 나온 <표준국어대사전>를 보면 '깍두기'는 깍둑거리다('조금 단단한 물건을 대중없이 자꾸 썰다')라는 동사의 어간 '깍둑'과 접미사(접두사가 아니라) '이'가 합쳐져 '명사'로 된 파생어다. 사실 '깍둑거리다'라는 말도 매우 낯선 것이기는 하다. 이런 말이 있어나 싶을 정도다. 그런데 <표준국어사전>의 이런 내용은 <한글 맞춤법> 규정과는 또 다르다. 한글 맞춤법 제23항 [붙임]을 보면 "'-하다'나 '-거리다'가 붙을 수 없는 어근에 '-이'나 다른 모음으로 시작되는 접미사가 붙어서 명사가 된 것은, 그 원형을 밝혀 적지 않는다"는 규정이 있다. 그리고 그 예로 '깍두기'를 소개하고 있다.

쉽게 말하면 '깍둑'은 그 뒤에 '-하다', '-거리다'가 붙을 수 없는 어근인데, 그 어근에 접미사 '이'가 결합해 명사가 된 것이기 때문에, 그 원형('깍둑'이)을 밝혀 적지 않고 그냥 '깍두'기로 적는다는 말이다. <표준국어대사전>에서는 '깍둑'을 '-거리다'가 붙을 수 있는 어근으로 보고 있는데, 정작 <한글 맞춤법>은 '깍둑'을 뒤에 '거리다'가 붙을 수 없는 어근으로 보고 있다는 말이다. 이야기가 너무 복잡한가? 어쨌든 문법 지식은 절대적인 것이 아니라는 점을 다시 한 번 떠올리는 정도로 하고 넘어가자.

만약 깍두기가 '깍둑(어근)'과 '이(접미사)'가 합쳐진 말이라는 걸 어떤 수험생이 미리 알고 있었고, 그래서 맏+사위는 '접두사(맏)', 깍둑+이는 '접미사(이)'니까 5번 답지('깍뚜기'가 아니라 '깍두기'로 적는 것은 ㉯의 '맏사위'를 표기할 때 적용된 규정을 따른 것이군)는 적절하지 않다고 판단했다면, 그 수험생은 '기립 박수'를 받아도 좋을 만큼 대단한 학생이다. 하지만 그렇다고 실제 시험장에서 또 다른 수험생이 '깍두기'를 '깍둑+이'가 아니라 '깍+두기'로 보고, '두기'를 단어니 어근일지도 모른다고 생각하는 것 또한 그렇게 비난받을 일은 아니다. 어쨌든 그래서 25%의 수험생들이 오답을 고른 것 아닌가? 이 문제를 맞힌 수험생들 중에 과연 몇 명이 '깍두기'를 '깍둑'이라는 어근과 '이'라는 접미사가 합쳐져 명사로 된 파생어라고 파악했을지는 독자들의 상상에 맡긴다.

여기서 어떤 친구들은 "깍두기는 ㉯가 아니라 ㉰에 해당하는 것 아니냐?, 그걸 체크하지 못한 것은 수험생 잘못 아니냐?"는 지적을 한다. 꼭 그렇지 않다. 전체적으로 헷갈리는 상황에서 5번 답지에 주목한 수험생들은, 깍두기가 맏아들이나 홑이불과 같은 것인지 아닌지에만 신경을 썼지, 사고의 방향을 확 바꿔서, 그러니까 문제 풀이 과정을 처음으로 '리셋'해서 깍두기가 <보기>의 ㉰에 해당하는 사례라는 것을 다시 확인하기는 어려웠다.

어쨌든 여기서는 일정한 문법 지식, 그러니까 접사나 파생어에 대한 지식을 동원하면 오히려 5번 답지가 그럴 듯해 보일 수도 있었다는 점이 중요하다. 거꾸로 그런 문법 지식이 없었던 수험생들이 '깍두기'가 '맏사위'와 같은 것이라는 생각을 훨씬 '덜'했다. '모르는 게 약'이었던 것이다. 독자들이 믿든, 믿지 않든 말이다.

오히려 이 문제에서 결정적인 것은 '짭'과 '짤'이 비슷한 음절이라는 판단이었다. '음절'은 모음 앞뒤에 하나 이상의 자음이 결합한, 발음의 최소 단위인데, 이런 문법 지식을 미리 알고 있었다고 해서 이 문제를 맞힌다는 보장은 물론 없다. 시험장에서 그 순간 '짭'과 '짤'을 비슷한 음절로 보지 않았다면 그만이기 때문이다. "'짜'까지는 둘 다 똑같고 받침만 'ㅂ'과 'ㄹ'로 다른데, 비슷한 음절로 봐야 하는 것 아니냐"고 대드는 독자에게 들려주고 싶은 이야기가 두 가지 있다. 하나는 "님이라는 글자에 점 하나만 찍으면 남이 되는 장난 같은 인생사"라는 유행가 가사다. 또 하나는 수험생들에게도 익숙한 말, "'아' 다르고 '어' 다르다"이다. '득'도 점 하나가 붙으면 '독'이 된다.

미안하지만 어디까지를 비슷한 음절로 볼 것인지에 관한 절대적인 기준은 없다. 상황이 이런데도 '짭'과 '짤'을 비슷한 음절이 아니라고 본 수험생을 다짜고짜 비난할 수 있을까? 물론 '짭'과 '짤'을 비슷한 음절로 본 수험생들이 더 많았지만, 그 둘을 비슷한 음절로 보지 않았다는 것이 그렇게 '죽을 죄'를 지은 것은 아니다.

여기서 더 중요한 것은 '짭'과 '짤'을 비슷한 음절로 보기 위해서는, '모호함에 대한 관용성'과 '모국어 화자의 언어 체험에 대한 신뢰'가 있어야 했다는 점이다. 이것들이 없다면 '짭'과 '짤'을 비슷한 음절로 선뜻 인정하기가 힘들 수도 있었기 때문이다. 그런데 감각형─심사숙고형─좌뇌형 수험생들의 '완벽함에 대한 집착'은 그런 관용성과 신뢰를 허락하지 않았을 가능성이 높다.

그렇다면 이 문제를 해결하는 데 과연 어떤 문법 지식이 동원될 수 있었는지는 곰곰이 생각해 보기를 바란다. 우리 솔직해지자. 국어 시험을 잘 치르려면 솔직해져야 한다. '회칠한 무덤'이 되면 안 된다. 필자는 재학생을 포함해서 이 문제를 맞힌 아이들에게 이 문제를 어떻게 풀었느냐고 물어 본 적이 있다. 독자들이 믿든 안 믿든 "3번과 5번이 헷갈렸는데, 어쨌든 '짭'과 '짤'이 비슷한 음절이라는 3번 답지가 5번보다 덜 이상하고 무슨 말인지 대충 이해가 됐기 때문에 5번을 적절하지 않은 것으로 골랐다"고 말하는 친구들이 대다수였다. 솔직히 말하면 이 문제를 맞힌 아이들 중에 ㉺의 접두사에 주목했다는 친구는 지금까지 한 명도 본 적이 없다.

그렇다면 접사에 대한 암기 학습을 철저히 하면 이 문제를 맞힌다는 보장이 있었을까? 실제 시험장에서는 별로 달라질 것도 없다. 다시 말하지만 정답을 선택한 75%의 수험생들은, 그저 3번 답지보다 5번 답지가 무슨 말인지 이해가 안 되고 더 이상했기 때문에 고른 것뿐이다. 그리고 3번보다 5번이 무슨 말인지 더 이해가 안 되고 더 이상했다는 판단은, 수험생들이 미리 암기했던 문법 지식 때문에 생긴 것이 아니다. 모국어 화자에게 내재화된 문법에 비춰봤을 때, 뭔가 어색한 느낌이 들었기 때문에 가능한 판단이었다. 14%의 수험생들은 다만 두 답지 사이에서 헷갈리다가 '재수 없게' 오답지를 선택한 것뿐이다. 둘 사이에 무슨 지식의 차이, 실력의 차이가 있나? 없다. 다만 상대적으로 더 거슬리는 답지를 적절하지 않은 것으로 선택한 유연함의 차이, 그리고 그런 모국어 화자의 내재적 문법에 대한 신뢰의 차이만 있었을 뿐이다. 당연히 그런 유연함(모호함에 대한 관용성)과 신뢰의 정도는 직관형－충동형－우뇌형 수험생들이 감각형－심사숙고형－좌뇌형 수험생들보다 높다.

현대시

(가) 자화상(自畵像)

윤동주

산모퉁이를 돌아 논가 외딴 우물을 홀로
찾아가선 가만히 들여다봅니다.

우물 속에는 달이 밝고 구름이 흐르고
하늘이 펼치고 파아란 바람이 불고 가을이 있습니다.

그리고 한 사나이가 있습니다.
어쩐지 그 사나이가 미워져 돌아갑니다.

돌아가다 생각하니 그 사나이가 가엾어집니다. 도로 가
들여다보니 사나이는 그대로 있습니다.

다시 그 사나이가 미워져 돌아갑니다.
돌아가다 생각하니 그 사나이가 그리워집니다.

우물 속에는 달이 밝고 구름이 흐르고 하늘이 펼치고 파아란
바람이 불고 가을이 있고 추억처럼 사나이가 있습니다.

(나) 선제리 아낙네들

고은

먹밤중 한밤중 새터 중뜸 개들이 시끌짝하게 짖어댄다 ┐
이 개 짖으니 저 개도 짖어
들 건너 갈메 개까지 덩달아 짖어댄다
이런 개 짖는 소리 사이로
언뜻 언뜻 까 여 다 여 따위 말끝이 들린다   [A]
밤 기러기 드높게 날며
추운 땅으로 떨어뜨리는 소리하고 남이 아니다
앞서거니 뒤서거니 의좋은 그 소리하고 남이 아니다 ┘
콩밭 김칫거리
아쉬울 때 마늘 한 접 이고 가서
군산 묵은장 가서 팔고 오는 선제리 아낙네들
팔다 못해 파장떨이로 넘기고 오는 아낙네들
㉠시오릿길 한밤중이니
십릿길 더 가야지
빈 광주리야 가볍지만
빈 배 요기도 못하고 오죽이나 가벼울까
그래도 이 고생 혼자 하는 게 아니라
못난 백성
못난 아낙네 끼리끼리 나누는 고생이라
얼마나 ㉡의좋은 한세상이더냐
그들의 말소리에 익숙한지
어느새 개 짖는 소리 뜸해지고
밤은 내가 밤이다 하고 말하려는 듯 어둠이 눈을 멀뚱거린다

(다) 그 나무

김명인

한 해의 꽃잎을 며칠 만에 활짝 피웠다 지운 ┐
벚꽃 가로 따라가다가
미처 제 꽃 한송이도 펼쳐 들지 못하고 멈칫거리는   [B]
늦된 그 나무 발견했지요. ┘

들킨 게 부끄러운지, 그 나무
시멘트 개울 한 구석으로 비틀린 뿌리 감춰놓고　　　[B]
앞줄 아름드리 그늘 속에 반쯤 숨어 있었지요.
봄은 그 나무에게만 더디고 더뎌서
꽃철 이미 지난 줄도 모르는지,
그래도 여느 꽃나무와 다름없이
가지 가득 매달고 있는 멍울 어딘가 안쓰러웠지요.
늦된 나무가 비로소 밝혀드는 ⓒ꽃불 성화,
환하게 타오를 것이므로 나도 이미 길이 끝난 줄
까마득하게 잊어버리고 한참이나 거기 멈춰 서 있었지요.
산에서 내려 두 달거리나 제자릴 찾지 못해
헤매고 다녔던 저 ⓔ난만한 봄길 어디,
늦깎이 깨달음 함께 얻으려고 한나절
나도 병든 그 나무 곁에서 서성거렸지요.
이 봄 가기 전 저 나무도 푸릇한 잎새 매달까요
무거운 청록으로 여름도 지치고 말면
불타는 소신공양 틈새 ⓜ가난한 소지(燒紙)*,
저 나무도 가지가지마다 지펴 올릴 수 있을까요

* 소지: 부정을 없애고 신에게 소원을 빌기 위하여 태워서 공중에 올리는 종이

　자, 시를 먼저 보자. '자화상'은 자아를 성찰하는 모습을 담은 작품이라고 한다. 여기서 '우물'은 거울처럼 자기를 비춰보는 성찰의 매개체이다. 그 속에 비친 자연은 순수하고 아름다운 모습이지만 화자 자신은 초라한 모습으로 등장한다. 화자는 자기 모습을 미워도 하고 가엾게 여기기도 하며 그리워하기도 한다. 이 정도는 파악할 수 있을 것 같다. 여기서 더 깊이 감상한 수험생도 없었고, 이 정도 감상에 이르지 못한 수험생도 없었다. 작품 자체가 친숙한데다가, 설마 본 적이 없더라고 시어가 평이해서 서술성을 확보하는 것이 어렵지 않다. 대충 무슨 소리를 하고 있다 정도는 금방 감지가 된다는 말이다. 그리고 문제 풀기에는 그걸로도 충분하다.

'선제리 아낙네들'는 군산 장에서 채소를 팔고 밤길에 돌아오는 아낙네들의 모습을 통해, 고단한 생활 속에서도 의좋게 살아가는 서민들의 삶을 그린 작품이라고 한다. 시인은 '한밤중' 같은 생활을 비관하기보다는 '못난 백성', '못난 아낙네'들이 모여서 함께 나누는 세상을 만들어 가는 모습을 보여 주고자하는 것 같다. 설사 이 정도까지 파악이 안 돼도 괜찮다. "못난 사람들이 서로 위로하면서 사이좋게 살아간다" 정도로만 이해하면 그만인 시이다.

문제는 '그 나무'라는 마지막 시다. 한번 읽어서는 뭔 소리를 하는지 도대체 알 수가 없다. 그래서 한 번 더 보면 '늦된', '숨어 있었지요', '안쓰러웠지요', '늦깎이 깨달음', '나도 병든 그 나무 곁에서 서성거렸지요' 정도가 눈에 들어오는데, 이런 단서를 가지고 애매한 부분을 명료하게 만들고, 생략된 부분을 채우기는 다소 역부족이다. 수험생에게 익숙한 방식으로 바꾸기가 힘들다. 서술성 확보가 어렵다는 말이다.

그래도 스키마를 동원해서 익숙한 형태로 한번 바꿔보자. 어쨌든 화자의 시선은 만발한 벚꽃이 아니라 병들어 늦된 '그 나무'에 꽂혀 있다. 활짝 꽃을 피워야 할 시기에 주목받지 못할 외진 곳에서 아직도 '멍울'만 달고 있는 '그 나무'를 화자는 어딘가 안쓰러워 발길을 멈추고 한참을 바라본다. 그리고 화자는 '그 나무'도 다른 나무처럼 꽃을 피우고 푸릇한 잎을 달고 여름 지나 가을에는 비록 풍성하지는 못해도 '가난한 소지'처럼 단풍으로 물들기를 기대한다. 뭔가 덜 떨어지고 늦되고 소외된 것에 대한 연민이 느껴진다. 그리고 정확히는 모르겠지만, 나무를 통해서 '늦깎이 깨달음'을 얻는 중이다. 자기도 그 나무와 비슷한 존재라는 깨달음인지, 늦된 것을 연민해야 한다는 깨달음인지는 솔직히 알 수 없다.

자, 그저 편하게 한 감상이지만, 이 정도의 감상도 실제 시험장에서 가능할지는 알 수 없다. 별것 아닌 감상이지만 그나마 이 정도 감상이라도 가능한 수험생보다 가능하지 않은 수험생이 더 많았을 것 같다. 좋다. 필자는 이 시를 읽으면서 '뭔가 덜 떨어지고 늦되고 소외된 것에 대해 연민하는 화자'가 느껴지면 충분하다고 생각한다. 그 정도가 수험생이 지닌 보편적인 스키마에 부합하는 감상이다. 오히려 여기서 더 나가면 어려워진다. 그때부터는 60만 명의 수험생이 60만 가지 감상을 자기 마음대로 해도 누가 뭐라고 할 수 없는 상황이 연출되기 때문이다. 그리고 이 말이 어떻게 들릴지는 모르겠지만, 60만 명의 수험생이 60만 가지 감상을 자기 마음대로 할 수 있다는 것이 바로 시의 '아름다움'이고 '묘미'다.

어쨌든 앞에서 말한 '보편적' 감상 정도면 문제를 해결하는 데는 충분하다. 평가원 답변서 식으로 표현하면, 그런 보편적인 감상만이 '널리 (수험생 60만 명의) 공감을 얻기'가 쉽기 때문이다. 문제를 풀다 헷갈리면 그때 필요한 부분을 다시 읽으면 그만이다. 시 전체를 다시 한 번 읽을 수도 있다. 시는 분량이 많지 않아 다시 읽는 것에 대한 심리적 부담감이 거의 없다.

여기서 하나 덧붙이고 싶은 이야기가 있다. 시를 읽으면서 표현법이나 시상 전개 방식, 운율 등을 파악하면서 읽으라는 조언에 관해서다. 미안하지만 시를 읽는 도중에 그 짓을 하는 사람은 없다. 국어 선생님들도 그렇게 하지 않는다. 이건 필자의 말을 믿어야 한다.

표현법이나 시상 전개 방식, 운율은 문제로 만들어졌을 때만 체크하면 된다. 쉬운 문제는 그때 그렇게 해도 금방 해결되고, 어려운 문제는 작품을 읽는 도중에 일부러 표현법, 시상 전개 방식, 운율, 시어의 함축적 의미를 수십 번 체크해도 여전히 어려운 것이 시 장르의 특징이다. 그런 부분을 미리 체크할 필요도 없고, 그렇게 하는 사람도 없다. 그런 부분을 미리 체크했다고 문제가 술술 풀리는 것이 절대 아니다. 명심하기 바란다.

☞ **교육방송 교재와의 연계**: 이 현대시 세트도 그 해 수능이 끝나고 교육과정평가원에서 대표적인 교육방송 연계 사례로 제시한 것이다. 교육방송 교재([인터넷 수능 시 문학 05])의 지문(고은의 '선제리 아낙네들')을 그대로 가져왔다는 것이다. 시 작품이라는 특성상 교육방송 교재와 수능 지문은 당연히 똑같을 수밖에 없다. 소설처럼 발췌나 중략이 불가능하기 때문이다. 교육방송 교재에서 '선제리 아낙네들'은 윤동주의 '장'과 함께 묶여 3문항 세트로 나왔는데, 수능 현대시 세트에서는 윤동주의 '자화상(自畵像)' 그리고 김명인의 '그 나무'라는 작품과 함께 묶여 모두 다섯 문항이 출제됐다.

윤동주의 경우 그 당시(2010년) 18종의 문학 교과서에 그의 시 8편이 모두 30회에 걸쳐 실려 있었다. 그중 '자화상(自畵像)'은 2종의 교과서에 실려 있었고, 시중 수능 대비 교재에도 대부분 실려 있었다. 수험생들에게 매우 익숙했던 작품이었다는 말이다. 물론 수능 당일 처음 본 수험생이라 해도 그 내용을 파악하는 데 큰 어려움이 없는 평이한 시이다. 고은의 경우는 그 당시 문학 교과서에 '머슴대길이'(2종)와 '성묘(省墓)'(1종)가 실려 있었다. '선제리 아낙네들'은 그 어떤 문학 교과서에도 실려 있지 않았고, 그 당시 일부 시중 교재와 교육방송 교재에만 실려 있던 작품이다. '그 나무'는 1970년대에 등단해 1979년에 첫 시집을 낸 김명인의 작품으로 문학 교과서는 물론이고, 시중 수능 대비 교재 그리고 교육방송 교재를 통틀어 어디에도 실려 있지 않은 매우 낯선 작품이었다.

평가원은 '선제리 아낙네'를 지문으로 등장시킨 것을 직접 연계의 대표적인 예로 들었는데, 사실 수험생의 입장에서 그 연계를 실질적으로 체험하기는 힘들었다. 왜냐하면 3개의 시 작품 가운데 하나를 연계했다 하더라도, 현대시 문항이 두 개 이상의 시를 엮어 묻는 문항이고, 또 이미 알고 있는 작품이라 하더라도 '무엇을, 어떻게 묻느냐'에 따라 문항의 곤란도는 180도 달라질 수밖에 없기 때문이다. 시에 대한 '완전 학습'이 이루어진다면 모르겠지만 (앞에서 말했듯이 그건 그 시를 쓴 시인도 못하는 일이다), 그렇지 않은 것이 현실인 이상, 작품을 그대로 옮겨왔다고 해서 문항의 곤란도가 낮아지는 것은 결코 아니라는 말이다.

좀 더 자세하게 이야기해 보자. 먼저 교육방송 교재에는 고은의 '선제리 아낙네들'이 윤동주의 '장'이라는 시와 함께 묶여 있다.

장

윤동주

이른 아침 아낙네들은 시들은 생활을
바구니 하나 가득 담아 이고……
업고 지고…… 안고 들고……
모여드오 자꾸 장에 모여드오.

가난한 생활을 골골이 벌여놓고
밀려가고 밀려오고……
저마다 생활을 외치오…… 싸우오.

왼 하루 올망졸망한 생활을
되질하고 저울질하고 자질하다가
날이 저물어 아낙네들이
쓴 생활과 바꾸어 또 이고 돌아가오.

윤동주의 ‘장’은, 장이라는 공간적 배경 속에서 여인네들의 고단한 삶을 형상화한 시인데, 언뜻 봐도 고은의 ‘선제리 아낙네들’과 공통점이 두드러진다. 그런데 수능에서는 같은 윤동주지만 ‘자화상’이라는 시, 그리고 김명인의 ‘그 나무’라는 생소한 시와 함께 묶여 있어, 연계를 체감하기가 어려웠다. 여기에 묻는 내용까지 달라지면 그 연계에 대한 ‘체감 지수’는 더 떨어질 수밖에 없다. 예를 들어 수능 15번 문항은 표현상의 특징을 묻는 것으로 ‘그 나무’와 같이 엮어서 출제됐다. 교육방송 교재에도 고은의 ‘선제리 아낙네들’의 표현상 특징을 묻는 문항이 있었지만, 수능 문항과는 완전히 다르다. 교육방송 교재는, 수능 때 표시된 부분이 아니라 “빈 배 요기도 못하고 오죽이나 가벼울까”에 사용된 표현법(반어법)을 확인한 다음, 같은 표현법이 사용된 시가 등장한 답지를 고르는 것이었다.

자, 어쨌든 수능 문제를 풀어 보자.

13. (가)~(다)의 공통점으로 가장 적절한 것은?

① 대상의 현재 상황에 대한 화자의 비판적 태도가 드러난다.
② 대상의 미래에 대한 화자의 낙관적 전망이 드러난다.
③ 대상과 일체가 되려는 화자의 의지가 드러난다.
④ 대상을 딱하게 여기는 화자의 마음이 드러난다.
⑤ 대상에 대한 화자의 대결 의식이 드러난다.

☞ **발문**: 발문을 해체시키면 ‘공통점’, ‘가장’, ‘적절한’이라는 세 가지 조건이 추출된다. 이 중에 특별히 챙겨야 할 조건은 없다. 그나마 ‘가장’이라는 조건이 눈에 들어온다. 최적답을 요구하는 것이기

때문이다. 하지만 이 조건도 사실은 별 의미가 없다.

　수험생들 사이에는 '가장'이라는 말에 대한 오해가 의외로 많다. 이런 오해다. 제시문이나 문제의 요구 사항에 100% 부합하는 것이 정답이라면, 오답들은 0% 하나, 20~30% 두 개, 60% 이상 하나 정도로 이뤄진다는 말이다. 여기서 '가장'이라는 말은 이런 의미가 된다. 60% 정도 부합하는 답지도 적절하지만, 100%짜리가 '가장' 적절한 것이 된다는 말이다. 문제는 답지에 구체적인 수치가 등장하는 것도 아닌데, 어떻게 이 답지는 100%짜리니까 '가장' 적절한 것이고, 60%짜리니까 '그냥' 적절한 것이고, 30%짜리니까 '덜' 적절한 것이고, 0%짜리니까 적절하지 '않은' 것이라는 판단을 할 수 있느냐는 것이다. 국어 시험에 그런 것은 없다. 신경 쓸 필요가 없는 발문이다. '그냥' 적절한 것을 찾으면 그만이다.

☞ **정답의 표지성**: 답지를 훑어보는 도중, 정답의 표지성(79%)이 발견된다. 답지 표현이 익숙하지 않지만, 그럴 수 있다고 생각하면 그럴 수도 있다. 해당 표현만 제외하면 어쨌든 나머지 답지보다는 상대적으로 무난하다는 느낌을 준다. 특정 어휘에 대한 익숙함을 경계하고, 정답 확정을 시도해볼 만하다. 어느 정도의 매력도를 지닌 오답(9%, 7%)이 있지만, 작품의 전체적인 분위기와의 연관성이 크게 떨어진다.

　시 장르에서 긍정 발문의 경우, '작품의 전체적인 내용이나 분위기와의 연관성은 감지되지만, 특정의 표현이 수험생의 익숙함에 부합하지 않는 답지'와 '전체 내용이나 분위기와 거리가 먼 답지' 사이에 경쟁이 벌어질 경우, 무조건 전자의 손을 들어줘야 한다고 말한 적이 있다. 괜히 전체 내용이나 분위기에 어긋나는 답지를 만지작거리다 보면, 자칫 선택이 번복될 수도 있다. 조심해야 한다.

☞ **문제 해결 과정**: 앞에서도 언급했듯이, '문학 개념어'를 소개해 놓은 책이 있다. 사실 문학 개념어라기보다는 시나 소설, 특히 시의 답지나 <보기>에 등장하는 어휘를 설명해 놓은 책이라고 보는 게 맞다. 이들 교재의 기본적인 아이디어는 이렇다. "시가 애매해서 이해가 잘 안 되더라도 답지 쪽 어휘의 의미를 정확히 알고 있으면 상대적으로 정답을 선택하기가 편해진다. 작품은 대충 감 잡고 가더라도 답지 쪽은 명료하게 갈 필요가 있다."

필자도 시 파트 문제 풀이에서 더 중요한 것은 작품이 아니라, 답지 쪽이라고 보는 편이다. 하지만 답지에 등장하는 어휘의 의미를 정확하게 알아야 하고, 그렇게 하기 위해서 답지 어휘만 따로 모아 암기 학습을 할 필요가 있다는 주장에 대해서는 동의하지 않는다. 그것은 학습량에 비해서 효과가 너무 작다. 특히 암기한 개념어의 의미를 절대적인 것으로 생각할 경우, 오히려 실제 시험장에서는 융통성 있는 문제 풀이에 결정적인 장애물로 작용하기도 한다.

왜 그런지 한번 보자. 1번 답지에서 문제가 되는 개념어는 '비판적 태도', 2번 답지는 '낙관적 전망', 3번 답지는 '일체가 되려는 의지', 4번 답지는 '딱하게 여기는 마음', 5번 답지는 '대결 의식'이다. 이 중에 우리가 그 의미를 알지 못하는 '개념어'는 단 하나도 없다. 어떤 것은 개념어라는 이름을 붙이기도 민망할 정도의 일상적인 표현들이다. 적어도 모국어 화자라면 말이다.

"그렇다면 혹시 우리가 일상적으로 알고 있는 이들 어휘의 의미와 수능 답지에 등장한 이들 어휘의 의미는 뭔가 다르지 않겠느냐"는 의심이 드는 독자도 있을 것 같다. 그렇지 않다. 우리가 일상적으로 이들 어휘를 사용하는 의미와 이 답지에서 사용되는 어휘의 의미는 100% 똑같다. '딱 하나'만 빼고 말이다.

이 문제의 정답률은 79%였다. '매우'까지는 아니지만 낮은 정답률이다. (다) 시(그 나무)를 제외한 나머지 두 시가 '심하게' 평이했고 답지도 쉬웠다는 것을 감안하면, 사실은 크게 낮은 정답률이라고 보는 것이 맞다.

자, 그렇다면 독자들은 몇 번이 답이라고 생각하나? 4번? 아니면 3번? 혹시 2번?

정답은 4번이다. 아마 '딱하게 여기는'을 '가엾게 여기는'이나 '공감하는', 혹은 '연민하는' 정도의 표현으로 바꿨으면 정답률이 90% 후반까지 치솟았을 문항이다. '딱하다'는 말이 주는 낯선 느낌이 정답률을 갉아먹은 것이다.

"화자가 처한 상황이나 정서를 체크하라"는 '공자님 말씀' 같은 교재나 강의의 조언은, 이 문제를 해결하는 데 아무런 도움도 주지 못한다. 미안하지만, 화자의 상황이나 정서를 한 시간 동안 추론하고 상상해도 달라지는 건 전혀 없다. 여기서 오답들은 자체의 매력도가 아니라 정답 확정이 애매한 상황에서 억지로 '선택당한' 것들이기 때문이다. '딱하다'는 말이 주는 낯선 느낌이 이 문제의 정답률을 낮춘 유일한 원인이다.

'딱하다'는 표현에는 '사정이나 처지가 애처롭고 가엾다'거나 '일을 처리하기가 난처하다'는 의미만 있는데, 이상하게도 많은 수험생들은 그 속에 '한심하다'는 의미가 있는 걸로 생각한다. 사실 '한심하다'는 말도 정확하게 말하면 '정도에 너무 지나치거나 모자라서 가엾거나 난

처하다'는 말이지, 수험생들이 보통 떠올리는 '어리석다'거나 '바보 같다'는 의미는 아예 없다.

'딱하다'는 표현을 출제자가 사용한 방식대로, 말하자면 '가엾다'는 의미로 이해하지 못해서 발생한 '소참사'라고 할 수 있다. 오답을 고른 수험생들은 '딱하다'는 말을 '한심하다'거나 '어리석다'는 의미로 받아들이는 데 익숙했기 때문이다. 다시 생각해보면, 정말 아무것도 아닌 것 같지만 아차하면 '대참사'로 번질 수도 있었던 문제다. 어휘에 대한 잘못된 익숙함을 역이용하는 방식이 사용된 것이기 때문이다.

필자가 아쉽게 생각하는 것은 그 어떤 교재나 강의에도 '어휘에 대한 익숙함'이 만들어내는 이런 부정적인 결과에 대한 언급이 없다는 점이다. 그저 "문제가 안 풀릴수록 화자의 상황과 정서, 그리고 표현법이나 시상 전개 방식을 확인하고 또 확인하라"는 소리만 앵무새처럼 반복할 뿐이다. 하지만 국어 시험의 실상은 그런 것과는 전혀 다르다. 답지에 사용된 특정 어휘에 대한 수험생들의 '잘못된' 익숙함이 문학, 특히 시에서 정답률을 폭락시키는 주범 역할을 하는 경우가 너무도 많기 때문이다.

이런 어려움을 해소하는 방법은, 화자가 처한 상황이나 화자의 정서를 떠올리는 것과는 아무 상관이 없다. 그건 어려움을 해소하는 것이 아니라 오히려 증폭시킬 가능성이 높다. 다시 한 번 강조한다. 시 장르에서 긍정 발문의 경우, '작품의 전체적인 내용이나 분위기와의 연관성은 감지되지만, 특정 표현이나 어휘가 수험생의 익숙함에 부합하지 않는 답지'와 '전체 내용이나 분위기와 거리가 먼 답지' 사이에 경쟁이 벌어질 경우, 무조건 전자의 손을 들어줘야 한다. 오직 이 원칙만이 수험생을 '구원'한다.

다음 문제도 보자.

14. <보기>를 참고하여 (가)를 이해한 내용으로 적절하지 <u>않은</u> 것은?

① 제1연에서 '외딴', '홀로', '가만히', '들여다봅니다' 등으로 보아,
'우물'은 화자의 모습을 투영해 볼 수 있는 내밀한 공간이겠군.

② 제2연에서 '우물 속'에 들어 있는 자연은 하늘을 향해 있는 우물
속의 그림이므로, 화자가 지향해 온 바를 담고 있겠군.

③ 제3~5연에서 '한 사나이'에 대한 화자의 반응들로 보아, 화자는
자신을 성찰하는 자세를 지니고 있겠군.

④ 제6연에서 자연과 '사나이'가 함께 나타나는 것은, 우물 속의 자
상화를 들여다보는 화자가 존재 탐구를 끝냈음을 의미하겠군.

⑤ 제6연에서 '추억처럼'에는 고향과 같은 모태적 공간을 통해서 자
신을 바라보려는 화자의 태도가 내포되어 있겠군.

☞ **발문**: 발문을 해체하면 '<보기>를 참고하여', '이해한 내용', '적
절하지 않은 것은?'이라는 세 가지 조건을 뽑아 낼 수 있다. 이
중에 챙겨야 할 조건은 '<보기>를 참고하여'다. 하지만 <보기>
를 참고하지 않고 이 문제를 푸는 수험생이 과연 있었을까? 이게
무슨 대단한 조건이고 단서인가?

☞ **어휘**: '모태'는 1차적으로는 '어미의 태 안'이라는 의미고, 많은 경우 '사물의 발생이나 발전의 근거가 되는 토대를 비유적으로 이르는 말'이다. 유행어 중에 '모태 솔로'라는 말도 있어, 대충 '엄마 뱃속' 정도로 이해한 수험생이 많았고, 그것은 원래 의미에 거의 근접하는 것이다. 모태는 영어로 매트릭스(matrix)라고 한다. '다층적'은 '여러 겹의'라는 뜻인데, '다양한' 정도로 이해해도 큰 무리가 없고, 대부분의 수험생들도 그렇게 했다. '원형'은 '원래 모습' 정도로 이해하면 그만이다.

☞ **정답의 표지성**: 답지를 보는 도중 정답의 표지성(75%)이 눈에 들어온다. <보기>나 작품 내용을 떠나 '황당한' 내용이라는 느낌이 강하게 들기 때문이다. 신속하게 정답 확정을 시도해볼 만하다. 매력적인 오답도 1개(13%) 있다. <보기>와의 연관성이 상대적으로 떨어지고, 작품을 통해 확인되지 않는 듯한 느낌이 들었기 때문이다.

☞ **문제 해결 과정**: 어떤 교재는 이 문제를 '1대1 대응'으로 풀라고 한다. <보기>와 답지를 1대1로 대응시키라는 것이다. 실소를 금하기 어렵다. 그렇다면 <보기>와 답지를 비교하지 않고 이 문제를 풀 수 있는 방법이 달리 또 있다는 말인가? 달리 방법이 있기는 있는데 그건 하지 말고 1대1 대응이라는 자신이 발명한 '기술'이나 '스킬'로만 이 문제를 풀어야 한다는 것인가?

다시 한 번 이야기하고 싶다. 누구도 그렇게 하라고 하지 않았지만, 이미 모두가 그렇게 해왔고 지금도 하고 있고 앞으로도 할 것인 자연스러운 문제 풀이 과정에 왜 굳이 이상한 이름을 붙여서, 반드시 그렇게 해야만 한다고 주장하는지 도대체 이유를 알 수가 없다. 그게 말 그대로 뭔가 대단한 것이라면 이해라도 하겠다. 이미 자전거를 잘 타고 있는 사람에게 왜 탑승자의 동작을 새삼스럽게 가르치려 드나? 결국 그 동작이라는 것도 지금 무의식적으로 자전거 타는 동작과 똑같거나 오히려 그보다 못한 것인데도 말이다. 솔직히 말하면 '이름 붙이기'에 무슨 강박증이라도 있는 건지 의심이 들 정도다.

어쨌든 시키는 대로 '1대1 대응'을 한번 해 보자. <보기>의 '우물은 자신의 모습을 투영해 볼 수 있는 사물'은 1번 답지의 '우물은 화자의 모습을 투영해 볼 수 있는 내밀한 공간'과 대응한다. <보기>의 '하늘을 향해 있는 동굴'은 2번 답지 '자연은 하늘을 향해 있는 우물'과 대응한다. <보기>의 '자신의 존재에 대한 화자의 인식과 태도'는 3번 답지의 '화자는 자신을 성찰하는 자세', 그리고 5번 답지의 '자신을 바라보려는 화자의 태도'와 대응한다. 여기서 '기술류' 교재는 4번 답지의 경우, "'존재 탐구를 끝냈음'은 작품에 근거했을 때도 생뚱맞고 <보기>에 근거해도 생뚱맞기 때문에 적절하지 않다"고 말한다.

'생뚱맞다'는 말의 사전적 의미는 "말이나 행동이 앞뒤가 맞지 않고 엉뚱하다"이다. 사실 여기서 가장 생뚱맞은 건 "생뚱맞기 때문에 4번이 정답"이라는 교재의 설명이다. 도대체 뭐가 생뚱맞다는 것인가? <보기>와 1대1로 대응을 하지 않아서 생뚱맞다는 것인가? 아니면 말 그대로 '존재 탐구를 끝냈음'이라는 말 자체가 생뚱맞다는 것인가?

<보기>와 답지를 1대1로 대응시키는 '기술'이나 '스킬'을 소개하는 예제인 걸 감안하면, "<보기>와 1대1 대응이 안 돼서 적절하지 않다"고 말해야 할 것 같은데, 이상하게 "생뚱맞아서 적절하지 않다"고 말하고 있으니, 지금 필자가 생뚱맞다는 지적을 하고 있는 것이다. "작품에

근거했을 때도"라는 문맥으로 보면 아마 여기서 생뚱맞다는 말은, <보기>와 대응을 하지 않아서라기보다는 말 그대로 '엉뚱한 소리'라는 의미 같다. 자, 그렇다면 왜 이 문제를 1대1 대응의 예제로 소개했을까? 1대1 대응이고 뭐고 다 필요 없고, 그냥 생뚱맞은 답지를 적절하지 않은 것으로 고르라고 하면 끝나는 일 아닌가?

그리고 솔직히 말하면 이 답지를 생뚱맞다고 판단할 수 있는 근본적 이유는, 결국 수험생의 보편적 언어 체험 때문 아닌가? 모국어 화자가 갖는 보편적인 스키마가 없다면 도대체 '존재 탐구를 끝냈음'이라는 표현이 생뚱맞을 이유가 어디에 있나?

'생뚱맞다'는 말의 정확한 의미는, 모국어 화자가 갖는 스키마에 비춰볼 때 뭔지 모르게 그 표현이나 내용이 거슬린다는 것이기 때문이다. 그렇다면 결국 '감'으로 문제를 풀라는 말인가? 이게 그동안 그렇게도 논리적이고 분석적인 것처럼 온갖 폼을 다 잡던 바로 그 '기술'이고 '스킬'인가?

스키마에 비춰볼 때 거슬리는, 그러니까 생뚱맞은 답지를 고르면 된다고 하면 간단하게 끝날 일을, 왜 이다지도 번거롭게 만드는지 도무지 이해할 수가 없다. 좋다. 그렇다면 이 문제를 맞힌 75%의 학생들은 1대1 대응이 안 돼서 4번을 답으로 골랐을까? 아니면 답지 자체가 생뚱맞아서 답으로 골랐을까? 혹시 1대1 대응도 안 되고, 내용도 생뚱맞아서 답으로 골랐을까?

자, 이제부터는 전혀 다른 이야기를 하고자 한다. 중요하다. 물론 4번 답지의 '존재 탐구를 끝냈음'이라는 표현의 '뜬금없음'을 다시 한 번 느낄 필요는 있다. 상식적으로 자신의 존재에 대한 탐구가 끝나는 시점은 그 사람이 죽었을 때가 아닐까? 만약 영혼이 살아남는다면, 그 영혼은 또 자신의 존재를 탐구하고 성찰하려고 들지도 모른다. 사실 이 문제는 이걸로 사고 과정이 끝나야 한다. 더 이상의 사고는 불필요하다. 더 이상 이 문항에 머물러 있는 것조차 시간 낭비라는 말이다. 하지만 적지 않은 학생들은 그렇게 하지 않았다. 하지만 괜히 뭉그적거리는 바로 그 과정에서 불행히도 13% 학생들이 2번 답지를 선택했다.

이유는 이렇다. 먼저 4번 답지 내용의 '황당함'을 황당함으로 인식하지 않고, 어쨌든 <보기>를 참고했다고 판단했기 때문이다. 이건 교재의 저자와 필자가 생각을 달리하는 부분이다. 무슨 말이냐면 '존재탐구를 끝냈음'에서 '끝냈음'에 주목하면 생뚱맞다는 느낌이 강하지만, '존재 탐구'에 주목하면 상황이 180도 달라진다는 말이다. 쉽게 말하면 "탐구가 끝났든 끝나지 않았든 어쨌든 '존재 탐구'에 대해서 말하고 있는 건 맞지 않느냐"는 사고의 억지가 작동할 수도 있었다는 것이다. '존재 탐구를 끝냈음'에서 '끝냈음'은 빼고 '존재 탐구'만 <보기>와 대응시킨 사람은 그렇다면 죽을 죄를 지은 것인가? 아니다.

그렇다면 2번 답지를 선택한 13%의 수험생은 1대1 대응을 시키지 못해서 결국 이 문제를 틀렸을까? 당연히 아니다. 그럴 리가 없다.

한번 자세히 보자. 이 문항의 답지는 '추론의 근거'와 '추론의 내용'이라는 형식으로 이뤄져 있다. 시(문학)뿐만 아니라 비문학에서도 자주 나오는 답지 형식 중 하나다. 보통 수능에 자주 등장하는 답지 형식은 두 가지인데, 첫째는 '~(표현법, 설명 방법)를 통해서(사용하여) ~(표현 효과, 설명 효과)하고 있다'는 형태다. "현재 시제를 사용하여 현장감을 드러내고 있다" 같은 답지다. 둘째는 '~(추론의 단서)로 보아(것은) ~(추론의 내용)겠군'의 형태다. 이 문제의 답지는 두 번째 형태다. 차례로 살펴보자.

① 제1연에서 '외딴', '홀로', '가만히', '들여다봅니다' 등으로 보아

(추론의 단서), '우물'은 화자의 모습을 투영해 볼 수 있는 내밀한 공간이겠군(추론의 내용).

② 제2연에서 '우물 속'에 들어 있는 자연은(추론의 단서) 하늘을 향해 있는 우물 속의 그림이므로, 화자가 지향해 온 바를 담고 있겠군(추론의 내용).

③ 제3~5연에서 '한 사나이'에 대한 화자의 반응들로 보아(추론의 단서), 화자는 자신을 성찰하는 자세를 지니고 있겠군(추론의 내용).

④ 제6연에서 자연과 '사나이'가 함께 나타나는 것은(추론의 단서), 우물 속의 자상화를 들여다보는 화자가 존재 탐구를 끝냈음을 의미하겠군(추론의 내용).

⑤ 제6연에서 '추억처럼'에는(추론의 단서) 고향과 같은 모태적 공간을 통해서 자신을 바라보려는 화자의 태도가 내포되어 있겠군(추론의 내용).

각 답지에서 추론의 '단서'로 제시된 것은 제시문에 명시적으로 나와 있는 정보('외딴', '홀로', '가만히', '우물 속', '한 사나이에 대한 화자의 반응', '자연과 사나이가 함께 나타나는 것', '추억처럼')다. 그리고 추론의 '근거'는 <보기>를 통해서 제시돼 있다. 조금 어려운가? 한숨 돌리기 바란다.

다시 보자. 답지의 추론 '내용'은 제시문에 나타난 추론의 '단서'를 <보기>의 추론의 '근거'에 비춰, 판단(추론)한 부분이다. 여기서 사실 추론의 단서는 제시문에 명시적으로 나오는 것들이므로 특별히 문제가 되지 않는다. 물론 제시문에 없는 내용을 답지에서 추론의 단서로 제시할 수도 있지만, 그렇게 하면 정답이 너무 빤해진다. 그렇다면 <보기>와 대응을 시켜야 할 부분은 '추론의 내용' 부분이다. <보기>에 제시된 추론의 근거를 참고해서 제대로 추론했느냐를 보겠다는 것이다. 자, 조금 더 가보자. 2번 답지의 추론 부분은 "하늘을 향해 있는 우물 속의 그림이므로 화자가 지향해온 바를 담고 있겠군"이다. 4번 답지의 추론 부분은 "우물 속의 자상화를 들여다보는 화자가 존재 탐구를 끝냈음을 의미하겠군"이다.

자, 이제 왜 13%에 달하는 수험생들이 2번을 선택했는지 그 '비밀'을 밝혀보자. 이들은 답지의 '하늘을 향해 있는 우물 속'을 <보기>의 '하늘을 향해 있는 동굴'과 대응시키지 못해서 2번 답지를 적절하지 않다고 선택한 것이 결코 아니다. 당연하다. 이 문제를 한 번이라도 읽었다면 <보기>의 '하늘을 향해 있는 동굴'과 2번 답지의 '하늘을 향해 있는 우물'을 대응시키지 못할 수험생은 단 한 명도 없다. 13% 수험생들이 2번 답지를 고른 이유는 전혀 다른 데 있다.

이 부분이 대응된다는 것을 확인했음에도 불구하고 그 뒤의 문장, 그러니까 '화자가 지향해온 바'가 <보기>와 1대1로 대응하지 않는다고 판단했기 때문이다. 그 상황에서 4번 답지의 '우물 속의 자상화를 들여다보는 화자가 존재 탐구'까지를 <보기>의 '우물 속의 자상화는 자신의 존재에 대한 화자의 인식과 태도'와 대응시킨 후 '끝냈음'이라는 표현을 어떻게 처리할 것인지 또 고민했다. 그렇다면 결국 남는 문제는 하나다. '끝냈음'도 <보기>를 참고하지 않은 것이고 '화자가 지향해 온 바'도 <보기>를 참고하지 않은 것인데, 그렇다면 뭐가 더 <보기>를 참고하지 않은 것이냐는 판단만 남는다.

결국 13%의 수험생은 '화자가 지향해온 바'가 작품의 전체적인 분위기와의 연관성이 더 높고 상식적으로도 무난하지만, <보기>를 '덜' 참고한 것이라는 결론에 도달했을 가능성이 높다. 거기에다 "'하늘'이 꼭 '화자가 지향해온 바'를 의미해야 하느냐"는 필연성에 대해서까지

의문을 제기했다면, 그 순간 운명의 여신은 그 수험생에게서 완전히 등을 돌렸다고 볼 수 있다. 여기에 "탐구가 끝났든 끝나지 않았든 '존재 탐구'에 대해서 말하고 있는 건 맞지 않느냐"는 사고의 억지가 '대미'를 장식했을 것이다.

누가 감히 이 친구에게 1대1 대응을 하지 않아서 문제를 틀렸다고 돌을 던질 수 있나? 오히려 더 정밀하게 대응을 시키려 애쓴 친구들은 바로 이 친구들이다. 그리고 그 짧은 시간동안 진행시킨 고민의 내용도 정말 만만한 것이 아니어서, 솔직히 말하면 칭찬을 받아 마땅한 사람은 바로 오답지를 고른 이 친구들이다.

필자는 '1대1 대응'이라는 '해괴망측한' 용어를 문제 삼고 싶지는 않다. 실제 시험 상황에서 부딪히는 고민스러운 상황이 어떻게 이런 저급한 수준의 기술이나 스킬로 해결될 수 있느냐는 지적을 하고 싶을 뿐이다. 더구나 교재는 그나마 기술이나 스킬로 이 문제를 풀지도 않는다. 결국은 답지 자체가 생뚱맞아서 적절하지 않다고 말하고 있지 않은가? 정작 그 기술이나 스킬을 '전수'받은 수험생들은 그토록 엄격하게 '1대1 대응'을 하려 했고, 오히려 그러다가 처음에는 상상도 못했던 어려움을 겪었는데, 그 기술과 스킬을 전수한 사람은 "그냥 생뚱맞아서 답"이라고 말하는 상황, 정말 생뚱맞은 건 바로 이런 상황이 아닌가?

사실 모국어 화자의 스키마는 수험생들에게 2번보다 4번을 선택하라고 속삭였다. 그건 답지를 훑어보자마자 들리는 속삭임이었을 것이다. 정답을 고르지 못한 수험생들, 특히 감각형−심사숙고형−좌뇌형 수험생들은 그 속삭임에 귀를 막았을 뿐이다. 이 문제를 해결하는 데 어떤 기술이나 스킬, 원리, 그리고 감상법이 사용될 수 있을지 독자들은 스스로 판단해 보기 바란다. 다 필요 없다. 그저 '뜬끔 없고 이상한' 한 답지를 '적절하지 않은 것'으로 고르면 그만이다. 화자의 상황이나 정서를 꼼꼼히 체크하고, <보기>와 답지를 정밀하게 1대1로 대응시키면 상황은 더 악화될 뿐이다. 바로 이것이 국어 시험의 '맨살'이다. 그리고 이렇게 해결되는 문제가, 독자들의 생각과 달리 국어 시험에는 엄청나게 많다. 시험이 끝난 후, 정답을 이미 본 사람들이 짐짓 폼을 잡으며 하는 그럴 듯하고 현란한 이야기에 현혹되지 말기를 바랄 뿐이다. "다음번 시험 치를 때는 그런 조언대로 해야지"라고 혹시라도 마음먹는다면, 위험하기까지 하다.

이 문제와 성격이 똑같은 문제가 16번이다. 16번 문제 먼저 보고 15번 문제를 이어서 보자.

16. ㉠~㉤에 대한 설명으로 적절하지 <u>않은</u> 것은?

① ㉠: '군산 묵은장'과 '선제리' 사이의 거리로, '한밤중', '십릿길'과 더불어 '아낙네들'이 처한 상황을 구체적으로 나타낸다.

② ㉡: '끼리끼리'와 상관되는 것으로, 공동체적 삶에 공감하는 화자의 태도가 내포되어 있다.

③ ㉢: '늦된 나무'가 피워 낼 '꽃'을 성스러운 불에 비유한 것으로, '늦된 나무'에 대한 화자의 기대가 내포되어 있다.

④ ㉣: '벚꽃'이 흐드러지게 피어있는 '봄길'로, 일탈적 삶에 대한 화자의 갈망이 간절한 것이었음을 나타낸다.

⑤ ㉤: 가을의 나뭇잎을 '깨달음'과 관련하여 표현한 것으로, '불타는 소신공양'과 대비되어 화자의 겸손한 태도를 드러낸다.

☞ **발문**: 특별한 조건이 제시되어 있지 않은 발문이다. 이 발문에서 특별한 단서를 찾으려고 시도하는 것 자체가 매우 비상식적이다.

부정 발문이라는 것만 챙기면 그만이다.

☞ **정답의 표지성**: 제시문과 답지를 왔다 갔다 하지 않고, 답지를 훑어보는 도중에 정답의 표지성이 발견된다. 14번처럼 작품 내용을 떠나 엉뚱하고 황당한 표현이라는 느낌을 강하게 주기 때문이다. 14번과 마찬가지로 정답 확정을 시도해 보라. 아마 맞을 것이다. 국어 영역에는 이런 식으로 정답이 자기가 정답이라고 '깃발'을 흔드는 경우가 생각보다 정말 많다. 매력적인 오답도 1개(17%) 있다. "확실히 적절하지 않다"의 느낌이 아니라, "답지가 무슨 말인지 잘 모르겠다" 혹은 "납득할 수 있을 만큼 제시문과 연결이 잘 안 된다" 정도의 느낌이다.

☞ **문제 해결 과정**: 자, 몇 번이 정답인가? 4번인가? 아니면 5번인가? 5번을 고른 사람은 아직도 정신을 못 차린 사람이다. 그건 실력의 문제가 아니다. 성격의 문제, 태도의 문제다. '일탈적(사회적 규범으로부터 벗어나는) 삶에 대한 화자의 갈망'이라는 표현의 '생뚱맞음'을 다시 한 번 느껴 봐라. 문제 해결을 위한 사고는 여기서 끝나야 한다. 그대로 확정해도 아무 문제가 없다. 도대체 이 답지를 놔두고 다른 어떤 답지를 틀린 것으로 고를 수 있는지, 생각하면 생각할수록 '불가사의'하다. 만약 다른 답지를 적절하지 않은 것으로 본다 해도, 그렇다면 이 답지는 어떻게 적절한 것으로 만들 것인지를 생각하면 끔찍하기까지 하다. 그건 여자를 남자로 바꾸는 것보다 더 힘든 일일 것이기 때문이다.

하지만 필자는 수험생들이 왜 그랬는지 잘 안다. 적지 않은 수험생들이 교재나 강의의 조언대로 감상과 해석을 더 많이, 그리고 깊게 했기 때문이다. "화자의 정서와 상황을 떠올리고, 표현법을 체크하고 시어의 함축적 의미를 찾아내라"는 그 지긋지긋한 조언들. 좋다. 그 조언대로 하면 정말 상황이 나아질까? 아니, 정말 그 조언대로 할 수 있기는 있는 걸까?

"㉤(가난한 소지) : 가을의 나뭇잎을 깨달음과 관련하여 표현한 것으로, 불타는 소신공양과 대비되어 화자의 겸손한 태도를 드러낸다"라는 5번 답지를 보자. 화자의 상황이 파악되나? 이건 시적 대상인 벚꽃에 관한 이야기 아닌가? 그렇다면 감정이입인가? 그게 아니라면 벚꽃을 바라보는 화자의 시선이 어떤 정서나 상황에서 비롯됐는지 세밀하게 확인해야 하나? 쉽게 확인이 되나? 깨달음의 내용은 또 무엇이며, 그건 왜 가을의 나뭇잎으로 표현되나? 그렇다고 시어의 함축적 의미는 시원하게 파악되나? 미안하지만, 함축적 의미는 파악이 잘 안 되기 때문에 '함축적'이라는 이름이 붙은 것이다. 자, 이쯤 되면 오히려 점점 더 헷갈릴 가능성만 높아질 뿐이다.

아니, '일탈적 삶에 대한 화자의 갈망'이라는 너무나도 빤한 답지를 놔두고 도대체 왜 우리가 이토록 번거로운 짓을 언제까지 계속해야 하는가? 완벽을 기하기 위해서? 오답을 분명하게 제거하기 위해서? 아니면 문제를 편하게 푸는 것은 내 자존심이 절대 허락하지 않아서? 교재나 강의에서 그렇게 대충 풀면 망한다고 협박해서?

아마 이 문제는 발견된 정답의 표지성을 따라 편하게 풀었다면, 정답률이 거의 100%에 육박했을 문제였다. 도대체 무슨 일이 있었기에 100%에서 28%가 '쑥' 빠져나갔는지 독자들 스스로 잘 생각해 보기를 바란다.

자, 한번 보자. 5번 답지는 온 세상이 단풍이 들 때, 이 작은 벚나무도 보이지 않는 곳에서나마 자기 잎새를 부끄럽게 물들인다는 뜻이다.

귀엽다! 그리고 애틋하다! 소지(종이를 태우는 것)를 단풍(보통 붉게 타오르는 단풍이라고 하지 않나)과 연결시키지 못해도 괜찮다. 겸손까지는 모르겠지만, 작고 초라한 것에도 의미를 부여하는 화자의 태도 정도만 감지하면 된다. 물론 이런 정도의 사고 과정도 실제 시험 현장에서는 하기 어려울 수 있다. 더구나 이런 감상을 즉각적으로 하는 건 더 힘들다. 당연히 그렇다. 누구도 수험생들에게 이런 감상을 당연한 것처럼 그리고 누구나 다 하는 것처럼 요구할 수는 없다. 혹시 누군가가 "나는 짧은 시간에 그렇게 할 수 있다"고 말한다면, 그건 거짓말이다. 이런 감상은 사후적으로 몇 십 분 동안 이리 보고 저리 보고 했을 때만, 거기에 해설서까지 참고했을 때만 가능한 일이다. 자기도 못하는 것을 수험생에게 강요하고, 또 왜 그렇게 하지 못했냐고 비난하는 것은 비겁하다. 그나마 그런 비겁한 행동이라도 할 수 있는 이유는, 그들이 수험생과 달리 정답을 미리 봤기 때문이다.

이렇게까지 말했는데도 문학 감상법이 요구하는 그토록 번거로운 과정을 거쳐야만 정답을 선택할 수 있다면, 그리고 꼭 그래야 직성이 풀린다면, 그렇게 하라. 누가 말리겠는가? 다만 필자가 하고 싶은 말은, 4번 답지가 가진 표지성이 매우 강하게 감지되고, 그것으로 정답을 확정해도 아무런 문제가 없다는 것이다. 믿든 안 믿든 수능 국어 영역에 등장하는 많은 문제가 이런 식이다.

15. [A]와 [B]를 비교한 내용으로 가장 적절한 것은?

① [A]는 [B]와 달리 대조를 통해 주제 의식을 강조한다.

② [A]는 [B]와 달리 유사한 구절을 병치하여 운율감을 조성한다.

③ [B]는 [A]와 달리 공감각적 심상을 통해 입체감을 부여한다.

④ [B]는 [A]와 달리 현재 시제를 사용하여 현장감을 부각한다.

⑤ [B]는 [A]와 달리 의성어를 통해 구체적인 생동감을 부여한다.

☞ **발문**: 특별히 챙겨야 할 조건이 없는 발문이다.

☞ **정답의 표지성**: 표시된 부분을 고려하면서 답지를 전체적으로 훑어보면 정답의 표지성(86%)이 발견된다. 그대로 확정해도 좋고, 도저히 확인 욕구를 잠재울 수 없다면 해당 답지만 제시문에서 확인하면 된다. 다른 답지는 꼼꼼하게 확인할 필요가 없다. 그 과정에서 자칫 선택이 번복될 수도 있기 때문이다.

☞ **문제 해결 과정**: 정답은 2번이고, 정답률은 86%이다. 앞에서도 말했듯이, 문학 문제의 답지에 등장하는 어휘(문학 개념어)를 알아두는 것은 나쁘지 않다. 하지만 그런 개념어를 안다고 해서 특별히 문제가 잘 풀린다거나 하지는 않는다. 학습할 때는 심리적인 안정감을 줄 수 있지만, 실제로 문제를 푸는 데에는 별다른 도움을 주는 요소가 아니라는 말이다. 문학 개념어도 그 개념어가 사용된 답지나 <보기>의 문맥 안에서 의미를 추론하는 것이 훨씬 좋다. 교재에 실려 있는 개념어에 대한 설명을 절대적인 것으로 여기고, 그걸 '달달' 암기하는 방식은 오히려 위험하다. 자, 어쨌든 이 문항의 답지에 사용된 개념어를 한번 챙겨보자.

1번 대조를 통해 주제 의식 강조

2번 유사한 구절을 병치하여 운율감 조성

3번 공감각적 심상을 통해 입체감 부여

4번 현재 시제를 사용하여 현장감 부각

5번 의성어를 통해 생동감 부여

보통 ' ~하여(을 통해) ~하고 있다'는 형식의 답지는 두 가지를 체크한다고 한다. 여기서 앞부분은 표현 방법, 뒷부분은 표현 효과를 의미한다. 가장 먼저 표현 방법과 표현 효과 사이의 '인과관계'를 점검한다. '대조를 통하면 주제 의식이 강조되는지', '유사한 구절을 병치하면 운율감이 조성되는지', '공감각적 심상을 통하면 입체감이 부여되는지', '현재 시제를 사용하면 현장감이 부각되는지', '의성어를 통하면 생동감이 부여되는지', 표현법과 표현 효과 사이의 인과관계를 점검해야 한다는 말이다. 둘 사이의 인과관계에 별 문제가 없다면, 그다음으로 앞부분의 표현법이 실제 작품에 사용됐는지 확인하면 된다.

'대조를 통해 주제 의식을 강조한다(1번 답지)'부터 보자. 먼저 '대조'의 의미를 모르는 사람은 없을 것이다. 그리고 '대조'와 '주제 의식 강조' 사이의 인과관계에도 아무런 문제가 없다. '대조' 자리에 '비유'나 '상징', '수미상관', '시선의 이동', '시간의 흐름', '독백', '대화', '겉으로 드러난 화자' 등등 이 세상에 존재하는 그 어떤 표현법이 들어가도 둘 사이의 인과관계에는 아무런 문제가 없다. 이유는 간단하다. 어떤 표현법을 사용하든, 시에서 그 표현법이 사용된 이유는 결국 '주제 의식을 강조'하기 위한 것이기 때문이다. "주제 의식을 약화시키기 위해 어떤 표현법을 사용한다"는 것이 얼마나 이상한 말인지 한번 생각해 보길 바란다. "화자의 정서를 드러낸다"든지, "시인의 내면을 보여준다" 같은 말도 "주제 의식을 강조한다"는 말처럼 정보성이 제로(0)인 것들이다. 너무도 당연한 말이기 때문에, 정말 그럴까하고 생각하는 것조차 불필요한 일이다.

2번 답지, '유사한 구절을 병치하여 운율감을 조성한다'를 보자. 먼저 병치는 '두 가지 이상의 것을 한곳에 나란히 두거나 설치한다'는 의미인데, 영어로 적으면 'put side by side (with)' 정도다. 사실 그 당시 '병치'의 의미를 모른 채 이 문제를 푼 수험생들이, 그렇지 않은 수험생들보다 더 많았다. 하지만 그 친구들도 '유사한 구절'과 '운율감 조성' 사이의 연관성에 주목해서 이 답지를 대부분 문제 삼지 않았다. '병치'를 '나열'로 본 친구들도 있었고 '반복'으로 본 친구들도 있었지만, 문제를 푸는 데는 아무런 어려움도 없었다.

'유사한 구절의 병치'와 '운율감 조성' 사이의 인과관계도 대다수 수험생의 스키마에 비춰볼 때 충분히 판단이 되는 부분이었다. 이 답지를 정답으로 선택한 86%의 수험생들은 단지 [A]에 유사한 구절('짖어댄다', '소리하고 남이 아니다')이 반복적으로 더 많이 나온다는 판단으로 그렇게 한 것뿐이다. 그런 반복을 '병치'로 볼 것인지, 또 그래서 '운율감이 조성'되는 효과가 있는지에 대한 판단은, 이 답지를 선택하는 데 그다지 중요한 요소가 아니었다.

3번 답지, '공감각적 심상을 통해 입체감을 부여한다'를 보자. 이건 인과관계가 파악이 안 된다. 우선 '입체감'이라는 개념어의 의미가 애매하기 때문이다. '입체감'이란 '평면적이고 단조로운 구성법을 벗어나 변화를 주는 구성 체계를 통해 얻을 수 있는 미감'인데, 사실 이 문항에 등장한 개념어 가운데 가장 까다로운 개념어다.

보통 소설에서 '액자식 구성', 그러니까 현재에서 과거로 갔다가 다시 현재로 빠져 나오는 구성 방식을 사용하면 입체감이 있다고 하는데, 그건 어디까지나 소설에서 그렇다는 말이다. '공감각적 심상을 사용하면 입체감이 부여된다'는 답지는 수능 최초로 등장한 답지였고, 시 장르에서 '입체감'이라는 개념어가 사용된 것도 마찬가지로 수능 최초의 '사건'이었다.

물론 일부 교재에는 '입체감'을 소설에서 사용하는 액자식 구성의 효과로 설명하는 대목이 나온다. 물론 이런 설명이 교재에 등장하기 시작한 것도, 과거 수능 소설 문제에서 "액자식 구성을 통해 입체감을 부여하고 있다"는 답지가 한 번 나왔기 때문에 그나마 가능했던 것이다. '입체감'이라는 개념어가 수능에 나오기 전에는 교재나 강사, 학교 선생님들 중 어느 누구도 액자식 구성의 효과로 입체감을 설명한 사람은 없었다. 수능에 한번 나와야 그나마 '뒷북'이라도 칠 수 있는 것이 문학 개념어이기 때문이다.

수험생은 많아야 백 개 남짓한 개념어를 공부하고(물론 이것도 절대 쉬운 일이 아니다) "공부 끝" 하지만, 사실 문학 개념어를 제대로 공부하려면 몇 천, 몇 만 개의 개념어를 알아야 한다. 서점에 가서 제대로 된 '문학 개념어 사전'을 한번 찾아보기를 바란다. 보통 한 권이 천 페이지가 훌쩍 넘어가는데, 보통은 두세 권이 한 세트로 돼 있다. 내용을 들춰보기도 전에 그 어마어마한 분량에 미리 압도당할 가능성이 높다.

어쨌든 2011학년도 수능에 '입체감'이 또다시 등장했는데, 이번에는 '액자식 구성의 효과'가 아니라 '공감각적 심상의 효과'로 제시된 것이다. 아마 수능 전에 문학 개념어를 따로 공부한 수험생들은 액자식 구성을 입체감이라는 개념어와 연관시킬 수는 있었어도, 공감각적 심상을 입체감과 연결시킬 수는 없었을 것이다. '입체감'을 미리 학습했다 해도 용례가 전혀 틀리기 때문에, 오히려 더 헷갈릴 수도 있었다는 말이다.

만약 입체감을 소설에서 액자식 구성이 등장할 때만 나타나는 효과로 암기 학습한 친구들은 도리어 어려움을 겪었을지도 모른다. 물론 이 문제에서는 입체감이라는 개념을 절대적인 것으로 보고, 미리 암기한 것이 결과적으로는 도움이 됐을 수 있다. 무슨 말이냐면 "입체감은 소설의 액자식 구성의 효과인데 뜬금없이 시에 나왔네. 그렇다면 적절하지 않은 것이지" 하면서 이 답지를 오답으로 배제한 친구들도 있었을 것이라는 말이다. 하지만 이런 우연의 일치는, '행운'을 가져다주는 만큼 '불행'을 가져다줄 가능성도 높다. 다른 문제에서는 거꾸로 그래서 틀릴 수도 있기 때문이다.

3번 답지는 소설에 등장하는 개념어인 입체감이 뜬금없이 시에 나왔기 때문에, 또는 공감각적 심상과 입체감 사이의 인과관계가 잘못됐기 때문에 오답이 된 것이 아니다. 그냥 공감각적 심상이 [B] 작품에 사용되지 않았기 때문에 오답이 된 경우다. 만약 작품에 공감각적 심상이 사용됐다면 이 답지는 적절한 것이 된다. 그럴 경우, 입체감을 액자식 구성의 효과로만 암기 학습했던 수험생들은 공감각적 심상이 사용된 것이 확인됨에도 불구하고, 이 답지를 적절하지 않은 것으로 판단할 수밖에 없다. 그런 방식은 당연히 이 문제를 틀리게 만들거나 엄청나게 헷갈리게 만든다.

이번에는 '현재 시제를 사용하여 현장감을 부각한다'는 4번 답지를 보자. '현재 시제'와 '현장감'이 무슨 말인지 모르는 수험생은 없었다. '현재 시제'와 '현장감'이라는 개념어에 대한 스키마를 대부분의 수험생이 가지고 있었고, 그 스키마는 원래의 의미에 거의 근접하는 것이었다. 현재 시제와 현장감이라는 개념어를 전혀 몰라서 이 답지가 맞는지 틀리는지 판단하지 못했던 수험생은 극소수였다고 보는 것이 맞다. 또 현재 시제가 사용되면 현장감이 부각된다는 인과관계에 대해 특별히 잘못됐다거나 이상하다고 생각한 수험생도 없었다. 수험생들은 다만 [B] 작품에 현재 시제가 안 나왔기 때문에 이 답지를 적절하지 않은 것으로 판단했을 뿐이다.

'의성어를 통해 구체적인 생동감을 부여한다'는 5번 답지도 마찬가지다. 의성어와 생동감이라는 개념어를 학습했든 하지 않았든, 이들 어휘를 접했을 때 받게 되는 느낌은 거의 모든 수험생이 비슷하다. 둘 사이의 인과관계도 무난하다는 느낌을 받게 된다. 결국 이 답지도 의성어나 생동감이라는 개념어의 의미를 몰라서 어려움을 겪을 가능성은 없었다. 둘 사이의 인과관계를 잘못 판단할 가능성도 낮았다. 단지 [B] 작품에 의성어가 사용되지 않았기 때문에 오답으로 제거된 것뿐이다.

　과거 수능에는 '현재 시제를 사용하여 현장감을 떨어트리고 있다'는 식으로 표현 방법과 표현 효과간의 인과관계가 잘못된 답지가 간혹 있었는데, 최근 수능에는 한 번도 등장한 적이 없다. 인과관계의 오류는 부정 발문에서 매우 강력한 정답의 표지성이었는데, 최근에는 사라진 표지성으로 보인다. 문학 파트 답지의 경우 '인과관계의 오류'로 적절하지 않은 답지를 만드는 방식이 사라졌다면, 인과관계는 다 맞는다고 생각하고 문제를 푸는 것이 현명하다. 쉽게 말해서, 뒷부분(표현 효과)은 당연하다고 생각하고 앞부분(표현법)이 실제로 작품에 사용됐는지 아닌지만 판단하면 된다는 말이다. 물론 단정적으로 말할 수는 없다. 인과관계가 잘못된 답지가 만들어질 가능성은 매우 적기는 하지만, 전혀 없지는 않기 때문이다.

　어쨌든 그렇다면 이 답지에서 문제가 되는 것은 '대조', '유사한 구절의 병치', '공감각적 심상', '현재 시제', '의성어'이다. 뒷부분(주제 의식의 강조, 운율감 조성, 입체감 부여, 현장감 부각, 생동감 부여)은 모두 맞는다고 생각하는 것이 좋다.

　자, 이제부터 정말 중요한 이야기를 하고자 한다. 첫째, 이 문제의 정답률이 86%에 달했다는 것은 '병치'나 '입체감' 같은 다소 생소한 개념어가 문제 해결에 미치는 영향이 매우 미미했다는 분명한 반증이다. 개념어는 공부할 때는 뭔가를 배우고 있다는 느낌을 강하게 주지만, 실제 문제 해결 과정에서의 역할은 수험생들이 생각하는 것보다 매우 미미하다. 수험생들은 답지 안의 맥락을 통해 낯선 개념어의 의미를 추론할 수 있으며, 그렇게 추론한 개념어의 의미는 문제 해결 과정에서서 아무런 문제도 발생시키지 않는다. 대부분의 수험생들은 문맥을 통해 원래 의미에 거의 근접하는 의미를 추론해 내기 때문이다.

둘째, 그나마 선택률이 가장 높았던 오답(5%)이 가장 무난한 개념어(대조)가 등장한 1번 답지였다는 사실이다. 오히려 '공감각적 심상', '입체감', '현재 시제', '현장감', '의성어', '생동감' 같은 개념어가 사용된 3, 4, 5번 답지에 대한 선택률은 2~3%로 낮았다. 필자가 무슨 말을 하려고 하는지 언뜻 이해가 안 갈지도 모르겠다. 쉽게 말해서 문학에서 정답을 쉽게 고르지 못하는 것은 결코 어려운 개념어 때문이 아니라는 것이다. 오히려 익숙한 어휘가 판단을 애매하게 만드는 경우가 훨씬 더 많다.

이 문제를 풀면서 '대조'라는 말의 의미를 몰랐던 수험생은 아마 단 한 명도 없을 것이다. 하지만 5%의 수험생이 1번 답지를 선택했다는 것은 '대조'가 없는 [A]를 '대조'가 사용됐다고 판단했기 때문이다. 이것이 어떻게 가능했을까?

사실 '대조'는 감각적인 이미지의 대조가 아니라면 그렇게 쉽게 확인되는 부분이 아니다. '밤과 낮', '빛과 어두움', '붉은색과 푸른색', '화음과 불협화음', '부드러움과 거침', '좋은 냄새와 악취', '달콤한 맛과 쓴 맛' 같은 감각적 이미지의 대조는 그나마 확인과 판단이 쉽다. 그 결과 이런 감각적 이미지의 대조는 빤한 답지를 만들고, 정답률을 '확' 끌어올린다. 하지만 답지에 사용된 '대조'의 의미가, 이런 감각적 이미지의 대조가 아니라, 일반적인 이미지의 대조, 함축적 의미의 대조로까지 확장되면, 작품에 실제로 '대조'가 사용됐는지 안 됐는지 판단하는 것은 수험생들이 생각하는 것처럼 만만한 일이 결코 아니다.

한번 보자. '개 짖는 소리'와 '아낙네들의 소리'는 어떤 경우에도 대조가 될 수 없는 것인가? '한밤중'이나 '추운 땅'과 '의좋은 소리'는 의미상 대조로 보는 것이 타당하지 않은가? 이 시가 고단한 생활을 비판하기보다는 그 속에서도 서로 의지하며 살아가는 우리 이웃의 삶을 그리고 있다면, '한밤중'이나 '추운 땅'은 고단한 생활, '의좋은 소리'는 서로 의지하고 위로하며 살아가는 이웃들의 삶으로 볼 수도 있는 것 아닌가? 이 둘은 어떤 의미로도 대조가 아니라고 강변하고 싶다면, 그 근거는 도대체 무엇인가? 여기서 어떤 친구들은 "좋다. 한밤중이나 추운 땅과 의좋은 소리가 감각의 대조는 아니라 해도 의미의 대조로 보는 것이 가능하다는 점을 인정한다. 하지만 그렇다면 [B]에는 대조가 없어야 한다는 것인데 대조가 있지 않느냐? 그러니까 '[A]는 [B]와 달리 대조를 통해 주제의식을 강조한다'는 1번 답지는 잘못된 것 아니냐?"는 문제 제기를 하기도 한다.

물론 [B]의 경우 "한 해의 꽃잎을 며칠 만에 활짝 피웠다 지운 벚꽃"과 "미처 제 꽃 한 송이도 펼쳐 들지 못하고 멈칫거리는 늦된 그 나무"가 감각적으로나 의미적으로 대조가 된다고 볼 수 있다. 하지만 이 부분도 사실 그다지 명시적인 것은 아니다. '제대로 꽃을 피운 벚꽃 나무'와 '제대로 꽃을 피우지 못한 늦된 벚꽃 나무' 간의 대조가 즉각적으로 확인되는 것은 아니라는 말이다. 그리고 솔직히 말하면 [A]와 [B]에 대조가 모두 등장하는데, 답지는 [A]에만 대조가 있다고 했기 때문에 잘못된 답지라고 판단한 수험생이 과연 몇 명이나 될까?

필자가 하고 싶은 이야기는 그런 것이 아니다. 많은 수험생들은 어려운 개념어를 몰라서라기보다는, 익숙한 개념어인데도 불구하고 '추상성'이 높을 때, 그러니까 그 어휘가 의미하는 범위가 넓을 때 그 문제를 틀리거나 헷갈린다는 것이다. 오히려 어려운 개념어의 경우, 문맥을 통해 그 의미만 추론하면, 그 적용 범위가 좁고 구체적이기 때문에 판단이 훨씬 쉽다.

무슨 말인지 분명하게 이해가 안 됐을 것 같다. 예를 하나 들어 보는 것이 좋을 것 같다. "대화를 통해 주제 의식을 강조한다"는 답지가 있다. '대화'라는 어휘의 의미를 모르는 사람은 아무도 없을 것이다. 하지만 실제로 작품에 대화가 사용됐는지 안 됐는지를 판단하는 것은 결코 쉬운 일이 아니다. 독자들 스스로 답해 보길 바란다. 도대체 무엇이 '대화'인가? 당연히 작품 안에 화자와 청자가 물리적으로 존재하는 상황에서, 서로 이야기를 주고받으면 대화가 맞다. 하지만 화자만 이야기를 하고 청자는 듣기만 할 때, 그건 대화인가 대화가 아닌가? 혹시 독백은 아닌가? 또 물리적으로는 존재하지 않는, 그러니까 가상의 청자를 설정해 놓고 그 청자에게 이야기를 하는 상황은 대화인가, 대화가 아닌가? 대화를 가장한 독백인가? 만약 화자가 거울 속의 '나'와 이야기를 나누면 그건 100% 독백인가? 이것은 어떤 경우에도 '대화'라는 말을 쓰면 절대 안 되는 상황인가? 어떤 영화를 보면 남자 주인공이 샤워를 하면서 비누와 이야기를 나누는데, 사물과 하는 대화는 무조건 100% 독백인가?

하나 더 보자. 소설의 경우 '간결한 문체를 사용하여'라는 답지가 자주 등장한다. 간결체는 만연체와 달리 문장의 길이가 짧고, 호흡이 짧은 문체를 말한다. 하지만 '얼마나 간결해야 간결체라고 하는가?'라고 누군가 정색하면서 묻는다면, 그 대답은 결코 쉬운 것이 아니다. 문장의 길이가 짧다는 것에 대한 절대적이 기준이 없기 때문에, 사람마다 다른 판단을 하는 것이 충분히 가능하기 때문이다. 또 "긴박한 상황이 드러난다"라는 답지도 가끔 등장하는데, 도대체 어디서부터를 긴박한 상황이라고 볼 수 있는 것인가? 전투 장면이 시작되거나 주인공이 도망치다가 거의 붙잡히려고 할 때부터 상황이 긴박해지는 것인가?

필자가 지금까지 말한 것들은 모두 쉽게 판단할 수 있는 것들이 아니다. 수험생들이 막연하게 생각하는 것과 달리, 실제 시험장에서 어려움을 겪는 가장 큰 지점은 바로 이런 것들인 경우가 대부분이다. 특히 문학 쪽에서 말이다. 일부 독자들은 '대조'나 '대화', '간결체'나 '긴박한 상황' 같은 일부 사례를 가지고 극단적인 이야기를 하고 있다고 여길지도 모르겠다. 하지만 수능 국어 영역, 특히 문학 문제에서 어려움을 만들어내는 지점은 의외로 이런 부분인 경우가 정말 많다. 가슴에 손을 얹고 가만히 기억을 떠올려 보기를 바란다. 실제로 시험을 치를 때 생소한 개념어 때문에 어려움을 겪는 경우가 많았는지, 익숙한 개념어인데 그것이 작품에 있는지 없는지 판단하기가 애매해서 어려움을 겪는 경우가 많았는지 말이다. 실제로 어려움을 겪는 이유는 후자 때문인 경우가 압도적으로 많은데, 이상하게 수험생들은 전자 때문에 어려웠다고 회상하는 경우가 많다. '선택적 기억'의 결과다.

여기서 독자들은 볼멘소리를 낼지도 모른다. "그렇다면 어쩌라는 말이냐, 판단이 안 되니까 그 문제를 틀리라는 말이냐" 이렇게 말이다. 아니다. 그래서 정답의 표지성이 중요하다는 것이다. 모든 답지가 이런 추상성 높은 어휘들로 이뤄져 있다면, 그건 수험생이 가진 능력의 한계를 벗어난 문제다. 필자가 하고 싶은 말은 이거다. 나머지 답지가 판단이 될 경우 이런 답지는 '그런가 보다' 하고 대충 넘어가는 '융통성'이 있어야 한다는 것이다. '모호함에 대한 관용성'을 적극적으로 발휘해야 한다는 말이다. 정색을 하고 대조인지 아닌지, 혹은 대화인지 아닌지를 끝까지 밝혀내겠다는 완고한 태도의 위험성을 경고하는 것이다.

예를 들어, 이런 추상성 높은 개념어가 담긴 답지가 다섯 개 답지 중 하나로 등장했다고 쳐보자. 그 경우 100%, 다른 답지 쪽에서 정답이든 오답이든 결정적인 표지성이 발견된다는 것이다. 그걸로 가면 그만이다. 이것은 문제를 대충 푸는 것도 무모한 것도 아니다. 오히려 그렇게 하지 않으면 생각지도 못했던 어려움을 자초하게 되는 경우가 압도적으로 많다.

사회

　거센 바람이 불고 화재가 잇따르자 정(鄭)나라의 재상 자산(子産)에게 측근 인사가 하늘에 제사를 지내라고 요청했지만, 자산은 "천도(天道)는 멀고, 인도(人道)는 가깝다"라며 거절했다. 그가 보기에 인간에게 일어나는 일은 더 이상 하늘의 뜻이 아니었고, 자연 변화 또한 인간의 ⊙화복(禍福)과는 거리가 멀었다. 인간이 자연 변화를 파악하면 얼마든지 재난을 대비할 수 있고, 인간사는 인간 스스로 해결할 문제라 생각한 것이다. 이러한 생각에 기초하여 그는 인간의 문제 해결 범위를 확대했고, 정나라의 현실 문제를 극복하고자 하였다.

　그가 살았던 정나라는 요충지에 위치한 작은 나라였기 때문에 춘추 초기부터 제후국의 쟁탈 대상이었고, 실제로 다른 나라의 침략을 받기도 하였다. 춘추 중기에는 귀족 간의 정치 투쟁이 벌어져 자산이 ⓒ집정(執政)하기 직전까지도 정변이 이어졌다. 따라서 귀족 정치의 위기를 수습하고 부국강병을 통해 강대한 제후국의 지배를 받지 않는 것이 정나라와 자산에게 부여된 과제였다. 그래서 그는 집권과 동시에 귀족에게 집중됐던 정치적, 경제적 특권을 약화시키는 데 초점을 맞춰 개혁을 추진하였다.

　그는 귀족이 독점하던 토지를 백성들도 소유할 수 있게 하였고, 이것을 문서화하여 세금을 부과하였다. 이에 따라 백성들은 ⓒ개간(開墾)을 통해 경작지를 늘려 생산을 증대하였고, 국가는 경작지를 계량하고 등록함으로써 민부(民富)를 국부(國富)로 연결시켰다. 아울러 그는 중간계급도 정치 득실을 논할 수 있도록 하여 귀족들의 정치 기반을 약화시키는 한편, 중국 역사상 처음으로 형법을 성문화하여 정(鼎)*에 새김으로써 모든 백성이 법을 알고 법에 따라 처신하게 하는 법치의 체계를 세웠다. 성문법 도입은 귀족의 임의적인 법 제정과 집행을 막아 그들의 지배력을 약화시키는 조치였으므로 당시 귀족들은 이 개혁 조치에 반발하였다.
   귀족의 반대를 무릅쓰고 단행한 자산의 개혁 조치에 따라 정나라는 부국강
병을 이루었다. 그리고 법을 알려면 글을 알아야 하기 때문에, 성문법 도입은
백성들도 교육을 받을 수 있는 계기가 되는 등 그의 개혁 조치는 이전보다 상
대적으로 백성의 ㉢위상(位相)을 높였다. 하지만 그의 개혁은 힘에만 의존하여
다스리는 역치(力治)의 가능성이 ㉣농후(濃厚)하였고, 결국 국가의 엄한 형벌
과 과중한 세금 수취로 이어지는 폐단을 낳기도 했다.

* 정: 발이 셋이고 귀가 둘 달린 솥

☞ **어휘**: 천도(하늘이 낸 도리), 인도(사람으로서 마땅히 지켜야 할
도리), 요충지(지세가 군사적으로 아주 중요한 곳), 제후(봉건 시
대에 일정한 영토를 가지고 그 영내의 백성을 지배하는 권력을
가지던 사람), 정변(혁명이나 쿠데타 따위의 비합법적인 수단으로
생긴 정치상의 큰 변동), 성문법(문자로 적어 표현하고, 문서의
형식을 갖춘 법), 화복, 집정, 개간, 위상, 농후 등이 다소 낯선 어
휘들이다. 이 중에 '화복', '집정', '개간', '위상', '농후'는 사전적
의미(문맥적 의미가 아니라)를 묻는 별도의 문제에 등장하는 어
휘들이다. 미리 말하자면 이 어휘 문제는 문맥적 의미보다 사전
적 의미에 초점이 맞춰져 있기 때문에 정답률이 다소 낮았다. 나
머지 어휘들은 정확한 의미를 알지 못해도 문맥을 통해 추론이
가능하고, 그때 파악된 의미는 제시문을 읽거나 문제를 푸는 데
별다른 어려움을 만들지 않는다.

☞ **스키마**: '정나라'나 '자산'에 대한 배경지식을 가지고 있던 수험생
은 당연히 없었다. 정나라가 무슨 사람 이름인가하는 생각과 자산
이 '재산'의 다른 말인가 하는 생각이 잠시 들 수는 있는데, 제시

문을 읽으면서 바로 교정된다. "기득권을 가진 사람들은 개혁을 싫어한다"거나, "개혁은 결국 기득권을 건드릴 수밖에 없다" 정도의 스키마가 있었다면 훌륭한 수험생이다. 물론 이런 스키마가 없어도 제시문을 읽거나 문제를 해결하는 데 큰 문제는 없었다.

17. 위 글에서 언급하지 <u>않은</u> 것은?

① 자산이 추진한 개혁의 사상적 기초
② 자산이 추진한 개혁의 시대적 배경
③ 자산이 단행한 개혁 조치의 내용
④ 자산이 단행한 개혁 조치의 영향
⑤ 자산이 단행한 개혁에 대한 계승

☞ **정답의 표지성**: 답지를 훑어보는 도중에 정답의 표지성(95%)이 발견된다. 제시문으로 돌아가지 않고 그대로 확정해도 괜찮은 수준이다. 혹시 확인 욕구를 잠재울 수 없다면, 해당 답지의 내용만 제시문에서 확인하면 된다.

☞ **문제 해결 과정**: 이 문제를 풀기 위해서 어떤 기술과 스킬이 동원돼야 하는지 생각해 보자. 글 전체의 구조를 확인하고 각 단락의 문장 관계를 파악해야 하나? 각 단락의 소주제를 메모해야 하나? 대칭성이나 이항관계에 세모 표시, 네모 표시를 해야 하나? 아니다. 그럴 필요가 없다. 이해가 되든 되지 않든 제시문 한 번 읽고 답지를 전체적으로 훑어보면 당연히 답지 하나가 눈에 들어온다. 이건 잘하는 친구나 못하는 친구나 차이가 없다. 그리고 그게 정답이다.

다만 이 정답지를 완벽하게 확인하려는 결벽증이 발동했거나, "다른 답지를 확인 사살하지 않고 정답을 고르는 것은, 공들여 문제를 만든 출제자에 대한 예의가 아니다"라는 해괴한 심리가 작동했다면, 상황은 많이 달라지게 된다. 그리고 그것은 어떤 수험생, 특히 감각형—심사숙고형—좌뇌형 수험생들에게는 '악몽'이 될 가능성이 높다. 조심해야 한다. 제시문에는 '개혁의 계승'에 관한 내용이 없다. 그냥 안 나왔다. 그리고 거의 모든 수험생들은 그걸 금방 알아차렸다. 그걸로 정답을 확정하면 그만이다. 그 이상 무엇이 더 필요한가?

18. 위 글에서 자산의 개혁에 대한 당시 사람들의 반응으로 보기 <u>어려운</u> 것은?

① 백성: 이전보다 일관성 있는 법 적용을 받겠군.
② 백성: 법을 알기 위해 우리도 글을 배워야겠군.
③ 백성: 주인 없는 땅을 개간하면 내 재산이 될 수 있겠군.
④ 귀족: 백성도 토지를 소유하니 우리 입지가 약화되겠군.
⑤ 귀족: 중간 계급의 정치력 강화에 맞서 법치 전통을 세워야겠군.

☞ **정답의 표지성**: 답지를 훑어보는 도중에 정답의 표지성이 발견된다. "분명히 틀리다"는 느낌이다. 매력적인 오답도 1개(11%) 있다. "확인이 잘 안 된다"는 느낌이다. 부정 발문에서 '분명히 틀리는 답지'와 '확인이 잘 안 되는 답지'가 경쟁을 벌일 경우, 무조건 전자의 손을 들어줘야 한다. 그렇게 하면 맞고 그렇게 하지 않으면 틀린다. 희미한 부분에 집착하지 말고, 분명한 부분으로 답을 확정하는 태도를 습관으로 만들 필요가 있다. 희미한 부분에 집착하는

것은 감각형-심사숙고형-좌뇌형 수험생들의 대표적인 특징이다.

☞ **문제 해결 과정**: 제시문에 따르면, 법치는 '무조건' 귀족에게 불리하다. 자기들 마음대로 하지 못하게 된다는 의미이기 때문이다. 이걸로 끝이다. 그리고 이 정도의 판단은 잘하는 친구나 못하는 친구나 똑같이 하게 된다. 그건 기술이나 스킬, 원리, 법칙과는 아무런 상관이 없다. 그냥 제시문을 편하게 읽고 나면 머릿속에 남게 되는 흔적이 그렇게 하도록 만드는 것뿐이다.

"돼지 눈에는 돼지만 보인다"는 말이 있다. 기술이나 스킬에 매달리는 사람에게 들려주고 싶은 속담이다. 글을 읽을 때 어떤 틀에 맞춰 읽는다는 건 '득(得)'은 없고 '실(失)'만 많은 행동이다.

'실'은 크게 두 가지다. 하나는 그런 틀에 맞지 않는 정보는 소홀하게 다뤄지거나 심지어는 배제된다는 것이다. 이건 글을 읽고 머릿속에 남는 자연스러운 흔적을 특정한 방향으로 왜곡하는 것이다. 둘째, 편안한 글 읽기를 방해한다. 이때 기술이나 스킬을 강조하는 사람들은 "글을 왜 편하게 읽느냐, 그렇게 대충 읽으면 읽고 나서 무슨 말을 했는지 파악이 잘 안 되고, 그래서 또다시 제시문을 보게 된다"고 말한다.

좋다. 그렇다면 기술이나 스킬에 따라 제시문을 읽으면 무슨 말인지 한 번에 완벽하게 이해하게 되고, 다시는 제시문으로 돌아오지 않는다는 말인가? 미안하지만 쉬운 제시문이든 어려운 제시문이든, 어떤 기술이나 스킬에 짜 맞춰 읽으면 읽는 시간은 더 길어지면서, 이해도는 더 낮아지는 역설적 현상이 반드시 벌어진다. 잘하던 일을 매뉴얼에 맞게 다시 하려고 할 때의 부자연스러움과 불편함을 떠올려 보면 딱 맞다. "반복적인 연습을 통해 기술이나 스킬을 내면화하면 이런 불편함이 없어진다"고 하는데, 대꾸할 가치도 없는 '헛소리'다. 이것이 왜 헛소리인지는 앞에서 충분히 이야기했다. '학습'과 '습득'의 차이점을 다시 한 번 떠올려 보기를 바란다.

정답률이 다소 낮았던 이유는 3번 답지(11%)의 '주인 없는'이라는 표현이 제시문에서 명시적으로 확인되지 않았기 때문이다. "모든 근거는 제시문에 존재한다"는 '제시문 지상주의'가 부정적으로 작동할 경우, 이 오답은 보면 볼수록 정답으로 그 모습을 바꾼다. '주인 없는'이라는 표현이 제시문에서 분명하게 확인되지 않는 것에 더해서, "주인 없는 땅이 내 재산이 된다"는 답지 내용도 개인적 소유권이 강조되는 자본주의 사회에 살고 있는 수험생들의 익숙함에 다소 어긋나는 것이다. 한번 돌아보라. 독자들의 '십수 년 인생사'에 비춰 볼 때, 주인이 없어서 내 것이 된 경우는 거의 없지 않은가? 만약 수험생이 개인적 소유권이 아직 확립되지 않은 원시 사회의 일원이었다면, 아마 3번을 적절하지 않은 것으로 선택하지는 않았을 것이다.

더구나 뒤에 나오는 20번 어휘 문제에서처럼 '개간'이라는 말 안에는 '버려진' 땅을 일군다는 의미가 이미 포함돼 있다. '버려졌다'는 것은 어쨌든 '주인이 없다'는 말이다. 필자는 이 문제와 관련해서 재미있는 경험을 한 적이 있다. 그해 수능을 치른 제자들 중에 20번 문제는 맞고, 이 문제(18번)는 3번 오답지를 골라 틀린 아이들이 있었다. 20번 문제를 통해서 '개간'의 사전적 의미를 뒤늦게라도 알게 되면, 다시 18번으로 돌아와서 처음에 선택한 3번을 다른 답지로 바꾸는 것이 이치에 맞지 않나 싶었다. 하지만 그게 그렇지가 않았다.

일부 교재나 강의는 한 세트를 구성하는 다른 문항의 <보기>나 답지가, 지금 풀고 있는 문항에 관한 해결의 실마리를 제공하기도 한다는 주장을 한다. 어차피 같은 제시문을 바탕으로 만들어진 문제이다 보니, 이렇게 저렇게 서로 연관이 될 수밖에 없기 때문이라는 것이다. 굉장히 그럴 듯해 보이는 말이지만, 실제로는 별 의미가 없다. 대부분의 수험생들은 동일한 제시문을 바탕으로 만들어진 문항들이라 해도, 각각의 문항을 독립적으로 해결한다. 또 그렇게 독립적으로 풀기에도 시간이 부족하다.

뭔가 그럴 듯해 보이는 조언들이 국어 교재나 강의에 자주 등장하지만, 많은 경우 그건 실제 시험을 치르는 수험생의 입장에서 나온 것들이 아니다. 사후적으로 해당 문항을 수험생들에게 어떻게 설명할까를 고민 고민하면서, 몇 시간 동안 제시문과 문제를 만지작거리다가 발견한 우연적인 '단서'들일 뿐이다. 실제 시험에서 어떤 문제의 실마리를 같은 세트의 다른 문제에서 찾으려는 의식적인 시도가 정말 가능할 거라고 생각한다면, 그건 '순진함' 아니면 '착각', 이도저도 아니면 '의도적인 거짓말'이다. 정말 가련한 것은 그런 조언을 따라하다가 시간만 더 소비하고, 겪지 않아도 될 혼란까지 겪게 되는 '죄 없는' 수험생들이다.

19. <보기>의 입장에서 위 글의 자산을 평가한 것으로 가장 적절한 것은?

─ 〈보 기〉 ─

> 노자(老子)는, 만물의 생성과 변화는 자연스럽고 무의식적이지만, 스스로의 작용에 의해 극대화된다고 보았다. 인간도 이러한 자연의 원리에 따라 삶을 영위해야 한다고 보아 통치자의 무위(無爲)를 강조하였다. 또한 사회의 도덕, 법률, 제도 등은 모두 인간의 삶을 인위적으로 규정하는 허위라 파악하고, 그것의 해체를 주장하였다.

① 인간의 문제를 스스로 해결하겠다는 시도는 결국 현실 사회를 허

위로 가득 차게 할 것이다.

② 자연이 인간의 화복을 주관하지 않는다는 생각은 자연의 의지에 반하는 것이다.

③ 현실주의적 개혁은 궁극적으로 백성들에게 안정과 혜택을 줄 것이다.

④ 사회 제도에 의거하는 정치 개혁은 사회 발전을 극대화할 것이다.

⑤ 사회 규범의 법제화는 자발적인 도덕의 실현으로 이어질 것이다.

☞ **정답의 표지성**: 답지를 보는 도중 정답의 표지성(77%)이 발견된다. 내용과 표현이 다소 낯설지만, <보기>와 가장 유사한 내용을 담고 있다는 느낌이 들기 때문이다. 그대로 정답 확정을 시도해볼 만하다. 아마 맞을 것이다. 매력적인 오답도 1개(17%) 있다. 무슨 말인지는 정확히 파악이 안 되지만, <보기>와 뭔가 연관성이 있는 듯한 느낌이 들기 때문이다. 하지만 이 오답지는 사용된 표현 사이에 부조화가 감지된다. 물론 <보기>와의 연관성만 놓고 봐도 정답에 비해 그 강도가 약하다. 긍정 발문의 경우, '<보기>와의 연관성은 높지만 내용이나 표현이 수험생의 익숙함에 부합하지 않는(낯선) 답지'와 '<보기>와의 연관성은 어느 정도 있는 듯하지만 답지 표현 간의 부조화가 발견되는 답지'가 경쟁할 경우, 무조건 전자의 손을 들어줘야 한다.

☞ **문제 해결 과정**: <보기>는 자연이 '무의지적'이며, 이 같은 자연의 원리에 따라 인간 또한 '무의지적'이어야 한다는 말이다. 이때 대다수 수험생들은, 1번과 2번 가운데 정답이 있다는 판단을 하게 된다. 그러면서 2번 답지의 경우, '자연'이라는 표현과 '의지'

라는 표현 사이에 부조화가 있다는 것을 직관적으로 감지한다. 그렇다면 그대로 1번을 고르고 넘어가면 그만이었는데, 문제는 1번 답지도 마음에 썩 들지 않는다는 데 있었다. "인간의 문제를 스스로 해결하겠다는 시도는 결국 현실 사회를 허위로 가득 차게 할 것이다"라는 답지의 내용이, 뭔가 수험생들이 가지고 있는 익숙함에 어긋나는 느낌을 줬기 때문이다. "뭔가 문제를 스스로 해결하려는 것은 '허위'가 아니라 좋은 일 아닌가" 하는 생각이 그 순간에 들 수도 있었다는 말이다.

수능 국어 영역에서 익숙함이 역이용되면 수험생들은 생각지도 못한 어려움을 겪게 된다. 수험생들은 자신이 경험한 '십수 년 인생사'나 '보편적인 언어 체험'과 잘 부합되지 않는다는 느낌이 들면, 그 답지를 적절한 것으로 선택하는 것을 무의식적으로 주저하기 때문이다. 이때는 '스키마'가 아니라 '원칙'으로 문제를 해결해야 한다. 그 원칙을 다시 한 번 강조하고자 한다. 긍정 발문의 경우, '＜보기＞와의 연관성은 높지만 표현이나 내용이 낯선 답지'와 '＜보기＞와의 연관성은 어느 정도 있는 듯하지만 답지 표현 간의 부조화가 발견되는 답지'가 경쟁할 경우, 무조건 전자의 손을 들어줘야 한다. 1번과 2번 답지를 가지고 계속 추론한다고 해서 상황은 전혀 좋아지지 않는다. 오히려 악화될 가능성이 더 높고, 최종적으로 답이 번복될 가능성도 있다.

20. ㉠~㉤의 사전적 뜻풀이로 바르지 <u>않은</u> 것은?

① ㉠: 재앙과 복을 아우르는 말
② ㉡: 군주가 직접 통치할 수 없을 때에 군주를 대신하여 나라를 다

　　　스림

③ ⓒ: 거친 땅이나 버려진 땅을 일구어 논밭이나 쓸모 있는 땅으로
　　만듦

④ ⓔ: 어떤 대상이 다른 대상과의 관계 속에서 가지는 위치나 상태

⑤ ⓜ: 어떤 경향이나 기색 따위가 뚜렷함

☞ **정답의 표지성**: 답지를 보는 도중, 정답의 표지성(73%)이 보일 수
도 있고, 그렇지 않을 수도 있다. 매력적 오답(18%)이 없었다면,
애매하지만 정답밖에 고를 것이 없어 정답률이 크게 올라갔을 것
이다. 어휘의 '사전적' 의미를 묻는 문제의 경우, 소비된 시간은
정답을 찾는 방향으로 사용되지 않는다. 헷갈리는 두 답지 중에
서 처음에 조금이라도 선호된 답지를 선택하는 것이 그나마 바람
직하다. 다시 말하지만 시간은 문제 해결에 전혀 도움을 주지 못
한다. 시간의 '과소비'에 주의해야 하는 문제다.

☞ **문제 해결 과정**: '집정'은 정권을 잡는다는 뜻이다. 그런데 집정
이란 단어의 뜻을 모르는 수험생들이 굉장히 많았다. 그렇다면
제시문의 내용으로 그 의미를 추론할 수밖에 없는데, "재상인 자
산이 나라를 다스리게 됐다"는 내용에서 2번 답지가 뭔가 그럴
듯하다는 느낌을 받았을 가능성이 높다. 그것은 모국어 화자의
보편적 언어 체험에 비춰볼 때도 크게 이상한 것이 아니다. 이쯤
되면 나머지 답지 중에서 적절하지 않은 것을 하나 골라야 하는
데, 그나마 만만한 답지는 5번밖에 없었다.

솔직히 말하면, 문제를 접한 직후의 언어적 직관에 따르는 것 말고

는 어휘 문제, 특히 사전적 의미를 묻는 어휘 문제에서 활용할 만한 '묘수'는 없다. 잘못된 익숙함에 비춰 문제를 풀면 틀린다. 논리적 추론은 더 위험하다. 요령도 안 통한다. 교재나 강의가 챙겨줄 수 있는 부분이 처음부터 아니다. 가끔 어떤 교재를 봤더니, 어떤 강의를 들었더니 100점을 맞았다는 '헛소리'를 하는 경우가 있는데, 이런 문제를 맞히는 데 그 교재나 강의가 어떤 도움을 줬다는 것인지, 생각하면 생각할수록 '희한한' 주장이다. "군주가 직접 통치할 수 없을 때에 군주를 대신하여 나라를 다스림"의 의미를 지닌 단어는 '섭정(攝政)'이라고 한다. 여전히 어렵다.

예술

　　㉠전통적인 철학적 미학은 세계관, 인간관, 정치적 이념과 같은 심오한 정신적 내용의 미적 형상화를 예술의 소명으로 본다. 반면 현대의 ㉡체계 이론 미학은 내용적 구속성에서 벗어난 예술을 진정한 예술로 여긴다. 이는 예술이 미적 유희를 통제하는 모든 외적 연관에서 벗어나 하나의 자기 연관적 체계로 확립되어 온 과정을 관찰하고 분석함으로써 얻은 결론이다. 이 이론은 자율성을 참된 예술의 조건으로 보는 이들이 선호할 만하다. 그렇다면 현대의 새로운 예술장르인 뮤지컬은 어떻게 진술될 수 있을까?

　　뮤지컬은 여러 가지 형식적 요소로 구성되는데, 이것들은 내용, 즉 작품의 줄거리나 주제를 실질적으로 구현하는 역할을 한다. 전통적인 철학적 미학에 따르면 참된 예술은 훌륭한 내용과 훌륭한 형식이 유기적으로 조화될 때 달성된다. 이러한 고전적 기준을 수용할 때, 훌륭한 뮤지컬 작품은 어느 한 요소라도 ⓐ소홀히 한다면 만들어지기 어렵다. 뮤지컬은 기본적으로 극적 서사를 지니기에 훌륭한 극본이 요구되고, 그 내용이 노래와 춤으로 표현되기에 음악과 무용도 핵심이 되며, 이것들의 효과는 무대장치, 의상과 소품 등을 통해 배가되기 때문이다.

　　그런데 찬사를 받는 뮤지컬 중에는 전통적 기준의 충족과는 거리가 먼 사례가 적지 않다. 가령 A. L. 웨버는 대표작 <캐츠>의 일차적 목표를 다양한 형식의 볼거리와 들을 거리로 관객을 즐겁게 하는 데 두었다. <캐츠>는 고양이들을 주인공으로 한 T. S. 엘리엇의 우화집에서 소재를 빌렸지만, 이 작품의 핵심은 내용의 충실한 전달에 있는 것이 아니라 어떤 기발한 무대에서 얼마나 다채롭고 완성도 있는 춤과 노래가 펼쳐지는가에 있다. 뮤지컬을 '레뷰

(revue)', 즉 버라이어티쇼로 바라보는 **최근의 관점은** 바로 이 점에 근거한다.
　체계 이론 미학의 기준을 끌어들일 때, 레뷰로서의 뮤지컬은 예술로서의 예술의 한 범례로 꼽힐 수 있다. 물론 이러한 유형의 미학이 완전히 주류로 확립된 것은 아니다. 전통적인 철학적 미학도 여전히 지지를 얻는 예술관의 하나이기 때문이다. 이 입장에 준거할 때 체계 이론 미학의 예술관은 예술을 명예롭게 하는 숭고한 가치 지향성을 아예 포기하는 형식 지상주의적 예술관으로 해석될 수 있다.

　이 제시문은 어휘(개념어)학습이 따로 필요가 없다는 이야기를 하면서 소개했던 제시문이다. 그해의 대표적인 교육방송 연계 사례였기 때문에, 교육방송 교재에 나온 연계 제시문도 소개한 바 있다. 하지만 이미 한참 전에 나왔던 것이라, 많이 희미해져 있을 것이다. 복습이라고 '좋게' 생각해 주기를 바란다. 다시 제시문을 읽으면서 이전에 형성된 스키마가 어떻게 작동하는지, 그리고 그 스키마가 같은 글을 다시 읽을 때 어떤 예측을 가능하게 하는지 느껴보는 부수적인 효과도 있었을 것으로 기대한다.

☞ **어휘**: '전통적인 철학적 미학', '체계 이론 미학', '레뷰' 정도가 전문적인 어휘이다. 여기서 레뷰는 버라이어티쇼라는 의미인데, 이 제시문을 보기 전에 레뷰가 버라이어티쇼의 다른 말이라는 것을 알았던 수험생은 단 한 명도 없었다. 그렇다고 레뷰를 따로 학습할 이유는 없다. 수능 날 제시문을 보면서 레뷰가 버라이어티쇼의 다른 말이라는 것을 파악하면 그만이니까 말이다. 그렇다면 '전통적인 철학적 미학', '체계 이론 미학'은 어떨까? 솔직히 말하면, 이 어휘들은 '레뷰'와 같은 의미의 전문 용어라고 보기 어렵다. 성격이 180도 다르기 때문이다.

미학은 '자연이나 인생 및 예술 따위에 담긴 미의 본질과 구조를 해명하는 학문'인데, 이런 사전적 의미를 몰라도 대부분의 수험생들은 제시문을 통해 '아름다움에 대해서 이야기는 학문' 정도로 미학의 의미를 추론하게 된다. 그리고 그 정도로 이 어휘의 의미를 추론해도 제시문을 읽거나 문제를 해결하는 데는 아무런 문제도 없다.

정작 문제는 미학은 미학인데, '전통적인 철학적 미학', '체계 이론 미학'이라는 데 있다. 사실 전통적이라는 말, 철학적이라는 말, 그리고 미학이라는 말이 대충 어떤 의미인지 모르는 수험생은 없다. 하지만 그렇게 다 알고 있는 어휘 3개가 결합한 '전통적인 철학적 미학'이라는 어구의 의미는 갑자기 막연해지고 애매해진다. 마찬가지로 '체계'라는 말도 알고 '이론'이라는 말도 알지만 '체계 이론 미학'이라는 말은 무엇을 의미하는지 알 수 없다. 이 어구의 의미는 전적으로 문맥을 통해서 유추해야 한다.

그렇다고 이들 개념어에 대해서 개별적으로 암기학습을 했다고 해서 달라지는 것은 아무것도 없다. 물론 암기할 필요도 없는 어휘지만 말이다. '전통적인 철학적 미학'이라는 말과 '체계 이론 미학'이 '미학'에서 어떤 의미로 사용되는지 미리 알았던 친구는 수십만 명의 수험생 중에 아마 손으로 꼽을 정도의 숫자였을 것이다. 어휘를 암기로 정복하겠다는 발상이 얼마나 허황된 것인지 다시 한 번 생각해 보기를 바란다.

☞ **개념어**: 상당히 많은 개념어가 나온다. 심오한(사상이나 이론 따위가 깊고 오묘한), 미적(사물의 아름다움에 관한), 형상화(예술 활동에서, 추상적인 것을 구체적인 형상으로 나타냄. 특히, 어떤 소재를 예술적으로 재창조하는 것을 이름), 소명([기독교] 사람이 어떤 특수한 신분으로 신에 봉사하도록 신의 부름을 받음), 내용적 구속

성, 미적 유희(즐겁게 놀며 장난함. 또는 그런 행위), 외적 연관, 자기 연관적 체계, 유기적, 고전적 기준, 극적(극을 보는 것과 같이 감동적이고 인상적인), 서사(사실을 있는 그대로 적는 일), 범례(예시(例示)하여 모범으로 삼는 것), 준거(표준을 삼아 따름) 등을 꼽을 수 있다.

여기서 '심오한'은 '깊은' 정도의 의미로 이해된다. 대부분의 수험생들이 그랬다는 말이다. '미적 형상화'도 사전적 의미를 떠나서 어떤 느낌을 준다. 사실 미적 형상화는 그냥 '예술적 활동' 정도로 이해해도 아무런 문제가 없는 말이다. '소명'은 사실 처음엔 종교적으로만 쓰이다가 좀 더 널리 사용되기 시작한 말인데, '사명' 정도로 이해하면 아무 문제가 없다. 대부분의 수험생들은 미적 유희, 유기적, 범례, 준거 등도 문맥을 통해 거의 원래 의미에 가까운 의미로 추론할 수 있었다. 수험생들을 과대평가해서가 아니다. 모국어 화자들이 갖고 있는 보편적인 언어 능력이 그걸 가능하게 한다는 이야기를 하고 있는 것뿐이다.

여기서 문제가 되는 어휘는 '내용적 구속성', '외적 연관', '자기 연관적 체계'다. 내용적이라는 말과 구속성이라는 말을 모르는 사람은 없다. 하지만 두 말이 합쳐져 '내용적 구속성'이 됐을 때는 갑자기 그 의미가 막연해진다. 이 어구의 의미는 전적으로 어구가 사용된 문장, 문단, 크게는 제시문 전체의 맥락에서만 파악된다. 이 제시문을 읽기 전에 '내용적 구속성'을 따로 공부할 기회도 있을 수 없고, 또 따로 학습을 했다고 해서 나아질 것도 전혀 없다. '외적 연관'도 마찬가지다. '외적'과 '연관'을 따로 생각하면 무슨 말인지 모르는 사람은 없다. 하지만 두 단어가 합쳐지면, 그 의미는 불확정적인 것이 돼 버린다. 그 의미 또한 전적으로 문맥에 달린 것이다. '자기 연관적 체계'도 마찬가지다. '자기'라는 말고 '연관적'이라는 말과 '체계'라는 말은 대충 감을 잡을 수 있지만, 세 단어가 합쳐지면 상황은 180도 달라진다. 오직 문맥을 통해서만 이 어구의 의미는 파악될 수 있다. 도대체 수험생이 이 제시문을 읽기 위해서 따로 암기 학습해야 어휘가 무엇인지 다시 한 번 생각해 보기를 바란다.

☞ **스키마**: '미학'에 대해서 특별히 질 높은 배경지식을 가지고 있는 수험생은 거의 없었다. 특히 '전통적인 철학적 미학'이나 '체계 이론 미학'에 관한 스키마는 전혀 없었다고 보는 것이 맞다. 굳이 수험생들이 가지고 있는 스키마라면 "뮤지컬이라는 장르에는 춤이나 노래 같은 여러 요소가 등장한다" 정도였을 것이다. 하지만 이런 뮤지컬이 미학의 두 입장 중 '체계 이론 미학'과 관련이 깊다는 것을 배경지식으로 가진 수험생은 당연히 없었다. 이건 교육방송 교재에 나온 연계 제시문을 꼼꼼하게 봤던 수험생들도 마찬가지다. 여기서 다시 연계 제시문까지 소개하는 것은 조금 그렇다. 다시 한 번 비교하면서 읽고 싶은 독자는 60페이지로 돌아가면 된다.

어쨌든 모든 수험생들은 제시문을 읽고 나서야 미학에는 두 입장이 있고, 뮤지컬은 그중에 '체계 이론 미학'과 관련이 깊다는 것을 뒤늦게 알게 될 뿐이다. 그나마 '뛰어난' 학생들이 가졌던 스키마는 "보통 예술에 관한 기본 입장은 '예술만 중시하는 입장'과 '예술 바깥의 정치나 이념도 중시하는 입장'으로 구분된다"는 정도였을 것이다. 여기서 조금 더 나간다면 '순수 예술'과 '참여 예술' 같은 스키마를 떠올렸을지도 모른다. 그나마 그 정도가 수험생이 이 제시문을 읽을 때 동원할 수 있었던 최고 수준의 스키마였다. 물론 이런 스키마가 없어도 문제 푸는 데는 별 지장이 없다. 그런 스키마가 있었다면 조금 나았을 거라는 말이다.

☞ **글의 구조**: 이 글의 구조는 '비교와 대조'다. 누가 봐도 미학의 두 입장, 그러니까 '전통적 철학적 미학'과 '체계 이론 미학'을 대조시키는 구조다. 이 부분을 특별히 챙기면서 읽지 않아도 그런 내용이라는 것은 직관적으로 감지된다. 여기서 일부 기술류의 교재나 강의는 '전통적인 철학적 미학'에 해당하는 부분과 '체계 이론 미학'에 해당하는 부분을 의식적으로 구별하면서 읽고, 앞부분에 해당하는 내용과 뒷부분에 해당하는 내용에는 서로 다른 표시를 하라고 조언할 것 같다. 이런 행동이 얼마나 부자연스러운 것인지, 그리고 이런 행동이 제시문에 대한 이해와 읽기 속도에 얼마나 부정적인 영향을 미치는지는 이미 앞에서 '지겨울 정도로' 이야기했다. 만약 아직까지도 필자의 주장에 동의할 수 없다면, 지금 바로 제시문으로 돌아가 '기술류' 교재나 강의의 조언대로 대조되는 내용을 찾아 표시하면서 다시 읽어 보기를 바란다.

이런 '짓'이 가진 문제점은 단순한 '번거로움'이나 '쓸데없음'에 있는 것이 아니다. 제대로 된 글 읽기를 방해한다는 데 있다. 그것도 적극적으로 말이다. 필자는 이런 방법보다 '백 배'는 더 효과적인 방법이 있다고 말한 바 있다. 이해가 되든 안 되든 제시문을 빠른 속도로 한 번 훑어 읽고, 그때 '즉석'에서 생기는 스키마에 비춰 제시문을 한 번 더 읽는 것이다. 그 과정에서 어떤 예측이 가능해진다. 다시 한 번 강조하지만 수능 시험에서는 '독해'는 '분석'하고 '해독'하고 '표시'하는 과정이 아니다. 미안하지만 그런 '구질구질'한 과정을 거치면 이해될 내용도 도리어 이해가 되지 않는다. 독자들은 명심하기 바란다. 모국어 화자에게 '독해'는 본질적으로 '예측'하는 과정이다. 특히 수능 시험에서는 더 그렇다.

자, 그렇다면 문제를 한번 풀어 보자.

21. ㉠과 ㉡에 대한 이해로 적절한 것은?

① ㉠은 내용적 요소와 형식적 요소를 모두 중시한다.
② ㉡은 자율적 예술의 탄생을 주도적으로 이끈 이론이다.
③ ㉠과 ㉡이 적용되는 예술장르는 서로 다르다.
④ ㉡은 ㉠을 대체할 수 있는 새로운 주류 이론이다.
⑤ ㉡은 ㉠에 비해 더 진지한 정신적 가치를 지향한다.

☞ **발문**: 특별히 챙겨야 할 조건은 없다. 대부분의 발문이 그렇듯이 말이다.

☞ **정답의 표지성**: 답지를 훑어보는 도중 정답의 표지성(73%)이 발견된다. "확실히 그렇다"는 느낌보다는 "그런 것 같다", 혹은 "무난하다", "전체 내용과의 연관성이 높다" 정도의 느낌이다. 만약 이 답지가 정답이 아니라면, 그 제거 과정이 만만치 않을 것 같다는 느낌도 들 수 있다. 그런 차원에서 그대로 정답 확정을 시도해볼 만하다. 매력적인 오답도 1개(22%) 있다. 그 이유는 답지에 사용된 일부 표현이 제시문에서 그대로 확인된다는 느낌이 들기 때문이다. 물론 꼼꼼히 읽으면, 제시문 내용과 해당 답지는 전혀 다른 내용이다.

☞ **문제 해결 과정**: 1번 답지는 보면 볼수록 문제 삼을 부분이 없는 내

용이다. 2문단의 두 번째 문장 "전통적인 철학적 미학에 따르면 참된 예술은 훌륭한 내용과 훌륭한 형식이 유기적으로 조화될 때 달성된다"를 빠트리고 읽지 못한 수험생도 별로 없었다. 정답률(73%)이 낮았던 이유는 이 부분을 읽지 못했기 때문이 아니라는 말이다.

기술류의 교재에 따르면 1번이 답이 되는 과정은 간단하다. "전통적인 철학적 미학에 따르면 참된 예술은 훌륭한 내용과 훌륭한 형식이 유기적으로 조화될 때 달성된다"라는 제시문 내용과 "㉠(전통적인 철학적 미학)은 내용적 요소와 형식적 요소를 모두 중시한다"는 1번 답지가 1대1로 대응을 한다는 것이다. 무슨 말이냐면 '전통적인 철학적 미학에 따르면=㉠은', '(훌륭한) 내용=내용적 요소', '(훌륭한) 형식=형식적 요소', '유기적 조화=모두 중시'처럼, 답지 내용과 제시문 내용이 정확하게 대응을 한다는 말이다. 어떤가? 필자는 헛웃음을 참기 힘들다. 이걸 '기술'이나 '스킬'이라고 말할 수 있을까? 이건 문제를 해결하기 위해 모든 수험생들이 하게 되는 지극히 보편적인 확인 과정이다. 제시문의 내용과 비교해 봐야 답지가 적절한지 적절하지 않은지 판단할 수 있을 것 아닌가? 그리고 그건 너무도 당연한 일 아닌가? 배고프면 밥을 먹을 먹는 것처럼 너무도 당연하고 자연스러운 과정을 '1대1 대응'이라는 이상한 이름을 붙여, 급기야 '기술'이나 '스킬'로 만드는 그 용기에 박수를 보낼 뿐이다.

하지만 한 가지 짚고 넘어갈 것이 있다. '(훌륭한) 내용=내용적 요소'나 '(훌륭한) 형식=형식적 요소'는 말 그대로 같은 말 찾기다. 하지만 '유기적 조화=모두 중시'는 그렇게 단순한 '같은 말 찾기'가 아니다.

'유기적'이라는 말은 "생물체처럼 전체를 구성하고 있는 각 부분이 서로 밀접하게 관계를 갖는다"는 의미다. 여기에서 전체는 '전통적인 철학적 미학'을 말하고, 그 전체를 구성하면서 서로 밀접한 관계를 갖는 부분은 '내용'과 '형식'이다. 이렇게 생각하면 '내용과 형식의 유기적 조화'와 '내용과 형식 모두를 중시한다'는 것은 결국 같은 말이지만, 이건 '(훌륭한) 형식=형식적 요소', '(훌륭한) 내용=내용적 요소'의 대응과는 차원이 다르다. '유기적 조화=모두 중시'는 절대 단순한 1대1 대응이 아니기 때문이다. 정말 궁금하다. 왜 어떤 때는 초등학생들도 그냥 할 수 있는 일을 정색까지 하며 독창적인 기술이나 스킬이라고 강조하면서, 어떤 때는 대학원생도 하기 힘든 걸 그냥 아무나 쉽게 다 하는 것으로 당연시하는지 말이다.

문제는 이런 '기술 같지도 않은 기술', '스킬 같지도 않은 스킬'과 아무 상관없이, 대부분의 수험생들은 제시문을 읽고 답지를 훑어보는 도중에 1번이 가진 정답의 표지성을 감지했다는 점이다. '1대1 대응'이니 뭐니 하는 구차한 기술이나 스킬을 적용하기 훨씬 이전에, 이미 1번 답지를 적절한 것으로 알아차렸다는 말이다. 그럼에도 불구하고 정답률이 낮았던 이유는 뭘까? 미리 말하지만 1대1 대응을 못해서가 절대 아니다. 엄밀하게 말하면 1대1 대응을 엄격하게 했다가는 거꾸로 1번이 답이 아니라고 판단할 수도 있다. '형식=형식적 요소' 같은 저급한 대응 방법을 적용하면, '유기적 조화'와 '모두 중시'는 1대1 대응이 안 된다고 생각하는 것이 더 상식적이기 때문이다.

설상가상으로 이런 수준 낮은 대응 방식을 적용하면, 2번 답지가 더 적절한 것으로 판단될 수도 있다. 자, 한번 보자. "이 이론(체계 이론 미학)은 자율성을 참된 예술의 조건으로 보는 이들이 선호할 만하다"는 제시문의 내용과 "ⓒ(체계 이론 미학)은 자율적 예술의 탄생을 주도적으로 이끈 이론이다"라는 2번 답지를 대응시켜보자. 물론 "자율성을 중시하는 예술가들이 이 이론(체계 이론 미학)을 선호한다(제시문)"는 말과 "이 이론(체계 이론 미학)이 자율적 예술의 탄생을 주도적으로 이끌었다(2번 답지)”는 말은 전혀 다른 의미다. 두 진술이 연결되기 위해서는 중간에 매우 많은 사고 과정이 개입돼야 한다. 하지만 문제는 언뜻 보기에 2번 답지가 1번 답지보다 더 구체적으로 제시문과 일치하는 듯한 착각을 불러일으킨다는 데 있다. 그게 아니라면 22%에 달하는 수험생들이 2번 답지를 정답으로 선택할 이유가 없다. 22%는 절대 적은 수치가 아니다.

‘자율성을 중시하는 예술가’와 ‘자율적 예술의 탄생’이 1대1로 대응되는 느낌과, ‘유기적 조화’와 ‘모두 중시’가 1대1로 대응되는 느낌을 한번 솔직히 비교해 보라. 제시문의 표현을 덜 변형시킨 것은 사실 2번 답지다. 1번 답지는 ‘유기적 조화’라는 제시문의 표현을 ‘모두 중시’로 크게 변형시켰지만, 2번 답지는 제시문의 특정 표현을 상대적으로 크게 변형시키지 않았다. 당연히 단순한 1대1 대응 방식을 적용하면 2번 답지를 더 적절한 것으로 판단할 수 있었다.

여기서 ‘기술류’의 교재는 ‘유기적 조화’와 ‘모두 중시’가 같은 말이라는 걸 모르면서, 어떻게 수험생이라고 할 수 있느냐고 반박할지도 모른다. 그렇지 않다. 다시 한 번 강조해 보자. 교재에서 소개하는 기술이나 스킬, 특히 ‘1대1 대응’을 보다 보면 교재의 저자는 수험생을 초등학생보다 못한 사람들로 여기고 있다는 느낌을 받게 된다. 그게 나쁘다는 말은 아니다. 초등학생으로 보려면 끝까지 그리고 어떤 경우에도 수험생을 초등학생으로 보고, 그 수준에 맞춰 자신이 개발한 독창적인 기술이나 스킬을 ‘조곤조곤’ 설명하면 될 일이기 때문이다. 문제는 아무런 이유 없이 초등학생을 갑자기 대학원생으로 대접하면서 “이 정도는 아무나 그냥 할 수 있는 것 아니냐”며 ‘쿨’하고 ‘시크’하게 넘어가는 경우가 너무 많다는 것이다.

‘내용’과 ‘내용적 요소’를 놓고 “이것 봐. 1대1 대응이잖아”라고 말하는 사람이, '유기적 조화'와 '모두 중시'를 놓고도 "이것 봐. 이것도 1대1 대응이잖아"라고 이야기하는 것은 정말 이상하다. 이건 마치 "1더하기1은 2잖아? 그러니까 987,654더하기987,654는 1,975,308잖아? 정말 쉽지?"라고 말하는 것과 하나도 다를 것이 없기 때문이다.

어쨌든 여기서 정답인 1번 답지는 깔끔하게 제거될 수가 없는 답지이기 때문에, 아마도 수험생들은 '추상적이고 전체적인 느낌의 답지'보다는 '더 구체적으로 제시문과 일치하는 듯한 착각을 불러일으키는 답지'를 찜찜한 마음으로 선택했을 가능성이 높다. 그리고 사실 '1대1 대응'은 이런 부정적 상황을 개선하기보다는 악화시킬 가능성이 더 높은 '기술'이고 '스킬'이었다.

22. <캐츠>에 대한 감상 중 **최근의 관점**에 가장 가까운 것은?

① 멋진 춤과 노래가 어우러진 공연이 충분한 볼거리를 제공했기 때문에, 원작과 관계없이 만족했어요.
② 감독이 고양이들의 등장 장면에 채택한 연출 방식이 작품의 주제 구현을 오히려 방해해서 실망했어요.
③ 늙은 암고양이의 회한이 담긴 노래의 가사는 들을 때마다 소외된 사람들에 대한 연민을 불러일으켜요.
④ 기발한 조명과 의상이 사용된 것을 보고, 원작의 심오한 주제에 걸맞은 연출 방식이구나 하며 감탄했어요.
⑤ 의인화된 고양이들의 삶과 내면이 노래들 속에 녹아들어 있어서, 인간을 진지하게 성찰하는 기회가 되었어요.

☞ **발문**: 특별히 챙겨야 할 조건이 제시되어 있지 않다. 수능 국어 영

역에 등장하는 발문의 대부분이 이렇다. "출제자가 발문에 몰래 숨겨놓은 단서를 눈에 불을 켜고 찾아내야 하며, 그렇게 하기 위해서는 발문을 해체시켜서 하나하나 꼼꼼히 분석해야 한다"는 협박에 절대 넘어가지 말기를 바란다. 그건 수험생을 걱정해주는 척하면서 사실은 쓸데없는 스트레스만 주는 일이다.

☞ **정답의 표지성**: 답지를 훑어보는 도중에 정답의 표지성(93%)이 금방 감지된다. 제시문에서 다시 확인하는 것조차 시간 낭비다. 그대로 정답을 확정하라.

☞ **문제 해결 과정**: 기술류의 교재나 강의의 조언에 따르면, 이 문제는 'A는 B가 아니라 C이다'로 해결되는 문항이다. 세 번째 문단을 보면 "이 작품(캐츠)의 핵심은 내용의 충실한 전달에 있는 것이 아니라 어떤 기발한 무대에서 얼마나 다채롭고 완성도 있는 춤과 노래가 펼쳐지는가에 있다"는 내용이 나온다. 정답지는 "① 멋진 춤과 노래가 어우러진 공연이 충분한 볼거리를 제공했기 때문에, 원작과 관계없이 만족했어요"이다.

자, 한번 보자. 제시문의 해당 부분을 'A는 B가 아니라 C이다'로 구조화시키면 이렇게 된다. "이 작품의 핵심(A)은 내용의 충실한 전달에 있는 것(B)이 아니라 어떤 기발한 무대에서 얼마나 다채롭고 완성도 있는 춤과 노래가 펼쳐지는가(C)에 있다." 이번에는 'A는 B가 아니라 C이다'라는 구조를 답지에 적용하면 이렇게 된다. "캐츠(A)는 멋진 춤과 노래가 어우러진 공연이 충분한 볼거리를 제공(C)했기 때문에, 원작(B)과 관계없이 만족했어요." 엄밀하게 말하면 답지는 'A는 C이기 때문에 B가 아니다'

인데, 저자는 이것도 'A는 B가 아니라 C이다'의 한 형태라고 한다. 'B이고 C가 아니기 때문에 A가 아니다'도 'A는 B가 아니라 C이다'를 약간 바꾼 형태란다. 실소를 금하기 힘들다. 이게 도대체 뭐하는 짓인가?

이 문제는 정답률이 93%다. 수험생의 대부분이 맞힌 문제라는 말이다. 93%의 정답률은 아예 처음부터 제시문도 안 보고 그냥 답지 하나를 찍은 사람과 시간이 없어서 풀지 못한 사람, 그리고 난독증이나 언어 장애를 앓고 있는 사람을 제외한 전체 수험생에 거의 근접하는 수치다. 한 번 묻고 싶다. 이 문제를 맞힌 수험생들이 'A는 B가 아니라 C이다'라는 기술을 적용해서 이 문제를 맞혔다고 생각하나? 아니면 의식하지는 않았지만 결과적으로 그 수험생들의 사고 과정이 'A는 B가 아니라 C이다'라는 기술과 딱 맞아떨어져서 이 문제를 맞혔다고 생각하나? 거꾸로 이 문제를 틀린 사람은 'A는 B가 아니라 C이다'라는 기술을 적용하지 못했기 때문에 틀렸다고 생각하나? "그렇다"고 대답할지도 모른다는 생각이 들어 잠시 당황했다. 아니다. 다시 한 번 말하지만 "아니다." 그냥 1번 답지가 가장 무난하고 적절해 보여서 고른 것뿐이다. 그렇게 하지 않았다면 국어 시험에서는 90% 이상의 정답률이 안 나온다. 이상하게 들리겠지만, 이 문제에서처럼 정답의 표지성이 즉각적으로 감지되지 않으면, 그 문제는 정답률이 절대 90% 이상으로 나오지 않는다.

여기서 필자가 정말 강조하고 싶은 말은 따로 있다. 첫째, 수능 국어 영역에 등장하는 대부분의 문제는 'A는 B가 아니라 C이다'라는 구조를 염두에 두면서, 글을 읽지 않아도 해결되는 문제라는 것이다. 더 정확하게 말하면, 'A는 B가 아니라 C이다'라는 구조는 대부분의 수험생, 그러니까 모국어 화자가 가지고 있는 '글의 형식에 관한 스키마'다. 당연히 특별히 의식하면서 읽지 않아도 이런 구조는 그 자체로 눈에 잘 띄게 된다. 그렇게 하려고 해서 그렇게 되는 것이 아니라, 그냥 그렇게 된다는 것이다. 둘째, 어려운 문제는 'A는 B가 아니라 C이다'라는 기술이나 스킬이 아니라, 그보다 더한 기술이나 스킬을 적용해도 해결되지 않기 때문에 어려운 것이다. 그리고 그래서 결과적으로 낮은 정답률을 기록한 것이다.

가장 심각한 것은 이렇게 문장 구조를 의식하면서 제시문을 읽으려는 태도 그 자체이다. 그런 태도는 제대로 된 읽기를 심각하게 방해한다. 문제 해결에는 아무런 도움도 주지 못하면서, 제시문을 읽는 과정에서는 부정적인 역할만 한다는 말이다. 제시문을 읽을 때 체크해야 하는 부분이 많아지면 수험생의 정서 필터 수준은 당연히 높아진다. 레벨이 높아진 정서 필터는 심리적인 장벽을 만들어, 제시문에 대한 방어적인 태도를 만든다. 이건 유능한 독자의 가장 중요한 미덕인 '모호함에 대한 관용성'과 '융통성'을 결정적으로 가로막는다.

사실 이런 읽기 방식은 몇 번만 해 보면 그 문제점을 금방 체감한다. 문제는 그런 '안 좋은' 경험을 기술이나 스킬의 문제점이라고 생각하지 않고 내 노력이 부족해서라고 착각하는 경우가 많다는 데 있다. "언젠가는 입을 수 있겠지" 하면서 불편한 옷에 몸을 끼워 맞추려고 계속 애를 쓰는 것과 비슷한데, 그 수험생은 자칫하면 그런 끔찍한 상태로 수능 장에 입실할 수도 있다. 잘못된 국어 공부의 '잔혹한 결말'이다. 괜히 겁주려고 하는 말이 아니다. 필자의 말을 믿고 안 믿고는 전적으로 독자의 몫이다. 기술이 내면화된다는 것도 불가능한 일이지만, 사실 그런 기술이 내면화되면 더 큰 문제가 발생할 수도 있다.

23. 위 글을 바탕으로 <보기>의 ㉮와 ㉯를 이해한 것으로 적절한 것은?

〈보 기〉

   종합 예술의 기원인 ㉮그리스 비극은 형식적 측면에서 높은 수준에 이르렀을 뿐만 아니라, 세계와 삶에 대한 당대인들의 인식을 이끌었다. 반면 ㉯근대의 오페라는 그 발전 과정에서 점차 아리아 위주로 편성됨으로써, 심오한 지적, 도덕적 관심이 아니라 음악 내적 요소에 지배되는 경향을 띠었다.

---

① ㉮는 즐거움의 제공을, ㉯는 교훈의 제공을 목표로 삼고 있군.

② ㉮는 자기 연관적이지만, ㉯는 외적 연관에 의해 지배되는군.

③ ㉮는 정신적 내용의 미적 형상화를, ㉯는 미적 유희를 추구하는군.

④ ㉮와 ㉯는 모두 고전적 기준에 따라 높이 평가될 수 있군.

⑤ ㉮와 ㉯는 모두 각각의 시대에 걸맞은 '레뷰'라고 볼 수 있군.

☞ **발문**: '위 글을 바탕으로' 정도가 챙겨야 할 조건이다. 그리고 이 조건은 어느 정도 정답을 성립시키는 데 필요한 요소로 기능했다. 무슨 말이냐면 '위 글'보다 <보기>를 더 중시할 경우, 오답을 고를 수도 있었다는 말이다. '～바탕으로'나 '～참고하여'라는 표현이 발문에 나오면 '～바탕으로'나 '～참고하여' 앞에 '위 글'이 오는지 '<보기>'가 오는지 반드시 체크해야 한다. 자꾸 깜빡깜빡 하면 형광펜으로 표시를 해도 나쁘지 않다. 어쨌든 발문이 어떤 역할을 한다면, 이 정도가 가장 높은 수준이다. 괜히 발문을 숨은 그림 찾기처럼 꼼꼼히 분석하는 것은 불필요할 뿐만 아니라 해로운 행동이다. 그 시간에 한 문제를 더 푸는 게 훨씬 현명한 행동이다.

☞ **정답의 표지성**: 답지를 훑어보는 도중에 정답의 표지성(83%)이 눈에 들어온다. 이 상태에서 그대로 정답을 확정하는 것이 바람직하다. 만약 '확인 사살', 특히 나머지 오답지에 대한 확인 사살 욕구를 억제하지 못하거나, 더 많은 추론과 논리적 해석을 거쳐 정답을 찾으려고 하다가는, 생각지도 못했던 어려움을 겪을 수도 있다.

☞ **문제 해결 과정**: 처음에 발견된 표지성으로 정답을 확정하지 않고 머뭇거리다 보면, 5번 답지가 살짝 거슬리기 시작한다. 뭔가 추론을 더하면 가능할 것도 같은 느낌을 주기 때문이다. 국어 시험에서는 추론과 해석을 '더'하는 것보다 '덜'하는 것이 잘하는 일이다. 그런데 이렇게 추론을 '덜'하는 것에 대해서 심리적 거부감을 가지고 있는 수험생들이 간혹 있다. 굉장히 기이한 현상인데, 만약 본인이 그렇다면 반드시 극복해야 한다. 더 많은 추론과 해석은 많은 경우, 수험생을 오답으로 인도한다. "자칫 틀렸을지도 몰랐던 어려운 문제를 가까스로 해결했다"는 '황당한 오해'와 함께 말이다.

자, 문제를 한번 보자. 사실 이 문제는 <보기>의 '그리스 비극'이 제시문의 '전통적인 철학적 미학'이며, '근대의 오페라'가 '체계 이론 미학'이라는 것을 파악하면 금방 풀리는 문제다. 제시문의 표현도 답지에서 전혀 변형되지 않았다. 정답인 3번 답지에는 '정신적 내용의 미적 형상화'와 '미적 유희'라는 제시문의 표현이 아무런 변형 없이 그대로 등장한다. 2, 4, 5번 답지에 등장하는 어휘들, 그러니까 '자기 연관적', '외적 연관', '고전적 기준', '레뷰'도 제시문에서 금방 확인된다. 제시문의 표현이 변형된 답지는 1번뿐이다. 말하자면, '정신적 내용의 형상화'가 '교훈의 제공'으로, '미적 유희'가 '즐거움의 제공'으로 변형됐다.

하지만 역설적으로 선택률(2%)은 가장 낮았다. 답지가 변형됐기 때문에 즉각적으로 확인이 안 되는데도 불구하고 선택률이 낮았다는 것은, 그만큼 3번 답지의 표지성이 강렬했다는 반증이다.

제시문의 표현이 변형되지 않고 답지에 그대로 등장한다는 것은 두 가지 의미를 갖는다.

첫째, 쉬운 문제의 경우 표현이 변형되지 않은 답지가 정답이다. 둘째, 어려운 문제의 경우 표현이 변형되지 않은 답지는 매력적 오답이다. 물론 적절한 것을 찾으라는 긍정 발문에서 그렇다는 말이다. 그렇다면 여기서 "이 문제가 쉽냐 어렵냐를 어떻게 아느냐"는 질문이 당연히 나올 수 있다. 쉽다는 것은 표현이 변형되지 않은 답지와 경쟁을 벌이는 다른 답지가 없는 경우를 말한다. 어렵다는 것은 변형되지 않은 답지와 경쟁을 벌이는 다른 답지가 있는 경우다. 후자의 경우 제시문의 표현이 변형되지 않은 오답지는 제시문과 개별적이고 구체적 수준에서 일치하는 느낌을 주고, 제시문의 표현을 변형시킨 정답지는 전체적이고 추상적인 수준에서 일치한다는 느낌을 준다. 이런 경쟁 상황에서는 긍정 발문의 경우 무조건 후자의 손을 들어 줘야 한다. 답지에서 변형된 표현을 제시문의 표현으로 다시 바꿔서 확인하면 더할 나위가 없겠지만, 실제 시험장에서는 별로 권하고 싶지 않은 방식이다. 시간을 소비시킬 뿐만 아니라 자칫하면 선택을 번복시키는 경우가 많기 때문이다.

여기서 잠깐 이야기할 것이 있다. 1번과 2번 답지가 적절하지 않은 것이 되는 방식에 관해서다. 1번과 2번 답지가 적절한 것이 되려면 주어(㉮, ㉯)가 서로 바뀌어야 한다. 무슨 말이냐면 '그리스 비극'이 '교훈의 제공을 목표'로 삼고, '외적 연관에 의해 지배'되는 것이고, '근대의 오페라가' '즐거움의 제공을 목표'로 삼고, '자기 연관적'이라는 말이다. 어떤 교재는 이 부분을 '행위 주체의 왜곡'이라는 신조어를 사용해서, 또 '기술 목록'에 올려놓는다. 그러면서 답지에서 행위 주체를 바꿔치기 했는지 항상 신경을 곤두세우라고 조언한다.

한번 보자. '남자는 키가 작고 여자는 키가 크다'는 내용의 제시문이 있다고 치자. 여기서 적절하지 않은 답지를 만들 때 가장 먼저 할 수 있는 방법이 뭘까? '남자는 키가 크고 여자는 키가 작다'이다. 이걸 신경을 곤두세우며 챙겨야 할 기술이나 스킬이라고 할 수 있나? 솔직히 말하면 그냥 감지되는 것 아닌가?

'기술류'의 교재나 강의가 갖는 가장 큰 문제점은, '통합적'이고 '암시적'이고 '비분석적'으로 이뤄지는 국어 시험의 문제 풀이 과정을 굳이 정색하면서 '개별적'이고 '명시적'이고 '분석적'인 것으로 만든다는 데 있다. 수능 국어 영역에서 개별적·명시적·분석적인 '기술'이나 '스킬'은 어떤 경우에도 통합적·암시적·비분석적인 '모국어 화자의 언어 능력'을 넘어설 수 없다. 단지 이때 중요한 문제는, 그런 '모국어 화자의 언어 능력'을 신뢰하는 수험생(직관형-충동형-우뇌형)이 있는 반면에 그런 자기 능력을 신뢰하지 않는 수험생(감각형-심사숙고형-좌뇌형)이 있다는 것뿐이다.

이 문항에서 재미있는 것은 상대적으로 5번 답지에 대한 선택률(7%)이 높았다는 점이다. 버라이어티쇼의 다른 말인 '레뷰'는 근대의 오페라에만 해당되는 것이다. 그리스 비극은 해당 사항이 없다. 그럼에도 불구하고 7%라는 적지 않은 수험생들이 5번을 선택한 이유는 다른 데 있는 것이 아니다. 혹시 독자들은 짐작이 가는지 모르겠다. <보기>의 '당대인들의 인식을 이끌었다'와 5번 답지의 '각각의 시대에 걸맞은' 사이에 존재하는 연관성이 7%의 수험생을 유혹했다. 물론 <보기>를 참고한 것처럼 보인다는 말이지, <보기>를 실제로 참고했다는 말은 아니다. 이걸 답으로 고른 7%의 수험생은 '위 글을 바탕으로'라는 발문의 조건을 무시하거나 경시했을 가능성이 높다. 그러면서 "<보기> 문제

니까 <보기>와 연관성이 높은 걸 고르면 되겠지” 하는 아주 단순한
방식을 동원했을 것이다. 그런 생각이 7%의 ‘어리석은 손’을 이끌었다.

24. 문맥상 ⓐ와 바꾸어 쓰기에 가장 적절한 것은? [1점]

① 멸시(蔑視)한다면
② 천시(賤視)한다면
③ 등한시(等閑視)한다면
④ 문제시(問題視)한다면
⑤ 이단시(異端視)한다면

☞ **발문**: ‘문맥상’이라는 조건이 그나마 중요한 조건이지만, 문제 해
  결 과정에 미치는 영향은 없었다. 문맥적이든 사전적이든 적절한
  답지는 하나뿐이었기 때문이다.

☞ **정답의 표지성**: 답지를 훑어보는 도중에 정답의 표지성(94%)이
  발견된다. 매력적 오답이 없는 평이한 어휘 문제다. 그대로 정답
  을 확정하라.

☞ **문제 풀이 과정**: 멸시, 천시, 등한시, 문제시, 이단시에서 이단시
  를 빼고는 아마 대충 어떤 느낌이 오는 어휘들이다. 멸시, 천시,
  등한시, 문제시, 이단시를 수험생들에게 설명해 보라고 하면, 아
  마 ‘경멸적으로 보는’, ‘천하게 보는’, ‘신경 안 쓰는’, ‘문제로 보
  는’, ‘이단으로 보는’ 같은 하나마나한 이야기를 할 가능성이 높
  다. 하지만 이 정도로도 문제는 풀린다. 멸시, 천시, 등한시, 문제

시, 이단시를 따로 암기 학습한다는 것 자체가 '난센스'다. 모국어
화자의 스키마에 충분히 포함되는 수준의 어휘들이기 때문이다.

기술

소프트웨어 개발에서 자료 관리를 위한 구조로는 '배열'과 '연결리스트'가 흔히 사용된다. 이 구조를 가진 저장소가 실제 컴퓨터 메모리에 구현된 위치를 '포인터'라고 한다.

㉠배열은 물리적으로 연속된 저장소들을 사용한다. 배열에서는 흔히 <그림 1>과 같이 자료의 논리적 순서와 실제 저장 순서가 일치하도록 자료가 저장된다. 이때 원하는 자료의 논리적인 순서만 알면 해당 포인터 값을 계산할 수 있으므로, 바로 접근하여 읽기와 쓰기를 할 수 있다. 그런데 <그림 1>에서 자료 '지리'를 삭제하려면 '한라'를 한 칸 당겨야 하고, 가나다순에 따라 '소백'을 삽입하려면 '지리'부터 한 칸씩 밀어야 한다. 따라서 삽입하거나 삭제하는 자료의 순번이 빠를수록 나머지 자료의 재정렬 시간이 늘어난다.

포인터:	저장소
0000:	산 이름
1000:	백두
1001:	설악
1002:	지리
1003:	한라
1004:	

〈그림 1〉 배열

포인터:	저장소	다음 포인터
0000:	산 이름	다음 포인터
1000:	백두	1008
1002:	ⓐ	ⓑ
1004:	지리	1006
1006:	한라	----
1008:	설악	ⓒ1004

〈그림 2〉 연결리스트

ⓛ연결 리스트는 저장될 자료와 다음에 올 자료의 포인터인 '다음 포인터'를 한 저장소에 함께 저장한다. 이 구조에서는 <그림 2>와 같이 '다음 포인터'의 정보를 담을 공간이 더 필요하지만, 이 정보에 의해 물리적 저장 위치에 상관없이 자료의 논리적 순서를 유지할 수 있다. 또한 자료의 삽입과 삭제는 '다음 포인터'의 내용 변경으로 가능하므로 상대적으로 간단하다. 예를 들어 <그림 2>에서 '소백'을 삽입하려면 빈 저장소의 ⓐ에 '소백'을 쓰고 ⓑ와 ⓒ에 논리적 순서에 따라 다음에 올 포인터 값인 '1004'와 '1002'를 각각 써 주면 된다. 하지만 특정 자료를 읽으려면 접근을 시작하는 포인터부터 그 자료까지 저장소들을 차례로 읽어야 하므로 자료의 논리적 순서에 따라 접근 시간에 차이가 있다.

한편 '다음 포인터'뿐만 아니라 논리 순으로 앞에 연결된 저장소의 포인터를 하나 더 저장하는 ⓒ'이중 연결 리스트'도 있다. 이 구조에서는 현재 포인터에서부터 앞뒤 어느 방향으로도 연결된 자료에 접근할 수 있어 연결 리스트보다 자료 접근이 용이하다.

☞ **어휘**: 어휘만 놓고 보면 특별히 어렵거나 낯선 어휘는 없다. '자료 관리', '배열', '연결', '리스트', '저장소', '논리적 순서', '읽기와 쓰기', '삽입과 삭제', '재정렬', '접근 시간', '이중 연결'……이 중에 수험생이 모르는 어휘는 없다. 그렇다면 이 제시문은 이해가 잘 돼야 정상이다. 하지만 절대 그렇지가 않았다.

이 제시문에 등장하는 어휘들은 수험생들이 익숙하게 사용하고 그 의미를 어느 정도 정확하게 아는 것들이다. 하지만 그 단어들은 수험생들이 알고 있는 의미로 사용되지 않는다. '컴퓨터의 자료 관리 구조'라는 맥락 안에서 거의 모든 어휘들이 다른 의미와 다른 용례로 등장하기 때문이다. 어휘가 익숙하다고 제시문의 이해도가 곧장 높아지는 것이 결코 아니다. 미리 암기하는 방식의 어휘 학습이 갖는 '근본적인 빈곤성'과 '낮은 활용가능성'에 대해서 다시 한 번 생각해 보기를 바란다.

☞ **스키마**: '컴퓨터의 자료 관리 구조'라는 말을 이날 수능을 치르면서 처음 본 수험생이 대다수였을 것이다. 당연하다. 오히려 컴퓨터와 관련된 특성화 고등학교를 다닌 친구들은 '환호'를 했을 가능성이 높은 제시문이다. 어쨌든 대다수 수험생은 이 제시문의 내용을 비춰볼 배경지식이 하나도 없는 상태에서 이 글을 읽었을 가능성이 높다. 수능 국어 영역에서 과학 기술 제재의 경우 가끔 이런 상황이 벌어진다.

필자의 조언은 딱 하나다. 이해가 되든, 안 되든 무조건 한 번 훑어 읽어라. 그렇게 하면 믿기 힘들겠지만, 어떤 배경지식이 즉석에서 만들어진다. 그렇게 만들어진 배경지식을 가지고 제시문을 다시 한 번 읽으면 한결 이해도가 높아진다. 제시문 독해는 그 정도로 하면 된다. 수험생은 제시문의 내용을 다른 사람 앞에서 발표하거나 글로 쓰고자, 제시문을 읽는 것이 아니라는 사실을 항상 명심해야 한다. 특히 감각형－심사숙고형－좌뇌형 독자들은 주의해야 한다. 제시문을 더 명료하고 확실하게 이해하려고 애쓰지 말라. 그것은 위험한 행동이다. 큰일 난다.

☞ **문제 해결 과정**: '기술류'의 교재나 강의를 보면 한 번 읽을 때 정독해야 한다는 조언이 있다. 단순한 정독도 아니다. 기술이나 스킬을 적용하면서, 그러니까 '이항관계'나 '대칭성'을 체크하고 '의미론적 지도'를 그리면서 읽으라는 것이다. 제시문을 꼼꼼하게 몇 번 읽은 다음에도 하기 힘든 일을, 처음 읽는 도중에 하라는 말이다. 물론 '표시'까지 하면서 말이다.

자, 어떻게 표시를 하라는 것인지 보자. 먼저 '배열'에는 '네모'를,

'연결 리스트'에는 '세모'를 표시한다. 대조적인 대상이기 때문이다. 그러고 나서 '포인터'에 밑줄을 친다. 왜 포인터에 밑줄을 쳐야 하는지는 알 수 없다. 그냥 쳐야 한다.

다음 문단으로 넘어가서 '네모'를 표시해야 하는 부분은 '배열', '논리적 순서', '실제 저장 순서'다. 논리적 저장 순서와 실제 저장 순서 사이에는 '=' 표시까지 해야 한다. '일치한다'는 뒷내용 때문인 것 같다.

여기서 드는 한 가지 의문은, 그 위의 문장 가운데 '물리적으로 연속된 저장소를 사용한다'는 부분에는 왜 네모 표시를 하지 않는 지이다. 필요 없다는 것 같은데 그런 판단은 누가 하는가? 이 정도로 생소한 제시문을, 그것도 한 번 읽는 도중에 어떤 부분은 표시하고 어떤 부분은 표시하지 않는다는 판단은 결코 쉽게 할 수 없는 것인데도 말이다. 사실 그건 제시문을 다 읽고 나서도 쉽지 않은 일이다. 하지만 교재에 따르면 어쨌든 이 부분은 표시하지 않고 넘어간다. 그리고 바로 뒤의 문장 '이때 원하는 자료의 논리적 순서만 알면 해당 포인터 값을 계산할 수 있으므로'라는 정보도 아무런 표시 없이 넘어간다.

필자가 보기에는 '논리적 순서'와 '해당 포인터 값 계산'에도 네모를 표시하고, '=' 표시를 중간에 하는 것이 가능하다. 아마 '있으므로' 다음이 중요하기 때문에 '있으므로' 앞은 그냥 넘어가도 된다는 것 같은데, 이게 어떻게 가능한 것인지, 그리고 이렇게 읽은 글이 수험생의 머릿속에 무엇을 남길지에 대해서는 의문이다. 아무튼 별 이유 없이 이 부분은 그냥 넘어간다. 교재에 따르면 수험생들은 그다음에 등장하는 '바로 접근'에 갑자기 네모 표시를 해야 한다. 그 뒤의 '읽기와 쓰기를 할 수 있다'는 표현은 또 그냥 넘어간다. 결국 '읽기와 쓰기를 하기 위해 바로 접근하는 것'이라면 읽기와 쓰기는 왜 중요한 내용이 아닌지 잘 모르겠다. 그다음 "그런데 ~ 한 칸씩 밀어야 한다"는 아무 표시 없이 넘어간다. 아마 '예시' 부분이라 통째로 넘어가는 것 같다. 그리고 "삽입하거나 삭제하는 자료의 순번이 빠를수록 나머지 자료의"까지도 아무 표시를 하지 않는다. 그리고 뜬금없이 "재정렬 시간이 늘어난다"에 네모 표시를 한다.

도대체 어떤 기준으로 네모 표시를 하기도 하고, 안 하기도 하는지 도무지 알 수가 없다. 유일한 기준은 결론을 유도하는 접속어 다음에 나오는 내용을 챙기라는 것 같은데, 그렇다면 '이항관계'니 '대칭성'이니 하는 괴상한 표현을 쓰기보다는, "비교나 대조가 등장하는 제시문을 볼 때는, 각 단락의 화제마다 다른 표시를 하고 결론 유도 접속어 다음을 챙겨서 보라"는 정도로 충분하지 않을까 싶다. 그리고 사실 이런 조언은 이미 많은 국어 교재나 강의에서도 '지긋지긋'하게 듣는 말이다.

왜 결국 똑같은 이야기인데 이름만 바꿔서 뭔가 다른 것처럼 헷갈리게 만드는지 모를 일이다. 교재를 직접 쓴 저자는 사후적으로 문제를 분석하면서도 이런 상황이 연출되는데, 실제 시험장에서 어디에는 표시하고 어디에는 표시하지 말 것인지를 수험생이 판단하면서, 이렇게 생소한 글을 읽는 것이 과연 가능할까? 그리고 그때 수험생이 갖게 될 이 제시문에 대한 방어적 태도는 또 어쩌라는 말인가? 필자가 앞에서 말했듯이 뭔가를 계속 의식하면서 읽고, 거기에다가 표시까지 하면서 읽으면 제시문에 대한 이해도는 오히려 더 떨어진다. 읽으면서 체크해야 할 부분이 늘어난다는 것은 정서 필터의 수준을 높이는 것이기 때문이다. 레벨이 높아진 정서 필터는 제시문에 대한 심리적 방어벽을 만들어, 문자 정보의 효과적인 입력과 이해를 결정적으로 방해한다.

어쨌든 다시 제시문 독해 '기술'로 돌아가자. <그림 1>은 그냥 넘어간다. 이 그림이 이 글을 이해하는 데 얼마나 도움을 주는 것인지는 독자들이 판단하기 바란다. 솔직히 말하면 앞에 등장한 생소한 어휘나 문장의 의미가 그나마 이해되는 것은 이 그림을 보고 나서부터다. 어쨌든 이 부분(<그림 1>)은 따로 표시하기 그랬는지 그냥 넘어간다. 다음 문단에서는 '연결리스트'에 '세모' 표시를 한다. 그리고 그 문장 전체에서 '다음 포인터'에만 달랑 세모 표시를 한다. '함께 저장한다'는 부분은 중요하지 않은가? 교재의 저자는 어떤 사고 과정을 통해서 이 부분은 중요하지 않다는 판단에 도달했을까? 실제 시험장에서 수험생들도 이런 판단을 할 수 있을까? 또 그걸 못하면 큰일이라도 날까?

어쨌든 그리고 나서 '다음 포인터의 정보를 담을 공간이 더 필요'에 세모를 표시한다. 그리고 중간은 건너뛰고 '논리적 순서'에 세모 표시를 한다. 왜 앞에 등장한 '논리적 순서'에는 네모 표시를 했는데 이번에 등장한 '논리적 순서'에는 세모 표시를 해야 하나? 그냥 각 단락별로 중요하게 여겨지는 단어나 어구에 각각 다른 표시를 하라고 조언하는 것이 더 간단하고 효과적인 조언이 아닐까? 더구나 필자가 보기에는 이 문장에서는 '논리적 순서'가 중요한 것이 아니다. "저장될 자료와 다음에 올 자료의 포인터가 함께 저장되기 때문에 물리적 저장 위치에 상관없이 그 논리적 순서를 유지할 수 있다"는 정보가 훨씬 더 중요하다. 하여튼 아무런 이유 없이 '물리적 저장 위치에 상관없이'와 '순서를 유지한다'는 정보에는 표시를 하지 않는다.

필자는 수험생 입장이 돼서 정말 묻고 싶다. "도대체 어쩌라는 것인가?"

어쨌든 그리고 나서 '삽입과 삭제'에 세모 표시를 한다. 그리고 '상대적으로 간단하다'에 세모 표시를 한다. 또 이상하다. '삽입과 삭제'는 제시문에 처음 등장하는 어휘가 아니다. 앞에서 '배열'을 설명하는 문단에 '삽입하거나 삭제하는 자료'라는 표현이 이미 등장한 바 있다. 그건 그럼 다시 돌아가서 세모 표시를 해야 하나? 아니면 똑같은 '삽입과 삭제'지만 앞의 것에는 네모, 뒤의 것에는 세모를 표시해야 하나? 왜 어떤 '삭제나 삽입'은 무시되고 어떤 '삽입과 삭제'는 특정한 표시를 해야 하는지는 여전히 베일에 싸여 있다. 그다음 '<그림 2> ~ 써 주면 된다'는 예시라 넘어간다. 그리고 쭉 그냥 가다가 '논리적 순서'와 '접근 시간'에 세모 표시를 한다. 또 '하므로' 다음이 중요하기 때문에 '하므로' 뒷부분에만 표시를 하면 된다는 것인가? 앞의 내용, 그러니까 '특정한 자료를 읽으려면 접근을 시작하는 포인터부터 그 자료까지 저장소들을 차례로 읽어야 하므로'를 이해하지 못했는데, "논리적 순서에 따라 접근 시간에 차이가 있다"는 부분이 이해가 될까? '하므로' 다음이 중요하니까 앞부분에서 무슨 소리를 하든 '하므로' 다음에만 표시를 하라고 조언하는 것이라면(무조건 이렇게 하라는 것도 아니다. 그때그때 다르다), 그런 설명은 전혀 설득력이 없다. 이런 방식으로 글을 읽는 것, 더 나아가 표시를 하는 것이 제시문을 이해하는 데 도대체 어떤 도움이 될지 정말 깊이 생각해 볼 일이다.

물론 여기서 나올 반론을 필자는 이미 알고 있다. "제시문 내용을 몰라도 그렇게 표시된 부분만 챙기면 어쨌든 문제를 해결할 가능성이 높아진다"는 것이다. "어려운 제시문의 경우 이렇게라도 해서 그 제시문을 바탕으로 만들어진 문제를 해결해야 하는 것 아니냐"는 말이다.

몇 가지를 이야기로 대답을 대신하고자 한다. 첫째, 이런 번거로운 짓을 안 해도 풀릴 문제는 풀리고, 이런 번거로운 짓을 수십 차례, 수백 차례를 해도 안 풀릴 문제는 안 풀린다. 둘째, 비교나 대조, 교재 표현으로 '이항관계'가 감지되면 무조건 이 짓을 해야 할 이유가 없다. 그냥 편하게 읽어도 되는 글인지 아닌지도 모르는 상태에서, 비교와 대조가 나왔다는 이유만으로 처음부터 네모, 세모 표시를 하면서 제시문을 읽는 것은 '견문발검', 그러니까 모기를 보고 칼을 뽑는 것과 다를게 없다. 한마디로 '오버'라는 말이다. 셋째, 제시문의 어떤 부분에 표시하고 어떤 부분은 넘어가는 기준이 무엇인지 도대체 알 수가 없다는 것이다. 결론 유도 접속어 앞의 어휘나 문장은 그냥 무시하면 되는 것인가? 그렇다면 한 단락에서 접속어에 주목해 각각의 문장을 부연, 상술, 예시, 주지 문장으로 구별한 후, 부연, 상술, 예시 문장은 삭제하고 주지 문장만 챙기면 된다는 기존의 '공자님 말씀' 같은 독해 방식과 다른 점이 도대체 무엇인가?

자, 이제 마지막 단락으로 가보자. 일단 '포인터를 하나 더 저장'과 '이중 연결 리스트'에 동그라미 표시를 한다. '이항관계'인 줄 알았는데 '삼항 관계'란다. 중간은 건너뛰고 '연결리스트'에 세모 표시, '자료 접근이 용이'에 동그라미를 표시한다. 어떤가? 할 만한가? 솔직히 말하면 필자는 화가 난다. 어쨌든 '네모' 표시한 부분만 따로 모아 보자. '배열', '논리적 순서', '실제 저장 순서', '바로 접근', '재정렬 시간이 늘어난다'가 네모를 표시한 부분이다. '세모' 표시한 부분도 모아보자. '연결 리스트', '다음 포인터', '다음 포인터의 정보를 담을 공간이 더 필요', '논리적 순서', '삽입과 삭제', '상대적으로 간단', '논리적 순서', '접근 시간에 차이'가 세모를 표시한 부분들이다. '동그라미'를 표시한 부분은 '포인터를 하나 더 저장', '이중 연결 리스트', '자료 접근이 용이'이다.

자, 그럼 문제를 보자. '기술류'의 교재가 이 문제를 어떻게 풀이하고 있는지도 살펴보자.

25. 위 글을 통해 알 수 있는 사실로 옳지 않은 것은?

① 저장된 자료에 접근할 때는 포인터를 이용한다.
② 자료 접근 과정은 사용하는 자료 관리 구조에 따라 달라진다.

③ '배열'에서는 자료의 논리적 순서에 따라 자료 접근 시간이 달라
   진다.

④ '연결리스트'는 저장되는 전체 자료의 개수가 자주 변할 때 편리
   하다.

⑤ '이중 연결 리스트'의 한 저장소에는 세 가지 다른 정보가 저장된다.

'기술류' 교재의 풀이부터 보자. 1번 답지에 대한 설명은 포인터에
밑줄을 치고 "첫 문단에 나온다"라고 말하는 게 전부다. 2번 답지에 대
한 설명은 2번 답지의 내용, 그러니까 "자료 접근 과정은 사용하는 자
료 관리 구조에 따라 달라진다"는 말은 "네모, 세모, 동그라미의 자료
관리 구조에 따라 접근 과정이 달라진다"는 말과 똑같은 것이란다. 3번
답지는 '배열'에 네모 표시가 돼 있고, '자료의 논리적 순서에 따라 자
료 접근 시간이 달라진다'에 기다란 세모가 표시돼 있다. 그러면서 '세
모'를 '네모'로 바꿔치기 했다면서 전형적인 행위 주체의 왜곡이라고
설명한다. 그리고 그래서 정답이란다. 그냥 '배열'을 이야기하면서 엉
뚱하게 '연결 리스트'에 대한 설명이 나왔다고 하면 될 것을 또 해괴한
이름을 붙였다.

사실 둘 이상의 대상을 대조적으로 설명하는 제시문에서, 대상 A에
해당하는 내용을 대상 B에 대한 설명으로 바꿔치기 하는 것은, 적절하
지 않은 답지를 만드는 가장 기본적인 방식이다. 초등학생에게 문제를
만들라고 해도 그 부분을 가지고 만들 것이다. 그리고 그건 제시문을
한 번 읽으면 어느 정도 판단이 되는 것이다. 우리가 이걸 답으로 고르
려고, 이토록 생소한 제시문을 이다지도 번거롭게 읽어야 하는지, 또
이게 실제 시험장에서 가능한 일인지는 독자들이 스스로 판단해 보기
를 바란다.

어쨌든 지금부터 중요한 이야기를 하고자 한다. 3번 답지를 선택한 수험생은 66%이다. 이렇게 정답률이 낮았던 이유는 4번 답지를 13%의 수험생이, 5번 답지를 12%의 수험생이 선택했기 때문이다. '배열'에 대한 설명이 들어가야 할 부분에 '연결리스트'에 대한 설명이 들어간 3번 답지를 적절하지 않은 것으로 고르는 것이 그만큼 힘들었다는 이야기다. 언뜻 이해가 되지 않는다. 그렇다면 '네모'나 '세모' 표시를 하지 않아서 3번 답지가 잘못됐다는 것을 파악하지 못해서 이런 결과가 나온 걸까? 당연히 아니다. 표시를 했든 안 했든 3번 답지가 이상하다는 것을 알면서도, 4번과 5번 답지를 선택한 친구들이 많았기 때문이다. 국어 시험은 표시만 하면 술술 풀리는, 그 따위 시험이 아니다. 왜 그랬는지 한번 보자. '기술류'의 교재를 보면 4번 답지의 경우 '연결리스트'와 '전체 자료의 개수가 자주 변할 때'에 세모 표시가 돼 있다. 그리고 그 옆에 별도로 세모가 표시된 '삽입과 삭제'를 적어 놓았다. '자료의 개수가 자주 변할 때'라는 말과 '삽입과 삭제'가 결국 같은 말이라는 의미인 것 같다. 하지만 이 부분은 이렇게 아무렇지도 않게 넘어갈 부분이 아니다.

자, 하나씩 짚어보자. 먼저 '자료의 개수가 자주 변할 때'라는 말은 제시문에 전혀 등장하지 않는다. '세모' 표시를 하고 싶어도 할 수가 없다. 그리고 사실 정확하게 말하면 '전체 자료의 개수가 자주 변할 때'와 '삽입과 삭제'는 같은 말이 아니다. '전체 자료의 개수가 자주 변할 때 편리하다'는 말과 '삽입과 삭제가 상대적으로 간단하다'가 같은 말이다. 독자들은 뭐가 문제인지 감지했나? 4번 답지를 적절한 것으로 판단하기 위해서 필요한 것은, '전체 자료의 개수가 자주 변할 때 편리하다'는 말과 '삽입과 삭제가 상대적으로 간단하다'는 말이 결국은 같은 의미라는 사고가 반드시 선행돼야 한다는 것이다. 하지만 이 사고 과정이 쉽지 않았기 때문에 13%에 달하는 수험생들이 4번을 적절하지 않은 것으로 선택했다.

무슨 말이냐면 '삽입과 삭제가 간단하다'에 세모 표시를 했던 친구들은 그 부분이 '연결리스트'에 해당하는 내용 같아서 세모 표시는 했지만, 그래놓고도 '삽입과 삭제가 간단하다'는 말이 '전체 자료의 개수가 자주 변할 때 편리하다'와 같은 의미라는 것을 시험장에서 간파하기는 힘들었다는 것이다. 만약 4번 답지가 "연결리스트는 자료의 삽입과 삭제가 간단하다"고 돼 있었다면 13%에 이르는 많은 수험생들은 이 답지를 적절하지 않은 것으로 선택하지 않았을 것이다. 당연하다. 아마 거꾸로 다섯 개 답지 중에서 가장 낮은 선택률을 보였을 가능성이 높다.

사정이 이런데, '삽입과 삭제'에 세모 표시를 했고, '전체 자료의 개수가 자주 변할 때'가 결국 '삽입과 삭제'니까 삽입과 삭제에 세모 표시를 한 사람은 이걸 오답이라고 판단했을 것이라는 것이 '기술류' 교재의 설명이다. 독자들은 이 설명에 동의할 수 있나? 필자는 절대 동의하지 못한다. 이건 실제 시험 상황에서 수험생들이 겪는 고민의 내용과는 너무 동떨어진 풀이 방식이다. 차라리 '전체 자료의 개수가 자주 변할 때 편리하다'는 말이 제시문에 없으니까, 말하자면 세모에도, 네모에도, 동그라미에도 해당이 안 되니까 적절하지 않다고 말하는 것이 이치에 맞는 것이다. '삽입과 삭제'에 세모 표시를 한 모든 사람은 당연히 '삽입과 삭제가 간단하다'는 말을 '전체 자료의 개수가 변할 때 편리하다'로 이해해야만 할 필연성이 도대체 어디에 있나?

사실 이건 교재에서 말하는 기술이나 스킬의 문제가 아니라, '삽입과 삭제가 간단하다'는 말과 '전체 자료의 개수가 변할 때 편리하다'는 말을 같은 것으로 이해할 수 있는 수험생의 습득된 국어 능력에 전적으로 달려 있는 것이다. '삽입과 삭제'에 세모 표시를 한 것만으로 4번 답지를 오답으로 간단히 배제하는 것이 정말 가능할까? 여기서 교재는 그런 능력('삽입과 삭제가 간단하다'와 '전체 자료의 개수가 변할 때 편리하다'를 같은 말로 이해하는 능력)은 기본적인 것이고, 그 정도도 판단할 수 없다면 그건 수험생의 수준에 문제가 있는 것이라고 말하고 싶을지도 모른다. 그렇지 않다. 이런 능력은 절대 낮은 수준의 능력이 아니다. '말 바꾸기(제시문의 표현을 답지 쪽에서 다른 표현으로 변형시키는 것)'를 감지하는 능력은 수능 국어 영역에서 정·오답을 가르는 핵심 능력이다.

그리고 정말 묻고 싶은 것은 이거다. 이런 높은 수준의 능력을 당연한 것으로 생각하는 사람이, 그동안 그다지도 빈번하게 수험생들을 초등학생으로 보면서 네모, 세모를 표시하라고 조언했느냐는 것이다. 제시문 내용이 이해가 안 돼도 네모, 세모 표시만 하면 문제가 해결된다는, 끔찍할 정도로 단순한 이야기를 여태까지 하고 있었느냐는 것이다.

필자는 이런 교재나 강의가 어떤 때는 독자들을 코흘리개로 보다가, 어떤 때는 갑자기 매우 뛰어난 사고를 하는 사람으로 보기도 한다는 사실이 너무 기이하다. 그것은 마치 끝이 두 갈래로 갈라진 막대기를 마구 휘두르는 격이다. 어쨌든 그 막대기는 누구도 피할 수가 없는 것이어서 어떻게든지 얻어맞게 된다. 솔직히 말하면 이런 '기술류'의 교재나 강의는 그 설명의 수준과 차원이 너무 뒤죽박죽이라, 그 문제점을 지적하는 것조차 제대로 갈피를 잡아 하기가 힘들 정도다.

어쨌든 다시 답지로 돌아가자. 5번 답지('이중 연결리스트'의 한 저장소에는 세 가지 다른 정보가 저장된다)를 12%의 수험생들이 선택한 이유는 4번 답지와 거의 비슷하다. 교재에는 '이중 연결리스트'와 '세 가지 다른 정보가 저장'에 동그라미 표시가 되어 있다. 하지만 마찬가지로 '세 가지 다른 정보가 저장된다'는 말은 제시문 어디에도 없다. 교재는 4번 답지에서처럼 '포인터 하나를 더 저장'이라는 마지막 문단의 동그라미 표시가 바로 '세 가지 다른 정보가 저장된다'는 말과 같은 것이라고 말하는 것 같다. 하지만 이 부분도 4번 답지 정도는 아니지만, 여전히 간단하지 않다. 또 그래서 12%에 이르는 수험생들이 3번이 답 같다는 판단을 하면서도, 5번 답지를 정답으로 선택했다. '포인터 하나를 더 저장'에 동그라미 표시를 한 사람은 모두 그리고 무조건 '포인터 하나를 더 저장한다'는 말과 '세 가지 다른 정보가 저장된다'는 말을 똑같은 말로 즉시 감지하고, 그래서 5번 답지를 오답으로 금방 배제할 수 있을 것이라는 예상은 도대체 어떤 근거에서 나온 것인가?

독자들은 "패기 있는 우리 선배님들이 나름대로 고민해서 하는 이야기를 가지고, 뭘 이렇게 정색을 하면서 딴죽을 거느냐"는 비판을 할 수도 있을 것 같다. 아니다. 그럴 필요가 있다. 피 끓는 청춘이 보여주는 한때의 '애교'나 '치기'로 생각하고 모른 척하기에는 매우 많은 수험생들이 매우 큰 영향을 받고 있기 때문이다. 그리고 그런 기간이 예상과 달리 길어지고 있다. 정색을 할 필요가 분명히 있다.

☞ **정답의 표지성**: 제시문 내용의 생소함과 복잡함에 비춰볼 때, 답지를 보는 도중 정답의 표지성(66%)이 안 보이거나 희미할 수 있다. 만약 정답의 표지성이 느껴진다면 확실하지는 않지만, '답지 표현 간의 부조화'가 감지됐기 때문일 가능성이 매우 높다. 그대로 정답을 확정하는 것도 괜찮고, 불안하다면 해당 답지의 내용만 제시문에서 확인하는 것도 가능하다. 다만 후자의 행동은 반드시 시간의 소비를 그 대가로 지불해야 한다. 또 운 좋게 제시문에서 특정 정보를 제대로 확인할 경우, 의외로 답을 확정지을 수

도 있지만, 그렇지 않을 경우 확인 전보다 정답을 확정하는 데 더 큰 어려움을 겪을 수도 있다.

만약 나머지 답지까지 모두 확인하려면 엄청난 시간의 소비를 감수해야 한다. 당연히 그에 따른 부작용까지도 함께 감수해야 한다. 매력적인 오답이 2개(13%, 12%) 있다. 두 답지의 선택률이 높은 이유는 단순한 사실 확인만으로는 판단이 서지 않기 때문이다. 제시문의 표현이 답지에서 변형되었고, 제시문의 정보로 추리 상상까지 해야 했다. 쉽게 갈 수 없다면, 일단 제쳐둘 필요가 있는 문항이다. 끝까지 해결한 후 시간이 확보됐을 때 여유롭게 푸는 게 맞다. 섣불리 해결하려다가는 정답을 고르지도 못하면서 시간만 낭비할 수 있다.

☞ **문제 해결 과정**: 두 번째 문단에 이런 내용이 나온다. "'배열'에서는 논리적 순서와 실제 저장 순서가 일치하기 때문에, 해당 포인터 값을 바로 계산할 수 있고, 자료에 바로 접근할 수 있다." 이게 무슨 말인지는 몰라도 된다. 이걸 한 번 읽고 이해하는 사람이 있다면 그 사람이 이상한 사람이다. 하지만 무슨 말인지는 몰라도 어쨌든 "'배열'에서는 논리적 순서와 실제 저장 순서가 일치하기 때문에, 자료에 바로 접근할 수 있다"는 것이다. 그렇다면 "'배열'에서는 자료의 논리적 순서에 따라 자료 접근 시간이 달라진다"는 3번 답지는 '옳지 않은 것'이 된다.

물론 대다수 수험생들은 이 제시문 내용보다는 '연결 리스트'를 설명하는 3문단 마지막 문장 "논리적 순서에 따라 접근 시간에 차이가 있다"에 주목해서 3번을 틀리다고 판단했다. 논리적 순서에 따라 접근 시간이 달라지는 것은 '배열'이 아니라 '연결 리스트'라고 생각했다는 말이다. 말하자면 '답지 표현 간의 부조화'라는 정답의 표지성을 감지했다는 것이다. '배열'이라는 표현과 '자료의 논리적 순서에 따라 자료 접근 시간이 달라진다'는 표현이 마치 '빨강-파랑' 조합처럼 서로 충돌했다는 말이다.

둘 중에 뭐로 판단을 했든 이쯤에서 그대로 3번 답지를 정답으로 확정하고 다음 문제로 넘어갔으면 얼마나 좋았을까? 하지만 많은 수험생들, 특히 감각형-심사숙고형-좌뇌형 수험생들은 그렇게 하지 못했다. 정답률이 66%에 그친 것은 4과 5번 답지 때문이었다. 4번과 5번이 수험생들의 발목을 잡았다. 4번의 경우 "연결 리스트의 경우 전체 자료의 개수가 자주 변할 때 편리하다"는 답지의 표현과 "연결 리스트는 자료의 삽입과 삭제가 간단하다"는 제시문의 표현은 결국 똑같은 의미다. 자료를 삽입하거나 삭제하면 당연히 전체 자료의 개수가 변하는 것이기 때문이다. 제시문의 표현을 답지에서 '묘하게' 변형시킨 것이다.

문제는 "연결 리스트의 경우 전체 자료의 개수가 자주 변할 때 편리하다"는 '답지의 표현'과 "연결 리스트는 자료의 삽입과 삭제가 간단하다"는 '제시문의 표현'이 똑같은 의미라는 것을 판단해야만 4번이 오답으로 제거가 되는데, 그게 쉽지 않았다는 데 있었다.

앞에서 필자는, 적절하지 않은 것을 찾아야 하는 부정발문에서는 '말 바꾸기'보다 '답지 표현 간의 부조화'를 더 중요한 정답의 표지성으로 인정하라고 말했다. 이 경우가 바로 그렇다. 사실 3번 답지를 좀 더 희미하게 처리했다면 정답률은 더 떨어졌을 것이다. 결국 4번 답지를 더 많이 선택했을 가능성이 높다. "제시문에 근거가 없다"면서 말이다. '말 바꾸기'에 절대 넘어가지 않을 자신도 없으면서 "모든 근거는 제시문에 명시적으로 존재한다"는 명제를 무조건 따르면 결국 오답을 고르게 될 수도 있다.

5번 답지(12%)도 보자. 5번 답지의 내용은 이중연결리스트는 자료 이름(예컨대 '설악'), 다음 포인터(1004), 그리고 앞의 포인터(1000)까지 해서, 세 가지 다른 정보가 한 저장소에 저장된다는 의미다. 여기서 자료(설악)의 해당 포인터 값(1008)은 '정보'이기는 하지만 저장소에 저장되는 정보는 아니라는 것인데, 이 부분을 감지하는 것 또한 매우 어려웠다. '세 가지'가 아니라 '네 가지' 다른 정보가 한 저장소에 저장된다고 판단하는 것이 충분히 가능했다는 말이다.

필자가 이런 이야기를 하는 이유는 다른 데 있는 것이 아니다. 제시문의 표현이, 동일한 의미지만 답지 쪽에서 다른 표현으로 변형돼 등장할 경우, 둘을 같은 것으로 판단하는 것은 실제 시험장에서는 말처럼 쉽지 않다는 점을 강조하기 위해서다. 그렇다고 "표현만 바뀐 걸 왜 알아차리지 못하느냐"고 수험생들을 일방적으로 질책할 수만은 없다. 제시문에 사용된 표현이 답지에서 묘하게 바뀌면 실제 시험 상황에서는 사실상 그걸 감지하기가 어려울 때가 정말 많기 때문이다. 아마 이 문제를 맞힌 아이들도 표현이 바뀌었다는 것을 확실하게 눈치 챈 다음 3번을 고른 경우는 거의 없을 것이다. 찜찜하지만 '배열'과 '논리적 순서에 따라 자료접근 시간이 달라진다'는 두 표현이 갖는 부조화를 가지고 정답을 확정했을 가능성이 가장 높다. 또 그것이 실제 시험 상황에서 수험생이 도달할 수 있는 최고의 대응 방식이었다.

이 문제를 통해 수험생이 곱씹어 봐야 할 대목은 다른 것이 아니다. '답지 표현 간의 부조화'라는 다소 분명한 정답의 표지성에 주목해서 나머지 답지들을 의도적으로 무시할 수 있는 '용기'가 있어야 한다는 것이다. 그리고 이런 용기 있는 태도는 직관형-충동형-우뇌형 수험생들이 가진 뚜렷한 특징이라는 사실이다. '번거로운' 답지들을 의식적으로 무시하면서 확실한 정보로 정답을 확정할 수 있는 과감한 태도는,

모국어 화자의 중요한 미덕이기 때문이다.

다음 문제도 보자.

26. ㉠~㉢에 대해 <보기>의 실험을 한 후 얻은 결과로 옳은 것은?

〈보 기〉

동일 수의 자료를 논리 순이 유지되도록 메모리에 저장한 다음 읽기, 삽입, 삭제를 동일 횟수만큼 차례로 실행하였다.

※ 단, 충분히 많은 양의 자료로 충분한 횟수만큼 실험을 하되, 자료를 무작위로 선택하고 자료의 논리 순이 유지되도록 함.

---

① ㉠은 ㉡에 비해 삭제 실험에 걸리는 총 시간이 길었다.
② ㉠은 ㉢에 비해 저장 실험의 메모리 사용량이 많았다.
③ ㉡은 ㉠에 비해 삽입 실험에 걸리는 총 시간이 길었다.
④ ㉡은 ㉢에 비해 저장 실험의 메모리 사용량이 많았다.
⑤ ㉢은 ㉡에 비해 읽기 실험에 걸리는 총 시간이 길었다.

‘기술류’ 교재에 따르면 1번 답지의 경우, ㉠(배열)에 네모, ㉡(연결 리스트)에 세모 표시, ‘삭제 실험에 걸리는 총 시간이 길었다’에 네모 표시를 한다. 그리고 그래서 정답이란다. 참 쉽다.

하지만 "삭제 실험에 걸리는 총 시간이 길었다"는 내용은 제시문에 명시적으로 나오지 않는다. 그런데 어떻게 ‘삭제 실험에 걸리는 총 시간이 길었다’는 부분에 즉각적으로 네모 표시를 할 수 있을까? 교재의 저자가 왜 ‘삭제 실험에 걸리는 총 시간이 길었다’에 네모 표시를 하라고 하는지 머리를 싸매고 추적해 보자. 번거롭기가 그지없다.

먼저 두 번째 문단의 마지막 문장 '재정렬 시간이 늘어난다'(네모 표시)와 세 번째 문단의 '삽입과 삭제', '상대적으로 간단'(둘 다 세모 표시)이 눈에 들어온다. 하지만 '재정렬 시간이 늘어난다'에 네모 표시를 했다고 해서 '배열이 연결 리스트에 비해 삭제 실험에 걸리는 총 시간이 길었다'는 게 맞는다는 판단이 즉각적으로 드는 것은 아니다. 그럴 리가 없다.

'삽입과 삭제가 상대적으로 간단하다'는 세모 표시도 간단한 것이 아니다. 무슨 말이냐면 '삽입과 삭제가 간단하다'는 것을 '삭제 실험에 걸리는 총 시간이 짧았다'는 의미로 이해하는 것은 '재정렬 시간이 늘어난다'를 '삭제 실험에 걸리는 총 시간이 길었다'와 같은 의미로 이해하는 것만큼 힘들다는 것이다. "삭제가 간단하다"와 "삭제에 걸리는 시간이 짧다"는 같은 말이 아니기 때문이다. '간단하다'는 말은 "단순하고 손쉽다"는 뜻을 가지고 있는데, 엄밀하게 말하면 시간의 문제는 포함돼 있지 않다.

사실 필자는 아이들에게 이 문제를 어떻게 맞혔냐고 물어본 적이 있다. 나중에 이 문제를 분석한 후 문제가 어떻게 해결되는지를 논리적으로 설명해 보라고 한 것이 아니라, 시험을 치르던 그 순간에 무엇을 근거로 답을 골랐느냐고 질문했다. 대답은 하나같이 똑같았다. '배열'을 설명하는 두 번째 문단의 마지막 문장("삽입하거나 삭제하는 자료의 순번이 빠를수록 나머지 자료의 재정렬시간이 늘어난다")으로 찜찜하지만 답을 골랐다는 것이다. 이 문장이 무슨 의미인지는 잘 몰랐지만, '삭제'라는 말과 '시간이 늘어난다'라는 말에 주목해 1번을 정답으로 골랐다는 것이다. 오히려 이렇게 풀지 않고 다른 답지를 일일이 확인하려고 한 아이들이 오답을 고르거나 막대한 시간을 소비한 후에야 정답을 골랐다. 믿기 어렵겠지만 정말 그랬다.

중요한 이야기를 하나 하고자 한다. "대조적인 개념이나 속성(말하자면 이항관계)에 무조건 다른 표시를 해 놓으면, 설사 제시문이 이해가 안 되더라도 문제는 해결할 수 있다"는 기술류 교재나 강의의 주장이 실현되기 위해서는 반드시 두 가지 전제가 필요하다. 첫째, 네모 세모 표시가 제시문의 중요 부분에 정확하게 이뤄져야 한다는 전제가 필요하다. 표시가 많아지면 표시를 하는 의미는 그 즉시 사라진다. 당연하다. 하지만 어떤 기준으로 중요성을 판단해서 거기에만 표시를 해야 하는지는 교재를 통해서는 알 수가 없다. 둘째, 답지에 등장하는 표현이, 세모 네모 표시한 제시문의 표현과 완전히 똑같은 글자(문자 형태)여야 한다는 전제가 필요하다. 제시문의 표현이 답지 쪽에서 변형될 경우, 오히려 표시를 하지 않는 것이 훨씬 더 바람직하다. 표시하면서 읽었다고 남에게 자랑을 하기 위해서거나, 표시하면서 읽으니까 뭔가 제시문이 잘 이해되는 느낌이 든다거나, 표시하면서 읽으니까 뭔가 문제가 잘 풀릴 것 같은 예감이 들어서 표시를 한다면, 그리고 그게 표시를 하는 주목적이라면 그 사람을 말리고 싶지는 않다. 하지만 제시문을 조금이라도 더 잘 이해하기 위해서, 그리고 문제를 더 잘 해결하기 위해서 그런 표시를 해야겠다고 한다면, 도시락을 싸들고 다니면서 말리고 싶은 것이 필자의 솔직한 심정이다.

나머지 답지도 보자. 교재를 보면 "저장 실험의 메모리 사용량이 많았다"는 표현에 동그라미 표시를 한다. 그렇다면 필자는 또 물을 수밖에 없다. 어떤 이유로 왜 동그라미를 표시해야 하는 것인가? 아마 유일한 이유는 제시문 마지막 문단의 '포인터를 하나 더 저장'에 동그라미 표시가 돼 있기 때문일 것 같다. 자꾸 말하다 보니 입이 아플 지경이지만, 어떻게 '포인터 하나를 더 저장한다'는 것과 '저장 실험의 메모리 사용량이 많았다'를 같은 말로 금방 이해할 수 있다는 말인가? 뭔가가 하나 더 저장이 되니까 메모리 사용량이 늘 것이라는 수험생들의 '상식적' 판단이 없다면, 이 두 표현을 같은 것으로 보는 것은 그렇게 쉬운 일이 아니다. 그리고 그런 상식적인 판단은 '포인터를 하나 더 저장'에 동그라미를 표시한 것과는 전혀 무관하게 이뤄지는 것이다.

☞ **정답의 표지성**:　답지를 읽는 도중 정답의 표지성(75%)이 발견된다. 확실하다기보다는 문제될 부분이 없다는 느낌이다. 정답 확정을 시도해볼 만하다. 다소 매력적인 오답이 1개(9%) 있다. 이 오답지는 정답과 양립할 수 없다.

☞ **문제 해결 과정**: 사실 '메모리 사용량'은 제시문에 명시적으로 나와 있지 않다. '저장소에 저장되는 정보의 가짓수가 늘어나는 것'을 '메모리 사용량이 많아지는 것'과 같은 것으로 보기 위해서는 수험생의 스키마(상식)가 반드시 있어야 한다. 단순히 제시문과 답지에 표시만 하고 그 표시의 '싱크로율'만 살펴본다고 될 일이 아니다. 제시문의 표현을 변형시킨 답지의 표현에 어떤 표시를 할 수 있다는 것 자체가 그 수험생의 능력이고, 글에 대한 이해의 결과이기 때문이다. 표시를 해서 문제가 풀리는 것이 아니라, 글에 대한 이해가 어느 정도 되니까 이런 표시도 할 수 있고 저런 표시도 할 수 있게 되는 것이다. 물론 그 표시도 제시문을 처음 읽는 도중이 아니라 두세 번 읽고 난 다음에나 가능한 것이다. 절대 원인과 결과를 혼동하면 안 된다.

어쨌든 저장 정보의 양이 늘어나는 것을 메모리 사용량이 많아지는 것으로 이해했다면 ㄷ＞ㄴ＞ㄱ의 순서이다. '삽입'과 '삭제'는 둘 다 자료의 재정렬이 필요하다는 점에서 똑같은 시간을 소비한다. '읽기'는 '접근'과 똑같은 의미다. 문제는 이 같은 내용을 충분히 이해한 상태에서 정답을 고른 수험생이 많지 않았다는 점이다. 표시를 한다고 이런 상황이 달라지지 않는다. 오히려 표시하면 더 헷갈릴 수 있다. 다시 말하지만 정답을 맞힌 많은 수험생들은, '배열'을 설명하는 2문단 마지막 문장으로 확실하지 않지만 정답을 골랐다. 그리고 그것이 이 정도의 생소함과 복잡성을 지닌 제시문을 읽고 문제를 해결하는 최선의 방법이었다.

사후적으로 문제 풀이를 하면서 이런저런 이야기로 정답에 해설을 끼워 맞출 수는 있지만, 그것은 사실 전혀 도움이 안 되는 조언이다. 제시문과 문제를 어떤 특정한 방식으로 독해하고 해결하라는, 단정적 해설이 가진 무책임함을 경계해야 한다. 국어 시험은 절대 그런 것이 아니기 때문이다.

고전 시, 고전 수필

(가)

홍진(紅塵)에 묻힌 분네 이 내 생애 어떠한고

옛사람 풍류를 미칠까 못 미칠까.

천지간 남자 몸이 나만한 이 많건마는

㉠산림에 묻혀 있어 지락(至樂)을 모를 것인가.

수간모옥(數間茅屋)*을 벽계수(碧溪水) 앞에 두고

송죽(松竹) 울울리(鬱鬱裏)**에 풍월주인(風月主人) 되었어라.

엊그제 겨울 지나 새 봄이 돌아오니

도화행화(桃花杏花)는 석양리(夕陽裏)에 피어 있고

녹양방초(綠楊芳草)는 세우(細雨) 중에 푸르도다.

칼로 말라냈나 붓으로 그려냈나   [A]

조화신공(造化神功)이 물물(物物)마다 헌사롭다.

수풀에 우는 새는 춘기(春氣)를 못내 겨워

소리마다 교태로다.

㉡물아일체(物我一體)어니 흥이야 다를쏘냐.

　　― 정극인, 「상춘곡(賞春曲)」

* 수간모옥: 몇 칸 초가집

** 울울리: 우거진 속

(나)

뒷집의 술쌀을 꾸니 거친 보리 한 말 못찼다 ┐
주는 것 마구 찧어 쥐어 빚어 괴어 내니   [B]
여러 날 주렸던 입이니 다나 쓰나 어이리.   ┘

어와 저 백구(白鷗)야 무슨 수고 하느냐
ⓒ갈 숲으로 서성이며 고기 엿보기 하는구나
나같이 군마음 없이 잠만 들면 어떠리.

삼공(三公)이 귀하다 한들 강산과 바꿀쏘냐
조각배에 달을 싣고 낚싯대를 흩던질 제
ⓔ이 몸이 이 청흥(淸興) 가지고 만호후(萬戶侯)*인들 부러우랴.

헛글고 싯근** 문서 다 주어 내던지고
필마(匹馬) 추풍에 채찍을 쳐 돌아오니
ⓜ아무리 매인 새 놓인다 한들 이토록 시원하랴.

동풍이 건 듯 불어 적설(積雪)을 다 녹이니 ┐
사면(四面) 청산이 옛 모습 나노매라   [C]
귀밑의 해묵은 서리는 녹을 줄을 모른다.   ┘
 - 김광욱, 「율리유곡(栗里遺曲)」
 * 만호후: 재력과 권력을 겸비한 제후 또는 세도가
 ** 헛글고 싯근: 흐트러지고 시끄러운

(다)

ⓐ군이 내가 소유하지 않아도 즐기는 데 방해를 받지 않는다는 것이 오로지 원림(園林)이나 누정(樓亭)뿐이겠는가? 천하의 사물 가운데 그렇지 않은 것은 아무것도 없다. 다만 원림이나 누정의 경우가 특별히 더 그런 것뿐이다.
　서울에서 수십 리 이내의 가까운 지역에는 사람들이 조성한 별장과 농장이 많다. 어떤 것은 강가를 따라 있고, 어떤 것은 시내를 내려다보고 있으며, 어떤 것은 산을 등지고 계곡에 걸쳐 있기도 하다. 제각기 멋진 풍경 하나쯤은 갖추고 있다. 그러나 산수(山水)를 평가하고 논하는 사람들이 걸핏하면 저쪽 경치를 들어다 이쪽 경치와 비교하면서 앞 다퉈 제가 본 풍경을 자랑하는 것을 많이 보았다. 정말 웃을 노릇이다.

> 　빼어난 경관과 아름다운 풍경을 뽐내는 천하의 명소가 어디 한두 군데에 불과하랴? 또한 그 고정된 견해와 평가가 있겠는가? 발걸음을 옮길 때마다 보이는 풍경이 바뀌고, 지경(地境)의 변화에 따라 느낌이 달라진다. 또 같은 장소라 해도 경관이 차이가 나고, 같은 풍경이라도 때에 따라 변모한다. 그럼에도 불구하고 어느 것이 낫고 어느 것이 모자라다며 제각기 자랑하고, 어느 것이 뛰어나고 어느 것이 뒤진다며 제각기 평을 내린다면, 이것은 맛좋은 술에게 소금처럼 짜지 않고 왜 맛이 좋으냐고 혼내는 격이요, 양고기와 돼지고기에게 채소와 과일처럼 담박한 맛을 내지 않고 왜 그렇게 기름진 맛을 내느냐고 화를 내는 격이다. ⓑ이러한 생각에 사로잡힌 사람은 천하의 이름난 산과 빼어난 승경(勝景)을 모조리 자기가 소유한 뒤에라야 비로소 흡족해 할 것이다. 그러면 작은 볼거리에 구속되어 큰 볼거리를 놓치는 사람이 되지나 않을까?
>
> 　　　　　　　　　　　　　　　　　　 － 박규수, 「범희문회서도원림(范希文懷西都園林)」

　세 작품을 잠깐 살펴보자. 정극인의 '상춘곡'은 작가가 관직에서 물러나 고향인 태인으로 돌아와 봄을 즐기는(완상하는) 즐거움을 노래한 가사 작품이다. 수험생들에게도 잘 알려진 작품이다. 설사 처음 보는 수험생이라 해도, 속세를 떠나 자연 속에서 자연과 동화된 삶을 자랑스럽게 여기고, 안분지족(安分知足)하는 화자의 태도를 파악하는 데는 별 어려움이 없다.

　김광욱의 '율리유곡'도 '상춘곡'처럼 작가가 만년에 고향에 돌아와 지은 연시조다. 세상의 부귀와 공명을 잊고 자연에 묻혀 안빈낙도를 추구하는 내용을 담고 있나. 수험생들에게 익숙한 작품은 아니었지만, 벼슬을 버리고 낙향한 화자가 소박하지만 자연을 벗하며 살아가는 멋을 노래하고 있다 정도는 파악된다. 그 정도면 충분하다. 현실 정치에 대한 풍자도 언뜻 엿보인다.

　박규수의 '범희문회서도원림'은 중국 북송의 명신 범중엄(范仲淹)이 늙어서 저택을 새로 짓지 않겠다고 말한 사연을 바탕으로 작가의 생각을 펼친 것이라고 한다. 경치는 직접 소유하지 않고도 즐길 수 있다는 것이 글의 취지다. 박규수가 살았던 당시에는 서울(한양) 주변의 경관이 좋은 곳에 사대부들이 경쟁적으로 저택과 정원을 꾸미고 서로 비교, 평가하는 풍조가 유행했다고 한다. 작품 자체는 매우 낯선 것이었지만, 그 안에 담긴 내용은 대부분의 수험생들이 충분히 파악할 정도로 평이하다. 풍경이 좋고 나쁜 것도 사람에 따라 다르므로 일정한 기준은 없다는 것, 즐기려는 마음만 있으면 제 소유든 제 소유가 아니든 어떠한 풍경이든지 즐길 수가 있다는 것, 또 풍경이란 것도 철따라 장소 따라 변화한다는 것 등은 대부분의 수험생들이 어딘가에서 한 번씩은 들었음직한, 익숙한 내용이다.

자, 그럼 문제를 풀어 보자.

27. (가)~(다)에 대한 설명으로 적절한 것은?

① (가)와 (나)는 설의적 표현을 통해 화자의 자족감을 표출하고 있다.

② (가)와 (다)는 색채의 대비를 통해 표현 효과를 높이고 있다.

③ (나)와 (다)는 감각적 이미지를 활용하여 계절감을 드러내고 있다.

④ (가)~(다)는 풍자적 표현을 활용하여 주제를 드러내고 있다.

⑤ (가)~(다)는 시간의 흐름을 통해 사물의 속성을 드러내고 있다.

☞ **정답의 표지성**: 답지를 훑어보는 도중에 정답의 표지성(86%)이 발견된다. 문학 용어나 개념에 대한 지식이 따로 없어도 가장 무난하다는 느낌을 주기 때문이다. 그대로 확정해도 아무런 문제가 없다. 6%가 선택한 오답이 1개 있는데, 자꾸 만지작거리면서 추론과 상상을 많이 하면 자칫 유혹당할 위험이 있다. 시 공통점

문제에서 가장 강력한 정답의 표지성은, 낮은 정보성(당연하다, 무난하다, 문제될 부분이 없다)이라는 점을 떠올리면서 처음에 발견된 표지성으로 정답을 확정하라.

☞ **문제 해결 과정**: 4번을 선택한 비율이 6%다. 풍자는 '코믹'과 '비판'이 함께 섞여 있다고 보면 딱 맞다.

28. <보기>를 참고할 때, ㉠~㉤중 ⓐ의 관점과 거리가 먼 것은?

〈보 기〉

　(다)는 범희문이라는 사람이 화려한 저택을 거부하고 겸허한 삶을 살고자 했던 사연을 바탕으로 창작되었다. 작가는 세속적 소유를 거부한 범희문의 태도에 기대어 당대 사대부들의 삶에 드러난 속물적 태도를 비판한다. 나아가 대상과 인간의 관계에 대한 통찰을 이끌어 내고 있다.

① ㉠: 산림에 묻혀서 지락을 아는 것
② ㉡: 물아일체 속에서 흥을 느끼는 것
③ ㉢: 갈대숲을 서성이며 고기를 엿보는 것
④ ㉣: 만호후를 부러워하지 않고 청흥을 느끼는 것
⑤ ㉤: 구속에서 벗어나 시원함을 느끼는 것

☞ **정답의 표지성**: 답지를 훑어보는 도중에 정답의 표지성(86%)이 발견된다. "다른 답지와 성격이 다르다"거나 "뭔가 표현이 거슬린다"는 느낌이다. 제시문으로 다시 돌아가서 확인하지 않아도 괜찮다. 그대로 정답을 확정하라. 괜히 추론을 길게 했다가는 오

답을 고를 수도 있다.

☞ **문제 해결 과정**: 정답은 3번이다. 대부분의 수험생들은 답지를 훑어보는 도중에 정답의 표지성을 감지하게 된다. 3번 답지가 주는 느낌이 다른 4개의 답지가 주는 느낌과는 크게 다르기 때문이다. "자기가 정답이라고 깃발을 흔든다" 정도의 '독립적 표지성'은 아니지만, "오답들이 힘을 합쳐 정답을 왕따 시킨다"고 할 때의 '관계적 표지성'이다. 표지성이 강렬하기 때문에 당연히 '빤하다'는 느낌을 주게 된다. 사실 이렇게 '빤한' 표지성에 비하면, 86%의 정답률은 오히려 낮은 것이라고 보는 게 맞다.

미미하나마 정답률이 낮아진 이유는 오직 하나다. 고전 문학에 등장하는 백구(갈매기)라는 소재에 대한 수험생들의 익숙함 때문이다. 사실 수험생들이 보게 되는 고전 문학 작품 가운데 '백구'가 부정적인 존재, 그러니까 '먹이만을 노리는 탐욕스러운 존재'로 등장하는 것은 이 작품이 거의 유일하다. 거의 대부분의 고전 문학 작품에서 백구는 '자연친화'나 '물아일체'의 대표적인 소재로 '출연'하는 단골 배우다. 매우 긍정적인 의미를 갖는 대상이라는 말이다. 물론 이 문항에서는 그런 익숙함도 무색할 정도로 너무 '왕따' 백구였기 때문에 86%라는 정답률이 나온 것이다. 하지만 만약 애매한 답지가 하나 더 있었다면 정답률이 크게 떨어질 수도 있었던 문항이다. 작품에 등장하는 특정 소재에 대한 수험생들의 '선입견'이 '대참사'까지는 아니지만, 일부 수험생의 발목을 '살짝' 잡은 경우라고 볼 수 있다.

29. [A]와 [C]를 비교한 내용으로 가장 적절한 것은?

① [A]와 [C]에서 봄은 모두 인간의 유한성을 상징한다.

② [A]는 [C]와 달리 봄을 겨울과 대조하여 표현하고 있다.

③ [C]는 [A]와 달리 의인화를 통해 봄의 속성을 강조하고 있다.

④ [A]의 봄은 흥겨움을, [C]의 봄은 서글픔을 불러일으킨다.

⑤ [A]는 근경에서 원경으로, [C]는 원경에서 근경으로 봄을 묘사하
고 있다.

☞ **정답의 표지성**: 답지를 보는 도중 정답의 표지성(44%)은 잘 보이
지 않는다. 언뜻 봐도 그럴 듯한 느낌의 답지가 없고, 제시문으로
돌아가서 답지를 판단해도 정답을 확정지을 정도의 느낌은 들지
않는다. 물론 그 과정에서 답지 하나가 눈에 들어오기는 하는데,
답지의 특정 표현이 마음에 썩 들지 않아 정답을 확정하는 데 어
려움을 겪게 될 가능성이 높다. 그래도 그것이 정답이다. 확정을
시도해 보라. 매력적인 오답이 3개(21%, 21%, 10%) 있다. 오답지
들 자체의 매력도는 크게 떨어지지만 정답의 표지성이 약해서 억
지로, 그러니까 스스로도 납득하지 못하면서 어쩔 수 없이 선택한
결과다. 문학 파트에서 정답률이 크게 낮아지는 전형적인 방식이
다. 반드시 해결 방식이나 원칙을 숙지할 필요가 있는 문항이다.

☞ **문제 해결 과정**: 앞(정답의 표지성)에서 수험생의 익숙함을 역이
용하는 방식을 설명하면서 예로 들었던 문제다. 그때는 해당되는
부분만 발췌했다.

정답은 4번이다. 정답률은 44%였다. 많이 낮았다. "[C]는 [A]와 달리 의인화를 통해 봄의 속성을 강조하고 있다"는 3번 답지와 "[A]는 근경에서 원경으로, [C]는 원경에서 근경으로 봄을 묘사하고 있다"는 5번 답지를 고른 수험생들이 각각 21%였다. "[A]는 [C]와 달리 봄을 겨울과 대조하여 표현하고 있다"는 2번 답지는 10%의 수험생들이, "[A]와 [C]에서 봄은 모두 인간의 유한성을 상징한다"는 1번 답지는 4%의 수험생들이 선택했다. 정답률보다 오답률이 더 높았다는 점에서 변별도도 떨어지고, 문항 설계의 타당성도 낮은 문항이었다. 물론 [C]에는 의인화가 없다. 당연히 [A]에는 근경에서 원경으로의 시선 이동이 없다. 사실 이 정도 판단은 웬만한 수험생들은 모두 할 수 있는 것들이다. 문제는 4번 답지의 "[C]의 봄은 서글픔을 불러일으킨다"는 내용이다. '서글픔'이라는 3음절의 단어가 또 '대참사'를 일으킨 것이다.

왜 그랬을까? '서글픔'이라는 감정이 늙음 자체에 대한 감정일 수는 있어도, 그게 '봄'이라는 계절과 어떻게 연관되는지를 많은 수험생들이 낯설어 했기 때문이다. 결국 4번 답지를 정답으로 확정할 용기가 없는 상태에서 "그래도 어쨌든 정답은 있겠지" 하면서, 조금이라도 덜 이상한 답지를 고르겠다는 심리로 대응한 결과, 나머지 오답지들로 선택이 '심하게' 골고루 퍼지는 '극적'인 상황이 연출됐다. 이 문항 해결의 핵심은 정답지 4번의 '봄의 서글픔'을 어떻게 처리하느냐에 있었다. 많은 수험생들은 서글픔이라는 감정이 늙음 자체에 대한 감정일 수는 있어도, '봄'이라는 계절과 어떻게 연관되는지는 매우 헷갈렸다. 그래서 '서글픔'이라는 정서는 모두가 쉽게 파악했지만, 그걸 정답으로 고르는 것을 굉장히 망설였던 것이다. 봄이라는 계절에 서글픔이라는 감정을 떠올린다는 것 자체가, 수험생들의 스키마에 비춰 볼 때 뭔가 자연스럽지 않고 익숙하지 않은 것이기 때문이다. 이렇게 보면, 이 문제는 수험생들의 통념이나 익숙함을 역이용하는 방식이 사용된 것으로 볼 수 있다.

하지만 "봄이 돼서 산은 과거의 푸른 모습을 다시 드러내는데 화자의 흰 머리카락은 봄바람으로도 녹일 수 없다, 즉 검은 머리카락으로 되돌릴 수 없다" 정도로 이해하면, 그래도 이 답지가 조금 낫다는 생각은 든다. "봄이라는 계절이 화자로 하여금 늙어가는 것에 대한 서글픈 감정을 다른 계절보다 더 깊게 불러일으킬 수 있다" 이런 정도로 말이다. 시한부 선고를 받은 사람을 한번 떠올려 보자. 오히려 모든 게 죽어 있는 듯 보이는 겨울보다 모든 게 다시 살아나는 봄에 자기 처지가 더 서글퍼질 수 있다. 이 답지는 그나마 이렇게라도 해서 이해할 수가 있지만 나머지 답지들은 아예 단순한 사실 자체에 어긋나는 것들이다. 문제는 실제 시험장에서 수험생들이 이런 사고를 할 수 있는지, 한다 하더라도 그렇게 하는 데 필요한 막대한 시간 소비를 어떻게 감당할 수 있는 지이다. 답지를 훑어보는 도중에 이게 답인 거 같다는 느낌이 들어서, 처음부터 4번을 정답으로 확정한 수험생은 단언컨대 한 명도 없었다. "봄이 서글픔을 불러일으킨다"는 표현이 주는 생소함이 너무 컸기 때문이다.

여기서도 '원칙'을 하나 세우는 것이 좋다. "문학, 특히 시 문제에서 적절한 것을 찾으라는 긍정 발문에서는 '감정 자체는 사실적으로 확인되지만 통념이나 익숙함에 비춰볼 때 뭔가 익숙하지 않은 느낌을 주는 답지'와 '작품에 나타난 단순 사실과 일치하지 않는 답지' 사이에 경쟁이 발생하는 경우에는 무조건 전자의 손을 들어 줘야 한다" 이런 정도로 말이다. 단순 사실과 일치하지 않는 것은 더 이상 어떻게 해볼 수가 없는 것이지만, 통념이나 익숙함에 어긋나는 건 달리 생각해보면 가능해질 수도 있다는 말인데, 특히 문학 쪽에서 더 그렇다. 그런데 문제는 그렇게 달리 생각해서 처음에는 익숙하지 않은 걸 이해할 만한 것으로 만들려면 시간이 필요하다는 데 있다. 문학은 그런 시간이 더 많이 필요하다. 그러니까 '단순 사실에 어긋나는 답지 4개'와 '익숙하지 않은 내용의 답지 1개'가 있을 경우 '익숙하지 않은 내용이 적절한 것'이라고 인정하게 하는 원칙을 가지고 있어야 한다는 말이다.

정답률이 크게 낮은 문학 문제의 경우, 이런 방식으로 답지가 구성된 적이 의외로 많다. 역대 수능 문제를 분석해 보면 그렇다는 말이다. 정답률보다 오답률이 더 높았다는 점에서 변별도도 떨어지고, 문항 설계의 타당성도 낮지만, 어쨌든 이런 문제가 매년 1문항 이상씩 출제된다는 점에 주목할 필요가 있다. 조금 찜찜하더라도 이런 원칙대로 행동하는 게 그렇게 하지 않는 경우보다 정답률을 몇 십 배는 높여준다. 꼭 기억해 두기 바란다.

30. [B]를 이해한 내용으로 가장 적절한 것은?

① 조촐하고 소박한 삶의 모습이 나타나 있다.
② 사회적 규범을 따르는 자세가 드러나 있다.
③ 농가와 자연을 분리하려는 의지가 보인다.
④ 공동체를 위한 헌신적 삶이 드러나 있다.
⑤ 숭고한 삶에 대한 지향이 드러나 있다.

☞ **정답의 표지성**: 답지를 보는 도중 정답의 표지성(92%)이 강하게 감지된다. 추론과 상상을 자제하고 처음에 발견된 표지성에 따라 정답을 선택하는 것이 좋다. 답지를 꼼꼼히 분석한다든가, 작품을 다시 한 번 감상해 보는 행동은 이 정도 정답률을 기록한 문항에는 걸맞지 않는 태도다. 다시 한 번 말하지만, 국어 시험에서는 '능력

의 차이'가 아니라 '성격의 차이'가 '점수의 차이'를 만들어낸다.

31. ⓑ와 같은 사람의 태도로 보기 어려운 것은?

① 휴양림을 늘 내 곁에 두고 보고 싶으니 집에 작은 정원을 만들어
야겠어.

② 주말에 지리산에 갔는데 갈 때마다 모습도 다르고 느낌도 달라서
참 좋았어.

③ 가족 여행 때 다녀온 강릉 경포대의 진면목을 알려면 「관동별곡」
을 읽어야 해.

④ 단풍은 설악산이 최고라 하니 단풍을 구경하려면 당연히 설악산
으로 가야 해.

⑤ 내가 한라산을 가보고 싶은 이유는 유명한 산악인들이 추천하는
명산이기 때문이야.

☞ **정답의 표지성**: 5개 답지를 전체적으로 훑어보는 도중에 정답의 표
지성(86%)이 발견된다. "오답들이 힘을 합쳐 정답을 왕따시킨다"
고 할 때 드러나는 '관계적 표지성'일 가능성이 높다. 표지성이
감지된 답지를 제외한 나머지 다른 답지의 내용을 곱씹는다거나,
제시문을 통해 '확인 사살'하고자 하는 욕구를 억누르는 것이 좋
다. 특히 감각형 – 심사숙고형 – 좌뇌형 수험생들의 경우 '일부러'
라도 그렇게 해야 한다. '확인 사살'할 필요가 없는 문항이다.

☞ **문제 해결 과정**: '기술류'의 교재나 강의에 따르면 이 문제는 '대
칭성'이라는 기술을 사용해야 풀리는 문제다. 말하자면 A라는 내

용에 숨겨진 의미는, A의 반대편에 있는 대칭적인 내용 B를 통해 끄집어내야 한다는 것이다. 뭔 소리인지 금방 이해가 되지 않는다. 필자도 그렇다.

자, 한번 보자. 교재를 보면 'ⓑ이러한 생각에 사로잡힌 사람'과 대칭되는 내용은, 3번째 문단의 "지경(地境)의 변화에 따라 느낌이 달라진다. 또 같은 장소라 해도 경관이 차이가 나고, 같은 풍경이라도 때에 따라 변모한다"이다. 그래서 'ⓑ와 같은 사람의 태도로 보기 어려운 것은', 그러니까 ⓑ와 같은 사람의 태도와 '대칭'이 되는 것은, 2번 답지 "주말에 지리산에 갔는데 갈 때마다 모습도 다르고 느낌도 달라서 참 좋았어"라는 것이다. 쉬운 문제를 참 어렵게도 푼다.

그런데 하나 묻고 싶은 것이 있다. 왜 'ⓑ이러한 생각에 사로잡힌 사람'과 대칭되는 내용이 "지경(地境)의 변화에 따라 느낌이 달라진다. 또 같은 장소라 해도 경관이 차이가 나고, 같은 풍경이라도 때에 따라 변모한다"뿐인지 말이다. 한번 보자. 제시문에 따르면, 'ⓑ이러한 생각에 사로잡힌 사람'이란 (1) '자연을 고정된 견해를 가지고 평가하는 사람'으로 (2) '서울에서 수십 리 이내의 가까운 지역에 별장과 농장을 조성한 사람'이며 (3) '제가 본 풍경이 제일 멋지다고 자랑하는 사람'이고 (4) '때와 장소에 따라 어느 곳이나 멋진 풍경이 될 수 있다는 것을 모르는 사람'이다. 그래서 이들은 (5) '천하의 이름난 산과 빼어난 승경을 모조리 자기가 소유한 뒤에라야 비로소 흡족해 할 사람'이며, 동시에 (6) '작은 볼거리에 구속되어 큰 볼거리를 놓치는 사람'이다. '기술류'의 교재가 말하는 '대칭성'은 (4) '때와 장소에 따라 어느 곳이나 멋진 풍경이 될 수 있다는 것을 모르는 사람'에만 해당한다. 말하자면 (4)의 반대편에는 '때와 장소에 따라 어느 곳이나 멋진 풍경이 될 수 있다는 것을 아는 사람'이 있다.

하지만 (4)와 똑같이 (1), (2), (3), (5), (6)도 '대칭성'을 통해 그 숨겨진 의미를 끄집어 낼 수 있는 내용들이다. 말하자면 (1)의 대칭성은 '자연을 고정된 견해를 가지고 평가하지 않는 사람'이다. (2)의 대칭성은 '서울에서 가까운 지역에 별장과 농장을 소유하지 않은 사람'이다. (3)의 대칭성은 '제가 본 풍경이 제일 멋지다고 자랑하지 않는 사람'이다. (5)의 대칭성은 '이름난 산과 빼어난 승경을 소유하지 않고도 흡족해하는 사람'이다. (6)의 대칭성은 '작은 볼거리에 구속되지 않아 큰 볼거리를 놓치지 않는 사람'이다.

만약 "휴양림을 늘 내 곁에 두고 보고 싶으니 집에 작은 정원을 만들어야겠어"라는 1번 답지가 "휴양림은 집 정원에 심어 곁에 두고 보기보다는 자연 그대의 모습으로 보는 것이 더 아름답겠군"으로 바뀌었다면, 이건 어떻게 풀어야 하는가? 독자들은 지금 필자가 무슨 말을 하려고 하는지 눈치 챘을 것 같다. 맞다. 'ⓑ이러한 생각에 사로잡힌 사람'에 반대되는, 그러니까 대칭되는 내용은 기술류의 교재가 표시한 부분("지경(地境)의 변화에 따라 느낌이 달라진다. 또 같은 장소라 해도 경관이 차이가 나고, 같은 풍경이라도 때에 따라 변모한다")만을 통해서 파악되는 것이 아니라는 것이다. 어찌 보면 이 글 전체가 '반면교사'의 내용이기 때문이다. 글 내용을 그대로 뒤집어 생각하면 그게 자연을 즐기는 제대로 된 태도가 된다는 말이다.

이것저것 다 떠나서 이 문제는 정답률이 86%다. 답지를 훑어보는 도중에 정답의 표지성이 금방 발견된다. 정답지가 다른 답지와는 매우 이질적인 성격을 가지고 있기 때문이다. 오답들이 힘을 합쳐 정답을 왕따시키고 있다는 말이다. 그냥 그렇게 풀고 넘어가면 그만인 문제다. 왜 이렇게 정색을 하면서, 이다지도 번거롭게 문제를 풀어야 한다고 강

조를 하는 것인지 도대체 그 이유를 모르겠다. 그 풀이 방식이란 것도
단순히 번거롭기만 한 것이 아니라, 조금만 깊이 들어가면 이런저런 허
점이 너무나 많은 데도 말이다. 더구나 이런 쓸데없는 짓을 하느라고
뭉그적거리다가 소비되는 시간은 어디 하늘에서 '툭'하고 떨어지기라
도 하나? 그럴 리가 없다.

과학

　1582년 10월 4일의 다음날이 1582년 10월 15일이 되었다. 10일이 사라지면서 혼란이 예상되었으나 교황청은 과감한 조치를 단행했던 것이다. 이로써 ㉠그레고리력이 시행된 국가에서는 이듬해 춘분인 3월 21일에 밤과 낮의 길이가 같아졌다. 그레고리력은 코페르니쿠스의 지동설이 무시당하고 여전히 천동설이 지배적이었던 시절에 부활절을 정확하게 지키려는 필요에 의해 제정되었다.

　그 전까지는 유럽에서는 ㉡율리우스력이 사용되고 있었다. 카이사르가 제정한 태양력의 일종인 율리우스력은 제정 당시에 알려진 1년 길이의 평균값인 365일 6시간에 근거하여 평년은 365일, 4년마다 돌아오는 윤년은 366일로 정했다. 율리우스력의 4년은 실제보다 길었기에 절기는 조금씩 앞당겨져 16세기 후반에는 춘분이 3월 11일에 도래했다. 이것은 춘분을 지나서 첫 보름달이 뜬 후 첫 번째 일요일을 부활절로 정한 교회의 전통적 규정에서 볼 때, 부활절을 정확하게 지키지 못하는 문제를 낳았다. 그것이 교황 그레고리우스 13세가 역법 개혁을 명령한 이유였다.

　그레고리력의 기초를 놓은 인물은 릴리우스였다. 그는 당시 천문학자들의 생각처럼 복잡한 천체 운동을 반영하여 역법을 고안하면 일반인들이 어려워할 것이라 보고, 율리우스력처럼 눈에 보이는 태양의 운동만을 근거로 1년의 길이를 정할 것을 제안했다. 그런데 무엇을 1년의 길이로 볼 것인가가 문제였다. 릴리우스는 반세기 전에 코페르니쿠스가 지구의 공전 주기인 항성년을 1년으로 본 것을 알고 있었다.

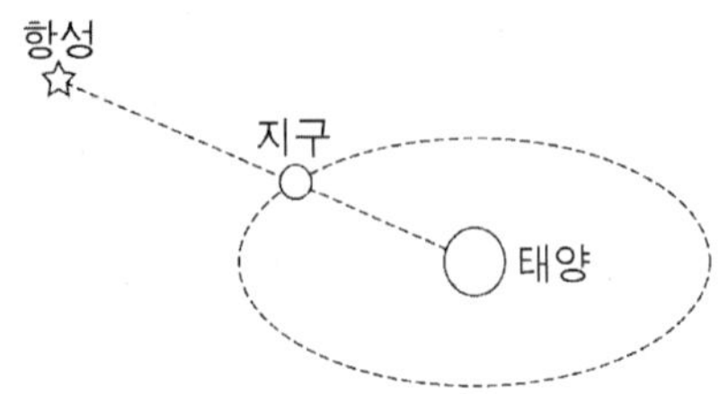

[A] 항성년은 위의 그림처럼 태양과 지구와 어떤 항성이 일직선에 놓였다가 다시 그렇게 될 때까지의 시간이다. 그러나 릴리우스는 교회의 요구에 따라 절기에 부합하는 역법을 창출하고자 했기에 항성년을 1년의 길이로 삼을 수 없었다. 그는 춘분과 다음 춘분 사이의 시간 간격인 회귀년이 항성년보다 짧다는 것을 알고 있었기 때문이었다. 항성년과 회귀년의 차이는 춘분 때의 지구 위치가 공전 궤도상에서 매년 조금씩 달라지는 현상 때문에 생긴다.

릴리우스는 이 현상의 원인에 관련된 논쟁을 접어두고, 당시 가장 정확한 천문 데이터를 모아 놓은 알폰소 표에 제시된 회귀년 길이의 평균값을 채택하고자 했다. 그 값은 365일 5시간 49분 16초였고, 이 값을 채용하면 새 역법은 율리우스력보다 134년에 하루가 짧아지게 되어 있었다. 릴리우스는 연도가 4의 배수인 해를 ⓐ윤년으로 삼아 하루를 더하는 율리우스력의 방식을 받아들이되, 100의 배수인 해는 평년으로, 400의 배수인 해는 다시 윤년으로 하는 규칙을 추가할 것을 제안했다. 이것은 1만 년에 3일이 절기와 차이가 생기는 정도였다. 이리하여 그레고리력은 과학적 논쟁에 휘말리지 않으면서도 절기에 더 잘 들어맞는 특성을 갖게 되었다. 그 결과 새 역법은 종교적 필요를 떠나 일상생활의 감각과도 잘 맞아서 오늘날까지 널리 사용되고 있다.

수능이 끝나고 "그레고리력 돌네"라는 말을 유행시킨 과학 세트다. 다섯 문항이 출제됐는데, 정답률은 각각 82%, 44%, 60%, 72%, 69%였다. 재미있는 것은 바로 이 과학 세트가 그해 수능에서 교육방송 교재와의 연계율이 가장 높았다는 점이다. 문항 쪽은 조금 있다 보기로 하고, 일단 그해 교육방송 교재(『인터넷 수능』 비문학 12강)에 실려 있던 해당 제시문부터 보자.

　　양력은 태양의 운동을 보고 그것을 나타내기 위해 만들어진 역법이다. 태양은 여름에는 머리 위에 높이 뜨지만, 겨울에는 한낮에도 그리 높이 뜨지 않는다. 양력은 이와 같은 태양의 변화를 인식하고 그에 따라 만든 역법이다. 정오에 태양의 그림자를 재면 그림자가 가장 길 때가 동지이고, 가장 짧을 때가 하지가 된다. 그리고 하지에서 이듬해 하지까지, 혹은 동지에서 이듬해 동지까지가 양력으로 1년이 되는 것이다. 이렇게 볼 때, 양력으로 1년이란 365일 5시간 48분 46초가 된다.

　　고대 이집트 사람들이 양력을 처음 만들어 썼다고 알려졌는데, 그들의 양력은 30일짜리 달을 12번 두었고, 거기에 해마다 연초 5일을 따로 축제일로 덧붙여 1년의 길이를 정하는 방식이었다. 이렇게 따지면 1년의 길이는 365일로 딱 떨어지게 마련이다. 그러나 이것은 1년의 실제길이에서 거의 6시간을 무시하는 셈이 된다. 그리고 그 6시간이 자꾸 모이면 나중에는 아예 계절이 바뀔 수도 있다.

　　서양에서 이 모순을 고쳐놓은 사람은 다름 아닌 로마의 황제 율리우스 카이사르였다. 그의 이름을 따서 '율리우스력'이라 불리는 이 역법은 4년마다 무조건 하루씩을 더 넣어 이 모순을 해결했다. 1년의 길이를 365일 6시간으로 잡은 셈이다. 이로써 몇 백 년 안에는 그리 큰 문제가 생기지 않게 되었다. 그렇지만 이 방법은 1년 길이를 실제보다 11분 이상 길게 잡은 셈이어서 1000년 이상이 지나면서 그 차이가 두드러지기 시작했다.

　　1582년 로마 교황 그레고리 13세는 역법을 고치기로 결정했다. 기원 325년 니케아 종교 회의 때에는 춘분 날짜가 3월 21일이었는데, 1582년의 춘분은 3월 11일이었으므로 이듬해인 1583년부터는 춘분이 다시 3월 21일이 되도록 고쳐 정한 것이다. 교황청이 춘분 날짜에 이처럼 관심을 가진 것은 기독교 최대의 명절인 부활절이 매년 비슷한 날짜에 오도록 하기 위해서였다. 부활절은 춘분을 지나서 처음으로 오는 만월 다음의 첫 일요일이다. 여하튼 교황청은 그해 10월 4일 다음날을 10월 15일이라고 정함으로써 10일을 건너뛰어 다음 해 춘분을 3월 21일로 바꿀 수가 있었다. 이것이 소위 '그레고리력'이다.

　　이 역법은 그때까지 써오던 '율리우스력'에서 윤달 넣는 방법을 약간 수정한 역법으로 오늘날까지 사용되고 있다. 즉, 4년마다 한 번씩 윤달을 넣던 방식을 고쳐서 서기가 4로 나누어질 때에는 윤달을 넣되 100으로 나누어질 때에는 윤달을 넣지 않고 평년으로 하고, 다시 400으로 나누어질 때는 윤년으로 한다는 규칙이다. 예를 들면 2044년은 4로 나누어지니까 윤년이지만, 2200년은 100으로 나누어지기 때문에 평년이 된다. 하지만 2400년은 100으로 나누어지긴 해도 400으로도 나누어지므로 윤년이 된다.

　　양력은 이처럼 태양 운동에 날짜를 맞추었다는 점에서 완벽한 역법이라고 할 수 있다. 하지만 이 양력이 만들어지는 과정에는 우여곡절이 많았다. 한 예로 영어나 그 밖의 서양 언어로 표시된 달 이름이 실제와 다르다. 영어로 9월 이후의 달 이름은 September, October, November, December인데, 이들의 어원을 살펴보면 각기 일곱 번째 달, 여덟 번째 달, 아홉 번째 달, 열 번째 달이 된다. 누군가가 임의로 달의 위치를 바꾸어 놓은 결과이다. 또 원래 연말은 February, 즉 지금의 2월이었다. 따라서 연말에 하루가 늘었다 줄었다 해야 할 윤년의 하루가 지금은 2월 말에 붙어 있는 등 달 이름이 왔다 갔다 하고 있다. 또 7월(July)과 8월(August)은 로마의 황제 율리우스(Julius Caesar)와 아우구스투스(Augustus)를 기념하기 위해 붙인 이름인데, 이 달에 그들의 생일이 들어 있었기 때문이라고 추측하고 있다. 그리고 이왕 기념하는 바에 30일이던 8월을 연말에서 하루 더 가져다가 31일로 만들어 버리고 말았다.

어떤가? 재미있게 읽었나? 교육방송 교재의 지문은 역법의 역사를 고대 이집트에서부터 율리우스력과 현대의 그레고리력까지 살펴보고 각각의 역법이 어떻게 만들어졌는지, 그리고 그 한계는 무엇인지 설명한 글이다. 수능 지문은 율리우스력을 설명하고, 그 한계 때문에 그레고리력이 만들어진 이유, 그리고 역법의 구성을 자세하게 설명한 글이다.

수능 제시문은 율리우스력과 그레고리력의 차이에 초점을 맞추어 설명하고 있는데 비해, 교육방송 지문은 양력의 시원부터 시작해서 현재 역법까지 설명하는 것에 더해서 양력의 달 이름까지 거론하고 있다. 수능 제시문이 더 선명하고 깔끔해 보이기는 한다. 그러나 두 지문 모두 역법 계산에 따른 수와 계산이 나와 다소 복잡한 느낌을 줬는데, 그런 느낌은 특히 문과생들에게 심리적 부담감으로 다가왔을 가능성이 높았다. 또 수능 지문에서는 교육방송 교재에 없는 '항성년'과 '회귀년'의 개념까지 추가됐는데, 그 결과 난이도가 더 높아졌다고 볼 수 있다.

'양력의 개념', 그리고 '그레고리력과 율리우스력의 차이' 같은 내용은 수험생들이 다른 경로로는 접하기 힘든 배경지식이다. 스키마를 만들려고 해도 잘 만들어지지 않는 내용이었다는 말이다. 물론 교육방송 교재의 해당 지문을 읽고도 그 내용이 생소해서 '장기 기억'에 저장이 안 된 수험생이 적지 않았을 것으로 보인다. 하지만 교육방송 교재 내용을 인상적으로 읽었던 수험생의 경우 양력의 개념이나 율리우스력, 그레고리력에 대한 스키마가 미약하나마 형성됐을 가능성이 있다. 하지만 결과적으로 정답률은 낮았다. 특히 <보기>까지 교육방송 교재와 유사했던 33번 문항의 경우, 오히려 44%로 가장 낮은 정답률을 기록하는 '기이한' 현상까지 나타났다.

어떤 친구들은 "그나마 교육방송에서 한번 다룬 것이라 그 정도 정답률이라도 나온 것이지, 그렇지 않았다면 정답률은 더 폭락했을 것"이라고 말하기도 한다. 정말 그럴까? 그렇다면 32번 문항은 두 번째로 살펴보고, 먼저 문제의 33번 문항부터 보자. 이 문항은 평가원에서 시험 직후에 교육방송 교재와 수능의 직접 연계를 가장 잘 보여준 대표적 사례라고 공개한 문항이다.

[수능]

33. 위 글과 <보기>를 함께 읽은 후의 반응으로 적절하지 <u>않은</u> 것은?

〈보 기〉

보름달이 돌아오는 주기를 기준으로 하여 만든 역법인 음력에서는 30일과 29일이 든 달을 번갈아 써서, 평년은 한 해가 열두 달로 354일이다. 그런데 이것은 지구의 공전주기와 많이 다르므로, 윤달을 추가하여 열세 달이 되는 윤년을 대략 19년에 일곱 번씩 두게 된다. 전통적으로 동양에서는 이런 방식으로 역법을 만들고 대략 15일 간격의 24절기를 태양의 움직임에 따라 정해놓음으로써 계절의 변화를 쉽게 알 수 있게 했다. 이러한 역법을 '태음태양력'이라고 한다.

① 부활절을 정할 때는 음력처럼 달의 모양을 고려했군.

② 동서양을 모두 역법을 만들기 위해 천체의 운행을 고려했군.

③ 서양의 태양력에서도 보름달이 돌아오는 주기를 고려했군.

④ 그레고리력의 1년은 태음태양력의 열두 달과 일치하지 않는군.

⑤ 윤달이 첨가된 태음태양력의 윤년은 율리우스력의 윤년보다 길겠군.

[인터넷 수능 비문학] 12강

위 글과 <보기>를 함께 읽은 후의 반응으로 적절하지 <u>않은</u> 것은?

〈보 기〉

　음력(陰曆)은 달의 차고 기욺을 기준으로 하여 만든 역법으로, 한 달에 29일과 30일을 번갈아서 쓰며, 그렇게 하면 한 해가 354일이 된다. 그런데 이것은 지구의 태양 공전 주기와 어긋나게 되므로 19년마다 일곱 번씩 윤달을 둔다. 그런데 춥고 더운 계절의 변화는 태양의 운동에 따라 좌우되므로, 음력에서는 이런 태양 운동을 24절기(節氣)로 나타내고 있다. 바로 '입춘, 우수, 경칩, 춘분……' 하며 이어지는 절기는 태양 운동을 24등분하여 붙여놓은 이름이다. 따라서 과학사에서는 이러한 동양의 음력을 태음태양력이라고 부른다.

① 음력은 양력과는 달리 달의 운동을 나타내는 역법이군.

② 24절기는 양력과 마찬가지로 태양의 운동을 나타내었군.

③ 태음태양력은 달과 태양의 운동을 함께 고려한 역법이군.

④ 양력의 윤달은 음력으로 따지는 경우 보다 자주 돌아오는군.

⑤ 입춘 등 절기의 날짜는 양력으로 따져도 거의 변화가 없군.

자, 한번 보자. 이 두 문항은 발문과 <보기>가 매우 유사하다. 수능과 교육방송 문항의 발문이 '위 글과 <보기>를 함께 읽은 후의 반응으로 적절하지 않은 것은?'으로 정확하게 일치한다. 하지만 발문이 같다는 건 수능 국어 영역에서 그렇게 대단한 것은 아니다. 발문이 같다고 문제 해결 과정까지 똑같을 수는 없기 때문이다. 다만 뭐가 됐든 있는 대로 다 끌어다가 연계율을 높이고자 애쓰는 평가원의 입장에서는, 직접 연계를 강조할 수 있는 이유 가운데 하나는 될 수 있다.

중요한 것은 <보기>인데, 수능과 교육방송 교재가 거의 일치한다. <보기>가 일치하는 것은 '발문'이 일치하는 것과는 차원이 다르다. 이건 정말 '명실상부한' 직접 연계다. 교육방송의 <보기>는 모두 다섯 문장인데, 음력은 달을 기준으로 한 해가 354일이라는 내용, 19년마다 일곱 번의 윤달, 24절기에 따른 계절의 변화, 태음태양력의 명칭 같은 내용이 나온다. 수능의 <보기>는 교육방송 교재와 똑같은 내용을 다른 문장으로 다시 쓴 것에 지나지 않는다.

하지만 정작 문제가 된 것은 답지였다. 교육방송의 답지가 <보기>의 내용에 초점을 맞췄다면, 수능의 답지는 제시문의 내용에 초점을 맞춰 만들어졌다. 그 결과 교육방송 교재의 문항보다 난이도가 더 높아졌다. 물리적으로만 봐도, <보기>보다 긴 제시문에서 해당 답지의 내용을 하나씩 다시 확인할 경우, 풀이 시간이 더 소비되기 때문이다. 어쨌든 교육방송의 문항과 거의 일치할 정도로 연계되었음에도 불구하고, 수능을 본 수험생들은 이구동성으로 "그레고리력 돈다"는 말을 했다는 점이 중요하다. 그 정도로 수험생들은 이 제시문과 이 문항(33번)을 어렵게 생각했다는 말이다. 이걸 어떻게 받아들여야 하나?

평가원이 교육방송 교재와의 연계를 강조하고, 또 수험생이 교육방송과의 연계를 신경 쓰는 이유는 오직 한 가지다. 교육방송 교재를 미리 챙겨두면 수능에 등장하는 연계 문제를 풀기가 훨씬 쉬워질 것이라는 기대 때문이다. 그런데 어떻게 교육방송 교재와 완벽하게 직접 연계된 이 문항이 해당 세트에서 가장 낮은 정답률, 그리고 그 해 수능에서 오답률 4위에 빛나는 문항이 됐을까? 그 이유를 한번 짚어보자.

가장 먼저 들 수 있는 이유는 지문 자체의 특성이다. 과학이나 기술 관련 내용은 문과 수험생들이 '치를 떠는' 제재이다. 물론 쉬울 때는 별 문제가 안 되지만, 약간 어려워지면 문제가 심각해진다. 이런 상황은 교육방송 교재로 이 내용을 미리 접했다고 해서 크게 달라지지 않는다. 물론 여기서 과학이나 기술 제재를 다른 제재보다 더 신경 쓰면서 읽어둬야 한다는 조언이 있을 수 있는데, 교육방송 교재에 등장하는 방대한 양의 제시문을 감안하면 그건 말처럼 쉬운 일이 결코 아니다. 또 그렇게 한다고 해서 그 수험생이 훨씬 유리해질 거라는 보장도 없다. 직접 연계율이 높을수록 문항의 난도는 높아지는 역설적인 현상이 벌어지기 때문이다.

무슨 말이냐면 교육방송 교재의 지문이나 문항과 매우 유사했기 때문에, 거꾸로 그것과 연계된 수능의 문제 해결 과정이 더 어려워졌다는 것이다. 평가원에서는 수능 국어 영역이 스피드 검사(speed test)가 아니라 역량 검사(power test)라고 수시로 강조한다. 또 수능 국어 영역은 단순한 기억력이나 암기력이 아니라 사고력을 측정한다는 점도 강조한다. 기본적으로 수능 국어 영역은 대학 교육을 받는 데 필요한 보편적인 국어(언어) 능력을 측정하기 때문이다. 당연히 교육방송 교재에 나온 같은 지문과 같은 문제를 수능에서 다시 낸다면 교육방송 교재를 미리 접해 본 수험생이 더 빠르게 정답을 맞힐 수 있고, 그 경우 수험생의 '역량'을 측정하는 것은 불가능하다. 그것은 어떤 경우에도 수능 국어 영역이 지향하는 '사고력 측정'이 될 수 없다.

그렇다면 출제자들은 교육방송 교재의 제시문을 미리 읽고 문항을 미리 풀어 본 수험생이 단순히 지문과 답을 외우고, 그 기억에 의존해 문제를 풀 것에 대한 대비를 할 수밖에 없다. 그것도 '반드시' 말이다. 그때 출제자가 할 수 있는 방법은 문제 해결의 곤란도를 더 높이는 것밖에는 없다. 그 결과 그 어느 문항보다 교육방송 교재와의 연계가 직접적이었던 이 문항이, 그해 수능에서 가장 오답률이 높은 문항 5개 안에 들어간 것이다. 높은 연계율이 태생적으로 가질 수밖에 없는 이런 양면성, '양날의 칼' 같은 위험성에 대해 독자들은 한번 깊게 생각해 보기를 바란다. 무분별한 'EBS 만능주의'는 경계해야 한다.

자, 그렇다면 문제를, 한번 풀어 보자. 다시 한 번 옮긴다.

32. 위 글과 <보기>를 함께 읽은 후의 반응으로 적절하지 <u>않은</u> 것은?

〈보 기〉

보름달이 돌아오는 주기를 기준으로 하여 만든 역법인 음력에서는 30일과 29일이 든 달을 번갈아 써서, 평년은 한 해가 열두 달로 354일이다. 그런데 이것은 지구의 공전주기와 많이 다르므로, 윤달을 추가하여 열세 달이 되는 윤년을 대략 19년에 일곱 번씩 두게 된다. 전통적으로 동양에서는 이런 방식으로 역법을 만들고 대략 15일 간격의 24절기를 태양의 움직임에 따라 정해놓음으로써 계절의 변화를 쉽게 알 수 있게 했다. 이러한 역법을 '태음태양력'이라고 한다.

---

① 부활절을 정할 때는 음력처럼 달의 모양을 고려했군.

② 동서양을 모두 역법을 만들기 위해 천체의 운행을 고려했군.

③ 서양의 태양력에서도 보름달이 돌아오는 주기를 고려했군.

④ 그레고리력의 1년은 태음태양력의 열두 달과 일치하지 않는군.

⑤ 윤달이 첨가된 태음태양력의 윤년은 율리우스력의 윤년보다 길겠군.

☞ **정답의 표지성**: 답지를 보는 도중 정답의 표지성(44%)이 희미하게 보인다. 그 표지성은 "확실하다"는 느낌은 아니고, "뭔가 이상하다"거나 "답지에 사용된 표현이 서로 충돌(부조화)한다"는 느낌이다. 매력적인 오답이 3개(24%, 14%, 11%)나 있다. 매력적 오답의 개수가 3개이고, 이들 세 오답지에 대한 선택률을 합치면 그 수치는 50%에 달한다.

이 정도가 되면, 수험생들은 오답지들 자체의 매력도가 높아서가 아니라, 정답을 확정하지 못하면서 거의 모든 답지에 유혹당했다고 보는 것이 맞다. 제시문으로 돌아가 답지를 하나하나 정확하게 제거할 수도 있겠지만, 시간적으로 그럴 만한 여유가 없었을 것이다. 결국 그냥 찍는 모습이 연출됐을 가능성이 높다.

☞ **문제 해결 과정**: 우선 답지들이 확인이 까다롭다. 해당 정보를 찾는 데 시간도 많이 걸린다. 또 찾은 정보로 추론까지 해야 한다. 그럼에도 불구하고 많은 수험생들은 답지를 훑어보는 도중에 3번 답지를 거슬러 했다. "답지에 사용된 표현이 서로 충돌(부조화)한다"는 정답의 표지성을 감지했기 때문이다. 상식적으로도 이상하다. '제시문'에 나온 서양의 '태양력'은 태양의 움직임을, <보기>에 나온 동양의 '태음태양력'은 달의 주기에 태양의 움직임을 더했다는 정도다. 서양의 태양력이 달의 주기(모양)를 고려했다는 건 어쨌든 답지 표현 간에 부조화가 큰 것이다. 말하자면 다른 대상에 관한 설명이 마치 그 대상에 관한 설명처럼 등장한 것이다. 이쯤에서 그대로 3번을 정답으로 확정하고 다음 문제로 넘어 가면 정말 '나이스'한 상황인데, 많은 수험생들, 특히 감각형-심사숙고

형―좌뇌형 수험생들은 그렇게 하지 못했다. 첫 번째 이유는 1번 답지 때문이다. "부활절을 정할 때는 음력처럼 달의 모양을 고려했다"는 1번 답지를 보면서, "어라, 부활절은 서양의 절기잖아? 그렇다면 서양의 태양력도 결국 '달의 모양'하고 관련되는 거 아닌가?" 하는 생각을 했다는 말이다. 하지만 그건 달력에 관한 게 아니다. 교회의 전통적인 규정일 뿐이다. 달력이 '달의 모양'하고 관련이 됐다면, 그건 어디까지나 태음력이다. '태양력'이 될 수 없다.

자, 다시 보자. 릴리우스의 '그레고리력'이든 그전의 '율리우스력'이든, '달'하고는 아무 상관이 없다. 서양의 달력들은 모두 '태양력'이기 때문이다. 태양의 움직임만으로 만든 달력이다. 달의 모양과 서양의 태양력은 아무런 상관이 없다는 판단에 도달하면, 다른 답지를 제시문을 통해 제거하는 수고도 할 필요 없이, 3번을 정답으로 바로 확정할 수 있다.

그런데 문제는 뭔가 서양 태양력도 달과 관련된 거 같은 느낌을 계속 받게 되면서, 최종 선택이 번복되는 경우가 많았다는 점이다. 당연히 이런 불행은 감각형―심사숙고형―좌뇌형 수험생들에게 많이 일어났다. 그 근본적인 이유는 "춘분을 지나서 첫 보름달이 뜬 후 첫 번째 일요일을 부활절로 정한 교회의 전통적 규정에서 볼 때, 부활절을 정확하게 지키지 못하는 문제를 낳았다"라는 제시문의 내용 때문이다. 물론 여기서도 중요한 건 '보름달'이 아니라 '춘분'이다.

자, 한번 보자. 해당 내용 바로 앞에는 "그 전의 율리우스력이 가진 오차가 계속 쌓이다 보니 춘분이 되는 날짜가 실제보다 앞당겨졌다"는 내용이 나온다. 춘분은 지구가 공전궤도 상에서 차지하는 위치이다. 그런데 춘분을 지나서 첫 보름달이 뜬 후 첫 번째 일요일을 부활절로 정한 교회의 전통적인 규정에서 볼 때, 이런 오차는 부활절을 정확하게 지키지 못하게 만드는 문제를 낳았다는 것이다. 쉽게 말해서 실제 춘분 날짜와 달력상의 춘분 날짜가 시로 달랐다는 것이다. 그래서 교황이 날짜를 바꿔서 그동안 쌓인 오차(10일)를 '한방'에 해결했다는 게 제시문의 내용이다. 하지만 여전히 문제는 "춘분을 지나서 첫 보름달이 뜬 후 첫 번째 일요일을 부활절로 정한 교회의 전통적 규정"이라는 표현이 서양 달력도 '달'하고 뭔가 관련이 된다는 느낌을 준다는데 있었다. 그리고 1번 답지가 그런 느낌을 강화시키는 역할을 했다. 물론 필자가 지금까지 말한 사고 과정을 통해서 결국 달의 모양과 서양의 태양력은 아무 상관이 없다는 결론에 도달하면 확실하게 3번을 고를 수 있다. 하지만 이런 사고를 하기 위해 필요한 시간이 하늘에서 '뚝' 하고 떨어지는 것은 아니다. 그리고 솔직히 말하면, 시간을 소비한다고 해서 이렇게 정확한 추론을 할 거라는 보장도 없다. 미안한 말이지만, 실제 정답을 선택한 친구들도 그런 과정을 거쳐서 답을 고른 게 아니다. 많은 경우 '태양력'과 '보름달'이라는 두 단어가 주는 부조화에 주목해서, 다소 찜찜하지만 정답을 확정했다. 그 정도가 사실상 수험생이 도달할 수 있는 최고 수준의 대응이었다.

처음에 발견된 정답의 표지성을 믿고 그대로 갈 수 있는 '용기'와 '모호함에 대한 관용성'이 여전히 중요하다는 말이다. 그리고 그런 '용기'와 '관용성'은 표지성을 발견한 자신의 '스키마'에 대한 높은 '신뢰'와 나머지 답지들에 대한 적극적인 '무시'에서만 나올 수 있다.

재미있는 건 24%라는 가장 높은 선택률을 보인 오답이 4번이었다는 사실이다. "윤달이 첨가된 태음태양력의 윤년은 율리우스력의 윤년보다 길겠군"이라는 내용의 답지다. 문과 쪽 수험생들에게 '산수가 필요할 것 같은' 답지가 주는 부담감은 생각보다 크다. 태음태양력의 윤년은 열두 달이 아니라 열세 달이다. 태음태양력의 1년이 354일이고 한

달이 29일이거나 30일이니까, 태음태양력의 윤년은 380일이 훨씬 넘는다. 율리우스력의 윤년은 평년에 하루를 더한 366일이다. 사실 산수라고 할 것도 없는 건데, 정답이 안 보이니까 뭔가 계산이라도 해야 할 것 같은 부담감이 '스멀스멀' 기어 나오기 시작한 것이다. 그나마 산수도 제대로 하지 못하면서 말이다. 산수가 나오는 답지에 집착하는 것은 많은 수험생들, 특히 감각형－심사숙고형－좌뇌형 수험생들이 가진 뚜렷한 경향성 가운데 하나다. 하지만 수능 국어 영역에서 이런 산수가 필요한 답지는 괜히 수험생들에게 부담을 주려는 오답일 수는 있어도 정답이 된 경우는 거의 없다. 산수가 필요 없는 답지에 더 주목하는 것이 훨씬 바람직하다.

33. 위 글의 내용과 일치하는 것은?

① 두 역법 사이의 10일의 오차는 조금씩 나누어 몇 년에 걸쳐 수정되었다.
② 과학계의 반대에도 불구하고 역법 개혁안이 권력에 의해 강제되었다.
③ 릴리우스는 교회의 요구에 부응하여 역법 개혁안을 마련했다.
④ 릴리우스는 천문 현상의 원인 구명에 큰 관심을 가졌다.
⑤ 그레고리력이 선포된 시점에는 지동설이 지배적이었다.

☞ **정답의 표지성**: 답지를 훑어보는 도중에 정답의 표지성(82%)이 눈에 들어온다. "가장 무난하다"거나 "별 문제가 없다"거나 "전체 내용과의 연관성이 상대적으로 높다"는 느낌이다. 앞의 33번 문제와 비교해 보면, 정답의 표지성이 지닌 '포스(force)'가 얼마

나 다른지 잘 알 수 있다.

☞ **문제 해결 과정**: 이 문제의 정답률은 82%다. 정답이 아닌 나머지 답지에 대한 선택률은 2%, 4%, 5%, 6%였다. 이 정도 정답률은 고른 답지를 제시문으로 다시 돌아가서 확인하지 않아도, 다시 말해 답지를 전체적으로 훑어볼 때 이미 정답이 확정되기 때문에 나오는 수치다. 결과적으로 그렇다는 말이다. 중요한 건, 이런 문제는 답지를 순서대로 일일이 확인하면 안 된다는 것이다. 그렇게 해서 소비되는 시간은 불가피한 것이 아니다. 그냥 '낭비'일 뿐이다. 사실 나머지 답지 중에는 의외로 확인하기가 까다로운 것도 있다. 확인하는 과정에서 자칫하면 답이 바뀔 수도 있다.

34. ㉠과 ㉡을 비교한 설명으로 적절한 것은?

① ㉠과 ㉡에서 서기 1700년은 모두 윤년이다.

② ㉠은 ㉡보다 더 정확한 관측치를 토대로 제정되었다.

③ ㉠을 쓰면 ㉡을 쓸 때보다 윤년이 더 자주 돌아온다.

④ ㉡은 ㉠보다 절기에 더 잘 들어맞는다.

⑤ ㉡은 ㉠보다 나중에 제정되었지만 더 보편적으로 쓰인다.

☞ **정답의 표지성**: 답지를 보는 도중 정답의 표지성(60%)이 발견된다. "확실하다"는 느낌이라기보다는, "상식에 부합한다", "전체 내용과의 연관성이 높다", "크게 문제되지 않는다" 정도의 느낌이다. 결정적 단서의 위치가 밑줄 친 부분에 있지 않고 다소 멀리 떨어져 있어, 정답률을 다소 낮춘 것으로 보인다. 매력적 오답이

2개(16%, 11%) 있다. 세부 정보를 확인해야 하고, 확인된 정보에 근거해 어느 정도의 추리 상상을 해야 하는 답지들이다.

☞ **문제 해결 과정**: 답지 전체를 연속적으로 훑어봤을 때, 대다수 수험생들은 2번이 괜찮다는 느낌을 받게 된다. "그레고리력이 율리우스력보다 나중에 만들어진 것이고, 어쨌든 더 정확하다"는 제시문의 내용이 머릿속에 흔적을 남겼기 때문이다. 그 결과 다른 답지에서는 2번과 같은 느낌이 오지 않는다. 무슨 말이냐면, "상식에 부합한다", "전체 내용과의 연관성(어쨌든 그레고리력이 율리우스력보다 낫다는)이 높다", "정보성이 상대적으로 낮다(당연하다)" 같은 정답의 표지성이 다른 답지에서는 감지가 잘 안 된다는 것이다. 4번과 5번 답지는 거꾸로 "율리우스력이 그레고리력보다 더 좋다"는 말이다. 1번과 3번 답지는 일일이 계산하고 확인해야 맞는지 틀리는지 알 수 있을 것 같은 느낌을 준다.

여기서 제시문으로 다시 돌아가지 않고 2번을 정답으로 확정하는 것에 대한 두려움이 있다면, 2번 답지만 제시문에서 확인하는 게 좋다. 그 과정에서 마지막 단락 앞부분의 "릴리우스는 당시 가장 정확한 천문 데이터를 모아 놓은 알폰소 표에 제시된 회귀년 길이의 평균값을 채택하자고 했다"는 내용이 눈에 들어올 가능성이 높다. 그레고리력은 릴리우스가 기초를 놓았다. 물론 답지 표현이 '천문 데이터'에서 '관측치'로 약간 변형됐지만, 이 정도는 크게 문제되는 수준은 아니다. 표지성에 확신을 갖지 못해 제시문에서 확인을 하더라도 일단 2번 답지를 잠정적인 정답으로 인정한 상태라면, 해당 답지의 적절성만 판단하면 되기 때문에 시간적으로도 큰 낭비는 없다.

모든 답지의 적절성을 순서대로 하나하나 점검하겠다는 태도는 이런 성격의 제시문에 대한 대응으로는 매우 부적절한 것이다. 오답을 제거한 후 남는 답지를 고르는 것보다 문제에 접해 곧바로 답을 고르고 그것만 확인하는 것이 '백 배'는 바람직하다. 물론 이런 과감함에는 불안도 따르겠지만 "이 정도면 답이다"라는 느낌 없이는, 그리고 "그런 느낌이 왔을 때 다른 답지에 유혹당하지 않겠다"는 의도적이고 적극적인 무시 없이는 시간 부족 문제가 결코 해결되지 않는다. 결국 고득점도 불가능하다. 수능 국어 영역이 원래 그렇게 '생겨먹어서' 그런 것이니 어쩔 수가 없다.

그런데 이 문제에는 이상한 점이 하나 있다. 독자들도 느꼈는지 모르겠지만 이 문제는 정답률이 59%까지 떨어질 정도는 아니다. 하지만 결과적으로 그렇게 된 데는 두 가지 이유가 있었다. 먼저 '산수가 필요할 것 같은' 답지가 2개(1번, 3번)나 있었기 때문이다. 특히 "그레고리력을 쓰면 율리우스력을 쓸 때보다 윤년이 더 자주 돌아온다"는 3번 답지는 가장 높은 선택률(16%)을 기록한 오답지였다. 4의 배수, 100의 배수, 400의 배수 같은 산수가 필요했다. 문과생들에게 계산이 필요할 것 같은 답지가 주는 부담은 의외로 크다.

두 번째는 심리적인 충격 때문이다. 바로 앞의 정답률 44% 문제에서 받은 충격이 다음 문제에 그대로 이어졌다는 말이다. 문제를 제대로 해결하지 못했다는 느낌이 주는 '후유증' 같은 것이다. 감각형-심사숙고형-좌뇌형의 수험생들은 그런 후유증을 더 크게 그리고 더 오래 겪을 가능성이 높다.

35. [A]를 이해하기 위해 <보기>를 활용할 때 ㉮~㉰에 해당하는
것은?

〈보 기〉

　○○시에 있는 원형 전망대 식당은 그 식당의 중심을 축으로 조금씩 회전
한다. ㉮철수는 창밖의 폭포에 가장 가까운 창가 식탁에서 일어나 전망대의
회전 방향과 반대 방향으로 창가를 따라 걸었다. 철수가 한 바퀴를 돌아 그
식탁으로 돌아오는 데 ㉯57초가 걸렸는데, 폭포에 가장 가까운 창가 위치까지
돌아오는 데에는 ㉰60초가 걸렸다.

	㉮	㉯	㉰
①	항성	항성년	회귀년
②	항성	회귀년	항성년
③	지구	회귀년	회귀년
④	지구	항성년	회귀년
⑤	지구	회귀년	항성년

☞ **정답의 표지성**: 답지를 훑어보는 도중 정답의 표지성(72%)은 잘
발견되지 않는다. 제시문과의 대응 과정이 반드시 필요했기 때문
이다. 제시문의 '지구', '항성', '회귀년', '항성년'과 <보기>의
'철수', '폭포', '57초', '60초'를 적절하게 대응시키는 것이 중요
했다. 가장 먼저 "회귀년이 항성년보다 짧다"는 정보가 제시문에
서 확인될 가능성이 높고, 그것으로 1번과 4번은 배제할 수 있다.
그런데 기이하게도 선택률이 높았던 오답 2개는 4번(11%)과 2번
(10%)이다.

☞ **문제 해결 과정**: 원칙적으로는 폭포(항성)나 식당의 중심축(태양)이 제시문의 무엇과 대응하는지 확인하는 것이 좋지만, 시간적으로 촉박한 상황에서 이런 추론에 어려움을 겪었을 가능성이 높다. 결국, "회귀년이 항성년보다 짧다"는 정보로 1번과 4번, 그리고 3번(57초, 60초로 다른 길이인데, 둘 다 회귀년이라고 했으므로)을 제거하고, 철수를 '지구'로 볼 건지 '항성'으로 볼 건지를 판단한 후 정답을 확정하는 것이 실제 시험 현장에서, 수험생이 도달할 수 있는 최선의 대응 방식이었다. 이것 이외의 다른 문제 해결 방식은 오로지 시험이 끝난 후에만 가능한 것이고, 그건 지적 호기심을 만족시키는 것 외에는 아무런 의미도 없는 일이다.

제시문의 그림에 주목하면 왠지 모르게 '철수'는 '항성'이 돼야 할 것 같은 느낌이 들어, 2번답지에 대한 선택률(10%)을 높였던 것은 그나마 이해가 간다. 여기서 항성의 별명이 '붙박이별'이고 위치가 변하지 않는 별을 의미한다는 것을 알았던 수험생들, 특히 이과생들의 경우 남은 2개 답지(2번과 5번) 중 5번을 고르는 데 큰 어려움이 없었을 것으로 보인다. 이 경우 철수는 전망대의 회전축(태양)과 등거리로 회전하는 행성(지구)이 된다. 지구는 항성(붙박이별)과 달리 태양을 중심으로 공전하는 행성(돌아다니는 별)이다. 항성과 행성(지구)을 구분할 수 있는 능력이 이 문제의 정·오답을 가른 가장 중요한 지점이다.

아무리 제시문의 내용만으로 문제를 해결하는 것이 바람직하다고 해도, 이 문제만 놓고 보면 문과생들은 억울할 수밖에 없다. 이과생, 특히 지구과학을 공부한 이과생은 상대적으로 매우 유리했다. 자기가 알고 있는 항성 개념과 제시문에 등장한 항성 개념이 혹시 다른 것일지도 모른다는 '의심병' 환자가 아니었다면, 항성 개념에 대한 배경지식은 적어도 이 문제를 해결하는 데 결정적인 역할을 했다. 과학이나 기술 재재의 경우 '스키마'의 유무가 시험 성적에 미치는 영향이 '재수 없게' 높아지는 경우가 있다. 그나마 다행스러운 것은 문, 이과 구분 없이 대부분의 수험생이 가진 스키마의 양과 질이 '대동소이'하다는 것이지만, 어쨌든 이 문제에서만큼은 문과생이 분명히 불리했다. "항성의 개념을 몰랐어도 폭포가 전망대 창 밖에 있기 때문에 그림 상으로도 항성과 대응한다는 생각을 했어야 하는 것 아니냐"고 따지는 사람이 간혹 있는데, 솔직히 말하면 '잔인한' 지적이다. 너무 잘난 척하지 말기를 바란다. 고민 고민하다가 2번을 고른 수험생들에게 잘못하면 멱살을 잡힐 만한 '지적질'이다.

생각할수록 황당한 선택은 정작 따로 있다. 4번 답지를 11%의 수험생이 정답으로 선택했다는 사실이다. 2번 답지를 고른 비율(10%)보다도 높다. 철수를 지구로 판단하고 나서도 항성년과 회귀년의 길이를 혼동했다는 것은, 사실 가만히 생각해 보면 정말 이상한 일이다. 분명히 이 문제를 풀기 위해서 그 수험생은 제시문 [A]를 다시 봤을 테고, 그 과정에서 제시문 내용은 이해가 안 됐어도, 회귀년이 항성년보다 짧다는 명시적인 정보는 반드시 인지했을 것이기 때문이다. "어떤 경우 60초가 57초보다 짧은 시간일 수도 있다"는 '초현실적'인 생각을 하지 않은 이상, 어떻게 항성년을 회귀년보다 짧은 것으로 볼 수 있었느냐는 것이다. 일부 교재의 주장대로라면 이건 너무도 쉬운 '1대1 대응'이 아닌가?

여기서 필자가 이야기하고 싶은 것이 하나 있다. 제시문의 위엄에 눌리고, 그 결과 제시문에 대한 정서 필터 수준이 높아지면 가장 낮은 수준의 '1대1 대응'조차 매우 힘들어진다는 것이다. "회귀년이 항성년보다 짧다"는 제시문의 분명한 문자 정보를 보고도, 57초는 회귀년, 60초는 항성년이 아닐지도 모른다는 두려움이 그 순간에 수험생을 사로잡았다는 말이다.

다시 한 번 강조한다. "수험생들이여, 수능 국어 영역을 마음 편하게 풀어라." 수능 국어 영역을 편하게 풀지 말라는 모든 조언은, 조금 심하게 말하면 '악마의 속삭임'이다. 거의 30%에 달하는 수험생들이 두려움에 사로잡혀 복잡함을 자초해 놓고, 그 속에서 허우적거리다가 결국 오답을 골랐다. 원칙적인 문제 해결 과정이나, 깊고 복잡한 사고 그 자체를 폄하하려는 의도는 없다. 하지만 국어 영역에서 그런 방식으로 시간 부족 없이 고득점하는 경우를 필자는 지금까지 한 번도 본 적이 없다는 말은 꼭 덧붙이고 싶다. 필자를 포함해서 국어를 잘하는 그 누구도 그렇게 문제를 풀지 않는다. 또 그런 분석적인 방식의 어려움과 적용상의 문제점을 하소연하면, 마치 기다렸다는 듯이 '반복적 훈련을 통한 내면화'를 들이대는 것 또한 하나의 신화(집단적 착각)임을 다시 한 번 강조하고자 한다. 지극히 성실하게 공부하지만 그럼에도 불구하고 낮은 점수대의 많은 수험생들, 특히 감각형 – 심사숙고형 – 좌뇌형의 '국어만 못하는 친구들'은, '반복적 훈련을 통한 내면화'라는 '헛소리'에 대해서 정말 할 말이 많다.

36. ⓐ의 '으로'와 쓰임이 가장 가까운 것은?

① 이 안경테는 플라스틱<u>으로</u> 만들어서 가볍다.
② 그 문제는 가능하면 토론<u>으로</u> 해결하자.
③ 그가 동창회의 차기 회장<u>으로</u> 뽑혔다.
④ 사장은 간부들을 현장<u>으로</u> 불렀다.
⑤ 지난겨울에는 독감<u>으로</u> 고생했다.

☞ **발문**: 특별히 챙길 만한 조건은 없다.

☞ **어휘**: '으로'를 모르는 수험생이 있었을까? 혹시 있다면, 미안하다.

☞ **정답의 표지성**: 답지를 훑어 본 '직후' 정답의 표지성(69%)이 감지된다. 하지만 그것은 거의 전적으로 모국어 화자의 언어적 직관이 작동한 결과라 크게 신뢰하기 어렵고, 따라서 그대로 정답으로 확정하는 데에는 두려움이 따른다. 매력적인 오답도 2개(13%, 9%) 있다. 하지만 애매한 어휘 문제의 경우, 극초반의 언어적 직관에 비춰 그나마 조금이라도 선호된 답지를 고르지 않으면, 이후 소비되는 시간은 절대 정답을 찾는 쪽으로 사용되지 않는다는 점을 반드시 기억해 둘 필요가 있다. 왜 그런지 한번 보자.

☞ **문제 해결 과정**: '으로'는 자그마치 11가지나 되는 다양한 방식으로 쓰이는 '격조사'다. 격조사가 뭐냐고 묻지 마라. 직접 찾아봐라. 그래야 그나마 기억이 오래간다. 어쨌든 번거롭지만 '으로'의 쓰임(용례)을 모두 적어 본다.

1. 움직임의 방향. 4번 답지(사장은 간부들을 현장으로 불렀다)가 여기에 해당한다.

2. 움직임의 경로. 예) 홍콩으로 해서 미국을 들어갈 예정이다.

3. 변화의 방향. 예) 그렇게 얌전하던 학생이 말썽꾼으로 변했다.

4. 어떤 물건의 재료나 원료. 1번 답지(이 안경테는 플라스틱으로 만들어서 가볍다)가 같은 용법이다.

5. 어떤 일의 수단이나 도구. 2번 답지(그 문제는 가능하면 토론으로 해결하자)가 여기에 해당한다.

6. 어떤 일의 원인이나 이유. 5번 답지(지난 겨울에는 독감으로 고생했다)와 같은 용법이다.

7. 지위나 신분 또는 자격. 제시문의 해당 내용(4의 배수인 해를 윤
   년으로 삼았다)과 3번 답지(그가 동창회의 차기 회장으로 뽑혔다)
   가 이 용법이다. 그러니까 정답이다.

8. 시간. 예) 시험 시간을 한 시간으로 제한했다.

9. 시간을 셈할 때 셈에 넣는 한계. 예) 자동차 면허 시험을 보는 것
   이 이번으로 일곱 번째가 된다.

10. 특정한 동사와 같이 쓰여 대상을 나타낸다. 특히 '하여금'을 뒤따
    르게 해 시킴의 대상이 되게 하거나, '더불어'를 뒤따르게 해 동반
    의 대상이 되게 한다. 예) 동생으로 하여금 집안일을 보게 하였다.

11. (주로 인지나 지각을 나타내는 말과 함께 쓰여) 어떤 사물에 대
    해 생각하는 바를 나타낸다. 예) 조용한 레스토랑쯤으로 여겼는
    데 입구에서부터 요란한 밴드 소리가 귀청을 찢었다.

모두 나열하기도 힘들 정도다. 문제는 이런 미묘하고 다양한 쓰임을
지닌 어휘는 아무리 작정하고 암기 학습을 한다 해도 실전에서는 결국
'헛수고'가 된다는 데 있다. 또 이 문제를 꼼꼼히 복습했다고 해서, 앞
으로 다시 만날 '으로'라는 격조사 문제를 반드시 맞힌다는 보장도 전
혀 없다. 내용 자체를 까먹을 가능성이 높고, 기억에 남아 있더라도 여
전히 애매한 구석이 많기 때문이다. 수능 국어 영역에서 만점자가 나오
지 않았다면, 그건 어려운 비문학(독서)이나 문학이 아니라 어휘 때문
이라는 말도 결국 이런 상황에서 나온 것이다. 익숙한 어휘지만 문맥에
따라 용법이 미묘하게 달라지는 경우, 그리고 거꾸로 너무 생소한 어휘
인데 정색하면서 사전적 의미(말 그대로 국어사전에 나온 뜻풀이)를 물
어보는 경우가 대표적이다. 수능 국어 영역에서는 이 두 가지 어휘 문
제가 항상 어려움을 만들어낸다. 하지만 이 두 가지 모두 암기 학습으

로는 절대 대비가 안 되는 것들이다. 아니, 정확하게 말하면 대비 자체
가 불가능한 것들이다.

어쨌든 이 문제는 수단(2번), 재료(1번)와 자격(3번)의 차이가 희미하
나마 감지되면 그나마 정답으로 인도될 가능성이 높다. 그리고 그런 차
이를 모국어 화자들은 비슷하게 감지한다. 그래서 '신기한' 현상이 벌
어진다. 문제를 접하는 극초반에는 그나마 3번 답지에서 "정답 같다"
는 느낌을 조금이라도 더 강하게 받게 된다는 말이다. 모국어 화자의
보편적인 언어 체험과 언어적 직관이 작동한 '고마운' 결과다. 하지만
이런 느낌은 시간이 흐르면 흐를수록 오히려 점점 약해진다. 그럴 경우
이제 문제 해결은 수험생의 잘못된 익숙함과 스스로도 납득할 수 없는
허약하기 짝이 없는 논리적 추론을 통해 이뤄지게 되는데, 안타깝게도
그런 시도는 대부분 실패로 결론난다. 혹시라도 "나는 아니다"라며 자
신을 속이지 말기 바란다. 예외는 없다.

언어

　오늘날 단일어로 여겨지는 '두더지'는 본래 두 단어가 결합한 말이다. '두더'는 무엇인가를 찾으려고 샅샅이 들추거나 헤친다는 뜻을 지닌 동사 '두디다'(>뒤지다)에서 왔으며, '지'는 '쥐'가 변화된 것이다. 따라서 두더지는 '뒤지는 쥐'라는 뜻을 갖는 합성어였다.

　'뒤지는 쥐'라고 하면 이해하기 쉽지만 '뒤지쥐'라고 하면 어색하게 느껴진다. 그것은 '뒤지쥐'가 마치 '달리는 차'를 '달리차'라고 하는 것과 같기 때문이다. '뒤지는 쥐'나 '달리는 차'는 국어에서 단어가 둘 이상 결합된 단위인 구(句)를 만드는 방법을 따르고 있으므로 우리에게 자연스럽게 받아들여진다.

　구를 만드는 이러한 방법은 합성어를 만드는 데에도 적용된다. 체언과 체언이 결합한 ⓐ'호두과자', 관형사와 체언이 결합한 '한번', 부사와 용언이 결합한 '잘생기다', 용언의 관형사형과 체언이 결합한 ⓑ'된장', 체언과 용언이 결합한 '낯설다', 용언의 연결형과 용언이 결합한 '접어들다' 등은 구를 만드는 것과 같은 방법을 따라 만들어진 합성어들로 이를 통사적 합성어라고 한다.

　반면에 이런 방법을 따르지 않고 만들어진 합성어들도 있다. 두 개의 용언 어간끼리 결합한 ⓒ'오르내리다'와 용언 어간에 체언이 직접 결합한 ⓓ'밉상'이 그 예이다. 또한 '깨끗하다'의 '깨끗'과 같이 독립적인 쓰임을 보이지 않는 어근인 '어둑'에 체언이 결합한 ⓔ'어둑새벽', 그리고 ㉠'귀엣말'과 같이 부사격 조사 '에'와 관형격 조사였던 'ㅅ'의 결합형이 포함된 단어 등도 구를 만드는 방법을 따르지 않는 경우이다. 이러한 합성어를 비통사적 합성어라고 한다.

　'두더지'는 본래 용언 어간에 체언이 직접 결합했으므로 비통사적 합성어였다. 그러나 '두디쥐>두더지'의 어형 변화로 이제는 이것이 합성어였음을 알아

차리기 쉽지 않다. '숫돌' 또한 본래 용언 '*' (비비다)의 어간에 체언 '돌'이
직접 결합해 만들어진 비통사적 합성어였다. 그러나 '*>숫'의 형태 변화와 더
불어 동사 '*다'의 소멸로 이 단어의 원래 짜임새를 알기 어렵게 되었다.

37. 위 글에 대한 이해로 가장 적절한 것은?

① 본래 단일어였던 '두더지'는 현재 합성어로 인식된다.

② 결합되는 단어의 수는 합성어의 유형구분에 기준이 된다.

③ 구(句)와 합성어가 만들어지는 방식에는 서로 차이가 없다.

④ '숫돌'을 형성했던 용언은 품사가 바뀌는 언어 변화를 겪었다.

⑤ 언어 변화는 단어의 짜임새를 파악하기 어렵게 만들기도 한다.

☞ **정답의 표지성**: 답지를 전체적으로 훑어보면, 정답의 표지성(80%)이
발견된다. 너무 생소한 제시문의 성격상 "확실하다"는 느낌보다
는 '무난하다'나 '괜찮다', '전체적인 내용과의 연관성이 높다' 정
도의 느낌을 갖게 된다. '제시문 후반부에서 본 것 같다'는 느낌
도 든다. 제시문을 읽는 동안 머릿속에 남겨진 흔적이 작동해서
그런 것일 가능성이 높다. 그대로 확정해도 괜찮고, 정 불안하면
해당 답지만 제시문에서 확인하면 된다.

☞ **문제 해결 과정**: 정답은 5번이다. 3번이 약간 찜찜하기는 한데, 모
국어 화자의 스키마에 비춰볼 때 '서로 차이가 없다'는 표현, 그
러니까 과도하고 단정적 표현이 직관적으로 거슬린다. 과도하거
나 단정적인 표현은 '적절하지 않다'는 강력한 표지성이기 때문
이다. 이 문제는 적절한 것을 찾아야 하는 문제다. 정답의 용의선

상에서 신속하게 배제해야 한다는 말이다.

　제시문을 보면 '구'를 만드는 방법으로 만들어지는 합성어는 '통사적 합성어', 구를 만드는 방법을 따르지 않고 만들어지는 합성어는 '비통사적 합성어'라고 돼 있다. 이걸로 3번 답지를 배제해도 된다. '구'가 뭔지 '통사'라는 말이 뭔지 몰라도 상관없다. 사실 이런 개념을 미리 알고 있는 상태에서 이 문제를 푼 수험생들도 별로 없었다. 제시문 읽으면서 그 정확한 의미를 파악한 친구도 별로 없었다. '구'는 은근히 자주 쓰는 말이지만 한번 설명해 보라고 하면 대부분의 수험생은 그렇게 하지 못한다. 굳이 설명하자면 '구'는 둘 이상의 단어가 모여 문장의 일부분을 이루는 토막을 말하는 것이고, '통사'는 그냥 '문장'을 이르는 또 다른 말이다.

　예를 들어보자. '넘다'와 '서다'라는 두 단어로 '구'를 만들면 '넘어서다'가 된다. 그런데 '넘어서다'라는 '구'는 한편으로 '합성어'이기도 하다. 그렇다면 '넘어서다'라는 합성어가 만들어진 방법은 '넘어서다'라는 구가 만들어진 방법과 같은 것인데, 이런 걸 두고 '통사적 합성어'라고 부른다.

　그런데 이번에는 '넘다'와 '보다'라는 두 단어가 있다고 해보자. 이 두 단어로 구를 만들면 '넘어보다'이다. '넘어서다'와 마찬가지로 '넘어보다'는 통사적 합성어이기도 하다. 구가 만들어진 방법과 같은 것이기 때문이다. 하지만 '넘다'와 '보다'라는 똑같은 두 단어를 가지고 만든 합성어 중에는 '넘보다'라는 게 있다. 이건 재료는 똑같지만, 구가 만들어진 방법과는 다르게 만들어진 것이다. 바로 이런 걸 '비통사적 합성어'라고 부른다. 어쨌든 구가 만들어지는 방식하고 합성어를 만드는 방식에는 차이가 있다는 것이다. 말하자면 구가 만들어지는 방식은 하나지만, 합성어가 만들어지는 방식은 구가 만들어지는 방식과 같은 것도 있고 다른 것도 있다는 이야기다.

사실 이런 내용은 설명을 들어도 여전히 복잡하다. 그리고 이런 정도의 판단을 하려면 제시문으로 돌아가서 정말 꼼꼼히 확인해야 한다. 또 그렇게 꼼꼼히 확인한다고 해서 이 정도 판단에 도달할 거라는 보장도 없다. 3번 답지는 그 내용이 맞는지 틀리는지 판단하는 데 필요한 정보가 한 군데 몰려있는 게 아니라 제시문 전체에 여기저기 흩어져 있기 때문이다. 거기에다 그 정보를 모두 종합까지 해야 판단이 가능하다. 물론 많은 수험생들, 특히 직관형－충동형－우뇌형 수험생들은 '서로 차이가 없다'는 '과도하고 단정적인 표현'으로 적절하지 않다는 판단을 참 '쉽게' 내렸겠지만 말이다.

다른 답지들도 확인하기로 마음먹으면 하나하나가 절대 만만치 않은 것들이다. 80%의 정답률이 나온 것이 도리어 이상할 정도다. 이유는 다른 데 있는 것이 아니다. 대다수 수험생들은 이런 세부 정보를 확인하거나 그걸 가지고 추론하기에 앞서, 5번 답지의 무난함을 먼저 느꼈기 때문이다. 정작 제시문은 '장난 아니게' 어려웠는데도 말이다. 여기서도 여전히 중요한 건 처음 본 정답의 표지성을 신뢰하고, 그 신뢰를 바탕으로 나머지 답지에 대한 번거로운 확인 과정을 생략하거나 최소화하는 것이다. 실제 시험장에서 정말 필요한 건 다소 부족하더라도 표지성을 믿고 정답을 확정할 수 있는 '용기'라는 말이다.

다시 말하지만 이 문제는 제시문의 생소함이나 까다로움으로 보면 정답률 80%가 나올 수 없는 문제다. 앞에서 장황하게 설명했던 것처럼, 오답지들도 막상 확인하기로 하면 확인이 잘 안 되는 내용이었다. 그나마 정답률 80%가 나온 이유는 딱 하나, 5번이 가진 정답의 표지성 때문이다. '무난하다'거나 '제시문과 연관성이 높다'거나, '정보성이 낮

다(당연하다)'거나, '추론이 짧다'거나, '제시문 후반부에서 본 것 같다'
는 느낌을 대다수 수험생이 받았다는 점이 중요하다. 특히 결정적 정보
가 제시문 맨 마지막에 있으면 정답률이 높아지는 경우가 많다. 반대로
그런 정보가 제시문 맨 앞에 있으면 정답률이 떨어지는 경우가 의외로
많다. 제시문 맨 앞은 일종의 '사각지대', 제시문 맨 뒤는 '안 사각지
대'가 되는 경우가 많다.

하여튼 이렇게 수험생들이 정답의 표지성을 알아본 건 제시문에 대
한 이해도와도 크게 상관이 없었다. 아마 출제자들은 이 문제의 예상
정답률을 80%보다는 한참 낮게 잡았을 것이다. 그리고 수험생들도 만
약 답지를 순서대로 일일이 확인했다면 반드시 시간을 많이 소비했을
가능성이 높다. 또 그 과정에서 5번이 아닌 다른 답지가 선택될 가능성
도 높았다. 하지만 대다수 수험생들이 '다행스럽게도' 그렇게 안 했기
때문에 오히려 80%라는 '의외로' 높은 정답률이 나온 것이다.

자, 이번 문제는 미리 정답률을 공개한다. 24%다. '극악무도'한 정답
률이다. 그럼 정답률 24%에 한번 도전해 보자.

38. <보기>와 ㉠(귀엣말)을 통해 탐구한 내용으로 적절하지 <u>않은</u> 것은?

〈보 기〉

[15세기] 그 새 거우루엣 제 그르멜 보고(《석보상절》 권24)
[오늘날] 그 새가 거울에 있는 제 그림자를 보고

---

① '귀엣말'의 '귀엣'과 '거우루엣'은 그 짜임새가 같군.

② 15세기에는 '거우루엣 그르멜'과 같은 구성도 자연스럽게 쓰였겠군.

③ 15세기라면 '귀엣'과 '말' 사이에 다른 말이 들어가 구(句)가 만들

어질 수도 있었겠군.

④ '거우루엣'의 '엣'은 오늘날 '귀에 걸다'의 '에'와 같은 기능을 하는군.

⑤ '귀엣말'이 15세기에도 합성어였다면 통사적 구성 여부를 기준으로 볼 때 시대에 따라 다른 유형의 합성어로 이해될 수 있겠군.

☞ **정답의 표지성**: 수험생들의 '십수 년 인생사'나 '모국어 화자의 보편적인 언어 체험'에 비춰 봐도 정답의 표지성은 발견되지 않는다. 그러니까 정답률 24%가 나온 것이다. 똑같은 제시문을 바탕으로 출제된 문제지만, 정답률이 80%가 나온 앞의 문제와 비교해 보면 그 느낌의 차이가 분명하게 드러난다. 매력적인 오답이 2개 있는데 선택률이 각각 40%, 22%다. 한 오답은 정답률보다 2배 정도 높은 선택률을, 또 하나의 오답은 정답률과 비슷한 선택률을 기록했다. 게다가 나머지 오답까지 모두 합치면 오답률이 무려 76%나 되는 문항이다.

사실 난이도나 변별도에서 크게 실패한 문항이라고 보는 것이 맞다. 맞느냐, 틀리느냐보다 시간을 많이 썼느냐, 덜 썼느냐가 결과적으로 더 중요한 문제였다. 이런 '포스'를 풍기는 문제는 1분 이내에 정답을 판단할 수 없다면 과감하게 다른 문항으로 '도망치는' 게 오히려 현명한 행동이다. 잘못하면 '지옥행 급행열차'에 올라탈 수 있기 때문이다.

많은 수험생들이 지옥행 열차를 타도 언제든 자기가 원하기만 하면 뛰어내릴 수 있다고 생각한다. 하지만 수많은 실증적 사례는 그것이 그들만의 착각이라는 사실을 '어김없이' 그리고 '처참하게' 보여준다. 조심해야 한다.

-**문제 해결 과정**: 거우루엣의 '엣'은 현대어로 하면 (거울)'에의'(부사격 조사 '에'+관형격 조사 'ㅅ')이다. 현대 국어에서 관형격 조사는 '의'밖에 없다. 하지만 제시문을 보면 거우루엣은 현대어로 거울에 '있는'으로 번역돼 있다. 'ㅅ'이 '있는'으로도 해석된다는 말이다. 어쨌든 '귀엣말'은 '귀에의 말'로 바꾸거나 '귀에 있는 말'로 바꿀 수 있다는 것이다. '귀에의 말'이나 '귀에 있는 말'은 표현이 조금 생소하지만, 그래도 무슨 의미인지 느낌은 온다. 하지만 4번 답지에서처럼 "'거우루엣'의 '엣'은 오늘날 '귀에 걸다'의 '에'와 같은 기능을 한다"고 보면, 그건 '귀에의 걸다'라는 표현이나 '귀에 있는 걸다'라는 표현도 가능하다는 건데 이건 도저히 인정하기가 어렵다. '귀에의 걸다', '귀에 있는 걸다', 이게 도대체 말인가 막걸리인가?

이번에는 조금 복잡한 이야기를 해 보자. 4번 답지에 나온 "'에'와 같은 기능"이라는 말이 무슨 의미인지에 관한 것이다. 거우루엣에서 '엣'은 부사격 조사 '에'와 관형격 조사 'ㅅ'의 결합형으로 '그름'(그림자의 옛말) 같은 체언(명사)을 꾸며주는(수식하는) 기능을 한다. '귀엣말'에서도 '엣'은 뒤에 나오는 '말'이라는 체언(명사)을 수식한다. 그런데 '귀에 걸다'의 '에'는 오직 부사격 조사로 '걸다'라는 용언(동사, 형용사)을 수식하는 기능을 한다. 그래서 '엣'과 '에'는 그 기능이 다른 건데 답지에서는 같은 기능을 한다고 했으니까, 적절하지 않은 것이 된다.

40%가 선택한 3번 답지는, 15세기에는 '거우루엣 제 그르멜'이 쓰인 걸로 봐서 '귀엣'과 '말' 사이에도 '제' 같은 다른 말이 들어갈 수 있었다는 말이다. 맞는 말이다. 5번 답지는 현재 '귀엣말'은 비통사적 합성어로 분류하지만, 만약 15세기에는 '거우루엣 제 그름(그림자)' 같은 구

가 일반적으로 쓰였다면 통사적 합성어로 볼 수도 있다는 것이다. 그게 아니라면 '귀엣말'은 15세기 당시에는 비통사적 합성어였지만 현재에는 단일어로 인식되니까 "시대에 따라 다른 유형의 합성어로 이해될 수 있다"고 판단할 수도 있다. 둘 중 어느 것으로 판단하든 어쨌든 맞는 말이다.

설명을 들어도 여전히 어렵다. 당연하다. 이 문제를 통해서 필자가 진짜 하고 싶은 말은 따로 있다. 이런 '구차한' 설명이나 '뒷북 때리는' 해설을 하려는 게 아니다. 시험 보고 난 다음에 1시간 정도 머리를 싸매고 해도 될까 말까 한 이런 사고 과정, 이런 과정을 거친 다음 4번을 정답으로 고른 수험생이 과연 몇 명이나 있었겠냐는 것이다. 사실 24%라는 정답률은 그냥 찍어도 나오는 수치다. 만약 실제로 이 문제를 '찍지' 않고 앞에서 말한 사고 과정을 모두 거쳐서 4번을 정답으로 선택한 수험생이 있다면, 필자는 그 수험생을 '닥치고' 존경할 것이다. 그래도 될 만큼 대단한 친구라고 생각하기 때문이다.

그런 게 아니라면, 아마 "'귀에의 걸다'라는 표현이나 '귀에 있는 걸다'라는 표현은 도저히 인정하기 어렵다" 정도의 판단으로 답을 골랐을 것이다. 그나마 이렇게 푼 친구들도 채 5%가 안 된다.

이 정도가 실제 시험장에서 수험생들이 도달할 수 있었던, 그나마 가장 높은 수준이라고 보는 게 맞다. 이런 '포스'를 풍기는 문제를 괜히 어떻게 해보려고 하다가는 자칫 지옥행 급행열차에 올라 탈 수도 있다. 그렇다면 차라리 도망치는 게 낫다. 국어 시험에서는 시간을 과도하게 소비해서 맞는 것보다 시간 소비를 최소화하고 틀리는 것이 결과적으로 더 바람직한 경우가 있다. 바로 이런 경우다. 이런 '감당이 불감당'인 문제를 빨리 알아보는 '눈'이 필요한 것도, 문제를 맞히려고 그러는 것이 아니라 문제로부터 빨리 도망치려는 데 그 목적이 있는 것이다.

어기서 어떤 독자들은 "비겁하게 도망을 치느냐"고 비난할 수 있다. 좋다. 그렇다면 한번 물어보자. 도대체 뭐가 비겁하다는 것인가? 독자들은 착각하지 말아야 한다. 수능 국어 영역은 자존심을 세우는 시험이 아니다. 당연하다. 배점 외에는 어떤 가중치도 주지 않는다. 안 풀리는 문제를 죽어라고 붙들고 있어야 할 이유가 도대체 무엇인가? 시간이 남으면 다시 돌아올 수도 있고, 돌아오지 못한다 하더라도 어쩔 수 없다. 어차피 이런 문제는 많아야 한두 문제 정도이고 틀려도 1등급은 나올 수 있다. 그렇게 걱정할 필요는 없다는 말이다. 이런 문제에서 소비된 시간은 절대 정답이 분명해지는 쪽으로 작용하지 않는다. 오히려 반대 방향으로 작용할 가능성이 훨씬 더 높다. 말 그대로 치명적인 '시간 낭비'가 될 수 있다는 말이다.

독자들이 이미 짐작하듯이, 직관형—충동형—우뇌형 수험생들은 문제 풀다가 '아니다' 싶으면 도망도 잘 친다. 이 친구들은 '자존심'도 없다. 오히려 수능 국어 영역에서 쓸데없는 자존심을 세우려고 하는 사람은 감각형—심사숙고형—좌뇌형 수험생들이다. 다시 말하지만, 이런 문제에서 시간의 소비는 절대 정답이 분명해지는 쪽으로 작용하지 않는다. 오히려 반대 방향으로 작용할 가능성이 훨씬 높다. 특히 감각형—심사숙고형—좌뇌형의 수험생에게 그 시간은 자신의 잘못된 선택을 사후적으로 합리화하는 데 사용될 뿐이다. 결과적으로 항상 그렇다.

39. 다음과 같이 가상의 순화어를 만들 때 ⓐ~ⓔ의 합성어 형성 방법을 잘못 적용한 것은?

바꿀 말	재료가 되는 말	방법	가상의 순화어	
샤프펜슬	○가락 ○빼빼하다 ○연필	ⓐ	가락연필	… ①
		ⓑ	빼빼한 연필	… ②
스캔하다	○읽다 ○갈무리하다	ⓒ	읽어갈무리하다	… ③
스파게티	○부드럽다 ○새큼달큼하다 ○국수	ⓓ	부드럽국수	… ④
		ⓔ	새큼달큼국수	… ⑤

☞ **정답의 표지성**: 정답의 표지성(29%)은 잘 보이지 않는다. 나머지 답지에 대한 선택률은 각각 28%, 24%, 17%, 3%다. 정답을 포함한 다섯 개 답지로 선택이 '심하게' 골고루 퍼진 경우다. 제시문과의 일치 여부를 떠나 답지에 등장한 어휘들이 매우 낯설다는 느낌, 생전 처음 본다는 느낌 때문에 정답 여부를 판단하기가 힘든 문항이었다. 어려운 어휘나 문법 문제의 경우 항상 문제되는 것은 수험생의 '익숙함'이지 '암기 지식'의 양이 아니다. 수험생이 가진 어휘나 문법 지식의 수준은 대부분 비슷하다. 문제는 지식의 수준이 비슷한 수험생들이 비슷한 '익숙함'으로 문제를 해결하려고 시도한다는 데 있다.

☞ **문제 해결 과정**: 정답은 3번이다. '오르내리다'는 용언의 어간 '오르'와 용언 '내리다'가 결합된 비통사적 합성어다. '오르고내리다'가 구와 같은 방식으로 만들어진 통사적 합성어다. '오르내리다'와 같은 방법으로 '읽다'와 '갈무리하다'를 결합해서 합성어를 만

들면 '읽갈무리하다'가 된다. 언뜻 보기에 정말 '이상한' 말이 된다. 아무리 '가상'의 순화어라지만 이렇게까지 해야 하나 싶기도 하다. 문제를 내는 것이 아무리 출제자 마음이라지만 너무하다는 생각이 든다.

'읽어갈무리하다'는 용언의 연결형 '읽어'와 용언 '갈무리하다'가 결합한 말이니까 제시문에 나온 '접어들다'와 같은 방법으로 만든 합성어다. '오르내리다' 같은 방법이 아니라는 말이다. '읽어갈무리하다'는 '구'를 만드는 방법과 같은 것이니까 '비통사적 합성어'가 아니라 '통사적 합성어'다. '오르내리다'도 '오르고내리다'가 되면 구를 만드는 방법과 같아지니까 '통사적 합성어'가 되는 원리와 같은 것이다.

문제는 통사적 합성어와 비통사적 합성어의 차이를 미리 알고 있었고, 체언과 용언, 용언의 연결형, 관형사를 구분할 정도의 문법 지식이 있었다 해도 상황은 별로 달라지지 않는다는 데 있다. 답지를 보는 도중에 3번이 제시문 내용과 불일치한다는 느낌을 조금 강하게 받을 수는 있었겠지만, 그럼에도 불구하고 정답지를 포함한 답지들의 표현이 너무 생소해서 답을 확정하기가 머뭇거려졌을 것이라는 점에서는, 문법 지식이 없는 다른 수험생들과 별로 다를 바가 없었다는 말이다.

합성어나 파생어, 용언, 체언, 어간, 어미, 어근, 접사 같은 문법 개념은 한 번 "이런 게 있다" 정도로 학습을 할 필요가 있다. 마음만 먹으면 일주일 안에 다 끝낼 수도 있다. 그것으로 족하다. 물론 '문법'은 일상에서 자주 활용되는 지식이 아니기 때문에 시간이 지나면 그마저도 또 까먹는다. 그러면 그때 가서 또 한 번 가볍게 훑어보면 된다. 문법에 대한 공부는 깊이 들어가면 들어갈수록 힘들어진다. 문법을 지나치게 구체적으로 학습하고, 학습한 내용을 절대적인 것으로 생각하면 실제 시험장에서는 오히려 공부를 안 한 것만 못한 상황이 벌어진다. 특히 이런 문제는 문법에 대한 기초 지식이 있다고 해서 반드시 맞힐 거라는 보장이 없다. 문법에 대한 기초 지식을 요구하는 데서 더 나아가 수험생들이 지닌 익숙함을 역이용하기까지 한 것이기 때문이다. 문법 지식을 갖고 있는지 여부나 제시문과의 일치 여부를 떠나 어휘 자체를 생전 처음 본다는 느낌 때문에 페이스가 흔들리게 된 경우라는 말이다. 수험생이 가진 '익숙함'이 역이용되면 수능 국어 영역에서는 항상 이런 '대참사'가 일어난다.

현대 소설

형은 또 울었다. 밤이 깊도록 어머니까지 불러 가며 엉엉 소리 내어 울었다. 동생도 형 곁에서 남모르게 소리를 죽여 흐느껴 울었다. 그저 형의 설움과 울음을 따라 울 뿐이었다. 동생도 이렇게 울면서 어쩐지 마음이 조금 흐뭇했다.

이날 밤의 감시는 밤새도록 엄했다.

바깥은 ㉠첫눈이 흩날리고 있었다.

형은 울음을 그치고 불쑥,

"야하, 눈이 내린다, 눈이, 눈이. 벌써 겨울이 다 됐네."

물론 감시병들의 감시가 심하니까 동생의 귀에다 입을 대지도 않고 이렇게 혼잣소리처럼 지껄였다.

"저것 봐, 저기 저기, 에에이, 모두 잠만 자구 있네."

동생의 허리를 쿡쿡 찌르기만 하면서…….

어느새 양덕도 지났다. 하루하루는 수월히도 저물어 갔고 하늘은 변함없이 푸르렀을 뿐이었다. 산도 들판도 눈에 덮여 있었다. 경비병들의 겨울 복장을 바라보는 형의 얼굴에는 천진한 애들 같은 선망의 표정이 어려 있곤 했다. 날로 날로 풀이 죽어갔다.

어느 날 밤이었다. 일행도 경비병들도 모두 잠들었을 무렵, 형은 또 동생의 귀에다 입을 대고, 이즈음에 와선 늘 그렇듯 별나게 가라앉은 목소리로,

"그 새끼 생각이 난다. 맘이 꽤 좋았댔이야이."

ⓐ"……"

"난 원래 다리에 ㉡담증이 있는데이. 너두 알잖니. 요새 좀 이상한 것 같다야."

하고는 헤죽이 웃었다.

ⓑ“……”

동생은 놀라 돌아다보았다. 여느 때 없이 형은 쓸쓸하게 웃으면서 두 팔로 동생의 어깨를 천천히 그러안으면서,

“칠성아, 야하, 흠썩은 춥다.”

ⓒ“……”

“저 말이다, 엄만 날 늘 불쌍히 여겼댔이야, 잉. 야, 칠성아, 칠성아, 내 다리가 좀 이상헌 것 같다야이.”

ⓓ“……”

동생의 눈에선 다시 눈물이 비어져 나왔다.

형은 별안간 두 눈이 휘둥그레져서 동생의 얼굴을 멀끔히 마주 쳐다보더니,

“왜 우니, 왜 울어, 왜, 왜. 어서 그치지 못하겠니.”

하면서도 도리어 제 편에서 또 울음을 터뜨리고 있었다.

이튿날, 형의 걸음걸이는 눈에 띄게 절름거렸다. 혼잣소리도 풀이 없었다.

“그만큼 걸었음 무던히 왔구만서두. 에에이, 이젠 좀 그만 걷지덜, 무던히 걸었구만서두.”

하고는 주위의 경비병들을 흘끔 곁눈질해 보았다. 경비병들은 물론 알은체도 안 했다. 바뀐 사람들은 꽤나 사나운 패들이었다.

그날 밤 형은 동생을 향해 쓸쓸하게 웃기만 했다.

“칠성아, 너 집에 가거든 말이다, 집에 가거든……”

하고는 또 무슨 생각이 났는지 벌쭉 웃으면서,

“히히, 내가 무슨 소릴 허니. 네가 집에 갈 땐 나두 갈 텐데, 앙 그러니? 내가 정신이 빠졌어.”

한참 뒤엔 또 동생의 어깨를 그러안으면서,

“야, 칠성아!”

동생의 얼굴을 똑바로 마주 쳐다보기만 했다.

바깥은 바람이 세었다. 거적문이 습기어린 소리를 내며 열리고 닫히곤 하였다. 문이 열릴 때마다 눈 덮인 초라한 ⓒ들판이 부유스름하게 아득히 뻗었다.

동생의 눈에선 또 눈물이 비어져 나왔다.

형은 또 벌컥 성을 내며,

“왜 우니, 왜? 흐흐흐.”

하고 제 편에서 더 더 울었다.

며칠이 지날수록 ⓓ형의 걸음은 더 절룩거려졌다. 행렬 속에서도 별로 혼잣소릴 지껄이지 않았다. 평소의 형답지 않게 꽤나 조심스런 낯색이었다. 둘레를 두리번거리며 경비병의 눈치를 흘끔거리기만 했다. 이젠 밤에도 동생의

귀에다 입을 대고 이것저것 지껄이지 않았다. 그러나 먼 개 짖는 소리 같은 것에는 여진히 흠칫흠칫 놀라곤 했다. 동생은 또 참다못해 눈물을 흘렸다. 그러나 형은 왜 우느냐고 화를 내지도 않고 울음을 터뜨리지도 않았다. 동생은 이런 형이 서러워 더 더 흐느꼈다.

그날 밤, 바깥엔 ⓜ함박눈이 내렸다.

형은 불현 듯 동생의 귀에다 입을 댔다.

"너, 무슨 일이 생겨두 날 형이라구 글지 마라, 어엉."

여느 때답지 않게 숙성한 사람 같은 억양이었다.

"울지두 말구 모르는 체만 해, 꼭."

동생은 부러 큰 소리로,

"야하, 눈이 내린다."

형이 지껄일 소리를 자기가 지금 대신하고 있다고 생각했다.

ⓔ"……"

그러나 이미 형은 그저 꾹하니 굳은 표정이었다.

동생은 안타까워 또 울었다. 형을 그러안고 귀에다 입을 대고, "형아, 형아, 정신차려."

이튿날, 한낮이 기울어서 어느 영 기슭에 다다르자, 형은 동생의 허벅다리를 쿡 찌르고는 걷던 자리에 털썩 주저앉고 말았다.

형의 걸음걸이를 주의해 보아 오던 한 사람이 뒤에서 따발총을 휘둘러 쏘았다.

형은 앉은 채 앞으로 꼬꾸라졌다. 그 사람은 총을 어깨에 둘러메면서,

"메칠을 더 살겠다구 뻐득대? 뻐득대길."

—이호철, 「나상(裸像)」—

☞ **스키마**: 이 소설은 북한군의 포로가 된 형제가 이송되는 과정을 그리고 있다. "그걸 어떻게 아느냐"고 물어 볼 독자들이 있을 것 같다. 43번 문항의 <보기>에 그렇게 나와 있다. 물론 작품을 읽는 도중에도 어느 정도 파악되는 내용이다. 다만 제시문에는 북한군이라는 말 대신 감시병이라는 표현이 등장한다.

수능 국어 영역에 관한 논쟁 중에는 '해묵은' 논쟁이 하나 있다. 문

제를 먼저 보는 것이 좋은지, 제시문을 먼저 보는 것이 좋은지에 관한 논쟁이다. 제시문을 먼저 보는 것이 좋다. 문제를 먼저 본다는 것은 발문과 답지를 보면서 어떤 부분이 문제로 만들었는지를 미리 예상하면서 제시문을 읽는다는 의미다. 하지만 발문과 답지 같은 '파편적이고 분절적인' 정보로는 절대 제시문의 내용을 미리 예상할 수 없다. 오히려 제시문을 읽을 때의 체크리스트만 늘려, 정서 필터의 수준만 '쓸데없이' 높일 뿐이다. 그럴 경우 당연히 제시문에 대한 심리적 방어벽이 형성돼 효과적이고 융통성 있는 제시문 읽기를 방해한다. 한마디로 말하면 문제를 먼저 보는 것은 전혀 '스키마'로 기능하지 않는다.

　문항 쪽에서 미리 챙겨야 할 것은 오직 <보기>뿐이다. 특히 문학 쪽에서 <보기>는 시험 당일 즉석에서 스키마를 만드는 데 매우 큰 역할을 한다. 작품을 읽기 전에 챙겨 본 <보기>는 일종의 스키마로 기능하면서, 본격적으로 제시문을 읽을 때 작품에 대한 이해를 높여줄 가능성이 매우 높다. 어떤 친구들은 "그런 행동이 제시문을 있는 그대로 보지 못하게 만드는 '선입견'으로 작용할 수 있는 것 아니냐"고 걱정한다. 정말 걱정도 팔자다. 그런 걸 걱정해야 할 정도의 수험생은 전체 수험생 가운데 손으로 꼽을 정도로 극소수다. 그리고 미안하지만 이 글을 읽고 있는 독자는, 그 '극소수'에 해당되지 않을 가능성이 99.9%다.

☞ **어휘**: 양덕(어딘지는 모르지만 지명이라는 것은 추론이 가능하다), 담증(의미를 몰라도 문맥을 통해 염증이나 질병 정도 추론하면 아무 문제가 없다), 흠썩은(사전적 의미는 '조금도 남김없이 골고루 푹 젖은 모양'을 의미하는데, 문맥을 통해 '많이', '매우' 정도로 추론하면 그만이다), 멀끔히 (사실은 이게 문제가 되는 어휘다. 사전적 의미는 '지저분하지 않고 훤하게 깨끗하게'라는 것인데,

많은 수험생들은 멀뚱히(눈빛이나 정신 따위가 생기가 없고 멀겋게)로 여겼다. 만약 출제자들이 이 어휘의 사전적 의미를 작정하고 물었다면 아마 정답률이 폭락했을 것이다. 예상컨대 그해 오답률 1위의 문제가 됐을 가능성이 높다. 대다수 수험생들이 이 어휘에 대해 갖고 있는 익숙한 느낌과 실제 사전적 의미가 전혀 달랐기 때문이다. 문맥을 통해서도 원래의 의미에 근접하는 추측을 하기 어렵다. 다행히도 그런 불행한 사태는 없었다. 그렇다고 '멀끔히'를 따로 암기 학습하는 것이 가능한 일인지, 그리고 그게 정말 필요한 일인지는 독자들이 스스로 판단해 보기를 바란다. 우리들이 막연히 생각하는 어휘 학습의 실체가 도대체 무엇인지에 대해서도 함께 생각해 보기를 바란다), 부유스름하게('선명하지 않고 약간 부옇게' 인데, 거의 대부분의 수험생이 원래의 의미에 근접하는 수준으로 추론했다), 숙성한('성숙한' 정도로 추론하면 그만이다), 뻐득대다('버둥대다'의 함경도 사투리 같은데, '몸부리침다' 정도로 충분히 추론이 가능하다).

자, 그럼 문제를 한번 풀어보자.

40. 위 글의 서술상 특징으로 가장 적절한 것은?

① 외양을 상세하게 묘사해 인물을 희화화하고 있다.
② 내적 독백을 통해 시간의 흐름을 지연시키고 있다.
③ 현재와 과거를 교차 서술하여 주제를 부각하고 있다.
④ 간접 인용을 활용하여 사건 전개의 신빙성을 높이고 있다.
⑤ 주인공의 반복적 행위를 서술하여 성격을 구체화하고 있다.

☞ **발문**: '서술상 특징'이 챙겨야 할 조건이기는 하지만, 그 조건이 특별히 문제 해결 과정에서 하는 역할은 없다.

☞ **정답의 표지성**: 제시문을 읽고 답지를 전체적으로 훑어보는 도중에 정답의 표지성(86%)이 발견된다. "가장 무난하다"거나 "전체 내용과의 연관성이 높다"거나 "추론과 상상이 가장 짧다" 정도의 느낌이다. 그대로 확정해도 좋고 만약 불안하다면 해당 답지만 제시문에서 확인할 수도 있다. 하지만 소설 장르의 특성상 제시문의 양이 많고, 답지의 표현도 다소 추상적이라는 점에서 그 확인 과정이 깔끔하지는 않다. 그렇다고 원래 판단을 바꾸면 안 된다. 적절하지 않다는 것이 분명하게 확인되지 않는 이상, 처음에 감지된 정답의 표지성을 무조건 신뢰해야 한다.

☞ **문제 해결 과정**: 답지에 '문학 개념어'가 많이 등장한다. 1번 답지부터 보자. '외양을 상세하게 묘사하여 인물을 희화화하고 있다'이다 '희화화'의 사전적 의미는 '어떤 인물의 외모나 성격, 또는 사건이 의도적으로 우스꽝스럽게 묘사되거나 풍자됨'이다. 사실 수능 초기에는 희화화를 잘 모르는 수험생들이 적지 않았다. 하지만 이후에 수능을 포함한 다양한 국어 시험에 여러 번 등장한 개념어이기 때문에, 대부분의 수험생들은 대충 그 의미를 이해하고 있는 어휘이기도 하다. '웃기게 표현함' 정도로 이해하면 별 문제가 없다. 여기서 '외양을 상세하게 묘사하여'는 표현법이고 '인물을 희화화하고 있다'는 그 표현 효과를 말한다. '~하여 ~하고 있다'는 형식의 전형적인 답지다. 그렇다면 체크할 부분은 두 가지다. 표현법과 표현 효과 사이에 인과관계에 문제가 없

는지, 만약 문제가 없다면 앞부분(표현법)이 실제 제시문에 사용되었는 지다.

먼저 1번 답지는 인과관계가 애매하다. 외양을 상세히 묘사하기만 한다고 인물이 희화화되는 것은 아니기 때문이다. 드라큘라도 외양을 상세히 묘사만 하면 희화화될까? 아니다. 원래 뭔가 웃기게 생긴 인물의 외양을 상세하게 묘사할 때만 그 인물은 희화화된다. 이 답지에 대한 선택률이 4%였는데, 필자는 4% 이상의 선택률은 1%, 2%, 3%와는 성격이 조금 다르다고 생각한다. 나름대로 선택을 유도하는 요인이 분명히 있었다는 말이다. 4%의 어리석은 손을 이끈 요인은 두 가지다. 첫째, 말 그대로 형의 외양을 상세하게 묘사한 것으로 판단했다는 것이다. 둘째, 그래서 형이 희화화된 것으로 봤다는 것이다.

먼저 형의 외양을 상세하게 묘사한 것부터 확인해보자. "형의 얼굴에는 천진한 애들 같은 선망의 표정이 어려 있곤 했다", "날로 날로 풀이 죽어갔다", "헤죽이 웃었다", "형은 별안간 두 눈이 휘둥그레져서 동생의 얼굴을 멀끔히 마주 쳐다보더니", "형의 걸음걸이는 눈에 띄게 절름거렸다", "벌쭉 웃으면서", "평소의 형답지 않게 꽤나 조심스런 낯색이었다", "둘레를 두리번거리며 경비병의 눈치를 흘끔거리기만 했다", "흠칫흠칫 놀라곤 했다", "형은 그저 꾹하니 굳은 표정이었다" 이 정도가 눈에 들어온다. 형의 외양을 묘사하지 않았다고 보기는 힘들다. 문제는 그 묘사가 상세하냐 아니냐인데, 이 부분은 사실 애매하다. 어디서부터 상세한 묘사가 되는 것인지 그 경계가 모호하기 때문이다. '외양을 상세히 묘사한다'는 내용을 개념어로 아무리 공부해봤자, 결국 시험장에서 문제가 되는 것은 해당 부분이 묘사는 묘사인데, 이걸 상세한 묘사로 봐야 하는지 아니면 상세하다고까지는 볼 수 없는 묘사인지를 판단할 때의 애매함이기 때문이다. 그리고 당연히 그 판단의 기준은 수험생들마다 다르다. 그것은 개념어를 암기 학습한다고 해결될 문제가 아니다.

'희화화'도 마찬가지다. 이 작품에서 형을 웃긴 인물로 본다는 것에 대해 황당하다는 반응을 보이는 독자들도 있을 것 같은데, 너무 잘난 체하지 말기를 바란다. "헤죽이 웃었다", "형은 별안간 두 눈이 휘둥그 레져서 동생의 얼굴을 멀끔히 마주 쳐다보더니", "경비병들을 흘끔 곁 눈질해 보았다", "벌쭉 웃으면서" 같은 내용으로 형이 우습게 표현됐 다고 생각하는 것이 아주 이상한 것은 아니기 때문이다. 어떤 수험생은 이 작품에서는 희화화를 생뚱맞다고 봤지만, 다른 작품에서는 비슷한 내용을 놓고 또 다른 판단을 할 수도 있다. 고전 소설을 보면 슬픔을 웃음으로 승화하는 장면이 많이 나오는데, 보통 수험생들은 이 부분을 '해학미'로 공부하면서 한국인의 전통적인 정서라고 배운다. 당연하다. 슬픔도 웃기게 표현될 수 있다. 형의 순진한 성격을 감안하면서 이 부 분을 '희화화'로 보면, 역설적으로 그래서 독자들의 안타까움과 슬픔은 배가될 수도 있다.

지금쯤 독자들은 "별것도 아닌 걸 가지고 말도 안 되는 해괴망측한 설명을 하고 있다"고 필자를 비난할지도 모른다. 그렇지 않다. '별의별 일'이 다 일어나는 수능 장, 특히 국어 시험장에서는 앞에서 말한 사고 과정이 절대 불가능한 것이 아니기 때문이다. 그리고 필자가 이렇게 집 요하게 꼬투리를 잡아 이야기하는 이유는 따로 있다. 그건 다른 답지도 설명한 후 이야기하는 것이 순서에 맞을 것 같다.

2번 답지는 "내적 독백을 통해 시간의 흐름을 지연시키고 있다"이 다. 독백이면 독백이지 내적 독백은 또 뭔 소린지, 또 시간의 흐름이 지연된다는 말은 무슨 의미인지 헷갈린다. 이 답지에 대한 선택률은 오 답지 중에 가장 높은 5%였는데, 또 '별일'이 일어났기 때문이다. 무슨 말이냐면 이 답지의 정확한 의미를 알고 제시문에 이런 내용이 나왔다고 판단했기 때문에 답으로 고른 것이 아니라, 무슨 말인지 몰라서 혹시 답이 아닐까 선택한 경우라는 말이다. 독자들은 이 수험생들을 비난하겠지만, 솔직히 말하면 여러분도 가끔 하는 짓 아닌가? 국어 시험에서는 "의미가 애매하니까 오히려 답일지도 모른다"는 사고 과정이 의외로 자주 벌어진다. 독자들도 가슴에 손을 얹고 자신이 벌인 과거 행적들을 한번 돌이켜보기 바란다.

'내적 독백'은 '의식의 흐름'과 비슷한 의미로 사용하는 것인데, 외부 상황이나 다른 등장인물에 대해서 어떤 인물이 자신의 내면 심리를 약간 무질서하게 나열하는 것으로 보면 대충 맞다. 보통 1인칭 주인공 시점에서 자주 쓰인다. 여기서 내적 독백은 의식의 비논리적인 나열이기 때문에, 나열된 내용 사이의 인과성은 떨어진다. 꼭 그렇다는 것이 아니라 대개 그런 경우가 많다는 것이다. 우리가 보통 "생각나는 대로 말한다"고 할 때, 바로 '생각나는 대로'가 의식의 흐름, 혹은 내적 독백이라고 보면 거의 비슷하다.

어쨌든 의식이나 생각이 무질서하게 나열되면 서사적인 시간이 지연되는 효과가 있다고 한다. '나열'이라는 행위 자체에 시간의 흐름을 늦추는 효과가 있기 때문이다. 어쨌든 이 답지는 1번 답지와 달리 인과관계가 별 문제가 없는 것으로 판단된다. 그렇다면 내적 독백이 사용됐는지를 제시문에서 확인해야 하는데, 이게 말처럼 쉬운 일이 아니다. 이 소설의 시점은 3인칭 전지적 작가지만, 서술자의 내적 독백이 아주 불가능한 것은 아니기 때문이다. 내적 독백이 주로 1인칭 시점에서 사용되는 소설 기법이지만, 반드시 등장인물의 내적 독백이어야 할 필연성은 없기 때문이다. 말하자면 3인칭 전지적 작가 시점도 때로는 특정 등장인물의 입장이나 관점에서 서술이 이뤄지는 경우가 있는데, 이때 서술자의 진술과 등장인물의 내적 독백 사이의 경계는 우리가 생각하는 것처럼 그렇게 선명한 것이 아니다.

이쯤에서 '두통'을 호소하는 독자들이 있을 것 같다. 맞다. 필자가 이 문제를 통해서 하고 싶은 말은 이런 것들이 아니다. '문학 개념어' 는 사실 깊이 파고 들어가면 들어갈수록 한없이 애매해진다는 것이다. 그 애매한 정도는 우리의 상상을 초월한다. 우리가 쉽게 사용하고 또 잘 알고 있다고 '착각'하는 비유나 상징, 감정 이입, 객관적 상관물 같 은 개념어도 조금만 깊이 들어가면 애매하고 모호한 구석이 한두 가지 가 아니다. 동일한 표현을 두고 어떤 학자들은 '비유'로 보기도 하고 다른 학자는 '상징'으로 보기도 한다. 어떤 학자가 '감정 이입'이라고 하는 것을 어떤 학자는 '객관적 상관물'이라고 부른다. 또 다른 학자는 '감정 이입'도 아니고 '객관적인 상관물'도 아닌 '제3의 표현'이라고 보기도 한다. 어떤 표현을 어떤 개념으로 부를 것인지에 대한 판단은 사실 그렇게 절대적인 것이 아니다. 절대적이지 않은 개념을 절대적인 것인 양 암기 학습하는 것은 위험하다.

더구나 실제 시험장에서 항상 어려움을 만들어내는 것은 그 개념어 의 의미를 아느냐 모르느냐가 아니다. 그 개념어의 의미를 대충 알고 있어도, 그것이 작품에 실제 사용됐는지 안 됐는지 확인하는 작업이 애 매해서 어려움을 겪는 경우가 대부분이라는 말이다. 개념어에 대한 암 기 학습은 우리가 생각하는 것만큼 실제 문제를 해결하는 과정에 기여 하는 바가 없다. 분명히 그렇다. 더구나 특정의 개념어를 절대적인 것 으로 암기 학습할 경우에는 득보다 실이 훨씬 크다.

3번과 4번 답지도 제대로 설명하자면 굉장히 길다. 하지만 선택률이 각각 2% 정도씩으로 낮기 때문에, 3번 답지는 "시간의 흐름에 따라 서 술되고 있지, 현재와 과거의 교차(액자식 구성 혹은 역순행적 구성)는 등장하지 않는다” 정도로, 4번 답지는 “‘형’과 ‘동생’의 대화 내용이 직접 서술돼 있지, 간접 인용(다른 인물의 말을 직접 인용 표시(“ ”) 없이 인용하는 것)은 찾아볼 수 없다” 정도로 하고, 넘어 가자.

41. ㉠~㉤에 대한 이해로 적절하지 <u>않은</u> 것은?

① ㉠은 ‘형’의 동심을 불러일으킨다.

② ㉡은 형제 사이의 갈등을 유발한다.

③ ㉢은 ‘형’의 내면 풍경을 보여준다.

④ ㉣은 ‘형’의 최후를 암시한다.

⑤ ㉤은 비극적 분위기를 고조시킨다.

☞ **정답의 표지성**: 답지를 일일이 확인하지 않고 전체적으로 훑어보는 도중에 정답의 표지성(88%)이 발견된다. “작품의 분위기나 내용과 전혀 어울리지 않고, 뜬금없다”는 느낌이다. 답지의 특정 표현이 매우 거슬릴 가능성이 높다. 그대로 확정해도 좋고, 다소 불안하다면 해당 답지만 제시문에서 확인하면 된다. 적절하지 않은 것으로 확인될 가능성이 높다. 만약 적절하지 않은 것으로 확인이 안 되고 그렇다고 해서 적절한 것으로도 확인이 안 될 경우에도, 여전히 처음의 판단대로 정답을 선택해야 한다. 오직 처음에는 적절하지 않은 것으로 보았는데 확인 과정에서 적절한 것으로 분명히 확인될 때만 선택을 번복해야 한다. “이것저것 추론해 보고 상상의 나래를 펴보니 그럴 듯하다”는 이유로 선택을 번복하면 틀릴 가능성이 높다. 자, ‘그 짓’을 하다가 오답을 고른 수험생들을 한번 보자.

☞ **문제 해결 과정**: 먼저 정답지 2번의 '형제 사이의 갈등'이라는 표현의 '엉뚱함', '뜬금없음', '생뚱맞음', '거슬림'을 다시 한 번 느껴 보기 바란다. 특히 문학에서 이런 표지성은 부정 발문의 경우 매우 강력한 정답의 표지성이다. 매력적인 오답의 간섭이 없거나 약하다면 무조건 이걸로 정답을 확정해야 한다. 아무런 문제가 없는 대응 방식이다.

그렇다면 2번을 정답으로 고르지 못한 수험생들은 '형제 사이의 갈등'이라는 표현의 엉뚱함, 뜬금없음, 생뚱맞음, 거슬림을 감지하지 못해서 그랬을까? 아니다. 2번 답지의 거슬림을 감지하는 데에는 수험생들 간에 차이가 없었다. 그 거슬림은 '십수 년 인생사'나 '모국어 화자의 보편적인 언어 체험'에 비춰 볼 때 반드시 들 수밖에 없는 것이기 때문이다. 여기서 1번 답지를 4%의 수험생이, 3번 답지를 5%의 수험생들이 선택했다.

'형제 사이의 갈등'이라는 표현이 주는 거슬림으로 2번 답지를 즉각적으로 선택한 수험생들이 볼 때, 1번과 3번을 고른 수험생들은 '멍청이'와 다를 바가 없다. 도저히 이해하기 힘든 선택이기 때문이다. 그러나 이 두 오답지(1번, 3번) 중 하나를 고른 수험생은 전체 수험생 열 명 중에 한 명이다. 여러분 친구들 아홉 명(분명히 본인은 멍청이가 아니라고 생각할 것이기 때문에 한 명은 뺐다) 중에 한 명은 반드시 멍청이인가? 아니다. 멍청이는 그렇게 흔하지 않다.

사실 "첫눈이 형의 동심을 불러일으켰다"는 1번 답지의 내용은 제시문을 통해 명시적으로 확인되는 것이 아니다. 첫눈을 보며 "야하, 눈이 내린다, 눈이, 눈이"라고 말했다고 해서, 눈이 형의 동심을 불러일으켰다고 단정적으로 말할 수는 없기 때문이다. 눈을 보고 "눈이 내린다"고 말한 것만으로 그 사람의 동심이 표현된 것이라고 봐야 할 필연성이 도대체 어디에 있나? 어떤 친구들은 "그렇디면 '눈이 내린다'고 말한 것은 그렇다 치고, '야하'라는 감탄사는 성인(어른)들이 보통 눈 내릴 때 하는 말이 아니지 않느냐"는 반론을 제기한다. 정말 그런가? 수험생들이 수능 날 아침 내리는 첫눈을 보고, "야하(혹은 와!) 눈이 내린다" 하면, 그 눈은 그 수험생에게 동심을 불러일으킨 것인가? 아니다. 문맥(포로로 잡혀 있는 상황에서도 첫눈을 보면서 감탄을 하는)으로 봤을 때 그럴 수 있다고 생각하는 것이 가능하지만, 그렇다고 그런 해석이 절대적인 것은 아니다. 제시문에 명시적으로 나온 내용은 아니기 때문이다.

3번 답지도 비슷하다. 들판이 어떻게 형의 내면 풍경을 보여준다고 단정할 수 있나? '초라한'이라는 관형어 때문인가? 아니면 '부유스름하게'라는 부사어 때문인가? 형의 내면 풍경도 들판과 똑같이 부옇고 초라한가? 그렇게 생각할 만한 명시적이고 객관적인 근거가 제시문에 있나? 미안하지만 없다. 한글을 뗀 외국어 학습자에게 이 문제에서 1번이나 3번이 왜 적절한지를 설명하는 것은 거의 불가능에 가까운 일이다. "그렇다고 볼 수 있는 문자 정보가 제시문에 없는데, 어떻게 그걸 적절한 것으로 볼 수 있느냐"고 따지는 외국인 학습자를 도대체 어떻게 납득시킬 수 있을지, 독자들은 한번 생각해 보기를 바란다. 불가능한 일이다.

여기서 필자가 하고 싶은 이야기가 있다. 정답의 표지성 가운데 '관계적 표지성'에 대한 이야기다. 2번을 답으로 고른 수험생들은 '십수 년 인생사'와 '모국어 화자의 보편적인 언어 체험'에 따라 감지된 관계적 표지성에 그저 '순응'했을 뿐이라는 말이다. 장단상교(長短相較)를 한번 떠올려 보자. 무엇이 길다거나 짧다는 것은 다른 것과의 상대적 관계에서만 내릴 수 있는 판단이다. 190센티미터의 장신도 2미터가 넘는 농구 선수 옆에 가면 상대적으로 작은 사람이 되는 것이다. 마찬가지로 3번 답지가 절대적으로 적절하지 않은 것이 아니라 다른 답지보다 더 적절하지 않기 때문에, 답지 다섯 개 중에서는 그래도 이게 가장 적절하지 않다고 말할 수 있다는 것이다. 1번 답지나 3번 답지도 제시문에서 명시적으로 확인되는 내용은 아니지만, '형제 사이의 갈등'이라는 3번 답지를 압도할 정도는 결코 아니라는 '상대적인' 판단이 중요하다는 말이다. 그리고 그게 외국인 학습자가 아닌 모국어 화자가 문제를 푸는 모습이다. 이렇게 답을 고른 것을 두고 문제를 대충 풀었다고 비난할 수 있을까? 미안하지만 마치 외국인 학습자처럼 제시문에서 정·오답이 되는 명시적인 근거를 확인하려고 애쓰면 1, 3번 답지는 2번 답지 만큼이나 적절하지 않은 것이다. 정말 그렇다.

42. 위 글을 시나리오로 각색하고자 할 때, ⓐ~ⓔ의 처리 방법에 대한 의견으로 적절하지 <u>않은</u> 것은?

① ⓐ에서는 '모두 잠들었을 무렵'이라는 상황을 고려하여, 잠든 척 누워 있는 '동생'의 모습을 보여 주면 좋겠군.

② ⓑ에서는 '놀라 돌아다보았다'라는 표현에 주목하여, 걱정스레 '형'을 바라보는 '동생'의 표정을 보여주면 좋겠어.

③ ⓒ에서는 춥다면서 끌어안는 '형'에게 기대어, 공감하듯 고개를 끄덕이는 '동생'의 모습을 보여주면 좋겠군.

④ ⓓ에서는 아파하는 '형'을 눈물 어린 표정으로 바라보면서, 아픔을 나누지 못하는 '동생'의 안타까운 눈빛을 보여 주면 좋겠어.

⑤ ⓔ에서는 '부러 큰 소리로' 말했음에도 아무 반응이 없자, '형'을

무심하게 바라보는 '동생'의 모습을 보여주면 좋겠군.

☞ **발문**: '위 글을 시나리오로 각색하고자 할 때'라는 조건이 눈에 들어온다. 장르를 전환한다는 표시인데, 문제 해결 과정에서는 별다른 역할을 하지 않는다. 발문에 등장한 이 조건을 분석하면서 시나리오의 특성이나 용어들을 떠올린 수험생도 있었겠지만 그건 극소수였고, 그들은 사실 '쓸데없는' 짓을 한 것이다.

☞ **정답의 표지성**: 제시문과 답지를 왔다 갔다 하지 않고 전체적으로 답지를 훑어보는 도중에 정답의 표지성(85%)이 감지된다. 그 이유는 41번 문제와 똑같다. "작품의 분위기나 내용과 전혀 어울리지 않고, 뜬금없다"는 느낌이 들기 때문이다. 답지의 특정 표현이 마찬가지로 매우 거슬린다. 다소 불안하다면 해당 답지만 제시문에서 확인하면 된다. 답지의 설명과 똑같은 느낌을 제시문에 강하게 받지 않는 이상, 그러니까 적절한 것으로 분명히 확인되지 않는 이상 절대 처음의 선택을 번복하면 안 된다.

☞ **문제 해결 과정**: "형을 무심하게 바라보는 동생"이라는 표현이 얼마나 제시문의 분위기와 동떨어져 있는지 다시 한 번 느껴보길 바란다. '무심하다(1. 아무런 생각이나 감정 따위가 없다. 2. 남의 일에 걱정하거나 관심을 두지 않다)'는 어떤 경우에도 형과 동생의 감정 상태를 표현하는 데 사용할 수 있는 어휘가 될 수 없다. 하지만 이 답지에 대한 선택률이 85%에 그쳤다는 것은 조금 이상한 일이다. 3점이라는 배점과 전혀 상관없이 정답률이 거의 90% 후반까지 갈 수 있었던 문항이었기 때문이다. 그렇다고 "그

냥 이상한 일이 벌어졌구나” 하며 넘어갈 수는 없는 일이다. 왜 이런 일이 벌어졌는지 살펴볼 필요가 있다. 그래야 실제 국어 시험장에서 벌어지는 황당한 상황들을 이해할 수 있고, 또 그런 상황을 피해갈 수도 있기 때문이다. 그리고 그런 상황은 그 어떤 기술이나 스킬로도 절대 해결되지 않는다는 것을 절감할 수 있기 때문이다.

이 문항의 정답률이 90%를 훌쩍 넘지 못한 이유는 다른 데 있는 것이 아니다. 3번 답지(8%)가 5번 답지가 기록할 선택률을 갉아먹었기 때문이다. 사단은 3번 답지의 ‘춥다면서’다. 무슨 말인지 이해가 가나? 동생을 사랑하는 마음, 또는 걱정하는 마음, 이도저도 아니면 위로받고 위로하는 마음에서 동생을 끌어안은 것이 아니라, ‘춥다면서’ 끌어안았다는 부분을 적지 않은 수험생들이 ‘거슬려’ 했다는 것이다. 그리고 한 번 이 부분에 눈길이 꽂힌 수험생들은 ‘형을 무심하게 바라보는 동생’이나 ‘(단순히) 춥다면서 동생을 끌어안은 형’이나 이상하기는 매한가지라는 ‘해괴한’ 생각에 사로잡혔을 가능성이 높다.

필자가 이 문제를 통해 말하고 싶은 것은 이거다. 기존의 국어 강의나 교재가 아이들을 얼마나 소심한 ‘꼼꼼쟁이’로 만들었는지, 그 폐해를 지적하고 싶다는 말이다. “출제자들은 수험생들을 골탕 먹이려고 작정한 사람들이니 글자 하나 문장 부호 하나도 허투루 보지 말고 신경을 곤두세워야 한다”는 그 지긋지긋한 조언들이, 결국 이런 ‘괴물’ 같은 수험생을 만든 것이다. 동생을 껴안은 형의 심정은 사실 복잡할 것이다. 하지만 제시문을 보면 동생을 껴안으면서 춥다고 하지 않는가? 설사 다른 이유 없이 그냥 추워서 껴안았다고 치자. 그러면 정말 안 되는 것인가? 그게 ‘형을 무심하게 바라보는 동생’과 같은 정도로 이상한 내용인가? 제시문에서는 껴안은 다음 춥다고 말했는데, 답지는 춥다면서 껴안았다고 해서 적절하지 않다고 생각한 수험생도 있었을지 모른다고 생각하면 정말 끔찍하기까지 하다.

"출제자들은 글자 하나 문장 부호 하나도 그냥 쓰는 게 아니다"라고 줄기차게 겁을 주면서, 모국어 화자의 가장 큰 능력인 언어적 직관, 모호함에 대한 관용성(융통성), 그리고 이 모든 것을 가능하게 하는 '십수 년 인생사'와 '보편적인 언어 체험'을 이토록 왜소하게 만든 사람들은 처절하게 반성해야 한다. 그들이 바로 이런 외국인 학습자 같은 모국어 화자들, 괴물 같은 수험생들은 만들어냈고 지금도 꾸준히 만들어내고 있다.

43. <보기>를 참조하여 위 글을 감상한 내용으로 적절하지 <u>않은</u> 것은?

〈보 기〉

이 작품에서 작가는 북한군의 포로가 된 형제가 전쟁이라는 상황에서 어떤 모습을 보이는지를 실감나게 그리고 있다. 특히 천진난만한 '벌거숭이 인간'인 '형'이 외부의 폭력에 희생되는 모습을 묘사하여 근원적인 인간성이 얼마나 소중한지를 일깨워 준다. 또한 이 작품은 포로 호송이라는 상황을 빌려 구성원을 획일화하는 사회를 우회적으로 비판한다.

① 이 작품의 제목은 본연의 순수성을 그대로 드러내는 '형'의 모습을 형상화한 것이다.

② '경비병'은 폭력적 상황 속에서 인간 본연의 모습을 억압하고 길들이는 감시망을 상징한다.

③ '형'과 '동생'이 계속 걸어야만 하는 강제적 상황은 구성원을 획

일화하려는 현실을 반영한 것이다.

④ 자신을 압박해 오는 공포에 무감각한 '형'의 모습은 천진성을 파괴하려는 폭력에 대한 저항을 나타낸다.

⑤ '형'이 그를 지켜보던 '경비병'의 총에 맞는 것은 감시자의 요구를 수행할 수 없는 데 따른 희생을 보여 준다.

☞ **발문**: '보기를 참조하여'가 챙겨야 할 조건이다.

☞ **정답의 표지성**: 답지를 훑어보는 도중 정답의 표지성(75%)이 발견된다. "답지의 특정 표현이 작품의 분위기와 너무 어울리지 않아 인정하기 어렵다"는 느낌을 준다. <보기>와의 연관성도 다른 답지에 비해 떨어진다. 그대로 정답 확정을 시도해도 괜찮은 수준이다. 하지만 매력적 오답이 1개(15%) 있다. 오답지는 정답지처럼 "작품 분위기와 어울리지 않고 표현이 거슬린다"는 느낌이 아니라, "무슨 말인지 답지를 한번 읽고는 이해가 안 된다"는 느낌, 또는 "답지의 특정 표현이 뭘 의미하는지 파악이 쉽지 않다"는 느낌이다.

문학 장르의 부정 발문에서 '작품의 전체적인 분위기나 내용에 어긋나는 답지'와 '전체 분위기와의 연관성은 분명히 판단되지 않지만, 한번 읽고는 무슨 말인지 알 수 없는 답지' 사이에 경쟁이 벌어질 경우, 무조건 전자의 손을 들어줘야 한다. 만약 후자의 답지를 명료하게 만들려고 애쓰다가는 자칫 최종 선택이 번복될 가능성이 매우 높다. 정작 그렇게 한 수험생의 내면으로 들어가 보면 그래야만 하는 확신도, 필연성도 없으면서 결국 그런 식으로 흘러간다. 사실 이 문항은 매력적 오답이 없었다면 정답률이 90%를 넘을 수도 있었던 문항이다.

☞ **문제 해결 과정**: 정답은 4번이다. 일부 교재는 이 문제를 <보기>와 답지의 '1대1 대응'으로 해결하라고 조언한다. 이런 식이다. 1번 답지의 '본연의 순수성을 그대로 드러내는 형'은 <보기>의 '천진난만한 벌거숭이 인간인 형'과 대응하고, 2번 답지의 '폭력적 상황'은 <보기>의 '외부의 폭력'과 대응하고, 3번 답지의 '구성원을 획일화하려는 현실'은 <보기>의 '구성원을 획일화하는 사회'와 대응하고, 5번 답지의 '감시자의 요구를 수행할 수 없는 데 따른 희생'은 <보기>의 '희생'과 대응한다는 것이다. 교재에 따르면 4번 답지의 '폭력에 대한 저항'은 <보기>에 전혀 드러나 있지 않기 때문에, 바로 4번이 적절하지 않은 것으로 정답이 된다.

필자는 이 문항을 1대1 대응의 예로 삼은 것을 문제 삼고 싶은 생각은 없다. 그건 그 사람 마음이기 때문이다. 그 사람이 볼 때 "이건 이 기술이나 스킬로 풀 수 있는 문제니까, 이 기술이나 스킬의 예제로 삼아야겠다"고 마음먹은 것에 대해서 트집 잡고 싶지는 않다는 것이다. 하지만 '어떤' 문제는 오직 '어떤' 기술이나 스킬을 통해야만 풀린다는 주장에 대해서는 절대 동의할 수가 없다. 또 그 기술이나 스킬로만 해결되는 문제는 아니지만, 그 기술이나 스킬이 적용되면 훨씬 정확하게 해결된다는 주장에도 절대 동의할 수 없다. 왜 그런지 그 이유를 보자.

이 문제의 정답률은 75%이다. 4번은 <보기>에 전혀 드러나 있지 않은 내용의 답지인데, 25%에 달하는 수험생들은 '바보처럼' 이걸 정답으로 고르지 못했다. 그렇다면 25%의 수험생은 4번 답지를 <보기>와

1대1 대응을 시키지 못해서 그랬을까? 초등학생도 "자기들을 무시한다"며 짜증을 낼만큼 저급한 수준의 '같은 말 찾기'를 정말 못해서 그랬을까? 당연히 아니다. 그럴 리가 없다. 정답률이 75%에 그친 이유는 5번 답지가 15%에 달하는 수험생들의 어리석은 손을 이끌었기 때문이다.

자, 한번 보자. 교재가 주장하는 '기술'이나 '스킬'은 사실 '같거나 비슷한 말 찾기'다. <보기>에 사용된 표현과 비슷하거나 똑같은 표현이 답지에 사용됐는지를 왔다 갔다 하면서 확인하는 것이다. 계속 이야기하지만, 이게 무슨 '기술'이고 '스킬'인가? 이 문제를 해결하려면 반드시 거쳐야 하는 과정 아닌가? 그리고 그건 누가 그렇게 하라고 하지 않아도 당연히 그렇게 하는 것 아닌가? 도대체 왜 이게 기술이나 스킬이 될 수 있는지 궁금하기만 할 뿐이다.

어쨌든 좋다. 문제는 이렇게 <보기>와 답지를 비교하면 1대1 대응이 안 된다고 금방 판단될 문제를 왜 75%의 수험생들만 적절하지 않은 것으로 봤는지, 그리고 <보기>와 바로 1대1 대응이 되는 5번 답지를 왜 15%에 이르는 수험생들은 적절하지 않은 것으로 봤는지가 여전히 미스터리라는 점이다. 수험생들이 정말 궁금해하는 부분은 이 부분이 아닐까 싶다. 적어도 "4번 답지는 '폭력에 대한 저항'이 <보기>에 전혀 드러나 있지 않아서 정답"이라는 하나마나한 이야기는 아닐 것 같다. 그래서 어쩌란 말인가? 대응을 더하라는 말인가? 15%에 이르는 수험생들이 그따위 '같잖은' 대응을 하지 못해서 5번을 골랐다는 말을 우리보고 믿으라는 말인가? 그런 대응은 코흘리개들도 할 수 있다. 낫놓고 기역자를 모르는 수준이 아니라면, 말하자면 문자 형태만 인지할 수 있다면 100% 가능한 일이다. 이걸 기술이나 스킬이라고 말하는 사람도 이해가 안 되고, 거기에 환호하는 사람들은 더 이해가 안 된다.

이 답지는 '~(추론의 단서)것은 ~(추론의 내용)이다'의 형태다. 제시문에 나온 추론의 단서를 <보기>에서 제시한 추론의 근거에 비춰서 제대로 추론해보라는 것이다. 그렇게 보면 1번 답지에서 '이 작품의 제목(나상: 벌거벗은 모습)'은 추론의 단서이고, '본연의 순수성을 그대로 드러내는 형의 모습을 형상화한 것이다'는 <보기>에 제시된 추론의 근거에 비춰서 추론한 내용이다. 2번 답지에서는 '경비병은'이 추론의 단서, '폭력적 상황 속에서 인간 본연의 모습을 억압하고 길들이는 감시망을 상징한다'는 추론의 내용이 된다.

한 가지 짚고 넘어갈 것이 있다. '기술류'의 교재는 여기서 '폭력적 상황'만 <보기>와 대응시키고 '억압하고 길들이는 감시망을 상징한다'는 부분은 <보기>와 대응을 시키지 않는데, 왜 그런지 도무지 그 이유를 알 수 없다는 것이다. '억압하고 길들이는 감시망을 상징한다'는 내용이 <보기>에 없기 때문에 적절하지 않다고 판단하면, 그 수험생은 죽을 죄를 짓는 것인가?

3번 답지에서는 '형과 동생이 계속 걸어야만 하는 강제적 상황은'이 추론의 단서이고, '구성원을 획일화하려는 현실을 반영한 것이다'가 추론의 내용이다. 4번 답지에서는 '자신을 압박해 오는 공포에 무감각한 형의 모습은'이 추론의 단서이고, '천진성을 파괴하려는 폭력에 대한 저항을 나타낸다'가 추론의 내용이다. 이 답지는 조금 이상하다. 앞의 답지들과는 뭔가 다르다. 그렇다. 이 답지는 추론의 내용도 이상하지만, 추론의 단서도 이상하다. 제시문에 등장하는 형은 절대 공포에 무감각한 모습을 보이지 않기 때문이다. 추론의 내용만이 아니라 그런 추론을 하게 된 제시문의 단서 자체도 잘못된 것이다. 그리고 대다수 수험생들은 '폭력에 대한 저항'을 거슬려 한 정도로, 어떤 의미로는 그것보다 더 '공포에 무감각한 형의 모습'을 거슬려 했다.

답지를 보는 과정에서 눈에 '툭' 하고 먼저 거슬렸던 것은 당연히

'공포에 무감각한 형의 모습'이었다. 그러고 나서 4번 답지의 나머지 부분을 보면서 '폭력에 대한 저항'도 이상하다는 생각을 했을 것이다. 그렇다면 4번 답지는 이중(추론의 단서, 추론의 내용)으로 잘못된 것인데, 왜 이런 답지를 놔두고 15%에 달하는 수험생들은 5번을 정답으로 골랐을까? '1대1 대응'을 잘못해서라는 이야기는 제발 하지 않기를 바란다. 정말 듣기 싫다. 그리고 미안하지만 그런 수준 낮은 기계적 대응을 맹신했더라면, 앞서 말한 대로 오히려 2번을 정답으로 고를 수도 있는 상황이었다. 하지만 2번은 가장 낮은 선택률(2%)을 보인 오답지다.

5번 답지는 '형이 그를 지켜보던 경비병의 총에 맞는 것은'이 제시문에 나타난 추론의 단서이고, '감시자의 요구를 수행할 수 없는 데 따른 희생을 보여준다'가 추론의 내용이다. 문제는 5번 답지의 "감시자의 요구를 수행할 수 없는 데 따른 희생"이라는 표현을 적지 않은 수험생들이 무슨 말인지 이해하지 못했다는 데 있다. 감시자는 누구며, 그들의 요구는 또 뭔지 실제 시험 현장에서는 금방 판단이 안 된 것이다. 제시문이나 <보기>를 꼼꼼히 읽으면 '감시자(북한군)'는 외부의 폭력이고, 그들의 '요구'는 포로들을 호송하는 과정에서 구성원(포로들)을 획일화(제시문에서는 모든 포로가 일정한 건강 상태를 유지하고 지시에 순응해 호송 과정에서 문제를 발생시키지 않는 것)한다는 것인데, 당연히 이런 내용은 답지를 보면서 바로 떠올리기는 힘든 것들이다. 일부 교재의 주장처럼 5번 답지의 '감시자의 요구를 수행할 수 없는 데 따른 희생'을 <보기>의 '희생'이라는 2음절의 단어와 똑같은 것으로 뭉뚱그려 판단했다면, 도대체 어떤 '미친' 수험생이 5번을 정답으로 고를 수 있을지는 독자들이 한번 판단해 보기 바란다.

5번 답지에서 사실 문제가 된 표현은 '희생'이 아니라, '감시자의 요구를 수행할 수 없는 데 따른'이었다. 그리고 적지 않은 수험생들은 이 부분이 무슨 말인지 이해하지 못하는 상태에서, 그것이 <보기>를 참조하지 않았다고 판단했다. 그리고 그렇게 해서 이 문제를 틀렸다. 하지만 중요한 것은 5번 답지가 비록 적절성 여부를 금방 파악하기 힘든 내용과 표현을 담고 있다 하더라도, 그 이상함은 4번 정답지와 비교할 만한 수준의 것이 아니라는 점이다. 물론 사후적으로는 이 모든 것을 '조곤조곤' 설명할 수 있지만, 그건 어디까지나 시험이 끝난 후에나 가능한 일이다.

　필자가 이 문제를 통해서 하고 싶은 말은 다른 것이 아니다. 실제 시험장에서 우리가 지켜야 할 원칙은 확실한 부분으로 판단하고, 희미한 부분에 집착하지 말아야 한다는 것이다. 그리고 그것이 모국어 화자의 언어 능력 가운데 가장 중요한 능력, 그러니까 '모호함에 대한 관용성'을 제대로 발휘하는 모습이라는 것이다. 희미한 부분을 분명하게 하지 못해 생기는 불안감은 어쩔 수 없는 것이다. 특히 국어 시험에서는 더 그렇다. 자, 한번 평가해 보기를 바란다. 1대1 대응을 시키는 방법과, 확실한 부분으로 판단하고 희미한 부분에 집착하지 않는 방법, 이 둘 중에 시험장에서 수험생을 구원해 줄 수 있는 실질적인 방법이 어느 쪽인지를.

경제

　채권은 사업에 필요한 자금을 조달하기 위해 발행하는 유가 증권으로, 국채나 회사채 등 발행 주체에 따라 그 종류가 다양하다. 채권의 액면 금액, 액면 이자율, 만기일 등의 지급 조건은 채권 발행 시 정해지며, 채권 소유자는 매입 후에 정기적으로 이자액을 받고, 만기일에는 마지막 이자액과 액면 금액을 지급받는다. 이때 이자액은 액면 이자율을 액면 금액에 곱한 것으로 대개 연 단위로 지급된다. 채권은 만기일 전에 거래되기도 하는데, 이때 채권 가격은 현재 가치, 만기, 지급 불능 위험 등 여러 요인에 따라 결정된다.

　채권 투자자는 정기적으로 받게 될 이자액과 액면 금액을 각각 현재 시점에서 평가한 값들의 합계인 채권의 현재 가치에서 채권의 매입 가격을 뺀 순수익의 크기를 따진다. 채권 보유로 미래에 받을 수 있는 금액을 현재 가치로 환산하여 평가할 때는 금리를 반영한다. 가령 금리가 연 10%이고, 내년에 지급받게 될 금액이 110원이라면, 110원의 현재 가치는 100원이다. 즉, 금리는 현재 가치에 반대 방향으로 영향을 준다. 따라서 금리가 상승하면 채권의 현재 가치가 하락하게 되고 이에 따라 채권의 가격도 하락하게 되는 결과로 이어진다. 이처럼 수시로 변동되는 시중 금리는 현재 가치의 평가 구조상 채권 가격의 변동에 영향을 주는 요인이 된다.

　채권의 매입 시점부터 만기일까지의 기간인 만기도 채권의 가격에 영향을 준다. 일반적으로 다른 지급 조건이 동일하다면 만기가 긴 채권일수록 가격은 금리 변화에 더 민감하므로 가격변동의 위험이 크다. 채권은 발행된 이후에는 만기가 점점 짧아지므로 ㉠만기일이 다가올수록 채권 가격은 금리 변화에 덜 민감해진다. 따라서 투자자들은 만기가 긴 채권일수록 높은 순수익을 기대하므로 액면 이자율이 더 높은 채권을 선호한다.

　또 액면 금액과 이자액을 약정된 일자에 지급할 수 없는 지급 불능 위험도 채권 가격에 영향을 준다. 예를 들어 채권을 발행한 기업의 경영 환경이 악화될 경우, 그 기업은 지급 능력이 떨어질 수 있다. 이런 채권에 투자하는 사람들은 위험을 감수해야 하므로 이에 대한 보상을 요구하게 되고, 이에 따라 채권 가격은 상대적으로 낮게 형성된다.

　한편 채권은 서로 대체가 가능한 금융 자산의 하나이기 때문에, 다른 자산 시장의 상황에 따라 가격에 영향을 받기도 한다. 가령 주식 시장이 호황이어서 <u>ⓛ주식 투자를 통한 수익이 커지면 상대적으로 채권에 대한 수요가 줄어 채권 가격이 하락할 수도 있다.</u>

☞ **어휘**: 채권, 유가 증권, 국채, 회사채, 액면 금액, 액면 이자율, 만기일, 지급 조건, 매입, 현재 가치, 지급 불능 위험, 순수익, 시중 금리, 약정된 일자, 금융 자산 등등. 전문적인 경제 관련 용어들이 많이 등장한다. 그렇다면 이런 어휘들을 미리 암기 학습했던 수험생들은 과연 있었을까? 아니 그렇게 하는 것이 가능하기는 한 걸까? 아니다. 시험 당일 제시문을 보면서 문맥을 통해 이들 어휘의 의미를 추론하는 것만이 유일한 방법이다.

☞ **글의 구조**: 전형적인 '집합과 기술' 구조다. 응집력과 구성력이 떨어지는 대표적인 구조라는 말이다. 보통 이런 구조는 첫 문단에 앞으로 다룰 항목들이 나열적으로 소개된다. 그러고 나서 보통 한 문단씩을 할애하여 각각의 항목을 설명하는 것이 일반적이다.

☞ **스키마**: '채권'에 대해서 평소 관심이 있었던 수험생이 아니라면 매우 생소한 내용의 제시문이었을 공산이 크다. 채권이라는 말은 어디서 한번은 들어봤겠지만, 그것의 정확한 개념, 더 나아가 그

것의 가격 결정 요인에 대해서 한번이라도 생각해 본 수험생은 단언컨대 전체 수험생 가운데 손가락으로 꼽을 정도였을 것이다. 그리고 그 수험생은 아마 경제나 증권 경시 대회에 참가한 경험이 있는 고등학생일 가능성이 높다. 그런데 이 문제 세트에는, 채권 가격 결정 요인에 대한 배경지식이 있는 수험생들에게 오히려 불리하게 작용할 수 있는 문항이 하나 있었다. 왜 그랬는지는 해당 문제를 풀면서 이야기할 것이다. 어쨌든 이 제시문은 대다수 수험생들에게는 매우 낯선 내용이었다. 이건 달리 방법이 없다. 이해가 되든, 안 되든 제시문을 한 번 훑어 읽은 후에 즉석에서 만들어진 스키마에 비춰, 다시 한 번 읽는 방법밖에 없다. 그 과정에서, "채권 가격에 미치는 요인에는 현재 가치(시중 금리), 만기일, 지급 불능 위험, 다른 자산 시장(주식 시장)의 상황이 있고, 2, 3, 4, 5문단은 각각 현재 가치, 만기일, 지급 불능 위험, 주식 시장 상황을 설명하고 있다" 정도가 감지되면 그나마 다행스러운 일이다. 독해 기술? 독해 스킬? 독해 원리? 독해 법칙? "웃기지 말라"는 말을 전하고 싶다.

44. 위 글의 설명 방식으로 적절하지 <u>않은</u> 것은?

① 채권 가격을 결정하는 데 영향을 미치는 요인을 몇 가지로 나누어 설명하고 있다.
② 채권의 지급 불능 위험과 채권 가격 간의 관계를 설명하기 위해 예를 들고 있다.
③ 유사한 원리를 보이는 현상에 빗대어 채권의 특성을 설명하고 있다.
④ 금리가 채권 가격에 미치는 영향을 인과적으로 설명하고 있다.

⑤ 채권의 의미를 밝히고 그 종류를 들고 있다.

☞ **발문**: '설명 방식' 정도가 챙겨야 할 조건이다. 물론 문제를 해결하는 과정에서는 아무런 역할도 하지 않는다. '설명 방식'이 아닌 답지가 하나도 없기 때문이다.

☞ **정답의 표지성**: 제시문의 내용이 생소하고 복잡하지만, 이 문항의 경우 답지를 보는 도중 즉각적으로 정답의 표지성이 발견된다. 제시문으로 돌아가 확인하기에 앞서, "가장 거슬린다"거나, "제시문에 안 나온다"거나 "제시문의 내용과 전혀 어울리지 않는 설명 방식이다" 정도의 느낌을 받게 된다. 여기서 그대로 정답을 확정한 수험생들은 시간도 별로 쓰지 않고 이 문제를 맞혔다. 하지만 그 수험생의 비율은 67%에 그쳤다는 게, 이 문항에 '숨겨진 비극'이다. 도대체 무슨 일이 벌어진 걸까?

☞ **문제 풀이 과정**: 이 제시문에 유추(비유의 일종, '인생은 마라톤과 같다' 등)는 없다. 왜냐고? 없으니까. 이건 사실 대부분의 수험생이 3번 답지를 보면서 즉각적으로 감지한 것이다. 모국어 화자의 스키마에 비춰봤을 때 도저히 적절한 것으로 '봐줄 수가 없는' 답지였기 때문이다. 설사 '유추'의 정확한 의미를 몰랐어도 마찬가지다. 그런 친구들도 '비유' 정도는 떠올렸을 것이고, 그래도 여전히 거슬리는 답지였기 때문이다. 이런 빤한 답지를 놔두고 다른 답지를 고른 친구들이 33%에 달했는데, 특히 5번 답지를 고른 수험생들(18%)이 많았다. 간단하게 말하면, 5번 답지가 제시문에서 확인이 잘 안 돼서 벌어진 '참사'다. 특히 '종류'가 그렇다.

하지만 아무리 그렇다고 해도 이건 다소 불가사의한 결과다. 제시문 첫 문장을 그대로 옮겨보자. "채권은 사업에 필요한 자금을 조달하기 위해 발행하는 유가 증권으로, 국채나 회사채 등 발행 주체에 따라 그 종류가 다양하다." 이 '제시문 첫 문장'과 '채권의 의미를 밝히고 그 종류를 들고 있다'는 5번 답지는 싱크로율이 100%다. 18%에 이르는 수험생들 눈에는 이게 왜 안 보였을까? 그 순간에 귀신에라도 홀린 것일까? 사실 이 문항은 출제자의 입장에서도 예상 정답률을 매우 높게 잡았던 문제였을 것이다.

예상 밖의 정답률이 나온 이유는 다른 게 아니다. 이상하게도 결정적인 정보가 첫 문단, 그것도 맨 처음 문장에 나올 때 많은 수험생들은 해당 정보를 잘 찾지 못하는 경향이 있다. 말 그대로 '이상하다.' 그리고 이런 이상한 현상은 제시문이 생소하거나 까다로울 때 더 두드러지게 나타난다. 거꾸로 제시문이 생소하고 까다로워도 마지막 단락, 마지막 문장에 결정적 단서가 있는 경우 정답률은 크게 올라간다. 이것은 많은 수험생들이 가진 보편적 성향이다. 말하자면 보편성은 보편성인데, '양날의 칼' 같은 보편성이라는 말이다. 어떤 때는 도움을 주다가도 어떤 때는 '해코지'를 하기도 하기 때문이다. 그리고 수능에서는 가끔 이런 방식으로 정답률이 낮아지는 경우가 있다. 주의할 필요가 있다.

수험생들은 제시문 읽을 때 첫 번째 단락은 '무조건' 챙기는 것이 좋다. 물론 이게 마음처럼 잘 안 되는 이유가 있기는 있다. 특히 제시문이 생소하고 복잡한 내용일 때 더 그렇다. 낯선 내용의 제시문은 첫 단락이 머릿속에 잘 수용되지 않는다. 두 번째, 세 번째 단락으로 가면서부터 대충 무슨 말을 하는 건지 본격적으로 '접수'되기 시작한다. 첫 번째 단락은 일종의 '워밍업' 단계인데, 이게 이상하게도 수험생들 머릿속에 흔적을 잘 안 남긴다는 말이다.

하지만 단순한 예시 같은 것으로 시작하는 제시문이 아니라면, 첫 번째 단락에는 굉장히 중요한 정보가 담기는 경우가 많다. 특히 '집합과 기술' 구조의 제시문은 대부분 첫 단락에서 화제를 정의하고 앞으로 다룰 내용을 소개하는데, 대부분 매우 중요한 내용들이다.

현실적인 조언은 이렇다. 제시문을 한 번 훑어 읽은 다음 제시문을 한 번 더 읽는 것이다. 하지만 이 세트의 경우 후반부에 배치됐기 때문에 그것이 물리적으로 힘들 수 있었다. 그렇다면 제시문을 한 번 읽은 다음 다시 '첫 번째 단락만' 한 번 더 읽는 것도 나쁘지 않다. 그렇게 하면 '집합과 기술' 구조 제시문의 경우 전체 윤곽도 더 잘 잡히고, 머릿속 흔적도 더 선명해지는 '기대 이상'의 효과를 얻을 수 있다. 고작 몇 십 초 정도 더 쓰는 거니까 시간적인 부담도 없다.

자, 이제 정말 중요한 이야기를 할 차례다. 설사 채권의 '의미'나 '종류'가 그 순간 확인이 되지 않았더라도, 그것이 어떻게 '유추'를 누르고 정답으로 '선택당할' 수가 있었느냐이다. 아마 그때 수험생의 사고는 이랬을 것 같다. '유추가 안 보이기는 하지만 어디 있기는 있을 거야. 숨어 있어서 내가 못 본 거야. 하지만 채권의 의미나 종류, 특히 종류는 없는 게 확실해. 5번이 답이네.' 여기서 이 수험생이 범한 가장 큰 잘못은 모국어 화자의 보편적인 국어 능력을 불신했다는 데 있다. 그것도 제시문에 대한 사실적 이해 수준이 매우 낮은 상태에서 말이다. 지금 늪에 빠진 상태인데 하늘에서 내려온 동아줄은 믿을 게 못된다며 뿌리친 것이다. 그렇다고 그 수험생은 자신을 늪에서 벗어날 수 있게 해 줄 어떤 특별한 '도구'를 가지고 있었던 것도 아니었다.

45. 위 글로 미루어 알 수 있는 것은?

① 채권이 발행될 때 정해지는 액면 금액은 채권의 현재가치에서 이자액을 뺀 것이다.

② 채권의 순수익은 정기적으로 지급될 이자액을 합산하여 현재가치로 환산한 값이다.

③ 다른 지급조건이 같다면 채권의 액면 이자율이 높을수록 채권 가격은 하락한다.

④ 지급불능 위험이 커진 채권을 매입하려는 투자자는 높은 순수익을 기대한다.

⑤ 일반적으로 지급불능 위험이 낮으면 상대적으로 액면 이자율이 높다.

☞ **정답의 표지성**: 답지를 보는 도중 정답의 표지성(40%)은 보이지 않는다. 상대적으로 "이것 같다"는 느낌은 들 수 있지만 매우 희미하다. 제시문의 까다로움 때문인데, 결국 제시문으로 돌아가 일일이 확인해야 한다. 문제는 그런 과정을 거쳐도 정답 확정이 어렵다는 데 있다. 수험생들이 이해할 수 있는 방식으로 답지가 확인되지 않기 때문이다. 너무 많은 시간을 소비하는 것보다 잠정적으로 정답을 체크하고 다른 문항으로 이동하는 것이 현명하다.

☞ **문제 해결 과정**: 답지 하나를 조금만 바꾸고자 한다. '지급불능 위험이 커진 채권을 매입하려는 투자자는 높은 순수익을 기대한다'는 4번 답지를, '지급불능 위험이 커진 채권을 매입하려는 투자자는 이에 대한 보상을 요구한다'로 바꿔보겠다. 쉽게 말하면

"높은 순수익을 기대한다"는 답지의 표현을 "이에 대한 보상을
요구한다"로 바꿔보겠다는 말이나.

어떤가? 위 글로 미루어 알 수 있는 답지 같은가? 맞다. 이렇게 바꾸
면 '미루어 생각하지 않아도' 알 수 있는 답지가 된다. 제시문에 그대로
나와 있기 때문이다. 네 번째 단락. "액면 금액과 이자액을 약정된 일자
에 지급할 수 없는 지급불능 위험도 채권 가격에 영향을 준다. …… 이
런 채권에 투자하는 사람들은 위험을 감수해야 하므로 이에 대한 보상
을 요구하게 되고, 이에 따라 채권 가격은 상대적으로 낮게 형성된다."
바로 이 부분이다.

독자들은 필자가 지금 무슨 말을 하려고 하는지 짐작했나? 맞다. '높
은 순수익을 기대한다'는 말과 '보상을 요구한다'는 말은 결국 똑같은
말이라는 것이다. 투자자들에게 '보상'이란 것은 결국 '높은 수익'일
테니까 말이다.

다시 보자. 투자자들은 위험을 감수하는 데 따르는 보상을 원하기 때
문에 지급불능 위험이 커진 만큼 낮은 가격으로 채권을 구입해서 결국
더 많은 수익을 얻으려고 한다. 어찌 보면 매우 상식적이고 당연한 내용
이다. 정보성이 없다는 말이다. 승리할 가능성이 거의 없는 팀에게 베팅
하는 투자자 심리를 떠올리면 쉽게 이해할 수 있다. 투자자는 우승 가능
성이 높은 팀에 베팅하는 경우보다 더 많은 배당금을 받게 될 거라는
기대감에서 그런 위험을 감수하는 것이다. 그런데도 이 정답지에 대한
선택률이 40%에 그친 이유가 뭘까? 거기에는 두 가지 이유가 있었다.

하나는 이미 말했듯이 제시문에 나온 '보상을 요구한다'는 표현이
답지에서는 '높은 순수익을 기대한다'로 변형됐기 때문이다. 전형적인
'말 바꾸기'(제시문의 표현을 답지 쪽에서 심하게 변형시키는 것)라고

볼 수 있다.

또 하나는 수험생들의 '익숙함'을 '역이용'했기 때문이다. "지급불능 위험이 커진 채권을 사들여 높은 수익을 노린다"는 표현이 언뜻 보면 수험생들이 받아들이기에 뭔가 이상하다는 느낌을 줬을 가능성이 높다. '지급불능 위험'과 '높은 수익'이라는 표현이 한 답지 안에 같이 등장하는 것이 수험생들이 지닌 익숙함에 크게 어긋났다는 말이다.

이런 문제에서는 먼저 '익숙함'을 경계하는 것이 필요하다. 그러고 나서 '말 바꾸기'를 감지한 후 4번 답지를 정답으로 용기 있게 확정하지 않는 이상, 맞힐 가능성이 정말 낮은 문제다. 물론 이때 다른 답지는 의도적으로 무시해야 한다. 이런 게 아닌 다른 방식으로 이 문제를 어떻게 해보려고 했다면 시간은 시간대로 쓰고 결국 틀렸을 가능성이 높다.

독자들은 혹시 국어 시험에서 벌어지는 최악의 상황이 뭔지 아나? 바로 '이중고'다. 그리고 바로 이 문제가 그런 '이중고'를 체험시킬 가능성이 높은 문제였다. 시간을 썼으면 맞추기라도 해야 하는데, 시간은 시간대로 쓰면서 틀리기까지 한다는 점에서 '이중고'라고 부르는 것이다.

수능 국어 영역에서는 수험생들의 '익숙함'을 역이용하거나 '말 바꾸기'를 묘하게 하면 정답률이 '폭락'한다. 둘 다 스키마를 따라가면 틀릴 가능성이 높기 때문이다. 출제자가 의도했는지 안 했는지는 잘 모르겠지만, 어쨌든 이 문제에는 두 가지 방식이 '모두' 사용됐다.

46. <보기>의 A는 어떤 채권의 가격과 금리 간의 관계를 나타낸
그래프이다. 위 글의 ㉠과 ㉡에 따른 A의 변화 결과를 바르게
예측한 것은?

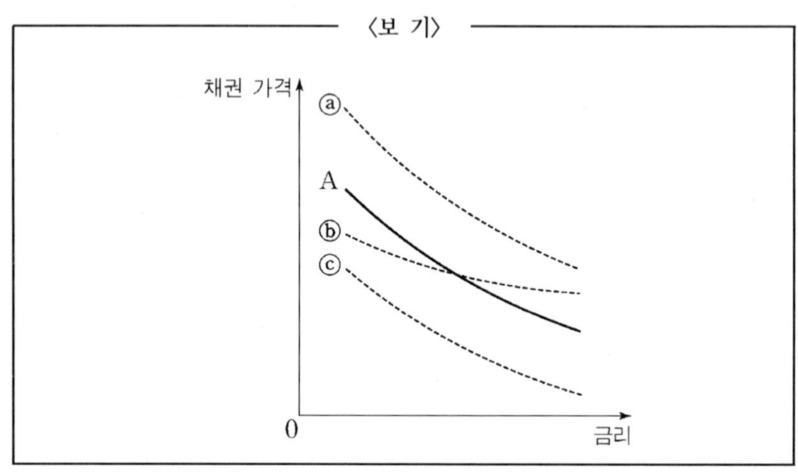

	㉠	㉡
①	ⓐ	ⓒ
②	ⓑ	ⓐ
③	ⓑ	ⓒ
④	ⓒ	ⓐ
⑤	ⓒ	ⓑ

☞ **정답의 표지성**: 답지를 읽는 도중 정답의 표지성(70%)은 잘 보이
지는 않는다. 제시문의 생소함과 복잡성에 더해, 그래프까지 제시
됐다는 점에서 어려움이 가중됐다. 어차피 밑줄 친 부분을 꼼꼼
히 다시 봐야 하는데 절대 복잡하게 생각하지 말고, ㉠의 "채권
가격은 금리 변화에 덜 민감해진다(영향을 덜 받는다, 혹은 별로

526 국어는 기술이 아니다

상관이 없다)"와 ⓛ의 "채권 가격이 하락한다"에만 주목해 답을 판단하는 것이 좋다. A가 기준이고 그 위 점선은 채권 가격의 상승, 그 아래 점선은 채권 가격의 하락을 의미한다는 것을 빠른 시간 안에 '직관적'으로 파악하는 것이 관건이다. 매력적인 오답도 하나 있다. 그 오답지는 그래프의 점선이 뭘 의미하는지 모르는 수험생들의 '어리석은 손'을 끌어당겼다.

☞ **문제 해결 과정**: 채권 가격이 하락한 것은 ⓒ뿐이다. 그렇다면 즉각적으로 1번 답지(6%)와 3번 답지(70%)가 남게 된다. 그럼에도 불구하고 정답률이 낮았던 이유는 두 가지다. 적지 않은 수험생이 "채권 가격이 금리 변화에 덜 민감하다"는 말이 무슨 의미인지 몰랐고, 그 의미를 대충 파악한 수험생조차 그것이 그래프로 어떻게 표현되는지에 대해서는 분명한 판단을 하지 못했기 때문이다. 또 하나는 2번 답지에 대한 선택률이 예상 외로 13%에 달했기 때문이다. "채권 가격이 상승된 ⓐ를 어떻게 채권 가격의 하락으로 보았는지 이해할 수 없다"는 반응을 보이는 독자들이 있을 것 같다. 미안하지만 오른 쪽으로 갈수록 x축 값이 커진다거나 위쪽으로 갈수록 y축 값이 커진다는 것도 모르는 수험생, 특히 문과 수험생들이 적지 않다. 안타깝지만 그게 현실이다.

앞에서 표상 전환 문제를 다루면서 말했듯이, 그래프나 표가 등장한 문제는 그 자체로 짚어봐야 할 대목이 많다. 많아 봐야 한 두 문제가 출제되는 것에 비하면, 수능 국어 영역 전반에 걸쳐 미치는 영향이 매우 크기 때문이다. 보통 정답률도 낮은 편이지만, 정말 큰 문제는 그것이 시간을 잡아먹는 하마라는 것이다. 하마도 그냥 하마가 아니다. '초대형'

하마다. 물론 어떤 그래프 문제는 직관적으로 금방 해결되기도 한다. 하지만 그래프를 접한 다음 짧은 시간 안에 그게 안 될 경우, 그다음은 거의 100% '지옥행 급행열차 탑승 티켓'을 끊었다고 보면 '딱' 맞다.

'기술류'의 교재는, 이 그래프를 '사례 문제'라고 한다. 사례가 그림이나 도표 등으로 제시된다는 것이다. 그리고 사례 문제는 "개념에서 조건을 뽑아내서, 조건 충족 문제로 변환해서 풀어야" 한다고 한다. 이게 도대체 무슨 소린가? 어떤 개념에서 어떤 조건을 뽑아내라는 말인가? '기술류' 교재의 설명을 옮겨 보자. "기준이 되는 A는 금리가 내려가면 채권 가격이 올라가고 금리가 올라가면 채권 가격이 내려가는 그래프다. ⓐ는 A와 기울기는 같은데, A에 비해 동일한 금리일 때 채권 가격이 상대적으로 높다. ⓑ는 A보다 기울기가 좀 더 수평에 가깝다. A보다는 금리 변화에 따른 채권 가격의 변화 폭이 작다. ⓒ는 A와 기울기는 같은데, A에 비해 동일한 금리일 때 채권 가격이 상대적으로 낮다. 따라서 ㉠은 ⓑ에, ㉡은 ⓒ에 해당한다. 답을 찾는 건 어렵지 않지만 ㉠의 '민감'에 대한 부분은 좀 더 공부해 둘 필요가 있다…… 그래프의 기울기가 수직에 가까우면 가로 축의 작은 변화에도 크게 변하고, 수평에 가까우면 가로 축의 큰 변화에도 작게 변한다. 그리고 이것을 전자가 후자보다 민감하다고 말할 수 있다. 경제학에서는 '민감하다'보다는 '탄력적이다'라고 표현한다. 종종 경제 관련지문에 나오기도 하니 확실하게 알아두길 바란다."

다시 보자. 도대체 어떤 개념에서 어떤 조건을 뽑아냈다는 말인가? 교재는 ㉡이 그저 채권 가격의 하락이므로 ⓒ라고 보는 것 같은데, ⓑ도 낮은 금리 때는 기준이 되는 A보다 채권 가격이 낮은 것 아닌가? 그리고 ⓑ의 경우에는 ㉠에 나오는 '민감'이라는 개념에서 '그래프의 기울기'를 조건으로 뽑아내야 한다는 말 같은데, 이게 이렇게 쉽게 말해도 되는 사고 과정인가? "민감이라는 개념에서 그래프의 기울기라는 조건을 뽑아내라"는 말 한마디만 하면, 모든 수험생들은 그 즉시 그렇게 할 수 있는 것인가? 오른쪽으로 갈수록 x축 값이 커진다거나 위쪽으로 갈수록 y축 값이 커진다는 것도 모르는 수험생들에게 이게 할 수 있는 요구인가? 차라리 사회 탐구의 '경제' 과목을 꼭 선택하라고 말하는 것이 더 현실성 있고, 진심으로 수험생을 걱정해주는 조언이다.

사실 이 문제는 당시 '정답 없음'이라는 논란에 휩싸였던 문제다. "ⓛ 주식 투자를 통한 수익이 커지면 상대적으로 채권에 대한 수요가 줄어 채권 가격이 하락할 수도 있다"는 제시문 내용에 따라 <보기>의 그래프 A가 ⓒ처럼 하향 평행 이동한 것으로 표시한 것에 대해, 시험 직후 많은 이견이 제기됐다. 실제로 한국재무학회를 비롯한 많은 채권 전문가들이 "금리(만기 수익률)가 변하지 않고 채권 가격만 하락하는 상황은 없다"면서 "ⓛ이 기술한 상황은 A그래프의 하향 평행 이동이 아니라 A그래프 내에서 점의 이동으로 표시해야 하기 때문에, 이 문항은 정답이 없다"고 반박하고 나선 것이다.

논란의 불씨는 '금리'가 두 가지 뜻으로 해석이 가능하다는 데 있었다. 일반적으로 금리는 시중 금리를 가리키지만, 채권에서의 금리는 만기 수익률을 의미하기 때문이다. 문제의 '금리'를 시중 금리로 해석하면 답은 ③번으로 명확해지지만, 만기 수익률로 해석할 경우 '정답 없음'으로 수험생 전원을 정답 처리해야 하는 '사상 초유의' 상황이 벌어진 것이다. 교육과정평가원은 전문가들과 숙의를 거친 후 답변을 내놓았는데, 그 답변 내용을 그대로 옮겨본다.

"대학수학능력시험 언어(국어) 영역은 학교 교육의 성취 결과를 바탕으로 하여 대학 교육을 받는 데 필요한 보편적인 언어 능력을 측정하는 것을 목표로 하고 있습니다. 이 문항의 출제 의도는 지문에서 설

명한 내용을 주어진 그래프에 적용하여 판단하게 함으로써 읽기 과정
에서의 추론적 사고 능력을 평가하는 것입니다. 이 문항에 대한 주된
이의 제기는 <보기>의 금리가 해당 채권의 만기 수익률을 의미한다
고 보면 ㉡에 따른 그래프의 변화는 A선상에서 점이 이동하는 것으로
나타나야 한다는 것입니다. 그러나 이 문항의 지문에서는 금리를 시중
금리의 개념으로 사용하고 있음을 확인할 수 있습니다. 채권 가격과 금
리의 관계를 다루고 있는 둘째 단락의 마지막 문장에서 '이처럼 수시
로 변동되는 시중 금리는~'이라고 언급하면서 금리를 시중 금리로 규
정하고 있습니다. 또한 지문에서는 채권 가격을 결정하는 데 영향을 미
치는 요인을 현재 가치, 만기, 지급 불능 위험, 다른 자산 시장의 상황
등으로 나누어 설명하고 있습니다. 이 네 가지 요인이 채권 가격에 미
치는 영향은 지문의 둘째 단락~다섯째 단락에 각각 제시되어 있습니
다. 지문의 이러한 흐름을 따르면 ㉡의 '주식 투자를 통한 수익이 커지
면 상대적으로 채권에 대한 수요가 줄어 채권 가격이 하락할 수도 있
다'는 표현은 주어진 금리하에서 주식 시장의 호황에 따른 채권 수요
의 감소가 채권 가격의 하락에 영향을 미치는 별도의 요인임을 의미합
니다."

이런 평가원 답변에 대해 한국재무학회는 "최근 고등학생을 대상으
로 한 경제·증권 경시 대회가 많이 열리고 있다는 사실을 고려할 때,
채권 가격 결정에 대한 배경지식이 있는 수험생들이 오히려 불리할 수
있는 문제는 오류로 판정하는 것이 불가피하다"고 다시 한 번 강조했
다고 한다.

오른쪽으로 갈수록 x축의 값이 커지고 위쪽으로 갈수록 y축의 값이
커진다는 것도 모르는 수험생들이 적지 않았고, 그래프의 기울기 개념
(탄력성)을 알지 못하는 문과 수험생들이 많았는데, 도대체 무슨 소리

들을 하고 있는 것인지, 실소를 금하기 어렵다. 채권 가격 결정에 대한
배경지식이 있어서 오히려 이 문제를 틀린 수험생이 과연 몇 명이 있
었을지는 독자들의 상상에 맡긴다.

고전 소설

[앞부분의 줄거리] 선비 유영이 꿈에서 죽은 운영과 김 진사를 만나 그들의 이야기를 듣는다. 안평대군은 궁녀 열 명을 뽑아 가르치면서 궁 밖과의 인연을 금했으나, 궁녀 운영은 김 진사와 사랑에 빠졌다. 김 진사의 노비인 특의 꾀에 따라 둘은 도망가려고 운영의 의복과 재물을 빼냈다.

진사는 다른 말은 하지 않고, 오로지 일렀습니다.

"너는 재물을 잘 지키고 있겠지? 내가 장차 그것을 다 팔아서 부처께 지성으로 발원하여 오래된 약속을 실천하리라."

특은 집으로 돌아가 혼잣말로 일렀습니다.

"궁녀가 나오지 못했으니, 그 재물은 하늘이 내게 준 것이로다."

특은 벽을 향해 남몰래 웃음을 지었으나, 다른 사람이 그것을 알 리가 없었습니다. 하루는 특이 자기 옷을 찢고 코를 스스로 때려, 피를 온몸에 흠뻑 바르고 머리를 풀어 헤친 채 맨발로 달려 들어와 뜰에 엎드려 울면서 말했습니다.

"제가 강도에게 습격을 당했습니다."

그러고는 기절한 척했습니다. 진사는 특이 죽으면 재물을 묻은 곳을 알 수 없게 될까 염려되어, 약을 입에 흘려 넣는 등 특을 살려 냈습니다. 그러자 특이 십여 일 만에 일어나 말했습니다.

"제가 혼자 산 속에서 지키고 있는데 많은 도적들이 갑자기 들이 닥쳤습니다. ㉠박살날 것 같아 죽을 힘을 다해 달아나 겨우 목숨을 보존하게 되었습니다. 이 보물이 아니었다면 제가 어찌 이런 위험에 처했겠습니까? 운명이 이리도 험한데 어찌 빨리 죽지 않는고!"

말을 마친 특은 발로 땅을 차고 주먹으로 가슴을 치며 통곡했습니다. 진사는 부모님이 알까 두려워 따뜻한 말로 위로하여 보냈다가, 뒤늦게야 특의 소행을 알고 노비 십여 명을 거느리고 가서 불시에 특의 집을 포위하고 수색을 했습니다. 그러나 금비녀 한 쌍과 거울 하나만을 찾아낼 수 있었습니다. 이 물건을 장물로 삼아 관가에 고발하여 나머지 물건들도 찾고 싶었으나, 일이 누설될까 두려워 고발하지 못했습니다. 진사는 그 재물이 없으면 불공을 드릴 수 없었기에 특을 죽이고 싶었으나, 힘으로 제압할 수 없어 애써 침묵하였습니다.

특은 자기 죄를 알고, 궁궐 담장 아래에 사는 맹인에게 가서 물었습니다.

"내가 며칠 전 새벽에 이 궁궐 담장 밖을 지나가는데, 웬 놈이 궁궐 안에서 서쪽 담을 넘어 나왔소. 도적인 줄 알고 소리를 지르며 쫓아가자, 그 놈은 가졌던 물건을 버리고 달아났소. 나는 그 물건을 집에 보관하고 있으면서 임자가 찾아가기를 기다렸소. 그런데 우리 주인은 본래 염치가 없어서 내가 물건을 얻었다는 소문을 듣고 몸소 내 집에 와서 그 물건들을 찾았소. 내가 다른 보물은 없고 단지 비녀와 거울 두 가지만 있다고 대답하자, 주인은 몸소 수색을 해서 과연 그 두 물건을 찾아내었소. 주인은 그것도 부족해서 바야흐로 나를 죽이려고 하오. 그래서 내가 달아나려고 하는데, 달아나면 길(吉)하겠소?"

맹인이 말했습니다.

"길하다."

그때 맹인의 이웃이 옆에 있다가 그 이야기를 다 듣더니 특에게 말했습니다.

"너의 주인은 어떤 사람인데, 이처럼 노비에게 포악하게 구느냐."

특이 말했습니다.

"우리 주인은 나이는 어리나 문장에 능해서 조만간 틀림없이 급제할 사람입니다. 그런데 이처럼 탐욕스러우니, 훗날 벼슬길에 올라 조정에 섰을 때 마음 씀씀이가 어떠할지 알 수 있을 것입니다."

이런 말들이 전파되어 궁중으로 들어가 대군에게 알려지게 되었습니다. 대군은 크게 화가 나서 남궁 사람들에게 서궁을 수색하게 하니, 제 의복과 보화가 하나도 없었습니다. 대군은 서궁의 궁녀 다섯 사람을 붙잡아 뜰 가운데 세우고, 눈앞에 형장을 엄히 갖춘 다음 명령하였습니다.

"이 다섯 사람을 죽여 다른 사람들을 경계하라."

대군은 또 곤장을 잡은 사람에게 지시하였습니다.

"곤장 수를 헤아리지 말고 죽을 때까지 때려라."

이에 다섯 사람이 말했습니다.

"한마디 말만 하고 죽기를 원합니다."

대군이 말했습니다.

"무슨 말이든지 그간의 사정을 다 털어놓도록 해라."

은섬이 말했습니다.

"남녀의 정은 귀하든 천하든 사람이라면 모두 다 있는 법입니다. 한번 깊은 궁에 갇혀서 홀로 지내니, 꽃을 보면 눈물 흘리고 달을 대하여 슬퍼했지요. 매실을 꾀꼬리에게 던져 쌍쌍이 날지 못하게 하고, 발을 쳐서 제비가 쌍쌍이 깃들지 못하게 함은 부러움과 질투심 때문이었습니다. 한번 **궁궐의 담**을 넘으면 인간 세상의 즐거움을 알 수 있음에도 저희가 그러하지 않은 것은 어찌 힘이 부족해서였겠습니까? 다만 저희는 오로지 주군의 위엄을 두려워하여, 이 마음을 굳게 지키면서 궁중에서 말라죽을 생각뿐이었습니다. 그런데도 주군께서는 이제 죄 없는 저희들을 죽이려 하시니, 저희들은 황천에서도 눈을 감지 못할 것입니다."

비취가 초사(招辭)*를 올려 말했습니다.

"주군께서 보살펴 주신 은혜는 산보다 높고 바다보다도 깊은지라 저희들은 감동하고 두려워하여 오로지 글짓기와 거문고 연주만을 일삼을 뿐이었습니다. 이제 씻지 못할 악명이 서궁에 미쳤으니 사는 것이 죽는 것만 못하게 되었습니다."

— 작자 미상, 「운영전」

* 초사: 범죄 사실에 대한 죄인의 진술

☞ **스키마**: 고전 소설은 전체 줄거리를 미리 알고 있으면 도움이 되는 경우가 있다. 제시문에 등장하는 장면이 전체 이야기에서 어디쯤에 해당하는지 '감'이 잡히면, 그나마 문제 해결이 조금 편해질 수 있기 때문이다. 하지만 매우 구체적인 장면이 제시되고, 전체 줄거리나 주제와 무관하게 해당 장면에만 초점을 맞춰 문제가 만들어지는 경우에는, 줄거리나 주제에 대한 암기 학습이 별 도움이 되지 않는다. 춘향전이나 심청전, 흥부전, 별주부전 같이 수험생들이 잘 안다고 '착각하는' 작품들도 세부적인 장면이 제시되면 "이 작품이 내가 아는 작품 맞나" 하는 생각이 들 정도로 낯선 경우가 정말 많기 때문이다.

고전 소설은 제대로 공부하려면 학습량이 절대 만만치 않다. 이미 줄거리 정도는 알고 있는 작품들도 세부적인 장면까지 재확인하면서 다시 읽고, 거기에다 낯선 작품까지 꼼꼼히 챙기려면 생각보다 많은 시간과 노력이 필요하기 때문이다. 물론 고전 소설 공부를 할 때는 축약되지 않은 원본을 읽는 것이 가장 바람직하다. 하지만 현실적으로 그것이 힘들다면 '만화책'으로 공부하는 것도 괜찮다. 이것은 필자가 제자들에게 권하는 방법이기도 하다. 원작과 너무 다르게 각색했거나 지나치게 압축한 것이 아니라면, 전체적 서사의 흐름을 감안하면서 특정 장면을 구체적으로 연상하는 데는 만화책이 더 효과적일 수 있기 때문이다.

어쨌든 운영전은 아주 낯설지도 않고, 그렇다고 아주 친숙하지도 않은 '어중간한' 작품이다. 하지만 대충 운영전의 전체 줄거리를 알고 있던 수험생들도 '특'과 '궁녀들'이 등장하는 이 장면은 매우 낯설었을 가능성이 높다. 어쨌든 문제를 풀어 보자.

47. 위 글에 대한 이해로 적절하지 <u>않은</u> 것은?

① '진사'는 재물을 찾기 위해 '특'의 집을 수색했다.
② '특'은 운영이 도둑을 맞았다고 '맹인'에게 말했다.
③ '맹인의 이웃'이 들은 말이 전파되어 궁중에 들어갔다.
④ '대군'은 소문을 듣고서 궁을 수색하게 했다.
⑤ '은섬'은 억울해 하면서도 다른 궁녀를 원망하지 않았다.

☞ **정답의 표지성**: 답지를 훑어보는 도중 정답의 표지성(76%)이 발견된다. "확실히 적절하지 않다"라는 느낌은 아니지만, "이런 '구체적인' 내용은 나와 있지 않다" 정도의 판단은 든다. 정답 확정을 시도해 보라. 아마 맞을 것이다. 다른 답지들 중 일부는 "그렇

다"는 느낌이 들기도 하고 일부는 확인해야 할 것 같은 욕구를 불러일으키지만, 그렇다고 정답지 같은 수준의 느낌이 드는 것은 아니다. 그런 것도 같고 아닌 것도 같은 정도인데, 제시문으로 돌아가 보면 확인이 어렵지 않다. 예상외로 정답률이 낮았던 이유는 마지막 세트의 부정적 특성인 시간 부족 때문으로 보인다.

☞ **문제 해결 과정**: 특은 누구에게도 운영에 관한 이야기를 하지 않았다. 그리고 특은 "운영이 도둑맞았다"고 말한 게 아니라 "자기가 강도(도적)에게 습격당했다"고 말했고, 그 말을 한 대상도 맹인이 아니라 진사다. 특이 맹인에게 한 말은 "궁궐 안에서 도적이 담을 넘어 나왔고, 그 도적이 놓고 간 재물을 자신이 보관하고 있었다는 것, 그리고 이 사실을 안 염치없는 자기 주인이 그 재물을 빼앗고 급기야 자기를 죽이려고 한다는 것, 그래서 달아나려 하는 데 길하겠느냐"는 것이다. 하지만 이런 정확한 내용은 시험 끝난 후 충분한 시간적 여유를 가지고 꼼꼼히 읽을 때만 가능하다. 그것도 장면의 부분적인 맥락까지 감안해야 가능하다. 아마 오답을 고른 수험생들은 '특'이 '맹인'에게 뭔가 이야기를 했다는 내용 정도로 지레 짐작했을 가능성이 높다. 시간적인 압박에 때문에 이런 부정적 상황이 더 강화됐을 것이다.

조금 자세히 이야기해 보자. 이 문항의 답지는 다음과 같이 구분할 수 있다.

① 진사는 (재물을 찾기 위해) 특의 집을 수색했다.
② 특은 (운영이 도둑을 맞았다고) 맹인에게 말했다.

③ 맹인의 이웃이 들은 말이 (전파되어) 궁중에 들어갔다.

④ 대군은 (소문을 듣고) 서궁을 수색하게 했다.

⑤ 은섬은 (억울해 하면서도) 다른 궁녀들을 원망하지 않았다.

여기서 괄호 부분을 챙기지 못하면 오류가 발생할 수 있는데, 2번 답지의 경우 괄호 부분을 빼고, "특은 맹인에게 말했다"는 내용에만 주목할 경우, 적절하다는 생각이 들 수도 있었다는 것이다. 당연히 마지막 세트의 전형적 특징인 시간 부족과 그에 따른 심리적 압박감이 이런 '선택적 읽기'를 부추겼다. 오답지 중에 가장 높은 선택률(9%)을 보인 5번 답지는 사실 애매한 측면이 없지 않다. 은섬이 '다른 궁녀들을 원망하지 않았다'는 부분인데, 이 말은 두 가지로 이해될 수 있기 때문이다. 하나는 말 그대로 제시문에 적혀 있는 은섬의 말 중에 '다른 궁녀를 원망하지 않는다'는 명시적인 내용이 나오거나 그렇게 추론할 만한 단서가 문자 형태로 존재한다는 의미다. 둘째는 은섬의 말에는 다른 궁녀들을 원망하는 내용이 아예 나오지 않는다는 의미다. 여기서는 후자의 경우인데, 적지 않은 수험생들은 전자의 의미로 답지를 이해했을 가능성이 있다.

먼저 후자의 경우부터 보자. 다른 궁녀(운영) 때문에 목숨을 잃을지도 모르는 상황에서 다른 궁녀 이야기를 꺼내지 않았다는 것은 문맥상, 은섬이 운영을 원망하지 않았다는 추론을 가능하게 한다. 하지만 첫째 의미로 이 답지를 보면, 은섬이 다른 궁녀를 원망하지 않았다는 답지 내용은 이렇게 암시적이고 문맥적으로 추론되는 것이 아니라, 은섬의 말에서 명시적으로 확인이 돼야 한다. 어떤 독자들은 "남녀의 정은 귀하든 천하든 사람이라면 모두 다 있는 법입니다"라는 말에서 운영의 행위를 수긍하는 은섬의 태도를 추론할 수 있다고 지적한다. 하지만 이 정도를 명시적인 정보라고 보기는 힘들다. 그리고 '수긍한다는 것'과

'원망을 하지 않는다는 것'은 엄밀하게 말하면 다른 의미의 말이다.

필자기 여기서 하고 싶은 말은 이거다. 정·오답이 되는 명시적인 근거를 눈에 불을 켜고 제시문에서 찾으라는 조언의 '무책임함'이다. 5번 답지의 내용, 그러니까 "은섬은 다른 궁녀들을 원망하지 않았다"는 내용을 제시문에서 명시적으로 찾으려는 시도는 결국 실패할 가능성이 높다. 그때 그 수험생이 "제시문에 분명한 근거가 없으니까 적절하지 않다"고 판단하는 것은 하등 이상한 일이 아니다. 솔직히 말하면 2번이나 5번이나 제시문에서 명시적으로 확인이 안 된다 점에서는 똑같다. 그렇다면 어느 것이 더 명시적으로 확인되지 않는지로 답을 선택하라는 말인데, 그건 불가능하다. 확인이 안 되면 똑같이 안 되는 것이지, 어떤 답지는 '더' 확인이 안 되고 어떤 답지는 '덜' 확인이 안 된다는 말은 성립하지 않기 때문이다.

여기서 어떤 독자들은 "특이 맹인에게 말했다는 것은 맞지만 그 말의 내용, 그러니까 운영이 도둑맞았다는 것은 행위 주체가 바뀐 것 아니냐"는 문제 제기를 할 수도 있다. 아니다. 이건 단순한 주체의 왜곡 문제가 아니다. '운영'을 '특'으로 바꿔도 잘못된 것이다. 특은 맹인에게 재물을 "도둑맞았다"고 말한 것이 아니라, "염치없는 주인에게 빼앗겼다"고 말했기 때문이다.

하지만 이런 정확한 내용 확인은 오직 시험이 끝난 후 제시문을 꼼꼼히 읽었을 때만 가능하다. 수능 끝나고 집에 가서 '그 짓'을 할 수험생이 과연 있을까 싶기는 하지만 말이다. 이건 단순히 행위 주체만 체크한다고 해결될 문제가 아니다. 장면의 부분적인 맥락까지 감안해야 가능하다. 실제 시험장에서 겪는 이런 어려움을 도외시한 채, 사후적으로 "제시문에서 근거를 찾아야 한다"느니, "행위 주체의 왜곡을 체크하라"는 둥의 한가한 이야기를 하는 것은 비겁한 일이다. 솔직히 말해

서 정답을 미리 아는 사람의 특권이 아니라면 그게 가능한 일이겠는
가? 실제 시험장에서 초를 다투며 피를 말리는 수험생들과는 달리, 이
런 기술이나 스킬은 대부분 사후적으로 충분한 시간을 가지고 정답에
다가 설명을 끼워맞춘 형태일텐데, 너무 잘난 척은 하지 말기를 바란
다. 미안한 말이지만 교재의 저자나 강의의 강사도 실제 시험장에서는
수험생과 똑같은 어려움을 겪을 수 있고, 실제 성적도 수험생보다 낮게
나올 수 있다. 그리고 필자는 주변에서 그런 상황을 실제로 여러 번 목
격했다. 참으로 '서글프게도' 말이다.

48. '궁궐의 담'에 대한 설명으로 가장 적절한 것은?

① 담은 위선과 진실을 구별하는 경계이다.
② 담 안은 물질적 욕망이 지배하는 공간이다.
③ 담 안의 궁녀들은 담 밖의 세상에 관심이 없다.
④ 담을 넘는 것은 '대군'의 권위에 도전하는 것이다.
⑤ 담 밖은 담 안과 달리 신분적 위계가 없는 공간이다.

☞ **발문:** 따옴표 처리된 부분은 어쨌든 챙겨야 한다. 말하자면 '궁궐
　　의 담'과 '궁궐'은 다르다. 물론 이 조건은 문제 해결에 별다른 역
　　할을 하지 않는다.

☞ **정답의 표지성:** 답지를 훑어보는 도중에 정답의 표지성(76%)이 발
　　견된다. "확실히 그렇다"는 느낌보다는 "다른 답지보다 무난하
　　다"거나 "추론과 상상을 덜한 것 같다", 혹은 "제시문의 전체적
　　인 분위기나 내용과의 연관성이 높다" 정도의 느낌이다. 그대로

확정해도 무방하다. 불안하면 해당 답지만 제시문에서 확인하면 되는데, 문제는 그 확인이 '딱' 떨어지는 수준으로 되지 않는다는 데 있다. 이건 다른 오답지도 마찬가지인데, '위선과 진실을 구별하는 경계', '물질적 욕망이 지배하는 공간', '대군의 권위에 도전', '신분적 위계가 없는 공간' 같은 답지 표현들은 제시문에 나온 표현을 그대로 가져다 쓴 것이 아니기 때문이다. 일종의 답지 변형인 셈인데, 제시문에 나온 구체적인 장면들을 추상적으로 개념화한 것이기 때문이다.

이럴 경우, 답지의 추상적 내용을 제시문에 나온 명시적인 문자 언어로 확인하려는 시도는 대부분 실패한다. 뿐만 아니라 시간의 과도한 소비를 가져온다. 물론 마지막 세트라 소비할 시간도 별로 없었겠지만 말이다. 단언컨대 이 문항을 맞힌 수험생들은 추상적인 답지 내용을 구체적으로 풀어서 일일이 제시문과 대응시키지 않았다. 시간도 많지 않은 상태에서 처음에 발견된 표지성대로 찜찜하지만 정답을 확정했을 가능성이 훨씬 높다. 오히려 처음에 감지된 표지성을 신뢰하지 못하고, 뭔가 원칙적으로 문제를 해결하려고 시도했던 수험생들, 특히 감각형－심사숙고형－좌뇌형 수험생들이 얼마 남지 않은 아까운 시간마저 소비한 후, 결국 오답을 선택했다. 정말 그랬다.

☞ **문제 해결 과정:** '궁궐의 담'이 굵은 글씨로 제시문에 적혀 있기 때문에 당연히 대부분의 수험생은 그 부분을 다시 읽었을 것이다. 궁녀 중 한 명인 은섬이 대군에게 하는 말이다. "한번 '궁궐의 담'을 넘으면 인간 세상의 즐거움을 알 수 있음에도 저희가 그러하지 않은 것은 어찌 힘이 부족해서였겠습니까? 다만 저희는 오로지 주군

대군의 위엄을 두려워하여 이 마음을 굳게 지키면서 궁중에서 말라 죽을 생각뿐이었습니다"라는 부분이다. '대군의 위엄을 두려워하여'가 중요하다. '궁궐의 담'은 궁녀로서의 삶과 일반인으로서의 생활의 경계다. 궁궐의 담 안쪽에서 살아가는 궁녀들은 대군의 영향(위엄, 권위) 아래 궁녀로서의 삶을 살아가는 것인데, '궁궐의 담'을 넘는다는 것은, 곧 대군의 권위(위엄)에 도전하는 것이 된다.

독자들은 왜 갑자기 필자가 일반 교재나 강의에 등장하는, 그러니까 지당하지만 '확' 와 닿지는 않는 설명을 하고 있는지 의아해할지도 모르겠다. 그냥 한번 해 봤다. 물론 필자가 한 이런 해설은 실제 시험장에서 수험생들이 따라할 수 있는 것이 아니다. 이렇게 하려고 해도 할 수가 없다. 그러니 아예 처음부터 이렇게 할 생각을 하지 말라는 것이다. 물론 한두 명 정도가 그렇게 했을지도 모르지만, 그들은 논외의 대상들이다.

대부분의 수험생들은 4번 답지가 가진 상대적 무난함, 전체 내용과의 연관성, 그리고 앞에서 인용한 은섬의 말 중에 '대군의 위엄을 두려워하여'라는 문자 정보로 정답을 확정했다. 그걸로 충분하다. 실제 수험생, 그것도 마지막 세트에서 수험생에게 이보다 더한 것을 요구하면 그 사람은 조금 심하게 말해서, 돌을 맞아도 싸다. 이 정도가 실제 시험장에서 수험생이 할 수 있었던 최선의 대응이었다.

자, 그렇다면 정답지(4번)를 고르지 못한 수험생들은 어떤 사고 과정을 통해 그런 불행을 자초했는지 한번 보자. 3%가 선택한 3번 답지는 빼고, 나머지 오답지 3개를 차례로 살펴보자. "담은 위선과 진실을 구별하는 경계이다.(1번 답지: 7%)"부터 보자. 뭔가 그럴 듯하다. 위선과 진실! 물론 담은 위선과 진실의 경계가 아니다. 그 경계를 통해 위선과 진실의 특징이 뚜렷하게 구별돼 드러나는 장면이 제시문에 없기 때문이다. 하지만 뭔가 궁궐 안에서는 위선과 음모가 있는 것 같고 궁궐 밖에서는 자유롭고 진실된 사랑이 이뤄지고 있다는 느낌이 들면 헷갈리기 시작한다. 이런 느낌은 TV 사극의 영향일지도 모르겠다. 사극에 자주 등장하는 전형적인 공간적 대립 구도이기 때문이다. 그리고 그 또한 모국어 화자의 '문화적' 스키마이기 때문이다. 어쨌든 이런 생각에 한 번 사로잡히면 벗어나기가 힘들다.

문제는 마지막 세트라는 물리적 조건 때문에 1번 답지를 잠정적으로 정답으로 정한 상태에서 제시문을 다시 읽기는 힘들었다는 데 있다. 그 상황에서 궁궐 안의 대군은 뭔가 위선적인 인물 같고(물론 대군은 위선적인 인물이 아니다. 이유가 뭐가 됐든 궁녀 다섯 명을 때려죽이라고 명령하는 사람을 '착한 척하는(위선적인)' 사람으로 볼 수는 없다. 여기서 1번 답지를 선택한 수험생들은 '위선'이라는 말의 의미를 정확하게 추론하기보다는, 그냥 부정적인 뉘앙스의 어휘로만 받아들였을 것이다), 궁궐 밖의 김 진사는 진실한 사람 같다는 판단을 했을 가능성이 높다. 그게 7%라는 적지 않은 선택률을 만들어냈다.

2번 답지(담 안은 물질적 욕망이 지배하는 공간이다)를 보자. 사실 물질적인 문제는 담 밖에 있는 특에게서 더 강하게 드러난다. 하지만 "운영의 재물을 궁 밖으로 빼돌렸다"는 제시문의 내용으로 궁궐의 담 안쪽을 물질적 욕망이 지배하는 공간이라고 억지로 추론한 수험생도 적지 않았다. 운영이 그냥 몸만 빠져나왔으면 7%에 이르는 수험생들의 어리석은 손을 이끌지 않았을 텐데 하는 아쉬움이 남는다. 둘이 서로 사랑하면 그만이지 재물은 왜 빼돌렸을까? 물론 그 이유(부처께 불공을 드리는 것)가 잠깐 나오기는 하지만, 별로 공감이 안 되는 이유다 보니, 수험생들의 머릿속에 별다른 흔적을 남기지 못했다.

5번 답지(담 밖은 담 안과 달리 신분적 위계가 없는 공간이다)는 상식적으로 말이 안 된다. 김 진사니 안평대군이니 하는 것으로 보아 조선시대 같은데, 조선시대는 대표적인 신분 사회가 아닌가? 조선시대가 신분적 위계가 엄격한 사회였다는 상식을 시험 보는 도중에는 깜박 잊고 있었다 하더라도("저런 바보를 봤나" 하며 비난하는 독자들은 자제하기 바란다. 충분히 그럴 수 있다. 그리고 조선시대가 신분 사회였다는 상식을 떠올리고도, 상식을 적용하면 안 된다는 기이한 생각을 그 순간 한 수험생은 정말 한 사람도 없었을까?) 김 진사와 특의 관계로 볼 때, 담 밖에도 신분적 위계는 존재하고 있다고 짐작하는 것은 가능한 일이다. 그런데 6%의 수험생들은 왜 이 답지를 정답으로 골랐을까? 필자가 보기에 이 답지를 선택한 친구들은 대군과 궁녀 간의 신분적 위계 관계에만 '온통' 사로잡혔을 가능성이 높다. 궁 안은 생사를 좌우할 정도로 신분의 차이가 극명한데, 궁 밖은 뭔가 자유로운 분위기가 있는 것으로 착각할 수도 있었다는 것이다. 전혀 불가능한 추론은 아니었다.

자, 이제 중요한 이야기를 할 차례다. 대부분의 수험생들은 제시문을 읽고, 이 문제의 답지를 훑어보는 도중에 4번이 가진 정답의 표지성을 발견하게 된다. 특별히 어떤 기술이나 스킬을 적용해서 그런 것이 아니라 모국어 화자가 지닌 보편적인 스키마가 4번 답지를 거슬려 한다는 것이다. 그렇다면 4번 답지만 제시문(은섬이 대군에게 말하는 부분)에서 확인을 하면 된다. 아주 명시적으로 확인되는 것은 아니지만, '주군의 위엄을 두려워하여' 정도면 충분하다.

여기서 확인 과정의 유연성에 대해 다시 한 번 강조하고 싶다. 적절한 것으로 판단돼서 제시문에서 확인을 하는 경우, 적절하지 않은 것으로 분명하게 확인되지 않는 경우를 빼고는 처음의 선택을 번복하면 안 된다. 이 부분에 대해서 어떤 친구들은 "너무 위험한 것 아니냐, 너무 대충 푸는 것 아니냐"는 문제 제기를 한다. 아니다. 답지를 보는 도중 정답의 표지성이 발견되지 않았다면 문제지만, 만약 표지성이 발견됐다면 그것은 여러분이 생각하는 것처럼 그렇게 간단한 것이 아니다. 그 순간에 수험생의 머릿속에서 일어나는 지적 과정을 일일이 풀어서 설명하려면, 아마 A4 용지 열 장에 빼곡히 적어도 부족할지 모른다. 모국어 화자의 보편적인 언어 체험과 '습득'된 국어 능력, 그리고 십수 년 인생사가 그 순간 총동원돼서, 그 표지성을 알아본 것이다. 그래도 혹시 모르니 확인은 하되, 그 확인 과정은 모국어 화자의 보편적인 국어 능력을 '훼손'하는 방식이어서는 안 된다는 것이다.

1번과 2번을 고른 14%의 수험생, 5번 답지를 고른 6%의 수험생이 잘못한 건 없다. 그저 처음 발견된 표지성을 외면하고, 뭔가 명시적이고 논리적이고 원칙적으로 문제를 풀고자 애쓴 것뿐이다. 그 과정에서 추론과 해석을 더 많이 더 깊게 한 것뿐이다. 그리고 그런 행위의 밑바닥에는 모국어 화자의 '스키마'에 대한 불신과 국어 시험에 대한 뿌리 깊은 두려움이 깔려 있다. 여기에 많은 교재와 강의는 이런 두려움을 없애주는 척하면서, 역설적으로 그 두려움을 더 강화시킨다. "절대 편하게 풀지 말고 글자 하나 문장 부호 하나에도 신경을 곤두세우면서, 더 많이 추론하고 더 명시적이고 논리적이고 분석적으로 문제를 해결해야 한다"고 겁을 주고 있는 것이다. 맞다. 문제 해결 과정에 투입한 정신적 에너지와 사고의 분량으로 보면, 문제는 틀렸어도 거꾸로 '칭찬'을 받아야 할 친구들은 바로 이들이다. 하지만 결국 그래서 편하게 풀어도 맞힐 문제를 시간까지 '과소비'하면서 틀렸는데, 아무리 대단한 칭찬이라 한들 그게 다 무슨 소용인가?

49. <보기>를 참조하여 위 글을 감상한 내용으로 적절하지 <u>않은</u> 것은?

「운영전」의 액자 속 이야기는 주인공이 서술한 것이어서, 서사는 운영과 김 진사의 시선에 포착된 현실을 중심으로 전개된다. 예컨대 운영을 포함한 궁녀들을 억압하는 '대군'은 그들에게 베푼 은혜로 인해 악인으로 단정되지 않는 반면, 음모를 꾸민 '특'은 간교한 인물로만 부각된다. 이런 인물들의 개입으로 인해 금지된 사랑을 하는 주인공의 위기도 여느 고전 소설과 달리 현실적 긴장감을 띠게 된다. 이로써 이 소설은 현실의 문제를 보다 첨예하게 드러낸다.

① 운영도 '대군'을 배신했지만 '특'의 배신만이 부각되는 것은 운영이 서술자이기 때문이군.

② 달아나면 길할 것이라고 말한 '맹인'의 태도 때문에 주인공의 금지된 사랑은 위기에 처하게 되는군.

③ '특'이 남몰래 웃음을 지었다는 진술에서 그의 간교한 성격을 드러내려는 서술자의 의도가 느껴지는군.

④ 궁녀들을 박해하는 '대군'이 악인으로 단정되지 않는 까닭이 '대군'의 은혜를 인정하는 '비취'의 말에서 나타나는군.

⑤ 궁녀들에게 내려진 금기를 부당하다고 느끼면서도 지킬 수밖에 없었다는 '은섬'의 말에 현실의 문제가 드러나는군.

☞ **발문**: '보기를 참조하여'가 챙겨야 할 조건이다.

☞ **정답의 표지성**: 답지를 훑어보는 도중에 정답의 표지성(61%)이 희미하게나마 감지된다. "확실히 적절하지 않다"는 느낌이라기보

다는, "다른 답지에 비해 추론의 단서와 추론의 내용 간의 관계
가 자연스럽지 않다"는 느낌일 가능성이 높다. 확인을 하더라도
해당 답지만 제시문에서 확인하는 것이 좋다. 정답지를 포함한
모든 답지를 제시문을 통해 납득할 만한 수준으로 확인하려는 시
도는 위험하다. 얼마 남지 않은 시간으로 볼 때 '그 짓'을 하다가
는 결국 아무 답지나 하나 찍을 가능성이 높기 때문이다. 처음에
발견된 표지성으로 찜찜하지만 정답을 확정하는 것이 수험생이
할 수 있는 최선의 대응 방식이다. 시간적인 여유가 있다면 꼼꼼
히 확인할 수 있었겠지만, 그럴 수 있었던 수험생은 별로 없었다.

☞ **문제 해결 과정**: 자, 일부 교재는 또 <보기>와 답지를 1대1로
대응시키라고 조언한다. 말 안 해도 모든 수험생들은 그렇게 한
다. 걱정 마시라. 이 문항의 답지도 추론의 단서와 추론의 내용으
로 이뤄져 있다. <보기>는 추론의 근거를 제시한다.

1번 답지부터 보자. '운영도 대군을 배신했지만 특의 배신만이 부각
되는 것은'이 추론의 단서이고, '운영이 서술자이기 때문이군'이 추론
의 내용이다. 2번 답지는 '달아나면 길할 것이라고 말한 맹인의 태도
때문에'가 추론의 단서이고 '주인공의 금지된 사랑은 위기에 처하게
되는군'이 추론의 내용이다. 3번 답지는 '특이 남몰래 웃음을 지었다는
진술에서'가 추론의 단서이고, '그의 간교한 성격을 드러내려는 서술자
의 의도가 느껴지는군'이 추론의 내용이다. 4번 답지는 조금 특이한데
'대군의 은혜를 인정하는 비취의 말에서'가 추론의 단서이고, '궁녀들
을 박해하는 대군이 악인으로 단정되지 않는 까닭이 나타나는군'이 추
론의 내용이다. 왜 추론의 단서와 추론의 내용이 순서대로 나오지 않는

지 헷갈리는 독자는 4번 답지를 다시 한 번 읽어 보기를 바란다. 5번 답지는 '궁녀들에게 내려진 금기를 부당하다고 느끼면서도 지킬 수밖에 없었다는 은섬의 말에'가 추론의 단서고, '현실의 문제가 드러나는군'이 추론의 내용이다.

자, 여기서 먼저 '기술류'의 교재가 말하는 '기술'이나 '스킬'을 적용해 보자. 1번 답지의 '부각되는'은 <보기>의 '부각된다'(여기서 필자는 '뽑었다')와 대응하고, '운영이 서술자'는 <보기>의 '주인공이 서술'과 대응한다. 3번 답지의 '간교한 성격'은 <보기>의 '간교한 인물'과 대응한다(또 한 번 뽑었다). 4번 답지의 '악인으로 단정되지 않는'은 <보기>의 '악인으로 단정되지 않는'과 대응하고, 5번 답지의 '현실의 문제'는 <보기>의 '현실의 문제'와 대응한다(더 이상 뽑을 기운이 남아 있지 않아서 뽑지를 못하겠다). 도대체 이게 뭐하는 짓인가? 모국어 화자의 보편적인 언어 능력을 측정하는 수능 국어 영역을 도대체 뭘로 보고, 이런 한심한 이야기를 '정색'까지 하며 계속 하고 있는 것인가? 어쨌든 좋다. 4번과 5번 답지는 글자 모양 하나 안 틀리고 완전히 똑같다. 너무 쉽다. 정말 그런가? 똑같은 글자만 찾아서 대응시키면 끝인가? 이 문항의 정답률은 미안하지만 61%다. 그렇다면 너무 쉬운 문제라 혹시 방심하다가 이렇게 많이 틀렸을까? 당연히 그럴 리가 없다.

정답지인 2번을 보자. '기술류'의 교재에 따르면 답지의 '주인공의 금지된 사랑은 위기에'와 <보기>의 '금지된 사랑을 하는 주인공의 위기'가 대응한다. 어라? 대응하는데 왜 적절하지 않은 것으로 정답이 될까? '기술류'의 교재에 따르면 대응이 되는 것은 맞는데 "주인공의 금지된 사랑이 위기에 처하게 되는 것은 <보기>를 보면 대군과 특 때문"이란다. 그리고 덧붙이는 설명이 "맹인의 태도는 너무 생뚱맞다"이다. 말 그대로 '생뚱맞은' 설명이다.

자, 한번 보자. 엄밀하게 말하면 금지된 사랑이 위기에 처하는 '직접적인 원인'은, 맹인과 특의 대화를 옆에서 듣고 소문을 낸 맹인의 이웃에게 있다. '근본적인 원인'은 궁녀들을 억압하는 대군에게 있다. 간교한 성격의 특은 이런 '직접적 원인'과 '근본적인 원인' 사이의 어디쯤에 존재하는 제3의 원인이다. 여기서도 기술류 교재의 설명은 애매한 구석이 너무 많다. 무슨 말이냐면 다른 답지는 '부각', '간교한 성격', '현실의 문제' 같은 표현이 <보기>와 대응이 되니까 적절하다고 말하다가, 갑자기 2번 답지는 '주인공의 금지된 사랑이 위기에 처한다'는 표현이 <보기>와 대응함에도 '불구하고' 적절하지 않다는 것이다. 이런 질문에 대해 준비된 답변은 이럴 것 같다. "답지의 일부 내용은 <보기>와 대응하지만 일부는 대응하지 않아서다." 좋다. 그렇다면 나머지 다른 답지는 내용 전부가 <보기>와 대응한다는 말인가? 솔직히 말하면 다른 오답지들도 일부는 대응하지만, 일부는 대응하는지 안 하는지는 알 수 없는 것 아닌가? 대응하는지 안 하는지 알 수 없다면, 그건 결국 대응하지 않는 것으로 판단해야 옳은 것 아닌가?

필자가 보기에는 차라리 <보기>에 등장한 인물 가운데 '맹인'이 없기 때문에, 맹인을 언급한 2번 답지가 적절하지 않다고 하는 것이 그나마 '깔끔한' 설명이다. 하지만 실제 시험장에서 <보기>에 등장한 인물 중에 맹인이 없기 때문에 맹인을 거론한 2번 답지가 적절하지 않다고 판단한 '강심장'의 수험생이 과연 몇 명이나 있었을까? 백번 양보해서 만약 그랬다면 61%라는 낮은 정답률이 나올 리도 없었다.

이 문항은 1번(15%)과 4번(10%)의 간섭이 없었다면 그런 단순한 방식에 의존하지 않더라도 2번 답지에 대한 선택률이 크게 올라갔을 문항이다. 1번 답지에 대한 선택률이 높았던 이유는 결코 1대1 대응을 하지 못해서가 아니다. 답지에 나온 '부각'이라는 말을 <보기>에 나온 '부각'과 대응시키고, 답지에 나온 '운영이 서술자'라는 말을 <보기>의 '주인공이 서술'과 대응시키는 것이 뭐가 그렇게 대단한 기술이고 스킬이라고 그걸 못하겠는가? 솔직히 말하면 초등학생도 할 수 있는 일이다. 아니 초등학생도 그렇게 하라고 시키면 자기를 무시한다고 짜증낼 만한 낮은 수준의 기술이고 스킬이다. 똑같거나 비슷한 말을 대응시키지 못해서 '멀쩡한' 수험생의 15%가 1번을 골랐다는 말을 믿을 사람이 세상에 어디 있을까?

자, 한번 보자. 15%의 수험생들이 이 답지를 적절하지 않은 것으로 고른 이유는, '부각'이나 '운영이 서술자'를 <보기>와 대응시키는 따위의 차원에서 비롯된 것이 아니다. 두 가지 이유가 있었다. 먼저 큰 이유는 "운영도 대군을 배신했지만"이라는 답지 표현이 수험생의 익숙함과 어긋났기 때문이다. 주인공을 부정적으로 묘사하는 듯한 느낌이 들었다는 말이다. 물론 운영이 대군을 배신했다는 것은 맞는 말이다. 궁녀는 한 남자(대군)만 만나야 한다. 둘째, 1대1 대응을 너무 잘해서 역설적으로 이 답지를 선택한 친구들도 있었다. 교재는 '부각'이나 '운영이 서술자'가 중요하고 이 부분이 <보기>와 대응한다고 말한다. 하지만 어떤 수험생들은 '운영도 대군을 배신했지만'에 더 주목했다. 그리고 '운영도 대군을 배신했지만'이라는 답지의 내용이 <보기>에 나오지 않았다는 판단을 했을 가능성이 높다.

여기서 어떤 독자들은 "'부각'과 '운영이 서술자'만 <보기>와 대응시켜야지, '운영도 대군을 배신했다'는 내용을 왜 <보기>와 대응시키느냐"고 따질지도 모른다. 좋다. 그렇다면 답지의 어떤 내용은 반드시 <보기>와 대응을 시켜야 하고, 어떤 것은 <보기>와 대응을 시키지 않아도 괜찮다는 판단은 도대체 누가 하는 것인가? 그리고 그렇게 판단할 수 있는 근거는 도대체 무엇인가? 다시 한 번 묻고 싶다. '기술'이나 '스킬'의 전수자인 교재의 저자들조차 자기 마음대로 어떤 것은 대응시키고 어떤 것은 대응시키지 않는데, 그 기술이나 스킬을 전수받은 '제자'들은 어떻게 해야 답지에서 중요한 부분만 '척척' 뽑아내서 <보기>와 '착착' 비교를 한다는 말인가?

사실 필자는 지금 이 이야기를 하면서 치밀어 오르는 감정을 억누를 수가 없다. 모국어 화자의 보편적인 언어 능력을 평가하는 수능 국어 영역을 이토록 저급한 것으로 전락시키는 행위에 대한 분노 때문이다. 차라리 비슷한 그림을 놓고 서로 다른 부분을 찾으라고 하는 퍼즐 게임이 이보다는 더 '격'이 높다. 그리고 더 유용하다. 공부하다가 가끔 머리를 식힐 때 말이다.

4번 답지를 고른 이유도 마찬가지다. 첫 번째 이유는 '대군의 은혜를 인정하는'이라는 표현이, 수험생들이 제시문에서 받은 느낌과 달랐기 때문이고, 또 다른 이유는 '대군의 은혜를 인정한다'는 내용이 <보기>에 나와 있지 않기 때문이다.

오히려 2번 답지를 정답으로 고르지 못해 이 문제를 틀린 수험생들 중에는, 이 답지가 제시문이나 <보기>에 잘 대응한다는 느낌을 받았던 사람이 적지 않았다. 2번 답지는 '맹인이 특에게 달아나면 길할 것이라고 말했다'는 제시문의 내용과, '금지된 사랑을 하는 주인공의 위기'라는 <보기>의 내용을 아무런 변형 없이 그대로 가져다 쓴 것이기 때문이다. 다만 문제는 이 두 내용 사이에는 아무런 인과관계가 없었다는 것인데, 어쨌든 변형이 가장 적은 답지였다는 것은 분명하다. 어려운 부정 발문 문제일 경우, 제시문이나 <보기>의 내용이 별다른 변형 없이 그대로 등장하는 답지는, 거꾸로 적절하지 않은 것으로 정답이 될 가능성이 높다. 필자는 오히려 제시문이나 <보기>의 내용이 아무런 변형 없이 등장하는 답지를 '적절하다는 표지성'으로 인정하기보다는 '적절하지 않다는 표지성’으로 눈여겨보고, 답지 안의 인과관계를 점검하는 습관을 기를 필요가 있다는 조언을 하고 싶다. 변형이 안 된 답지, 제시문이나 <보기>에 등장하는 표현을 그대로 가져다 쓰는 답지를 ‘의심의 눈’으로 바라보는 바로 그때가 수험생에게는 ‘구원의 순간’이 될 수 있기 때문이다.

50. ‘특’이 ㉠의 상황을 다음과 같이 표현했을 때, (   )에 들어갈 말로 가장 적절한 것은?

“(   )이었으나 겨우 도망했습니다.”

---

① 내우외환(內憂外患)
② 명재경각(命在頃刻)
③ 사고무친(四顧無親)
④ 오리무중(五里霧中)
⑤ 자승자박(自繩自縛)

☞ **발문**: ‘특이 ㉠의 상황을 다음과 같이 표현했을 때’가 챙겨야 할 조건이다. 물론 문제 해결 과정에서는 별다른 역할을 하지 않는다. ‘습관적으로 읽어도’ 아무런 문제가 없는 발문이다. 사실 국어 시험에 나오는 대부분의 발문이 이렇다.

지금 이 문제는 이 해에 치렀던 수능 국어 영역의 마지막 문제다. 한번 물어보자. 작문 문제(6번)부터 시작해서 지금 이 마지막 문제(50번)에 이르기까지 발문 때문에 어려움을 겪었던 문제가 있었나? 없었다. 그렇다면 마침 이 해(2011학년도) 수능만 특별히 발문이 별다른 역할을 하지 않도록 출제됐다고 생각하나? 그럴 리가 없다. 제발 "발문을 꼼꼼히 분석하라"는 쓸데없는 조언 때문에 스트레스 받지 말기를 바란다.

☞ **정답의 표지성**: 답지를 보는 도중 정답의 표지성(71%)은 잘 보이지 않는다. 사자성어나 속담 문제는 답지에 등장한 사자성어나 속담의 뜻을 알면 바로 정답 확정이 가능하고, 그럴 경우 선택에 걸리는 시간은 '몇 초'를 넘지 않는다. 물론 사자성어나 속담 중에도 문맥에 따라 의미가 달라지는 것들이 있기는 하다. 하지만 사자성어나 속담은 문맥이 달라진다 하더라도 그 의미는 원래의 사전적 의미에서 크게 벗어나지 않는다. 국어에서 그나마 암기 학습이 가능한 유일한 부분이 사자성어와 속담이 되는 이유다.

☞ **문제 해결 과정**: 어쨌든 사자성어와 속담은 모르면 틀린다. 하지만 이렇게 말하고 이 자리를 뜨면 "너무 야박하다"며 손가락질을 받게 될 것이다. 독자들은 그러고도 남을 사람들이다. 미안하다. 농담이다.

그나마 시험장에서 활용할 수 있는 방법이 하나 있다. 사자성어나 속담 문제에서 낮은 정답률이 나오는 경우는, 내가 알고 있는 사자성어나 속담은 답이 아닌 것 같은 상황에서, 내가 모르는 사자성어나 속담이 다른 답지에 등장할 때다. 두 가지 경우인데, 내가 모르는 사자성어(속담)가 두 개 이상 나오는 경우와 한 개가 나오는 경우다.

무슨 말인지 언뜻 이해가 안 될 수도 있을 것 같다. 쉽게 말해서 내가 알고 있는 사자성어(속담)가 제시문의 상황과 일치하지 않는다는 것은 알겠는데, 내가 모르는 사자성어(속담)가 제시문의 상황에 대응하는지, 대응하지 않는지에 대한 확신이 들지 않는 경우, 심각한 고민이 시작된다는 것이다. 이때 모르는 사자성어(속담)가 두 개라면 그중에 정답이 있고, 모르는 사자성어(속담)가 한 개라면 그게 정답이다. 사자성어(속담) 문제는 이런 식으로 접근하면 정답률을 크게 높일 수 있다. 그 이유는 사자성어(속담)에 대한 수험생들의 익숙함은 암기 학습 여부와 상관없이 거의 비슷하기 때문이다. 그나마 암기 학습이 가능한 부분이지만 그 효과는 장담할 수 없다. 제대로 섭렵하려고 마음먹으면 학습량이 절대 만만치 않은 부분이지만, 그렇게 애쓴 만큼 실제 시험장에서 써먹을 기회는 그다지 많지 않기 때문이다.

자, 지금까지 '듣기'를 제외한 2011학년도 수능 언어 영역 45문항을 통째로 모두 다뤄 봤다. 왜 국어 시험에는 기술이나 스킬, 원리, 법칙 따위가 필요 없는 것인지, 아니 그런 것들이 알고 보면 얼마나 유해한 것인지, 독자들은 다시 한 번 생각해 보기를 바란다. 어휘나 문법에 대한 암기 학습, 문학 감상법 학습도 그 효과가 매우 미미하다는 점도 아울러 깨달았을 것으로 기대한다. 수능 국어 영역에서 점수 차이가 만들어지는 지점이 수험생들의 통념과 얼마나 다른지도 알게 됐을 것이다. 마침 이 해(2011학년도)에만 수능 국어 영역이 이렇게 출제된 것이 아니다. 그럴 리가 없지 않은가? 이전의 수능 국어 영역도 이랬고, 앞으로 여러분들이 치르게 될 수능 국어 영역도 여전히 이럴 것이다. 그리고 바로 이것이 우리가 애써 외면하고 싶어하는, 게다가 대부분의 교재나 강의까지 앞장서서 외면하라고 부추기는 수능 국어 영역의 '불편한 진실'이다.

맺음말

　'학력고사'가 '대학수학능력시험'으로 바뀐 지 벌써 20년이 흘렀다. 대입 시험이 수능으로 바뀌면서 한때 수험생들 사이에서는 독서 '열풍'이 분 적이 있었다. "국어에서 요령이나 암기는 이제 안 통한다"는 생각이 확산됐기 때문이다. 하지만 언제부터인지 기술이나 스킬 같은 '이상한' 국어 학습법이 등장하고 거기에 암기 학습까지 부활하면서, 마치 그것이 제대로 된 국어 공부라고 생각하는 '거대한 착각'이 생기기 시작했다. 그리고 급기야 그런 착각이 대세가 되어 가고 있다.

　수능 출제진 사이에는 "전 영역을 통틀어서 수능의 취지에 가장 부합하는 영역은 다름 아닌 '국어 영역'"이라는 말이 있다. "암기력이나 기억력이 아닌 사고력을 측정하고, 대학에 가서 공부하는 데 필요한 보편적인 능력을 평가"하는 수능의 목표는 바로 국어 영역의 목표이기도 하기 때문이다. 그래서 모든 출제진 중에서도 특히 국어(언어) 영역 출제진의 자부심이 가장 높다는 이야기까지 전해진다. "바로 우리가 '수능의 정신'을 가장 잘 구현하고 있는 사람들"이라는 명실상부한 자부심이 있다는 것이다. 물론 그 자부심은 지금도 여전하다.

하지만 그런 시험, 수능의 정신이 가장 잘 구현된 시험을 준비하는 수험생들의 모습은 어떤가? 한마디로 초라하기 짝이 없다. 기술이나 스킬, 그리고 암기 따위로 수능 국어 영역을 잘 치러 보겠다고 애쓰는 수험생들의 그런 모습은 한없는 안타까움을 불러일으킨다. 물론 그건 수험생들의 잘못이 아니다. 수험생들은 죄가 없다.

이제 다시 국어 공부 본래의 모습으로 돌아가야 한다. 다양한 글을 꾸준히, 그러나 편하게 읽을 때 그 수험생은 별다른 노력을 하지 않아도 저절로 독해력이 향상된다. 그 과정에서 많은 어휘를 습득하게 될 것이며, 복잡한 문법도 내재화하게 된다. 문학 작품도 더 잘 감상하게 될 것이다. 그러다 보면 뛰어난 국어 능력을 갖춘 자신의 모습을 어느 순간 발견하게 될 것이다. 오직 그것만이 확실하고도 유일한 국어 공부다.

문제는 그런 뛰어난 수준에 아직 도달하지 못했고, 그 수준에 도달하기까지 시간이 필요한 수험생들일 것이다. 여기서 중요한 것은 설사 그런 뛰어난 수준에 도달하지 못했다 하더라도 모국어 화자인 수험생들은 이미 무난한 수준의 국어 능력을 갖추고 있다는 점이다. 그리고 우리가 치르는 수능 국어 영역은 그런 무난한 수준으로도 충분히 고득점이 가능한 시험이라는 점이다. 하지만 기술이나 스킬, 그리고 암기 학습은 그런 무난한 수준의 국어 능력마저 결정적으로 갉아먹고 망가트린다. '편한 읽기'를 통해 국어 능력을 유지하거나 기르지 않고, 기술이나 스킬, 암기 같은 것으로 수능 국어 영역을 치르려고 애쓰면 애쓸수록, 그 수험생은 더 깊은 수렁으로 빠져 들어가게 될 뿐이다. 최고 수준에 이르는 것은 고사하고 이미 습득한 무난한 수준의 국어 능력조차 더 이상 유지하기가 어렵기 때문이다.

마지막으로 두 가지를 당부하고자 한다. 첫째 여러분이 이미 습득한 모국어 화자의 국어 능력을 믿어라. 정답의 표지성을 알아차리는 모국어 화자의 스키마를 신뢰해라. '기술'이나 '스킬' 그리고 '암기한 지식'을 믿는 것보다 이것이 '백만 배'는 현명한 생각이다. 그리고 또 하나, 그런 습득된 국어 능력을 유지하고 향상시키기 위해서 다양한 글을 꾸준히, 그러나 편하게 읽어라. 그것이 수험생이 해야 할 국어 공부의 '전부'다. 그것이 국어 공부의 '진실'이다. 그리고 그것이 목표에 도달하는 가장 느린 것 같아 보이는, 그러나 가장 빠른 '지름길'이다.

국어의 불편한 진실

국어는
기술이
아니다

초판인쇄 2014년 5월 12일
초판발행 2014년 5월 12일

지은이 남충희
펴낸이 채종준
펴낸곳 한국학술정보㈜
주소 경기도 파주시 회동길 230(문발동)
전화 031) 908-3181(대표)
팩스 031) 908-3189
홈페이지 http://ebook.kstudy.com
전자우편 출판사업부 publish@kstudy.com
등록 제일산-115호(2000. 6. 19)

ISBN 978-89-268-6207-0 13370